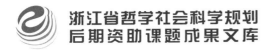浙江省哲学社会科学规划
后期资助课题成果文库

# 教育研究哲学论纲

## Jiaoyu Yanjiu Zhexue Lungang

刘燕楠　著

中国社会科学出版社

图书在版编目（CIP）数据

教育研究哲学论纲 / 刘燕楠著 . —北京：中国社会科学出版社，
2016. 11
ISBN 978 - 7 - 5161 - 9253 - 5

Ⅰ . ①教…　Ⅱ . ①刘…　Ⅲ . ①教育哲学 – 研究　Ⅳ . ①G40 - 02

中国版本图书馆 CIP 数据核字（2016）第 266511 号

出 版 人　赵剑英
责任编辑　宫京蕾
责任校对　秦　婵
责任印制　李寡寡

出　　　版　中国社会科学出版社
社　　　址　北京鼓楼西大街甲 158 号
邮　　　编　100720
网　　　址　http：//www. csspw. cn
发 行 部　010 - 84083685
门 市 部　010 - 84029450
经　　　销　新华书店及其他书店

印刷装订　北京市兴怀印刷厂
版　　　次　2016 年 11 月第 1 版
印　　　次　2016 年 11 月第 1 次印刷

开　　　本　710 × 1000　1/16
印　　　张　25.75
插　　　页　2
字　　　数　405 千字
定　　　价　98.00 元

# 序

　　一次偶然的邂逅，在博士学位论文答辩会上初识刘燕楠博士。作为答辩委员会主席的我同其他答辩委员一样，被她才识过人、览闻辩见的谈吐与思想深深的感染，并对她长期追求教育理论的学术信仰与献身精神为之感动。一个年轻的博士，能够选取这样一个难度甚大的题目作为学位论文，且论文质量上乘，可见其学术功底非同一般，故颇感意外甚至惊喜。现在这本学位论文终于要面世了，作为序者，我深感荣幸，同时更想借此机会表达一下自己的相关学术看法。

　　教育研究哲学，即对教育研究的再研究。从学理上看，她所研究的问题不是一般的所谓教育现实问题，诸如如何克服片面追求升学率、如何推进教育公平、如何致力于义务教育均衡发展等；也不是一般意义上的所谓教育理论问题，如怎样认识教育本质、教育目的，如何选择教育价值，抑或如何追寻教育中人的问题等等。这本专著要解答的是教育理论应该如何建构的问题，是对教育研究本身的研究，且是哲学层面的反思与建构。从教育研究的逻辑上看，这是一种元研究，是对研究本身的再研究，它超越了一般意义上的教育实践研究，也不是一般意义上的教育理论研究，而是站在教育实践和教育理论双重维度对教育研究中的元问题所进行的研究。就我所知道的范畴和范围来看，虽然国内不少学者致力于教育的元研究，但明确提出教育研究哲学并进行有效的探究的人并不多。即使在国外，对这样的研究做出巨大贡献的，大概也只能推奥康纳的《教育哲学导论》和布列钦卡的《教育知识的哲学》了，新近出版的英国普林的《教育研究的哲学》也算是这方面研究的代表作之一。因此，对这样一个颇有挑战性的选题，作者在一个新的高度，建立起了一个新的认识视域，开辟了教育哲学研究一个新的领域，其学术眼光的敏锐和学术视野的开阔令人欣喜。

在我看来，探讨教育研究的哲学，大体可以从两个方面着手：一方面是站在教育研究的立场，运用哲学思维方式去认识教育研究中存在的问题并提出建构性的观点，如布列钦卡的《教育知识的哲学》即如此，他从批判性探讨人们所熟知的、同时被要求是科学的、实践的、"描述－说明"的和规范的教育理论开始，将教育理论分成三大板块：教育科学、教育哲学、实践教育学，并从元教育理论高度对这三个方面的建构做了详尽的论述；另一方面是站在哲学立场，针对教育研究中存在的问题寻找哲学的解决途径，如奥康纳的《教育哲学导论》，他是站在分析哲学立场来对教育研究进行反思，奥康纳自己也认为，本书中所展现的观点是当代"哲学分析"的观点，在他看来，"哲学分析"这个标签并不像它常被认定的那样，适用于某个单独的哲学"学派"，而是用于指一大批观点迥异的哲学家们的研究，换句话讲，奥康纳认定，分析哲学作为一种研究方法论可适用于包括教育研究在内的一切人文社会科学研究。因此，他在本书不仅谈到教育理论与实践的关系，还论述了教育哲学的某些基本方法，其中重点是对许多教育概念、术语及有关问题提供了充分的、语言文献学意义上的解释。在我看来，刘燕楠博士的这本教育研究哲学专著是将上述两个方面的研究思路结合起来，从研究的问题来看，是教育研究中的问题，但从研究方法和研究过程来看，更多的是哲学层面的反思与建构。我以为，这样的研究思路别具一格，对于解决教育研究中的问题以及建构教育研究哲学体系都是一种有益的、大胆的尝试。

事实上，我深深结缘于此本专著，并先后三次研读此书稿。第一次是国务院学位办发来盲审论文，当时并不知道作者是谁，读后深为这本论文的质量而惊撼；第二次是受邀参加刘博士的毕业论文答辩会，为了不至于在答辩会上提出一些外行的问题，我再次阅读了论文，并对此论文的初稿提出了一些浅薄的建议；第三次当然是书稿成型之后，为了完成她的嘱托，我又再次研读，并予以作序。通过三次阅读，我对这本书稿感受最深的有三点：一是初步建构了探究教育研究哲学的一个较完整的体系，它包含着对教育研究本体论、认识论、方法论、价值论、语言哲学、伦理哲学等诸方面的探讨，基本上形成了对教育研究本身进行哲学层面认识的理论图景或者认识架构，为此研究的后续研究提供了一个认识的蓝本；二是书中不少地方体现了作者独到的见解或具有创建性的学术观点，如在教育研究的本体论中，作者所提出的关于对教育学学科地位的认识以及她所提出的教育研究的本质观都有一定新意；在教育研究认识论中，她所建构的"正八面体"的教育学知识结构认知框架颇耐人深思；在教育研究方法论中，她基于自己对方法论的理解，将教育研究方法论的探讨与对教育研究的范式的认识结合起来，并提出将教育研究范式区分为元范式、体系范式和方法范式三个层次，我以为这种看法是立论有据，且是新论；等等。三是从本书可以看出，作者热爱哲学思辨方式，擅长理论思维，具备扎实的教育学知识功底和较深刻的抽象思维能力，这样的思维品质在今天的教育学术研究者当中是非常难得的，也是一个有志于从事教育理论研究的学者所必须具备的基本素养，在这个意义上，作者在学术上的进步与成功是必须予以充分肯定并值得奖掖的。

值这本学术专著出版之际写上这些文字，我以为不仅是对一个年轻的学者学术水平和学术情怀的赞许，也是对自身学术生命的勉励。愿作者在学术发展的道路上坚持不懈地探赜，奋发努力地追求，不断攀登学术高峰，再创学术研究佳绩，为繁荣中国教育学术、推进教育理论发展做出更大的贡献。

是为序。

王坤庆

2016 年 11 月 18 日于武汉

# 前　言

　　当前，教育研究存在三种研究事实：第一，与教育实践存有尖锐的矛盾，它们之间相互指责、莫衷一是；第二，相比其他研究（自然科学研究、典型的社会科学研究）没有一套属于自己的话语逻辑，学科立场不明确，所下的结论（教育知识）游离于教育世界之外，缺乏持续性的、可积累的教育知识体系；第三，教育研究系统内部缺乏一种研究的基础，研究者则缺少在此基础之上对教育问题的把握、分析和决策能力。长期以来，人们对教育研究存有普遍的不信任，在日益增多的对教育研究的批评中，我们需要叩问自身，用谨慎和严肃的态度理性地寻找问题存在的症结。在此基础上，有必要去反思作为研究基础的有关教育研究的哲学实践以及从事教育研究的实践哲学。

　　在教育研究的特殊视域下，我们眼中的教育以及以教育实践为特殊对象的研究活动，其哲学的使命在当代有着更为复杂的逻辑和曲折的过程。在历史的形而上学以及当下科学主义的双重诘难下，实践哲学或许承担着这样一种特殊的任务：在与教育这个独特客体的遭遇中，那种源于对生命实践"特别的审思"（deliberations）令我们更为清醒——而中国的实践哲学，尤其是扎根于生活世界的真实的教育存在，对于我们研究意识和行动的关切就更为突出。在反思的过程中，我们有能力对以往实践规则进行改进或调整，从而不断接受一种新的、自然的挑战，驾驭各种未曾预见性的教育情境——这便是实践哲学赋予教育研究新的哲学使命。在真实的以"人"为指向的教育实践中，以"教育学"的方式去思考和解决可能存在的关于教育现实或本质的问题，而对于这些主题与问题的反省、审思，最终构成了我们对于教育研究元层次的哲学思考。

　　在对教育研究一系列的元反思中，我们不断探讨着关乎教育特殊性的哲学命题——"人之为人"的存在基础、教育存在的尺度、教育的生命价值取向以及教育研究的实践理性等。这一系列问题的追问，将我们带入一个对于教育来说永恒不变的主题——除反思之外的历史、行动和价值。这些反思帮助我们建立了某种作为研究基础存在的关于教育研究的哲学基础。面向教育研究，我们应该建构的并不是一套完整而复杂的科学理论，而是帮助人们建立某种正确的行动观念：我们正在进行着一种怎样的工作？它对我们意味着什么？究竟该如何采取行动？这正是哲学意义上，我们需要反复思考和论证的课题。基于此，本书在哲学层面展开对教育研究的元反思，主要从本体论、认识论、方法论、语言论、价值论及道德论六个维度深入考察教育研究的哲学问题，并尝试建构教育研究哲学体系，即构建作为研究基础存在的教育研究哲学。

第一章从本体论的视角对教育研究的本质进行了反思。本章围绕教育研究的"特殊性"展开，从定义（概念分析）、立场（学科历史考察）、属性（性质澄清）以及维度（分类和功能）四个方面分析，试图接近教育研究的本质。在相关概念区分与澄清的基础上，系统考察了教育研究赖以生存的学科背景，进而从复杂性思维的逻辑中反思教育研究的性质，并对不同称谓的"教育研究"及它自身可能包含的研究类型、关系作出进一步区分和澄明。

第二章从认识论的视角对教育研究的对象进行了系统考察和重构。本章以"历史研究方法"为分析工具，在对教育研究对象的历史考察中，对于各种"对象观"给予了深入分析和批判反思，勾勒出教育研究认识论的历史思维图景。由此出发，对教育研究的对象及其关系系统进行了重构，并提出"教育实践"与"教育知识"作为教育研究对象的可能性及何以可能的路径。进一步在"教育实践"的认识维度，深入分析了教育实践的本质对教育研究的独特价值；在"教育知识"的认识维度，通过对教育知识基础、性质的历史考察，对教育知识结构进行了改造，构架出一个"正八面体"的立体知识结构图景。最后，将知识与行动（教育知识与教育实践）连结起来，提出了指向"实践"的认识论法则——"实践理性"的价值与行动方式。

第三章在方法论的层面对教育研究的方法论体系（包括范式结构）进行了系统性建构。整章以"复杂性"思维作为逻辑分析工具，澄清了"方法论"的逻辑命题，建构了一个"纵横交错"的教育研究方法论体系和教育研究的复杂性范式。在方法论的重建中，首先指出研究对象与方法整体的关系，在此基础上，对教育研究方法论的层次和功能进行了划分：在纵向上，将其结构划分为教育哲学、教育科学和教育技术三个层次；在横向上，将哲学方法、科学方法和历史方法作为教育研究方法论的三项基本结构。在教育研究范式的重构中，对于"范式"内涵和"学科范式"进行了系统化的理解，从而架构了一个基于复杂性认识和思维结构的教育研究范式：在纵向上，将其划分为元范式、体系范式和方法范式三个层次；在横向上，分别探讨了基于不同层次范式的结构和功能。

第四章从语言论的视角探讨了教育研究与语言的关系，试图揭示教育研究的语言本质——语言是如何切入教育研究的，语言本身是在什么意义上与教育存在相遇并交谈，是什么使得教育研究的语言游离于教育实践语言之外。以此为关注点，考察了语言之于教育研究的三个维度——知识论、技术论和本体论，并分别探讨了它们赋予教育研究的功能和意义。同时，在对各种教育研究语言取向的批判中，指出了教育研究语言的本体论转向对于教育研究的深刻内涵和为其带来的极大的可能性，进而表明了教育研究应持的语言观立场。

第五章从价值论的视角分析了教育研究的价值问题。首先，在价值哲学的框架中，澄清了"价值"争论的矛盾起源，指出从形而上学向实践回归的"价值"的本质，阐述了教育研究的"价值"观念与价值关系。在厘清相关概念的基础上，从学科实际出发，深入探讨了当前教育研究中存在的几组价值悖论：教育学科同其他学科的关系悖论与教育研究的立场、中外教育学的价值矛盾与教育研究的本土化改造以及教育研究保持价值中立与研究者的价值偏好之间的矛盾等问题。从而，提出了教育研究的价值取向与价值追求——重建教育学的教育研究价值立场，倡导追寻并创造"原创性"意义上的"中国教育学"。

第六章在道德论或伦理学的视野中探讨了教育研究的伦理问题，并尝试建构不同价值维度的教育研究的伦理谱系——伦理范畴、价值原则和道德规范。在规范伦理学的视域，首先从价值论、义务论及德性论三个维度对教育研究的伦理结构进行了划分，同时指出不同维度的教育研究伦理的标准和价值原则，在对"好的研究""好的研究者"和"好人"进行价值区分的过程中，进一步指出作为"伦理活动"的教育研究在处理"知识与人"的关系时应存有的道德界限，以及在多元主体冲突及道德悖论中，教育研究应保持的伦理自觉——研究主体智力品质与道德品质的建构。

有一种重要的哲学传统，它把我们带回到问题的原点，让我们反复鉴别和思考目的、过程、结论的价值以及行动的方式，这种哲学传统就是对存在的拷问。对教育研究作为一种存在方式进行研究，主要的不是一项技术工作，而是一项哲学的工作。立足学科，面向教育实践，进行缜密的哲学思考，将教育研究放置到一个更大的背景之中，才有可能去理解它较为深刻的存在方式和较为独特的价值追求——这正是教育研究哲学的重大使命。

# 目　　录

# 教育研究：
# 在思维断裂与矛盾中前行

假如给我看病的不是医学研究工作者，而是教育研究工作者，情况会怎样呢？我能想象一大群人他们大声争吵互相不同意对方的诊断方法，喋喋不休地争论我到底是不是真的有病。

———D. W. Miller：《教育研究的黑洞》①

回首人类社会的文明史，教育在其中所起的巨大推动作用是不言而喻的。然而，在人类社会发展中，许许多多不尽如人意的事件使得具有理性的人在反躬自省的过程中，不得不去检讨和反思对人类社会起过巨大功效的教育及其所存在的问题。也正是因为问题的存在并引起人们的不断关注，才有了人类思想的进步和教育的巨大变革。教育，在不断解决问题中前行；教育研究，也在不断的争论、反思甚至重构中趋于完善。

## 一　对教育研究的批评：一门被压迫的学科和一项不被信任的研究工作

长期以来，各个学科对教育学的压迫和对教育研究者的不信任构成了对教育学人的双重压抑，这让我们感受到了一个处于尴尬境地的学科和备受歧视的我们所从事的工作。教育学人在忍受着双重压抑过程中艰难前行，并为建立独立的教育学科和有价值的教育研究在不断地奋斗着。然而，尽管教育研究者付出了艰辛的努力，教育研究成果却只得到了极为有限的承认，圈外人对教育研究仍存有某种程度的质疑：

---

① ［美］D. W. Miller：《教育研究的黑洞》，转引自［英］理查德·普林《教育研究的哲学》，李伟译，北京师范大学出版社 2008 年版，第 4 页。

"不得不承认教育研究总是'得不到尊重'。事实上，再没有别的领域比教育研究受过更多的藐视和贬损了。人们认为教育研究忽视了对重要问题的研究，而且还不断强化阻碍基础改革的实践活动。教育研究从来不是一个专家支配的研究领域，而且，作为一个学科，它内在一直是支离破碎的。"①

教育研究领域外部的人们对研究的过程毫不关心，只询问研究结论是否有效。而处于教育研究内部的环境常常也不平静，他们对很多"是什么"的问题就从未达成一致，更何况在实践层面"该以某种方式进行"，更是他们争论的焦点。一个不"独立"的教育学学科、一些不"确定"的有关教育理论的知识、一套不"科学"的研究过程和方法，足以为教育研究的"不充分"理由提供证据。然而客观地讲，尽管大量的结论表明当前教育研究工作的"无效性"，但那些对教育研究质量的抨击——那些批评本身，也同教育研究存在的偏见一样，是具有倾向性的，他们同样不能摆脱主观的臆断。更何况，我们亦有很多好的研究，这些研究确实为教育学科以及教育实践提供了"真知灼见"。然而，教育研究为什么"声名狼藉"，似乎也是我们应该面对的问题。在日益增多的对教育研究的批评中，我们似乎需要反思自身，用谨慎和严肃的态度深入、理性地来寻找问题的症结。

教育研究，作为一个对专门学科及特殊领域的研究，它不是探讨"教育是什么"等一个个孤立问题的过程，而是对教育的"问题类型"进行追问和改进的过程，这其中还包括"教育何以可能""教育何以如此""现实应当如何""具体如何改进"，等等。这些"问题类型"需要从不同侧面对"教育自身"进行追问。在范畴上说，教育研究既包含对教育的历史性问题的动态把握，又包含对教育永恒性问题的现实性理解，不仅需要知道"教育是什么"（永恒性问题），还要知道"教育何以如此"（历史性问题），更应该关注"教育要做什么"（现实性问题）。因此，教育研究就不能只停留在永恒性问题的探讨上，一味地解释、建构"教育是什么"，还需要继续延伸下去，关注在现实中它"是怎样的"以及相关的事

---

① ［英］理查德·普林：《教育研究的哲学》，李伟译，北京师范大学出版社2008年版，第4页。

实理解和价值判断。然而，我们的教育研究面对政府、社会、实践和自身又做了哪些呢？——缺乏体系与整体的建构，把研究作为一个断裂的、片段的描述，文本提供的多数是一种对"知识性"的理解……自然，在"抽象化"与"解释性"的起点上，教育研究只能是苍白无力的。

从教育研究的外部看，政府每年大量资金投入被冠以各种名目的"教育研究项目"以及保障项目运行的高额"配套资金"，其"效用"却普遍遭到质疑："在进行研究时，（他们）并不强迫考虑政策制定的问题，对于严肃的政策行为来说，研究是局部的，或者是不全面的，或者过于松散"[1]，具体表现为：第一，作为宏观的研究，教育研究往往在目的与方向上受政治力量的驱动，在各种被"名目化"的课题之下，真实的教育问题被遮蔽，教育研究的问题具有明显的"政治化倾向"；而即使在政治驱动下，教育研究似乎也没能有效回应社会层面对于教育糟糕现状的诘难，并没有对于一些现实运行问题给出一个可靠的答案，如那些学校组织、课程、德育、教育公平等现实的迫切问题，教育研究给出的那些依据，往往显得并不充分。第二，作为微观的研究，教育研究也没有在真实的教育情境中"细致入微"地对教师专业实践以及教学的过程提供"切实可行"的帮助与协助，那些成果多数游离于"教师的专业发展"与"教学实践"之外，从使大多数教师面对日益复杂的教育实践和师生关系依然显得"束手无策"。教育研究的成果——一些支离破碎的研究片段，还不足以组成一个有机的系统，在一个稳定的立场上，为教育实践者提供可靠的"依据"。而那些被量化和标准化的"样本"，在使用过程中，往往缺乏真实性和独特性，它不能使某种方法背后的东西显现出来。不同哲学背景之间的冲突，使一种实践还未成型就遭到来自另一端的反驳与批判，一种声音对于另一种声音的批判也从未停止过。这种教育研究本身哲学基础之间的争论没有办法对教育实践提供一个稳定、可靠的实践基础和理论答案，因此，研究者哲学倾向的"斗争"使得教育实践者面对诸多的理论，不是信心十足，而是手足无措。

从教育研究内部看，对于教育研究工作的价值等诸多问题，也不乏批评之声，甚至有人极端地提出，"对教育研究的批评以及认为教育研究毫

---

① Glass G. V. *What works*：*Politics and Research*. *Educational Researcher*. Educational Researcher, 1987，（16）：9.

无价值的观点在政坛和商界、在公共市场，甚至在许多学校教育工作者当中都是老生常谈。事实上，相当多的人支持这样的观点：大多数教育研究专门机构——中学、学院和大学教育系，都可以取消"①。面对研究者自身的诘难，对教育研究不能为教育实践提供经得起推敲、验证并服务于教育实践的普遍性知识的批评，使我们聚焦于一套"有效理论框架"的开发，而那些"教育理论与实践的冲突""研究内容与实践的适切性"以及"如何建立一个充分而可靠的教育知识体系，为实践者提供一个普遍有效的'活动指南'，使研究方案与实施的关系更为密切"等一系列核心问题，成为教育研究内部的焦点，影响与困扰着研究者与研究过程本身。在功能性上，人人往往将教育研究与医学研究类比，并尖锐地指出："如果医学的研究仅仅是为了解释疾病，既不识别疾病也不治疗疾病，那么我们会毫不犹豫地说医学没有履行自己主要的社会责任。"（Gooley 等，1997，p. 20）② 对于教育研究，我们往往习惯于解答"是什么"，但对于实践来说，很多需求并不因"是什么"而止步，它需要研究者进一步回答"该如何"和"怎么做"的问题，这就产生了理论与实践的冲突，出现了三种研究事实：第一，教育研究与实践似乎并不相关；第二，教育研究相比其他研究（自然科学、典型的社会科学研究等）没有一套自己的话语系统，立场也并不明确，研究结果显得不充分，研究质量低；第三，教育研究系统内部缺乏一种研究的基础，研究者则缺少在此基础之上对研究问题的把握、分析和决策能力。针对普遍的研究问题，普林教授（Richard Pring）则更为翔实和准确地总结了当前人们的一些观点③：

（1）样本太小、太支离破碎，建立在不同的数据基础之上，以至于无法勾画"大的图景"；

（2）无法积累，不能在先前研究的基础上前进，永远都是另起炉灶（reinventing the wheel）；

（3）受意识形态驱动，为研究者的"政治目的"服务，而不是

---

① ［英］理查德·普林：《教育研究的哲学》，李伟译，北京师范大学出版社 2008 年版，第 3 页。

② 同上书，第 4 页。

③ 同上书，第 150 页。

为与利益无关的追求真理的目的服务；

（4）方法论上的"软弱"或者有"瑕疵"，要么在实施研究的过程中，要么在研究报告上，缺乏严密性。

面对这些批评，我们认真回想和反思，似乎它确实存在。而这恰恰将"理论与实践"矛盾的尖锐性凸显出来——研究者运用的专门的、抽象的话语与日常教育世界的话语产生断裂，那种笼统的、模糊的和抽象性的文本远远不能被实践者所理解和把握，文本从教育世界中分离出来，独立于教育的生活与经验，作为一种独立性和封闭性的思考而存在。这些问题，都可以归结为"教育研究质量与对象适切性的问题"，即如何建构一种可积累的教育知识，它能够促使我们的教育（实践）成为以研究为基础、依托知识体系来运行的"专业实践"，在这样的理论框架下，让研究足以理解和支持教育实践。

## 二　为什么没能对实践产生影响：教育研究质量与适切性问题

教育研究有三个基本要素：研究主体、研究对象和研究文本，其中，研究文本是研究主体对研究对象认识的载体。然而，作为研究成果的表达方式——文本本身，哪怕再生动，也只能以"理论"形式表达，仅仅是一种符号的呈现。换句话说，教育研究不直接创造实践，它需要一种转化与改造的过程，这个过程是教育文本内化与个体化的过程，并不是直接套用的过程。文本的功用性在于认识世界、解释世界，具有"改变世界"的潜能，但是否能够"改变"并不在文本本身，而在于实践本身，即实践过程对文本的理解与转化。当前，"有一种试图在研究结论和成功实践的专门规则之间寻找直接联系的危险倾向。人们（以及他们生活于其中的社会生活）并不是具体干预和随后的结果之间存在简单因果关系的那样一种东西。人和社会生活的这种特征，影响了'积累知识'的可能性。同样，研究的影响，在于不断增加的证据对公众和专家的意识产生直接的影响，并使之发生渐进的改变，而不是在研究结论和实际决策之间建立直接的联系"[①]。从"为实践创造可靠的、具有成效的"影响来说，教育研究

---

① ［英］理查德·普林：《教育研究的哲学》，李伟译，北京师范大学出版社 2008 年版，第 5 页。

可能多数是不成功的，也许还未有哪个研究成果（哪怕是系列的研究成果）对我们的教育政策、教育学科以及实践产生过如此巨大的影响。而事实常常是："教育研究并不会直接影响教育政策和实践，更多的时候，教育研究只是增加了关于教育现象的知识，这些关于教育的知识会成为教育学科的基础知识，并会在某个时候以不同的方式影响教育政策和实践。"①面对这样的结果，我们本能而又直接地将问题聚焦于研究文本（即理论）本身，并不去考察文本与实践的关联性和适切性问题。而恰恰在这两者之间，起码存在着三种矛盾：第一，教育研究的抽象性、一般性与教育实践的具体性、特殊性矛盾。教育研究（多数）是以教育或教育活动的普遍性问题为对象，将普遍的问题加以提炼和抽象，揭示问题的一般意义；而教育实践的问题则是一个个具体的、生成的和特殊性的。从一般到具体，从抽象到具象，从普遍到特殊是一个"建构"的过程，一旦缺少或忽视这个过程，这些研究的文本就只能成为一句句空洞的"口号"，假如生搬硬套，则必然陷入"教条主义"。第二，教育研究的客观性与教育实践的主观性矛盾。教育研究形成的文本是一种客观（或者说是"主观的实在"），而教育实践者的认识（过程）却是一种主观。换句话说，将文本转化为实践（策略）带有鲜明的主观性，它包含对研究文本的认识、理解和改造的主观体验与实践过程。教育研究作为一项静态的成果被开发的程度，不取决于研究成果本身，而且取决于开发者（具体实践者）对文本的挖掘及与自身实践观念的复合。第三，教育研究与教育实践的条件性矛盾。可以说，教育研究的成果（多数）面向的是群体性的教育实践，反映的不是研究的"个例"，它本身的存在是"无条件"的，而教育实践对于教育研究成果的应用却是"有条件"的，必须"具体问题具体分析"。举例来说，在某些发达国家的教育研究（例如美国公民教育和青春期教育）取得的教育经验，假如"生搬硬套"移植在中国，很可能会导致中国基础教育的混乱和失败，这就是国情不同。同理，根据各个学校和不同群体的特征，所有理论的运用都是需要条件限制的，要符合真实的教育实践情景，不能将理论"生搬硬套"。另外，教育研究在对教育知识的贡献方面有四项功能：描述、预测、解释、反思。这四个方面，是教育研

---

① 秦行音：《教育研究、教育的科学研究与我们的选择》，《教育理论与实践》2004 年第21 期。

究在知识积累过程中逐步达成的对教育政策、实践和观念的效果，教育知识是适时作用于实践的，因此，教育研究与适切性问题，不是一个简单地运用问题，而是需要知识的不断积累、转化的复杂性问题。

### 三 回到原点的理论反思：元教育研究尝试回答的哲学问题

在此认识的基础上，我们有必要来反思研究活动的本质——一种有关教育的哲学实践以及从事教育研究的实践哲学。作为一种专业实践，我们依靠的是按照一定的规则和理解来参与相关的实践工作，在这种实践中反思那些被我们所忽视的实践规则，以及先前对教育活动理解的本质，获得一种被我们誉为可贵的"实践智慧"（phronesis）。在反思的过程中，有能力对以往实践规则进行改进或调整，从而不断接受一种新的、自然的挑战，驾驭各种未曾预见性的活动情境——这便是实践哲学赋予教育研究新的哲学使命，让教育研究成为一种在实践视域下不断成长与创生的"特别的审思"（deliberations）。

在教育研究的特殊视域观照下，我们眼中的教育以及以教育活动为特殊对象的研究活动，其哲学的使命有着时代和地域的差别。在历史的形而上学以及当下科学主义的双重诘难下，实践哲学或许承担着一种更为复杂的使命，在与教育这个独特客体的相遇中，那种源于对生命实践"特别的审思"，仿佛令我们更为清醒；而中国的实践哲学，尤其是扎根于生活世界的真实的教育生命，对于我们研究意识和目的的关切就更为突出。然而，超越时空的限制，我们的研究亦有着许多共同的主题和问题，对于这些主题与问题的反省、审思，最终构成了我们对于教育研究元层次的哲学思考。

在本体论的层面上，我们关注研究的本质问题——教育研究的概念、性质、立场、分类乃至一切深入研究内部的特殊性因素的考察；在认识论的层面，我们关注教育研究的对象——如何获取教育知识及知识何以可能，如何面向教育实践，以及知识与实践的关系等；在方法论层面，我们力求系统的教育研究方法论体系的建立、澄清处于实用层面的方法与其哲学基础之间的适切性问题，以及教育研究的复杂性范式的重构；在语言论层面，我们关注教育研究的语言本质——语言是如何切入教育研究的，语言本身是在什么意义上与教育存在相遭遇、碰撞，教育实践者（教师）的语言与研究者的"语言"存在哪些差异，是什么让他们的语言游离于教育实践生活的语言之外；在价值论的层面，我们关注教育研究的价值基础——教育学科与其他学科、引进与创生的关系立场的问题，教育中事实与价值的区分，以及原创性教育研究何以可能等问题；在道德论的层面，我们需要建立教育研究的伦理谱系——伦理范畴、价值原则和道德规范，以及一个有"良知"的研究者应该具有的智力品质和道德品质……

在对教育研究一系列的元反思中，我们不断探讨着关乎教育特殊性的哲学问题——"人之为人"的存在基础、教育存在的尺度、教育的生命价值取向，以及教育研究的实践理性等。这一系列的追问，尽管不断地被后来者反思、批判和改写，但却是作为教育研究在历史发展与现实进程中的一个永恒性主题而存在，它带给我们思考教育、反省教育研究的立场和生成研究者实践智慧的哲学基础，成为以"教育实践"为指向的教育研究在目的、过程和方法上所涉及的核心问题。

有一种重要的哲学传统，它把我们带回到问题的原点，让我们鉴别和反思目的、过程、结论的价值以及行动的方式。在此意义上的教育研究就不是一个作为过程开展的教育研究，而是它自身作为研究对象需要我们去反思的教育研究。以此为命题的教育研究便不是一项技术工作，而是一项哲学的工作。然而，这项工作通常又是十分艰难的，它需要不断地对不同的概念进行澄清，例如，对"教育"概念的理解，它涉及一组概念的类型，需要我们反复斟酌，并对它们作出区分——或许这种过多的区分使教育研究者感到厌烦，同时，这种区分也在事实上为我们进行归纳设置了障碍，但是，这种思考却是极其必要的——看不到它们之间的区别，很可能就无法真正地理解"教育实践"，甚至会导致教育实践观念的混乱，这也正是哲学工作的复杂性。而那种试图把我们引向简单化、程序化的科学方式，我们可以用它来研究很多东西，但绝不可能是"人"——这就是"教育研究"的特殊性。

立足学科，面向教育实践，必须进行缜密的哲学思考，将"教育"放置到一个更大的背景之中，看到它所处的位置，理解它可能意味的极为深刻的价值使命。当然，那些"社会的实在"让我们习惯依赖于科学的理想——但不要忘了，"人"不是科学的主题，科学能够改变"社会实在"，却改变不了"人"。科学为我们提供工具、技术、理性，却不会成为我们所依赖的存在法则——因为，教育研究的本质不是"科学的"。因而，面向教育研究，我们应该建构的并不是一套完整而复杂的科学理论，而是帮助人们建立一种正确的行动观念——我们正在进行着一种怎样的工作？它对我们意味着什么？我们究竟该如何行动？这正是哲学意义上，我们需要反复思考和论证的课题。当前，教育研究的发展亟待建立一种新的教育研究哲学，即作为教育研究基础存在的对于教育研究自身的审视与反思。

当代中国教育研究分两种路径展开：一是沿着形而上学的路径登上教育理想的巅峰，另一种是置身教育情境叙述真实的教育生活，这两种路径形成了两批"教育专家"，前者为"教育学家"，后者为"教育家"。然而，他们却常常把我们带入事物的两端：在理论的一端，出于对"理想生活"的崇拜，"教育学家"的研究往往曲高和寡，致使理论研究处于远离生命实践和真实的教育存在的"阳春白雪"之中，教育命题常常陷入更深层次的矛盾与挣扎；而在另一端，"教育家们"又往往致力于教育"烹调术"的探讨，希望有一套供教师照搬操作的规范操作指南，以至于那些实践叙事变得冗长、烦琐而教条。对此，笔者认为，当代教育研究恰恰需要蕴生出这样一批"大家"，即具有高雅理论气质的当代中国教育家。教育研究应始终定位于服务实践、献身形下的形上思考（哲学思考）之中，而教育研究哲学应更为关注教育理论与实践的沟通、渗透与融合，在相互的检视与接纳中，走向沟通共鸣、求同存异的发展，这是教育研究哲学的基本立场。教育研究哲学的建构，其起点与归宿都应该是教育实践，但行走在路上的却是合符研究规则的教育研究哲学及其所建构的教育理论。在克服了以往教育研究人为地竖起两端，否定一端，成就另外一端的非此即彼的思维方式中，倡导一种多元并存的、并驾齐驱、求同存异、即此即彼的和谐方法论——这正是我们所期许和追求的教育研究哲学的重大使命！

# 第一章

# 视域与立场：
# 教育研究的本体论求索

所有活动都可以从不同视角进行考察和理解。毫无疑问，我们可以通过非教育的视角来理解教育活动，这要依我们研究的问题而定。因此，一个社会心理学家也可以对其在课堂上的所见所闻提供有趣的观察报告，但是这种观察与从"教育"角度的理解可能是毫无关系的。

————理查德·普林：《教育研究的哲学》①

## 第一节 教育研究的定义

给"教育研究"下定义是一件极为困难的事情。古往今来，研究教育的人无数，且涌现出了一大批教育思想家，然而，却很少有人能够明确地给予教育研究以准确的定义。究其原因就在于，当试图为一个极为复杂、笼统又至关重要的事物下定义之前，必须先要思考一些前提性的问题，如概念、性质、价值等。因此，想要理解教育研究，准确定位教育研究工作，就不能仅仅关注其过程和方法，而是要回到研究活动本身，即回归事物的原点去厘清教育研究相关的概念，预设教育研究的价值，从而反思研究活动的过程和方法，建立相应的行动准则——这是为教育研究下定义的必要前提。

---

① ［英］理查德·普林：《教育研究的哲学》，李伟译，北京师范大学出版社 2008 年版，第9页。

## 一 教育研究的特殊性

教育研究作为社会科学研究的分支，它有着社会科学研究的特征但又具有自身的特殊性，这种特殊性就是教育实践。可以说，教育实践是教育研究最直接、最根本的价值指向。如果我们仅按照社会科学的一般方式来从事教育研究、探讨教育问题，可能在效率上更高，也更具有精确性，但在一般社会科学的研究基础上获得的"教育知识"与"教育者"（教师）所必须了解的知识也可能毫无关联。教育实践有自身的知识逻辑，也有自身独特的行动视角，这种发现与社会学家、哲学家、经济学家眼中的"实践"很可能相去甚远。"教育学知识作为人类知识体系的组成部分，除了具有与其他学科知识相通的共性之外，还有其知识的特征。这种特征与它的知识生产方式、实践基础和理论表述形式有关。"①

很多时候我们会发现，"教育研究"是无所不及的。由于教育学学科自身的依附性②，各领域的研究者亦可以站在不同的学科立场和思维视角，运用不同的话语逻辑来任意"谈论"教育问题。这些研究往往与"教育"有密切联系，"从目前多学科渗入到教育研究领域的事实中就可以看出，教育并非教育学研究的独特阵地，社会学、经济学、政治学、法律学、文化学、人类学、历史学、哲学、心理学……都可以进入"③。而事实上，我们也都不加怀疑地拿来作为教育研究的产物，甚至认定，只要与教育（本质、现象或问题）相关的研究均属于"教育研究"的范畴，这乃是教育研究价值多元化的表现。对此，我们先通过不同的学科语言逻辑和视角对教育问题的讨论来展开我们可能相反的观点。

### 案例一：哲学语境与逻辑思维中的"教育"

#### ——周国平：《周国平论教育》④

我不在教育界工作，更不是教育家，怎么也来谈教育了呢？可是，在

---

① 宋兵波：《教育研究的性质是什么》，《教育学报》2006 年第 3 期。

② 这种依附性源自教育学创立之初赫尔巴特所奠定的学科理论基础：心理学和伦理学。教育学在整个的发展历史中，不断被其他学科所裂解，逐渐成为一门缺少独立性知识与专门术语的"寄生性"学科。对此，论文在第五章"教育研究价值"的相关章节中，进行了专门的论述。

③ 王洪才：《论教育研究的特性》，《教育学报》2005 年第 6 期。

④ 周国平：《周国平论教育》，华东师范大学出版社 2009 年版，第 1 页。

今天，目睹弊端丛生的教育现状，哪个有责任心的中国人不在为教育忧思？身受弊端的危害，哪个心力交瘁的家长不再把教育埋怨？那么，我也和大家一样，只是以一个公民的身份发表一些感想罢了。

当然，既然我是学哲学的，当我思考教育问题时，就一定会把这个专业背景带进来。我在哲学上做的工作，大量的是对人生问题的思考。不过，我相信，人生问题和教育问题是相通的，做人和教人在根本上是一致的，人生中最值得追求的东西，也就是教育上最应该让学生得到的东西。我的这个信念，构成了我思考教育问题的基本立足点。

人生的价值，可用两个词来代表，一是幸福，二是优秀。优秀，就是人之为人的精神禀赋发育良好，成为人性意义上的真正的人。幸福，最重要的成分也是精神上的享受，因而是以优秀为前提的。由此可见，二者皆取决于人性的健康生长和全面发展，而教育的使命即在于此。

……

### 忘记了课堂上所学的一切，剩下的才是教育

我最早在爱因斯坦的文章中看到这句话，是他未指名引用的一句俏皮话。随后我发现，它很可能脱胎于怀特海的一段论述，大意是：抛开了教科书和听课笔记，忘记了为考试背的细节，剩下的东西才有价值。

知识的细节是很容易忘记的，一旦需要它们，又是很容易在书中查到的。所以，把精力放在记住知识的细节，既吃力又无价值。假定你把课堂上所学的这些东西全忘记了，如果结果是什么也没有剩下，那就意味着你是白受了教育。

那个应该剩下的配称为教育的东西，用怀特海的话说，就是完全渗透入你的身心的原理，一种智力活动的习惯，一种充满学问和想象力的生活方式；用爱因斯坦的话说，就是独立思考和判断的总体能力。按照我的理解，通俗地说，一个人从此成了不可救药的思想者、学者，不管今后从事什么职业，再也改不掉学习、思考、研究的习惯和爱好了，方可承认他是受过了大学教育。

## 案例二：经济学语境与逻辑思维中的"教育"

### ——汪丁丁：《教育的问题》①

教育，始终是一个问题。在国内的经济学家当中，我或许较早探讨教育问题。探讨和思考是同时进行的，我对这一问题思考得越久，就越难下笔写这篇文章。我们现在探讨的，似乎主要不是中国古人探讨的教育问题，虽然那仍是一个问题。

首先，让我以最简洁的语言描述我们现代中国人深陷其中且不能自拔的教育的困境：当整个社会被嵌入一个以人与人之间的激烈竞争为最显著特征的市场之内的时候，教育迅速地从旨在使每一个人的内在禀赋在一套核心价值观的指引下得到充分发展的过程，蜕变为一个旨在赋予每一个人最适合于社会竞争的外在特征的过程。

说我们的社会被"嵌入"市场之内，这一说法隐含着某种无奈。也就是说，我们这个社会，历史地，大势所趋地，似乎毫无觉悟可能地转入西方"市场社会"的演化路径上，同时又无法摆脱我们数千年浸淫其中的"家庭本位"教化传统。市场社会价值体系的核心是"个人"及其权利，这一体系其实很难融入以"家庭"为核心的传统中国社会的价值体系。

只要你探讨得足够深入，我认为，你肯定会意识到中国孩子们的上述的这种困境。教育的问题，我相信是由此开始的。大致而言，每一个孩子，从他还在母腹里的时候，上述的教育问题就开始了。

首先，如果这孩子的父母是已经充分地市场化了的"理性人"，那么他们会根据孩子将带给他们的效用来决定他们在孩子身上的投资数额，不应太多，也不会太少。以中国转型期社会最普遍的折现率（下限10%，上限35%或更高）的下限估算，孩子必须有希望在父母中年时期给父母带来足够高的效用。否则，父母抚养孩子到成年所支付的开销就不能得到令人满意的回报。这一折现率的上限导致更可怕的人类行为——"弃婴"。因为高达35%的折现率要求孩子在儿童时期就为他们的父母带来令人满意的回报！在西方稳态社会里，最普遍的折现率不会超过5%，因此，孩子们只要有希望在他们父母老年时期带来足够高的效用，在他们身

---

① 汪丁丁：《教育的问题》，《读书》2007年第11期。

上的人力资本投资就是合算的。

　　上述两个案例中，我们看到了不同的学科立场与话语逻辑中对"教育问题"的思考。从这种关注可以看出，教育问题已经成为各个领域共同关注的有意义的话题。不同领域的研究者都怀着对教育特殊的理解和信仰，试图去揭示、发掘教育可能隐藏的深层次的内涵及行动规则，其中，不乏诸多深刻的见解。然而，尽管所有的活动都可以从多种角度去认识、考察，但考察本身却是由研究的问题所规定的，它受到研究对象本质的制约。在此基础上，任何一种研究都存有某种"界限"，用以区分那些看起来类似的却从根本上无法把握的矛盾的现象与事实真相之间的问题本源。

　　当教育研究依靠外部立场的言说去试图向教育的本源靠近时，这种"揭示"很可能脱离了真实的"实践"问题，进而离教育自身越来越远。那些看似精辟的、清晰的表述（例如"教育就是生产力""人口资源要转换为人力资源"等结论）背后，我们需要进一步去思考——它在什么情况下是合理的。或许，在经济学的意义上，它可以作为绝对的真理促使人们去揭示它的"成本计算法则"，但处于不同的价值视角，它很可能就是违背了基本价值规律的、人们必须避免的"价值认识"。人难道仅仅是生产力吗？人的价值可以用"折现率"来计算吗？在哲学的视域教育的价值仅仅是"幸福"和"优秀"吗？我们怎样在真实的教育活动中去衡量一个人是否"幸福"或者已经存有了某种"优秀"的习惯？因此，当我们站在真实的"教育实践"的特殊维度上，这一切的谈论、关注和结论看起来都是缺乏"真知灼见"的——因为，它并未对改善我们的"教育实践"作出任何贡献。在此基础上，"教育实践"是衡量一切教育研究"有效性"的根本标准。"如果任何关于教育的言说都可以称为教育研究的话，那教育研究就没有什么特殊性可言了，如果试图在此基础上建立一个令众人信服的教育学，当然就更没有指望了。"[①]

　　然而，在真实的教育研究现状中，那些"不同论调"的思考和论述往往是我们司空见惯了的，甚至引以为豪的、代表了教育研究丰硕成果的"证实"。教育研究被一个无限扩大的边界领域的知识所充斥——它可能与教育相关，也可能与其他社会科学积累的知识相关，但这并无碍于教育研究成果的"丰硕性"。在这无限扩大的知识边界中，我们不禁有了深层

_____

　　① 王洪才：《论教育研究的特性》，《教育学报》2005 年第 6 期。

次的担忧①：

> 教育哲学，主要是哲学家做的；教育社会学，主要是社会学家做的；教育经济学，主要是经济学家做的。哲学家做教育哲学时，对教育学家的哲学构思是不感兴趣的；社会学家做教育社会学时，也常常无视教育学家描述的教育事实；经济学家做教育经济学时，更觉得教育理论变迁的细节无关宏旨。教育理论，在哲学家、社会学家、经济学家、语言学家的视界之外。

> 教育学家则不同。这些年的大趋势是，越来越热衷于"舍其田而耘人之田"（对这种现象，孟子代表时人，作过一个不雅的评价）。常见论者同时运用哲学、社会学、人类学等来做"教育研究"。说实话，我真的不明白，所谓这些"学"，为什么会轻而易举地为教育研究者所用？可能的情况：一是这些所谓"学"，比"教育学"易懂易弄。若非如此，并非主修这些"学"的人，用起它们来，怎么如此驾轻就熟？二是这些所谓"教育研究"，都是"综合判断"，不是"分析"陈述。若非如此，单一（哪怕宏伟）研究，如何"综合"得了诸哲学、诸社会学、诸人类学……不仅它们之间不便综合，就是它们之内，也以相互冲突为常。

> 当教育学家像别的"家"那样，把教育理论排除在自己的视界之外，以推进别的"学"的变迁、展示别的"学"的力量时，助人为乐、舍己为人的高尚，就蔚然成风了。于是，别的"学"的竞相取用之茂盛，与教育学的无人耕种之荒芜——盛景与败象，形成了强烈的反差。但别的"学"是否领这份情，还不一定。说实话，人家未必需要，人家未必相信。看来，可能还是安分守己、优游自宁稳妥些。

教育学者对于教育理论自身的"无视"和"模糊"，使我们感到不安和彷徨，在教育研究边界无限扩大和多学科广泛介入的"教育学"发展的今天，我们需要为教育研究划分一个领地，需要对"教育话语"的方

---

① 参见王涛《追寻教育的语言基础——一种交际民族志学视野》序言，广东高等教育出版社2011年版，董标作序，序第2—3页。

式作出澄清，即"分别一下哪一个是教育的，哪一个是非教育的，哪一个可以归类为教育学科类的，哪一个不能归之为教育学科类的。如果不去区分，就难免造成'规模上的浩浩荡荡，而质量上的良莠不齐'，"① 更甚者说，可能导致"学术权威"被一种"政治权威""行政权威"或"名人效应"所替代。直至我们发现，每个研究者都主张自己的话语权力、强调自身话语的独特性，学术的卓越与实践的困境互不相干，理论的追求与教育实践割裂而行，直至教育研究内在结构变得支离破碎、意见"五花八门"而无所适从的时候，方才意识到学科的独立性问题，进而开始反思：教育研究到底应该做什么？为什么一直解决不了实践的问题？更有悲观的学者提出了"教育学即将走向终结"的论调。

那么，教育研究的分界点究竟在哪里？当我们的研究话语要求我们用政治化、商业化、社会化术语思考教育问题的时候，就形成了一种新的关系体系，这种思考和描述，把我们的教育活动变成了其他活动，并改变了价值的判断标准。因此，我们需要去澄清教育研究的特殊性内涵：即只有教育研究与教育者开展的具有"教育性"特点的活动相关联——即与"教育实践"相关的时候，它才被赋予了"教育性"，进而进入教育研究的视野，在真实的以"人"为指向的教育活动中，以"教育学"的方式去思考和试图解决可能存在的关于教育的现实或本质的问题。在此基础上，"教育实践"是教育研究的根基，教育研究在任何的情况下，都应该把那些深刻影响到教育实践本质的因素（例如"人的发展""教学活动""学习活动"和"师生交往"等问题）作为具有核心价值的观察点，进行思考和澄清。

正如上述案例所呈现出的问题，一个经济学家、哲学家甚至是物理学家都可以对教育问题进行观察和说明，也可以为教育研究提供数据和他们有见解的分析报告及建议，但这种建议基于教育研究的效度和信度是需要教育研究者进一步去区分和判断的——即它们是在何种意义上去讨论人？在多大程度上影响了人的发展？它们是以何种方式来改变教育实践的？等等，这些问题是教育研究在本质上需要去进一步澄清和判定的问题。因此，教育研究阐释的必然是教育的世界，否则，那就不是在研究"教育"，而是研究别的东西。当前，"我们如此痴迷于'成本效率'和'效

---

① 王洪才：《论教育研究的特性》，《教育学报》2005 年第 6 期。

益'的重要性，以至于看不到恰恰是我们所研究的事业（enterprise）的本质已经被重新定义。当学习者成为一个'客户'或'顾客'时，在学习者共同体中的传统学徒身份就再也没有容身之地。当'产品'被分解成为可以测量的'指标'，而'成就'可以通过这些指标进行'审核'的时候，那么，'努力去理解'或者异乎寻常而又具有创造性的反应（creative response），也就变得不为人们所重视了"①。教育研究就是这样一种东西：与我们的教育实践密切相关，它直接指向"人"，关注那种由教育者参与的、与教育性活动相互关联的、以师生关系为基本关系结构的研究活动。

## 二　教育研究的概念系统

对于教育研究特殊性的认识，有赖于一个准确的、系统概念的提出。对于教育研究中所隐含的"教育性"的理解，需要我们去反复推敲"教育"一词的真实含义，同时为什么教育研究需要聚焦于"教育实践"，也正是我们试图去理解"教育"这项特殊活动的行为动机。从广义上说，"教育研究"包含了两个概念："教育"和"研究"，前者给定了后者的目的、内容，又确立了后者的价值和立场。可以说，"研究"的本身在于"过程"，它是动态层面的表达，而研究的目的和质量则隐藏在"教育"一词之中——"教育"预设了"教育研究"全部的价值，规定了教育研究的质量之本和逻辑规则。因此，对"教育"概念的澄清，是确定教育研究范畴、视域、立场及价值的关键。教育研究的概念系统首先需要澄清"什么教育"，进而才能去深刻理解"教育活动"，把握教育研究深层次的内涵，在此基础上，建立教育研究的"问题域"和"概念群"。

（一）逻辑与推理：为"教育"下定义

为"教育"下定义，是为了避免研究中的分歧。然而，当我们试图去界定"什么是教育"的时候，实际上已经潜在了某种危险——下定义本身表现出一种"二律背反"的逻辑：第一，论证的结果在下定义前已被预设；第二，一旦得出结论，是不容置疑的。为事物给出"定义"是一种预先的决定，隐含着下定义者"预设的价值"，定义一旦形成，便成为一种"确定性"的知识存在，其结论是不容更改的。然而，"教育"这

① ［英］理查德·普林：《教育研究的哲学》，李伟译，北京师范大学出版社 2008 年版，第25 页。

个概念，一直是本质上存在分歧的概念，"定义者总是从某一视角提出对教育的理解。有的从教育现象的角度，教育是一种社会活动；有的从教育目的的角度，教育是培养人的活动；有的从内容角度，教育是传递生产经验和生活经验的活动；更有论者从人的生长的角度，认为教育即生长"①。因此，我们很难以一种普遍认同的方式给出它较为准确的描述，或者说，根本无法用一个简单、横向的命题去揭示它可能存有的丰富的内涵。因此，"教育"一词的表达，很可能并不仅仅是作为一个孤立的问题而存在的概念，而是包含着诸多联系在一起的、相互支撑的概念交织于一身的"问题类型"。这一类的问题可能包含"教育是怎样的""它何以如此"以及"应该怎样"等一系列问题的思考与追问。

很多时候，我们对"教育"下定义，是从不同的侧面对"教育自身"进行追问的过程。因此，"教育"这个概念并不如我们曾经看到过的那些定义本身那么清晰。在难以捉摸的"价值取向"的背后，"什么是有教养的人"和"什么教育是好的教育"等这些对于"教育"自身来说十分重要的问题，事实上却是很难简单去解释和判定的。如此，我们就需要考察"下定义"的方式，即需要在研究过程中对于两种情况作出澄清：第一，"教育"的一般用法的澄清；第二，"教育"不同使用方式的澄清（重要的是价值判断意义上的评价）。进一步来说，需要我们在教育研究中同时考虑属于纯粹概念（一般意义）之上的"教育"和不同境况（场合、语境、价值立场的观察角度和方式）之下的"教育"在行为和结果上的不同。

依据这个标准，我们为"教育"下定义有几种方式：

1. 规定性定义（the stipulative definition），即使用某个特定概念，用精确的没有歧义的术语来"规定"它的意思和使用范畴。例如，我们常常把"教育"指向一个专门对象或场合，此时，它就表示某些特定的活动——在学校这个特殊场域发生的活动或一种专门从事教育工作的活动。因此，我们把"教育"和"学校教育"作为同一的概念，进而将"教育"定义为：在学校发生的、和学生学习与教师教学密切相关的师生互动的活动，这个定义就在规定性的语境中对"教育"进行了特指。在很多情况下，"规定性定义"是和"描述性定义"（descriptive definition）混合使用

---

① 顾明远：《对教育定义的思考》，《北京大学教育评论》2003 年第 1 期。

的，用以概括和界定概念对象在可能的情况下进一步存有的特殊性，从而区分教育活动与其他活动在本质上更为复杂的区别。

2. "操作性定义"（the operational definitions），即在实际的、具体性的操作层面，给出一个精确性的行动规定，这种"规定"必须是没有歧义的，同时需要进一步明确适用于它的范围、使用它的标准及可能会涉及的行动中的相关问题。例如，测量学生的"智力"，教育心理学家就需对"智力"一词（包含智力的标准）进行规定，典型的还有当前对"专业化教师"（包含教师专业标准）的定义，都采用了这种"操作性"定义的方式。

3. "纲领性定义"（the programmatic definition），即对于"教育"应然层面的表达——它并不是对教育当下状况（真实性）的描述，而是对于教育理想状态的期许。例如，教育是实现人全面、自由发展的过程和手段，这个定义就表明了教育可能性的作用和价值，为人们预设了"好的教育"应该存有的价值标准。因此，我们也常常把那些"好的"教育活动（或教学）用来当作对"教育是什么"的合理性解释。

针对以上对"教育"下定义的几种方式，我们需要作进一步的思考："纲领性定义"是在学科的意义上探讨"教育"的概念，这种探讨所赋予的是"教育知识"永恒的价值和终极的指向。例如，教育是改变人的社会实践活动这个纲领性的定义，我们会在普遍的意义上形成三种对于"教育"的判断：第一，教育是一种实践活动而不是一种社会观念和社会运行规则；第二，教育这项实践活动与其他实践活动（如生产劳动、社会交往、艺术创作等）的区别在于它是直接指向"人"的，其他实践活动或许也涉及人的问题，但它们关注的是人与物、人与社会或人与自然的关系，并不直接以"人"为目的，它们关注的世界是"人"参与下的自然世界或社会世界；第三，教育的目的不单是认识世界、解释世界，更重要的是要通过改变"人"来改变世界，在此基础上，"教育"就不是一种简单的活动，而是一种创造性的活动，它的价值在于创建"新人"。这是作为一个纲领性定义为我们描述的关于"教育"自身的应然性认识，它在普遍性的意义上帮助我们区分了"教育是什么"而"不是什么"，"教育能做什么"和"应该做什么"等基于价值层面的判断。

然而，这种判断自身或许也会存有一些问题：第一，那些被作为"好的教育"的价值标准是怎样建立的？换句话说，这些教育活动"为什么是好的"？它们是基于"什么标准"被挑选出来的？除了这些标准之外是否还有其他的标准存在？等等，这一系列的悬而未决的疑问随之而来。第二，所谓的"好的教育"究竟该怎样达成？换句话说，我们究竟该怎样行动？正如前面所言，"教育"的概念所包含是一个问题类型，我们不仅需要知道它"应该是什么"，还需要知道现实中"它是怎样的"以及"它应当怎样去做"。因此，纲领性定义只回答了"是"的问题，并没有回答"做"的问题——往往当我们面对教育实践的拷问时，"是什么""应该是什么"这些追问并不能够帮助我们来完成"好的教育"的行动过程。因而，为了能够进一步实现"纲领性定义"，我们还需要借助于"操作性定义"的方式，也就是明确"使用的标准"，使"操作性定义"进一步转化为能够在实践中得以操作的"行动规则"。例如，对于什么是"专业化教师"，我们假如仅给出一个"纲领性定义"，并不能让它易于鉴别，而此时加入一个"操作性定义"——为其设定一个具体化的"标准"①，这就使原本的"纲领性定义"具有了在实践中的可行性。在标准的设定中，我们不但要提出"这些标准是什么"，还要对"如何达成这些标准"作进一步的说明，甚至在某些情况下，还需要对于"教师"作出明确的划分——例如不同阶段（幼儿园、小学、初中、高中、大学）教师在"专业标准"中的特殊性等。这种"操作性定义"，会使我们对于一个"好教师"的理解更为具体和清晰，对照"纲领性定义"，"什么是好的教育"也呼之欲出。然而，一个概念和概念（经验）表达的语词，往往只能在概念组成（或体系）结构中才能被理解，在它与相关概念的逻辑关系中才能够进一步澄明自身。因此，使用"教育"一词有多种方式——它有时指"教师"，有时指"教学"，有时又用来指"教育学科"，因而，我们没有办法把关于"教育"可能存有的理解全部都转化为某个具体的操作性定义——而在某些时候，语词和概念的复杂性或许还会导致我们所依赖的"操作性定义"自身变得毫无意义。此时，就需要我们进一步为"教育"划定一个场合，使"教育"这项行动起码在这个场合（如学校）是这样被理解的。在此基础上，就需要借助于"规定性定义"，把"教育"

---

① 2012年教育部公布了《教师专业标准（试行）》，这就在"操作性定义"的层面对"专业化教师"进行了具体化的阐释，同时，还对不同的教师进行了划分，进一步明确了幼儿园教师、小学教师与中学教师在专业对象上的区别。

指向某些特定的活动（如教学活动），从中将那些"好的"实践活动（如教学过程中教师积极地引导学生主动获得知识的活动）挑选出来，作为判断"好的教育"和"教育是什么"的标准。

以上三种定义在使用过程中，其实还存在一些问题，如"特殊语境"的问题。词的意义在于它的用法，因为不同的语境中每个词的用法都具有复杂的逻辑关系，语词的作用不仅在于表述中的定义，还在于经验中的使用。在我们说"教育"的时候，我们需要看它使用在哪种语境和经验之中，需要有一种基本的价值判断。正如上述谈到的，我们认为的一些"好的活动"为什么是"好的"？假如我们看到的完全是一种知识的灌输和重复性的思维训练，而周围的人依然把它作为"好的"标准来使用，此时"教育"自身也就变得毫无意义了。对此，为"教育"下定义不仅要达成概念与概念之间的一致性，还要达成语词在经验使用中"价值取向"的一致性，需要有共同的价值预设。另外，在语词开放性的使用过程中，我们还要考虑与此不同的历史背景与理解方式，因为很可能一个语词存在着不同的"歧义"。例如，"教育生长说"，从夸美纽斯到杜威都认为"教育是一种生长"，而同样的"生长"却有不同的说法。夸美纽斯认为人的天赋是上帝创造的，睿智、德行、勇敢和虔信这四粒种子是"自然存在于我们的身上"，教育则使这些种子发芽生长[1]。而杜威的"教育即生长"是从实用主义经验论出发，认为"教育就是经验的改造或改组。这种改造或改组，既能增加经验的意义，又能提高指导后来经验进程的能力"[2]。很明显，两种"生长说"在对"教育"理解的观念上，存在着很大的差异。夸美纽斯的"生长说"带有极强的宗教色彩，认为人的原始本能是被"赐予的"（上帝），而教育的功能在于叫它显现出来（即生长）；杜威的"生长说"则是建立在儿童的经验之上，虽然他也承认经验需要以人的自然禀赋为基础，但经验却是人与外界（环境）相互作用的结果。因此，当我们持一个观点或是批判一个观点的时候，需要对这个观点进行语词意义的考察，追溯不同说法的不同思维传统，要弄清楚它们在本质、目的和价值上的区别，这正是教育研究在哲学层面进行概念澄清的目标和旨趣。

---

① 顾明远：《对教育定义的思考》，《北京大学教育评论》2003 年第 1 期。

② ［美］杜威：《民主主义与教育》，人民教育出版社 1992 年版，第 159 页。

　　归根结底，教育的定义与使用应当关注研究对象的"话语逻辑"，理解语词在话语逻辑中的"潜规则"。当我们谈论一个活动是否具有"教育性"的活动的时候，要把概念化的定义和对个体经验评价的特定情景都考虑进去，并进一步解释说明"教育性"背后依据的价值取向以及可能存在的实际问题。往往，"教育"一词争论的核心是其背后隐含的价值问题。例如，有些人认为教育的作用在于"求知"——即"获得真理"，而有些人则认为"求知"仅仅是过程，其结果是为了达到"至善"——即人的道德追求和审美体验；另外，很多大学在必修课程里都去掉了"语文课"，把"英语"的比重加大，将其放置于公共课明显优先的位置，然而，为什么如此推崇外来语种而忽视母语，无论课程规划者抑或课程实施者都没有很好地进行说明。这就表明，人们在诠释"好的教育"的时候，更多地是对"教育"所存有的价值倾向，甚至说是一种"价值偏好"。以往诸多的教育问题（如科学教育与人文教育的问题、科学教育与艺术教育的问题等不同的倾向性），都是研究者的价值偏好，好坏的标准也只不过是在价值观念上的分歧而已。

　　（二）分析与判断："教育"概念的澄清

　　既然教育活动是一种"特殊的活动"，那么，它与"非教育活动"的区别在哪里？按照"生长说"的观点，我们可以作出一个基本的判断：凡是促进人"生长"（growth）的那类活动都可以被称作教育活动。反之，阻碍人"生长"的活动（或是经验）就是非教育的。例如，"灌输"（indoctrination）和"训练"（training），阻塞了学生的发展，让学生丧失了创造性，停止了思考，失去了学习的兴趣，这种对于学生灵魂的'扼杀'就不是教育的活动。然而，"生长"进一步表达的是"人的发展"的问题，那么，人的发展又包含哪些？归纳起来，除了身体，就应该是发展学生知识的理解能力、判断能力和知识的转化能力，更重要的是知识对人思维和智慧的影响力。在相反的方面，那些对人的发展起到限制作用的活动或是严重阻滞人发展能力形成的活动都是非教育的活动。在此基础上，我们可以进一步理解：教育关注的是人的生命质量，教育活动需要建立在学习者的经验之上，关注学习者内在经验的"生长"，从而沟通他们的经验世界同外部公共世界之间的联系，使二者相互作用，进而实现经验的转化，帮助他们去理解外部世界，在更深层次的交往中，促进教育与人、教育与社会的共同"生长"。

基于上述观点，我们对于"教育"概念的澄清，需要深入理解两个问题：第一，教育与"学习者"的经验和能力提升有关，它关注学习者的"经验质量"，一个活动是否具有"教育性"是由学习者的"经验质量"决定的，教育关注的是学习品质的高低；第二，教育无法依靠某个"确定性"的概念得以澄明自身，教育概念的表述必然要求它是作为一种"评价性"或"判断性"的概念逐渐"去避"的过程，因此，这就需要我们通过进一步的价值判断，将那些"好的标准"筛选出来。以此为前提，我们所理解的"教育"起码应该包含以下三个特征：

第一，教育是引起学习的活动。"学习"是教育活动的核心概念，我们以往关注于"教"，把"教"作为教育的关键词，而忽视了真正的教育是与学习者的角度保持一致的，目的也是促使学习者获得一种较高的经验质量。在这种理解的偏差下，以往教育研究工作常常集中在教师是如何"教的"，关注"教的质量"，关注教授的方法和技能，将教育研究长期聚焦在教师身上，却把学习者视为"教"的产品，忽视了学习者的经验创造对于教育自身来说意味着什么。

第二，教育是一种评价活动。我们说哪种学习是有意义的，哪种学习被认定为是能够提高经验质量的，都需要我们作出评价。教育研究常常在很多问题上各抒己见、争论不休，归根结底是对"教育"概念的分歧，因为他们对于"什么是好的教育"以及"什么是完善的人"存在不同的理解。我们说，教育是培养人的学习能力、思维能力和创造能力的活动，那么这种"能力"究竟是什么？哪些知识能帮助我们获得这些能力？对这些问题进行追问的过程本身就是对"什么知识最有价值"（斯宾塞）的判断。而往往教育研究所争论的问题就是从学生应该获得"哪些知识"开始的。这就需要我们进一步对"价值"的问题作出判断。

第三，教育是一种价值判断。从自身的维度，教育是指向"人"的实践活动，然而，"观察哲学史不难发现，从文艺复兴、启蒙运动直到现时代，人的实在及其属性几乎被用遍了。文艺复兴时期是性感肉体的人，启蒙运动中自由主义提出的是作为生命、自由、财产主体的人，卢梭的人是具有良知决断自我负责的情感主体，理性主义所提出的人是作为知识主体的经验的人（经验论者）和理性的人（唯理论者、康德、黑格尔），马克思的人是展开在社会层面的劳动人，叔本华的人是体现生存意志的人，尼采的人是作为不断超越的人，实用主义的人是讲究效用的人，现象学的人是与'生活世界'相关的意识的人，弗洛伊德的人是作为性本能的人，海德格尔（早期）和萨特的人是情绪的人，舍勒的人是具有爱感的人，维特根斯坦和哈贝马斯的人是使用语言的人，等等①。面对如此之多的"人"的形象，我们不禁感叹："人"理解之间的差别之大、"人"自身之复杂、"人"内涵之丰富，都让我们感到"人"之悲哀、人存在之危机以及教育在"人之为人"的使命中的艰难。教育是关注于"人"的，并且直接指向"人自身"的活动，而教育面对如此之多的"人"的不同形象，究竟这"人"意味着什么？人的"生成"和"发展"的方向（即人自身的建构）在哪里？——这些对"人"的不同的理解使我们困惑，可以说，存在如此多的"人"，我们所能把握的"人"的概念并不是愈加清晰，而是更为模糊，"人"的概念并未建立起来——换句话说，目前，我们对"人"的认识仍然处于理想的建构之中。从过程的角度来看，对"人"自身建构的理想也正是教育所追寻的"目标"，那些正在形成中的"人"的各种形象正是教育未尽的研究使命和行动目标——因为在本体论的角度，人是作为生成中的人的哲学本质恰好迎合了教育的终极目的，即教育指向人的生成和发展。在此基础之上，以"人"的超越性为前提，从社会、历史及人自身的存在视角全面地把握"人"，对"人"进行价值的预设，从而创造"新人"，这是教育最为本质的目标和行动使命。

　　另外，在活动的视角，"什么知识最有价值"常常是和"什么是有价值的学习"联系在一起的。我们说，教育是促使人"生长"的特殊活动，那么教育的价值就应该在"使人成人"之上。然而，教育"使人成人"还不足以区别教育活动与其他活动，那么，教育对人发展所做的特殊贡献就应该在于"使人成为不同以往的人"。"不同以往"就意味着教育的特殊性，把它指向了"另外一种学习"，这种学习改变了人以往的习惯和眼光，使人获得了某种新的经验，进一步说，它改变了人的生活，促使人在改变自身的同时，改变了世界。可见，思考"教育"是相当困难的一项工作，而要使教育研究变得有效却只能建立在对"教育"原点的思考之上，需要对"什么是有教养的人"或"什么人能称得上完善"作出价值的判断——哪怕这些讨论更多的是伦理层面的。因而，我们在经验和获得

---

① 程金生：《从知识逻辑到问题意识——论价值哲学的视野转向》，《学术研究》2003 年第12 期。

经验的过程之间，需要从人的认知、理解、信念和技能等不同方面来判断它是否是"完善"的。

　　然而，令人惋惜的是，我们当前的教育研究，在面对一个个真实的人的时候，常常采取一些简单的方式，更乐于借助一些标准化的"工具"来量化对"人"的评价，而回避有关价值的问题。在被量化了的、代表了一个个没有任何差异的"人"的"表格"和"曲线"的结论中，我们看到的是被堆砌在角落里的一张张没有生命的"物品单"，这些单子上的"产品"在"生产"的过程中是怎样的，却是常常被忽略不计的。尽管这些数据更易于显示出某种预设的结论，但可以肯定的是，"教育（更）尊重个人理解和领会经验的责任，承认这种责任会以不同的方式塑造人，当然它并不生产某些研究工作者所喜爱的标准化成果"①。

　　第四，教育是面向教育实践的。教育可以在日常生活中进行，能够"从经验中学习"，但一般意义上"从经验中学习"（educated by experience）与"教学"（teaching）却是两个概念。而恰恰"教育"的特殊性，正是出于这种区别之中。尽管社会教育、家庭教育、社区教育和一些非正式场合的教育也是一种有益于人发展的活动，但它们在引导人获取知识和实践能力方面是极为有限的。因此，教育更多指向的是那种特殊的（或者专门的）实践活动，这种活动与教育者和学习者共同建构的活动密切相关，换句话说，教育在本质上是指向教育实践的活动。因此，除了对于教育学科（教育普遍性知识）本身的思考之外，我们的教育研究应该关注于"教育实践"这项特殊的活动。以往人们对于教育研究的批评，以及事实上理论和实践的分离，正是由于人们对"教育活动是怎样一种活动"没有加以反思——"教育"一旦没有了特殊性，自然就没有了"边界"；没有了"边界"自然就没有了真实的"研究对象"，而当教育研究并不知道它自身与其他研究的区别在哪里的时候，它又怎能获得赋予教育以价值的正当性？

　　（三）功能与范畴：教育研究的问题域与概念群

　　当我们系统反思了"教育"的概念之后，对"教育研究是什么"以及"什么研究是有价值的"似乎已经较为清晰了，可以说，对教育研究

---

　　①　［英］理查德·普林：《教育研究的哲学》，李伟译，北京师范大学出版社 2008 年版，第 15 页。

的理解与对"教育"的理解是息息相关的。假如"教育"是一种经过正式规划和引导来引起人学习的活动，并且这种学习是有价值的，这种价值的核心又在于为人提供了某种正确的知识、理解、能力和信念，并且通过改变人而改变了世界，增进了人类的福祉，帮助人实现了一种完满的生活，那么，这种认识也正是对"什么研究最有价值"的判断。理解了这一点，"什么是好的教育""什么使人更加完善""哪些知识最重要"以及"学习者应该接受哪些训练"等命题就应该成为教育研究本身潜藏的对于知识标准的基本判断。从某种意义上说，教育研究的作用也恰恰在于对这些问题的思考与争论之中。基于此，我们或许会进行一种不同于以往的反思——当前我们对有关"课程的知识""教学的活动"所要求的一切，真的是人之"生长"所必需的吗？尤其是我们习以为常的技能和训练，它促使了人哪些方面的改变？我们在为"人"的完满生活做准备的途中，教育做了哪些可能性的贡献？反过来，解决这些问题又需要学习者具备哪些知识和能力？与知识与能力相关的因素又有哪些？……这一系列的追问，把"阐明教育活动、对实践做出判断和评价"的教育研究的主旨揭示出来，使教育研究在探寻学习者经验和教育活动中具有了特殊的内涵和实用的价值。正因如此，"研究"这个词的本义——"为了知识进步所做的一切系统的、批判和自我批判的探究"① 被呈现出来。

"教育研究是什么"同"教育是什么"一样，并不是一个孤立的问题，而是一个问题的类型，它包含了教育研究的概念、对象、结构等一系列的问题集合。单从内容的角度理解，教育研究涵盖了所有教育知识的范畴和教育实践的过程，并遵循着它们之间一个客观的关系法则：所有的教育知识都必须是用来直接或间接地改变教育实践的。因此，教育研究就有了两个基本的对象：教育知识和教育实践，它们分处于教育理论和教育实践两个维度。理论与实践之间并不是相互独立的，而是并行交叉、相互依托、互为条件的。在知识维度，我们需要对教育实践、教育学科、教育研究自身进行反思，建立有关"教育"知识的完整体系；在实践维度，我们需要对"人"认识的基础上，关注人的发展，确立一个"全面发展的人"的实践图景，从而关注人的学习活动、教学活动以及师生交往等和教

---

① ［英］理查德·普林：《教育研究的哲学》，李伟译，北京师范大学出版社 2008 年版，第7 页。

育实践密切相关的活动。（见图 1-1）因此，"教育研究是什么""它应该是怎样的"与"教育是什么"以及"教育应该是怎样的"处于同一个起点。当教育研究面向自身的时候，首先需要叩问"教育"的自身，关注让教育得以存在的教育实践的质量。因为，只有在真实教育实践中孕生的问题才真正是教育研究的"真问题"，那些远离实践或根本不去深入思考"教育是什么"的研究，只能站在个人的立场上"自我言说"，只能是对于"教育"的空谈，它在本质上是解决不了教育实践的真实问题的。

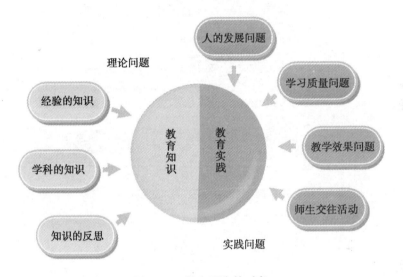

**图 1-1　教育研究的对象**

在整体上看，教育存在三种事实："自然的教育事实""科学的教育事实"和"纯粹的教育事实"①。自然的教育事实来源于教育实践本身和人们在经验它时所产生的教育事实；科学的教育事实是通过一些科学的操作步骤，经过科学的发现获得的教育事实；纯粹的教育事实是从哲学的高度通过对"教育现象"的还原得到的教育事实。这三类教育事实构成了"教育存在"的一个完整的图景，而教育研究的任务就在于在这三个不同层面的表达之中——该以何种方式，去发现、解释和重构有关教育的这些"事实"。因此，在功能上，教育研究具有了四项基本功能：描述教育现象、解释教育行为、改变教育实践和批判教育事实。教育研究既需要关注教育知识的建构，追问"是什么"；又需要关注对于教育实践行为的解

---

① 参见申仁洪、黄甫全《教育研究科学精神的建构》，《教育研究》2005 年第 9 期。

释，反思教育"应该是什么""何以如此"；继而，作出事实与价值的判断，得出"应该怎么做"的结论，以改进教育实践。（见图1-2）

图1-2    教育研究的概念范畴

## 第二节    教育研究的立场

教育研究该秉持一种怎样的学科立场来面对实践，是教育研究哲学探讨的另一个核心问题，然而，这个问题只能从"教育学"那里来追溯。"尽管有关教育的研究可以有多个学科的立场，但其他学科从自身的视角对教育进行的研究，并不能代替教育学自身的探索。而学科不仅仅是某类知识的汇编，而且暗含着思考问题和看待世界的独特方式与视角。因此，我们需要对各门学科的性质定位、学科知识暗含的思维方式、研究视角、前提假设及其学科涉及的问题领域、核心概念等进行比较分析，并从中辨析出教育学（学科）的基本立场。"[1] 在此基础上，教育研究意味着怎样一项工作，与教育学到底是一门怎样的学科密切相关；教育研究该具有怎

①  鲍同梅：《教育学方法论的内涵及其研究视角》，《华东师范大学学报》（教育科学版）2008年第1期。

样一种立场，也同教育学这门学科母体相连。这里的"教育学"，指的是一门相对独立的学科；而"立场"，则是指"教育学"这门学科在进行研究时的立场。有人说，教育学无立场，因此教育研究也无立场；有人说，教育学属"社会科学"，社会科学的"科学"本质自然也是教育研究的本质，因此，"教育研究的灵感和驱动力是科学的，它采用的方法因而也是科学的，自然，它希望得到的结果是自然科学所希望得到的结果。可是，既然如此，它为什么不可以是关于社会的一门科学呢？更具体地说，它为什么不是有关学习的科学或者有关教的科学呢？"① 问题又回到学科本身，需要从学科立场上来回答有关教育研究的特殊性问题。

## 一　教育学的学科危机

在教育学跃进式发展的今天，我们越来越深刻地感受到了教育学本身源自内部散发出的危机和令人担忧的现实，许多从事教育研究的学者正面临着一个失去自身研究对象和改变研究价值取向的问题——这是我们应该警醒的。教育学的不断发展，使我们处在一个多元的、复合的价值观念与行为世界之中，我们应该做的是去思考教育学丢失了什么，为什么发展了却逐步丧失了研究的本体和研究的自我，而不是沉浸在多元的时代中欣喜或不知所措。

对于教育学科的危机意识是我们作为一个教育研究者应该时刻清醒和不断反思的问题。教育研究或许可以像其他的社会科学研究（例如医学研究）那样，去寻找样本、对样本进行控制和测验，然后根据反应情况来确定因果影响。然而，教育学到底是不是严格意义上社会科学？它能不能产生如"医学研究"那样的研究成果？"教育实践"和"医学实践"是不是具有同一的性质？这些理论和实践的问题，是教育研究有可能建立一种"立场"的核心问题。因此，我们需要对教育学这门学科的本身有一个清醒的认识，并且，去反思它的立场问题以及可能带来的结论。

针对教育学的学科立场问题，我们需要进行三项追问：第一，什么是一个学科的立场，教育学这门学科是否该有自己的立场，它如何站稳自己的立场；第二，我们的教育学正在由立场的缺失带来了一个怎样的教育学

---

① ［英］理查德·普林：《教育研究的哲学》，李伟译，北京师范大学出版社 2008 年版，第150 页。

危机；第三，应该以什么样的方式重构教育学的立场以应对当代中国社会改革和教育改革的现状及要求。

（一）对"学科立场"概念、意义的考察

有关教育学立场的问题，力求明晰四个方面：一是"是什么"的问题，即一门学科的立场到底具有什么样的内涵和意义；二是"有什么"的问题，即我们现今的教育学或者创立之初的教育学有没有一个立场存在；三是"为什么"的问题，即我们是否该有一个教育学的学科立场，它对我们教育学的本身及发展有哪些作用；四是如何站稳立场的问题，即我们该如何明确教育学应该具有一种怎样的立场。

对于第一个问题，应该明确，一个学科的立场是"由学科研究主体确立的，观察、认识、阐明与该学科建构与发展相关的一系列前提性问题的基本立足点"①。从它的概念可以看出，"学科立场"的内涵是由几个核心要素构成的：首先是"研究主体"，它是任何立场得以确立的主宰，没有主体，也就无所谓立场，这是整个学科立场的决定因素。每个学科在其创立之初，包括在它的发展过程中，学科立场都是由不同时代的"关键"性人物和由其所发展的学说规定的。例如，在教育学的创立之初，教育学的学科立场是由赫尔巴特定向的，他确立了一个哲学的和科学的教育学立场，在学科演进的过程中，卢梭、康德、杜威等一些关键性的人物也曾一度导向过教育学发展中几个重要的、不同阶段的价值取向和学科立场。因此，主体的作用对于学科立场的确立是不容忽视的。其次，是立场所隐含的"价值前提"——它是一个学科得以建立和发展的基础。没有这个前提，学科就不可能有其独立性的地位。因此，学科立场的追问方式不是"有"或"没有"的问题，而是应该"怎样有"和"如何进行选择"的问题。从这一点来说，有学者认为的"无立场"的学科立场其实是不存在的。最后，学科立场还需要设定一个"基本立足点"，即学科的整体定位。它进一步规定了一门学科该从什么样的视角以及以什么样的方式和价值取向来建立学科知识的问题。在此意义上，学科，它既可以理解为一种知识形态，又可以理解为一种认识形态，它包含了对于知识的识别和认同。这种认同就含有对于研究对象的识别和对于研究角度的识别——即该从什么样的视角来切入，以及这门学科究竟该对哪些知识展开认识。这就

---

① 叶澜：《立场》，广西师范大学出版社 2008 年版，第 2 页。

是学科的"立场"，它涵盖了该学科对于自身的认识程度、对于外界干扰的识别程度以及对于外界干预所应当持有的态度和学科信仰。

在此基础上，应该认识到教育学立场对于教育研究本身的重要性——因为它是人们对于学科的背景、前景以及价值的高度融合，是一门学科独立于其他学科、一项研究区别于与它类似的研究的根本标志。那么，该如何确立教育学的立场？究竟何种立场是具有教育价值的立场呢？历史表明，立场虽不是某个"个体"的产物，但它却源于个体对价值的原初性的思考。因此，研究主体对于学科的反思是确立学科立场的前提。立场在最初的形成中，首先需要个体的独立性思考，在价值观念与他者的碰撞中，不断修正自身的观念。其次，立场的建立还需要沟通，需要受到他者的质疑和完善，这种主体间的"商谈"会使立场的确立更加清晰。最后，立场的有效性就需要得到时间的检验，在反复的历史实践中来证明立场的正确性。因而，我们对于教育学学科立场的重新审视，实际上进行的是对于整个学科发展过程的回顾和反思，这对于化解学科内部矛盾、明确学科方向和原则以及建立一种元教育研究的思考方式，都是极为重要的。

（二）教育学"学科立场"的历史追溯与现实危机

在教育学的创立之初，赫尔巴特对于教育学学科立场的建立主要体现为三个层面：第一，他首先强调了哲学对于教育目标的重要性，指出教育是形成人的精神世界和品德的实践主旨。第二，赫尔巴特受到自然科学表达方式的影响，因此，他的教育学具有很强的科学性。他将自然科学的研究方法运用于教育实践。例如，强调自然科学方法中"观察"对于儿童行为的重要性等，并将科学的方法作为教育方法的指引。第三，赫尔巴特努力寻求一种普遍的、确定性的和具有一般规律意义的科学，他认为单靠经验建立起来的感觉并不可靠，只有提炼出一种普遍性的、共同的和具有一般规律的科学，才会使教育具有一种有效性。① 由此可见，赫尔巴特的学科立场是"哲学——科学"，在目的上，教育学由哲学指引，在方法和技术上，教育学由科学指引，而赫尔巴特的科学主要指的是心理学。（见图1－3）

赫尔巴特在学科立场中试图建立一种独立的、具有普遍性和一般性的教育基础知识来说，他是积极的，这也是现代教育学逐渐丢失却又是应该努力找寻的。然而，他对于学科立场本身科学性的认同也同时为现代教育

---

① 参见［德］赫尔巴特《普通教育学》，李其龙译，人民教育出版社1989年版，第12页。

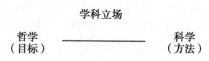

**图 1-3　赫尔巴特的学科立场**

学立场的明晰设置了障碍，这种障碍源于他对科学自身"模糊"性的认识，即没有对科学的种类进行区分。因此，在教育学漫长的发展之中，人们往往过分强调"自然科学"在教育学中的应用，而忽视了"人文科学""社会科学"对于教育学的应用价值。赫尔巴特认为，传授的知识应该是科学的，同样，传授的本身也应该是科学的。科学就是具有一般规律的、普遍的对问题的认识。[①] 由于缺少了对于"科学"进一步的界定，忽略了科学是作为自然科学和精神科学的总称，因此，他只把自然科学列入科学的范畴，在教育中加以应用和诠释，这就为教育学扎根于自然科学研究热土所产生的危机埋下了伏笔。然而，令人费解的是，后来者对于赫尔巴特教育学的学科立场好的、独立的一面（即对于学科独立性的、一般性、普遍性知识的追寻）逐渐分解在时代的发展之中，并没有形成一种独特性；而恰恰对于教育学研究具有消极影响的一面（即对教育学的科学性偏激的把握）却得到了完整的继承甚至是长足的发展——这两个悖论就成了教育学现时代发展的两大危机。

从 19 世纪下半叶以来，随着教育学自身的发展，教育学内部的结构由一门独立的、一般的和普遍的学科逐渐分裂为四个大的分支，即教育原理、德育原理、教学原理和教育管理学。在这四大内学科基础上，还引进了大量的新的分支性学科。分裂似乎成为教育学一种发展的趋势，并不断得到加强。这种裂变在一定程度上是积极的，它促使了教育学在微观领域学科进程的加速。从表面上看，这种分裂加速了人们对学科的思考，实现了教育知识的重新整合，但从深层次看，却剥离了教育学原有的整体性结构，转移了教育研究对象的宏观视角，再加上大量交叉学科的出现，逐渐将一个外派的、以其他学科视角为主导的再生学科推向教育学的主体，并将教育学演变成一门综合性的学科，成为一个以"教育问题"为中心的、多重理论相干预的、多重外界理论为主导的"复合型"的"教育科学"。由此，"当普通教育学

---

① 参见 ［德］赫尔巴特《普通教育学》，李其龙译，人民教育出版社 1989 年版，第 20 页。

的内容都由分支学科分别作更详细的论述后，还需不需要以整体为对象的、表达一般理论的、作为一门学科的教育学的质疑就产生了"①。

很多教育研究者已经清醒地认识到教育学这种"边界"的危机，看到了"教育学逐渐成为一个由边界不断扩大而形成的多学科所共有的研究领域，从而使教育学的学科边界越来越模糊和难以确定"②。尽管，知识的不确定性是我们对传统知识观意识转变的一个重要认识，但这也似乎造成了一些逻辑上的混乱：即认为知识的不确定性造成了学科边界的模糊甚至丧失——这是一种逻辑的谬误，因为视线的模糊不等于没有边界，模糊和不确定性代表了一个事物发展的必然路径，所有的事物在发展中都不会一成不变。因此，我们对于教育知识的讨论，是有边界的，而不是无立场的——这一点对于教育研究来说至关重要。当前，对教育学边界问题及复合分类的状况，可以借助于瞿葆奎、唐莹的"教育科学的分类框架"来加以阐明。（见表1-1）

表1-1　　　　　　　　　　　　教育学分类框架③

| | | | |
|---|---|---|---|
| 以教育活动为研究对象，结合运用其他学科所产生的应用学科 | 把被应用学科作为理论分析框架 | 分析教育中形而上的问题 | 教育哲学、教育逻辑学、教育伦理学、教育美学 |
| | | 分析教育中的社会现象 | 教育社会学、教育经济学、教育政治学、教育法学、教育人类学、教育人口学、教育生态学、教育文化学 |
| | | 分析教育中个体"人"的现象 | 教育生物学、教育生理学、教育心理学 |
| | 采用被运用学科的方法 | 运用方法直接分析教育活动 | 教育史学、比较教育学、教育未来学 |
| | | 研究如何用方法来分析教育活动 | 教育统计学、教育测量学、教育评价学、教育实验学、教育信息学 |
| | 综合运用各门学科，解决教育的实际问题 | 分析与其他领域共有的实际问题 | 教育卫生学、教育行政（管理）学、教育规划学、教育技术学 |
| | | 分析教育领域独有的实际问题 | 课程论、教学论 |
| 以教育理论为研究对象 | 元教育学（把教育学自身作为反思的对象）教育学史（把教育学发展的历史作为研究对象） | | |

① 叶澜：《立场》，广西师范大学出版社2008年版，第13页。

② 劳凯声：《中国教育学研究的问题转向》，《教育研究》2004年第4期。

③ 瞿葆奎、唐莹：《教育科学分类：问题与框架》，《华东师范大学学报》（教育科学版）1993年第2期。

由上表我们可以清晰地看到教育学的支架状态，以及其他学科是以怎样的方式进入教育学这门学科中来的。对于教育学的"复合分类"方式似乎把教育学的各种理论及应用的范畴、方式都简明扼要地划定出来，使教育学的骨骼、脉络显得十分清楚，但优点同样也是缺点，在条条框框都清晰的、零散的分支领域组合而成的"教育学"结构中，我们已经找不到"教育学"自身的影子了。教育学成了一门"应用"学科，即依靠其他学科的知识基础来完成知识转化与应用的"派生学科"。在这个框架内，我们未看到一个完整、独立的教育学自身，看到的是不同的知识话语在教育学的框架内相互争论、占有领地的生动现实。值得反思的是，教育学的知识体系与逻辑话语并不是与其他学科交叉后知识的"叠加"，教育学作为一门独立的学科，必须有自身独特的知识系统与思维方式。因此，在这个教育学的框架图内，缺少了一个具有一般性理论的、具有普遍价值的、基础性的教育学知识的存在。没有了学科基础性理论的支撑，教育学的每条骨骼就缺少了一个支架，从而使教育学呈现出支离破碎的局面，甚至使教育学陷入一种即将沦为寄生性学科的危机。

值得反思的是，在教育学逐渐失去核心价值的同时，大部分的研究者（包括教育基本理论的研究者在内）对于这种变化似乎没有摆脱多元化带来的光环效应，还沉浸于一种对于好的发展势头的欣喜之中——这对于教育学的发展是极为可怕的。因为，在多元化的影响下丧失了反思的能力将预示着教育学的一种灾难。由此立场我们可以设想：教育学作为一门独立的学科，其生存的必要性在哪里？新学科的注入对于传统教育学立场的切换使教育学本身所存有的立场还剩余多少？或许有一天，在交叉学科的侵占下，教育学这门学科会不会走向消亡？等等。对此，有学者就对"教育学"本身提出了质疑，认为"对于学科独立性方面先天不足的教育学，恐难抵抗其他学科的'入侵'，从而在知识的大分化中走向'终结'"①。

可以说，"不加检视地'应用'或'移植'其他学科的成果，或者对其他学科采取'拒斥'或'防范'的态度这都是有失偏颇的。前者奉行的是'拿来主义'，有使教育学沦为其他学科'领地'的危险；后者无异

---

① 劳凯声：《中国教育学研究的问题转向》，《教育研究》2004 年第 4 期。

于'废食主义'，漠视了其他学科对于教育学的贡献，两者都是不可取的"①。面对这一系列的问题，就需要进行一种教育学的反思，即在元层次上的哲学反思——这是教育学得以澄明及发展的最终途径。

教育学学科所面临的第二大危机，是源于"自然科学"的危机。这种"科学"是将实证的和实用的自然科学的方法作为教育学的指导思想和方法论前提，而忽视了对于教育学对象（人）的把握，忽视了教育学的独特性，忽视了精神哲学对于教育学的作用，从而使教育学的灵魂遗失在技术手段之下。"这种来自自然科学的理性扩张所造成的影响大概从赫尔巴特创立教育学之日就开始了，因此，在不同的时代，人们不断强调教育学发展的客观性、精确性和科学性，重视以经验归纳为主的科学理论。"② 然而，教育学作为与"人为系统"相关的"事理性"学科，它区别于"自然系统"的学科，因此，在教育中，价值与存在的关系恰好与自然系统相反，它的价值是先于存在的，它需要用研究主体的价值以建构、改造已有的存在。③ 例如，在教育学中典型应用自然科学方法的是实验教育学和教育社会学，这两门学科所信赖的"实证"方式使我们必然进入另一种思考：教育学能否仅仅依托于实验和实证的方法？还能不能有其他的方式？例如人性化的方式。如何对待教育实践中的价值问题？如何确立一个人文视角的教育学立场？如何实现在明确学科性质的基础上对自然科学的真理观和方法论展开基于教育学立场的深刻反思——这是这个时代我们思考教育学领域科学性与人文性问题的关键所在。

## 二　教育研究应该秉持的学科立场

在对教育研究的各种批评中，我们需要系统反思有关教育研究的性质问题，而这种反思必定要和我们的"学科"联系在一起，带有鲜明的学科色彩，这也正是教育学学科的性质带给教育研究以独特的视域和自在的价值。杜威指出："哲学甚至可以理解为教育的一般理论"④，因此，对教育研究性质的思考，必定是一种哲学的思考，换句话说，是站在一定的学

---

① 瞿葆奎、郑金洲、程亮：《中国教育学科的百年求索》，《教育学报》2006 年第 3 期。
② 劳凯声：《中国教育学研究的问题转向》，《教育研究》2004 年第 4 期。
③ 叶澜：《教育研究方法论初探》，上海教育出版社 1999 年版，第 342 页。
④ ［美］杜威：《民主主义与教育》，王承绪译，人民教育出版社 2001 年版，第 347 页。

科立场上对教育研究对象以及关系的反思——其中，学科的性质和教育结论（理论）对实践的作用方式将被置于核心的位置。

国外对于教育学学科知识体系的划分，可以分为三种认识：第一，继承赫尔巴特的哲学和科学的划分，并加以改进——如日本学者大河内一男的划分，即以教育目的和方法为思想（哲学的）、以教育事实为对象（科学的）的划分；第二，对教育活动进行直接的或间接的认识——如法国的米阿拉蕾，将教育学看成直接研究教育活动和间接研究与学校相关活动的一门科学（教育科学）；第三，继承英美国家有关教育学的思想，把教育学看成一门综合性的学科（educational sciences），并以教育问题为中心，进行教育科学的研究——如德国布雷岑卡对于教育学的划分（教育哲学、教育科学和实践教育学）。我国，一些学者也努力尝试将教育学这门学科进行系统的认识——如陈桂生，他在布雷岑卡对教育知识进行划分的基础上，建构了教育学"四象限"理论：教育技术理论、教育科学理论、教育价值理论、教育规范理论①。

上述国内外学者对教育学知识体系的划分，进一步说明了中外教育研究者均看到了教育学在当今极为广泛的知识领域所存有的"立场"问题，他们对于教育知识所做出的贡献恰恰是进行着某种教育学立场的选择和努力。理想的教育学体系构建，在学科立场上首先要摆脱"自然科学"曾经带给教育学学科的机械影响，使教育学成为一门针对"人"而开展的活生生的、具有灵魂的生命活动。其次，在"内学科"立场上，要重新恢复教育学这门学科本身的独立地位，重建作为一门学科的、一般的、基础性的当代教育学理论——使它既区别于教育学创立之初赫尔巴特所设定的那种陈旧的、科学式的和一般范式的学科规范，又要从教育学的内立场出发，在现代的、新的观念上对教育学理论进行巨大的知识更新和创造。

值得注意的是，这种新的理论并不是对于以往教育学基本概念和知识结构的整合和丰富，而是在真正整体和实践意义上经过反思、实践和符合现代性观念变更而成型的一种新的学科理论；这种理论的功能不但要能够支撑现存的教育的内生学科，还应该能够作为对于与外学科相交叉的应用性教育学科进行理论支撑和教育学意义的指导。

教育学就需要建立这么一个内在的以教育活动整体为对象的、能够在

---

① 具体对于教育知识的划分详见论文第二章的描述。

整个学科群中使用的、能够反映出教育的整体状态的学科理论。——这就是教育学学科该有的立场。而对教育学具有反思和重构功能的教育研究，则需要在教育学的立场之上，来关注教育知识与教育实践的问题。因此，无立场的教育研究与无立场的教育学——同样可怕。当我们不断讨论教育研究的问题域以及毫无批判地接受"外来主义"的时候，也许忽视了一些问题，而这些问题很可能是假命题——因为"教育研究者以各种有争议的哲学立场作为自己的研究基础，他们这样做的同时，并没有意识到这些哲学立场会带来的各种各样的哲学问题，这些问题一直以来就是自柏拉图的许多哲学家们所关注和研究过的问题。当研究者不断借用'知识的社会建构''学习者的多元实在''学习者的主观意义'（subjective meanings of the learners）或者'真理的个人建构'这些术语的时候，无怪乎人们要对研究工作者心存怀疑了。公然违背常识的东西，真是层出不穷"①。而我们的教育研究却常常十分欣喜于此，认为"新的"就是"好的"，并不去分析它的可靠性与教育的适切性，也不去考察研究的对象性和特殊性，在外来理论和教育之间，并未设置一道"鸿沟"，而是毫无批判的接受和运用，缺乏对相关理论历史的和哲学的审查。因此，它所造成的结果是，"当研究工作者满怀热情毫无批判地接受新主义（如'后现代主义'）的时候，研究工作者和教师之间的鸿沟因此变得更加宽阔和不可逾越"②。

　　教育研究的立场是以学科立场为支撑的，可以说：教育研究是站在学科立场上对教育实践进行分析、判断和决策的一项工作。教育研究或许是多角度的，因为，不同的哲学立场会带来不同的哲学问题，然而，教育学的立场必定要秉持教育学的旨趣，对教育研究的基本对象和问题开展讨论和研究。最后，我们设想，无论教育学建立起何种新的立场，教育研究还有一项重要的工作，就是站在学科历史和发展的角度对此立场进行考察和判断，用一种科学的精神，努力作出一种哲学的努力，把"元"层次的思考和教育实践相互关联，使教育学这门学科不断走向成熟、走向发展。

---

　　① ［英］理查德·普林：《教育研究的哲学》，李伟译，北京师范大学出版社2008年版，第6页。

　　② 同上。

## 第三节　教育研究的属性

### 一　教育学的学科属性

教育学是不是一门科学？是"自然科学""社会科学"还是"人文科学"？它能否算作一门严格意义上的"社会科学"？……这一系列的问题，是我们对教育研究的学科性质进行追问的前提。

（一）中医的尴尬：一项教育学的追问

单从经验进行判断，教育学属于社会科学，因为教育是一项社会行动①，这一点，学界已达成共识。尽管有学者曾从"人"的角度认为"教育学是研究人的学问，是人学，所以属于人文科学，理由是教育学是以研究人为出发点的；是以人的哲学理论为基础的；它的核心问题是人的发展"。② 但是，教育之"使人成人"不但需要遵循人的内部发展规律（人自身），还需要遵循人的外部发展规律，即成为社会需要的人。因此，教育不但要满足自身的发展需要，还必须满足社会的发展需求，在此基础上的教育，必然是一项特殊的社会实践，而非仅仅是"人"的问题。然而，这种推理仍然存在一个问题，即社会科学的"科学性"问题。由于社会科学的"科学"本质，我们的教育研究也竭力去追寻它"科学性"，在目的、设计、方法和价值预设上都努力地使它尽可能地"科学化"，同时渴望得到的也是类似于自然科学那样下结论的方式。然而，教育学到底是不是一门严格意义上的社会科学，它与其他的社会科学学科能不能够等同？这也正是我们对教育研究性质进行澄清的一个重要问题。

或许，教育研究也可以像医学研究的过程那样，去进行样本的实验，把通过测验的标准和结果公之于众，使教育研究更具有精确性和说服力。然而，这些结果显示在"教育领域"（尤其是教育实践），是不是也如医学结果那样有效，是值得追问的。中医曾经惨遭被全国大型医院逐出门槛的危险，原因何在？人们认为中医缺乏一种"效力"——显著的疗效，

---

① ［德］沃尔夫冈·布列钦卡：《教育科学的基本概念》，华东师范大学出版社 2001 年版，第 55 页。

② 张楚廷：《教育学属于人文科学》，《教育研究》2011 年第 8 期。

这种医治的方式很可能出自某个人（医师）的主观判断，其科学性遭到普遍质疑。正因如此，西医由于它的"立竿见影"，被各大医疗机构所推崇。由此，人们以中医疗效慢、没有科学根据等理由，被许多医疗机构摒弃，甚至沦为一种低级的产物——江湖行医之道。然而，我们细细推敲二者的行为方式会发现，它们的认知基础存在巨大差异：中医强调一种综合性的调理和深层次的转化，依靠自身机理的调节"慢火工薪"达到其效果；而西医则强调借助一种外在的手段，依靠迅速的化学反应达到预期的目的——而人们往往更喜欢用显性、快捷的方式来作为判断一个事物"是否有效"的标准，自然，在这样的评判标准之下，中医惨遭摒弃也不足为奇。

　　试想，我们的"教育学"这门学科，是不是一直以来乃至仍在继续地遭遇着一种与"中医"一样被误解、被排挤、被鄙夷的命运呢？有学者曾说："教育学不是一门学科，今天，即使是把教育视为一门学科的想法也会让人感到不安和难堪。教育学是一门次等学科（sub-discipline），把其他真正的学科共冶一炉，所以在其他严谨的学术同僚眼中，根本不屑一顾。"① 这一系列的担忧与悲叹令我们纳闷：问题究竟出在哪里？医学实践与教育实践是同一种实践吗？是不是真如外界所说，教育学就是一门"无用之学"，不能"立竿见影"地解决问题？——还是，教育学本身就不存在这样一种假设？

　　（二）虚假性命题：对"教育学"概念的考察

　　在诸多的表述中，"教育学"一词广泛被定义为：一门以教育现象、教育问题为研究对象，探索教育规律的科学。② 在这个普遍的定义中，实际包含三个核心的内容（也可以称为观念）：一是探索教育规律；二是解释教育现象；三是解决教育问题。对于教育学这三个核心观点，它命题的真实性，起码要进行三方面的质疑：第一，就目的而言，我们学习教育学最终是要能够揭示出教育规律的。对此，就需作进一步的思考：教育或教育学本身到底有无规律可循？即使有，它能不能够被揭示、以何种方式来揭示？第二，教育学按照其定义所说，是有对教育现象进行

---

　　① ［美］华勒斯坦：《学科·知识·权利》，刘健芝等译，北京三联书店1999年版，第43页。

　　② 袁振国：《当代教育学》，教育科学出版社2004年版，第14页。

解释的功能，进一步地，用以解决教育的一些问题。那么，教育学这门学科的终极价值是否在于"解决"教育中的现象和问题？教育学到底能否解决这些问题？解决的标准划定在哪里？——另外，教育学的知识是不是可以"立竿见影"地解决正在发生着的教育问题？第三，教育学是不是一门"科学"，"科学"是它的学科定位还是它的一种认知态度或精神旨趣？

针对第一个质疑，我们考虑，教育学从创立之初到现在，到底有没有探索到什么规律性的东西？它是不是作为一个现成的、唾手可得的经验和方法来被教育工作者直接拿来使用的，换句话说，它是否具有一个规律性的存在？美国学者拉格曼曾称教育学是"一门捉摸不定的科学"，这种"捉摸不定"，既反映了研究对象的捉摸不定，同时也反映了教育学这门学科本身的捉摸不定。然而这些，都源于教育学的"不确定性"。换句话说，教育学本身或许就不存有一种确定性的规律、方法、原则和技术，不是能够直接习得的。这些知识在"被揭示"的过程中，很可能已经被实践者进行了改造。我们再将视角聚焦于教育实践，关注教师的知识活动。一般意义上，教师对于教育、教学的活动可以被称为一种智慧的活动，它是知识、能力和智慧相结合的产物。然而，这种叫作"智慧"的东西能否被总结成规律予以揭示？或者说，这种属于个体"缄默性"的知识是否可以准确无误地被揭示出来，并使他人通过学习而习得同样的经验和智慧？——答案自然是否定的。教育学不是一门技术领域的学科，只要懂得了操作的规程和方法就能够生产复制品。如若是这样，教师创造的"产品"和一个工人创造的"物品"在本质上是无差别的，可以肯定的是——这个产品绝不是"人"。教师职业的复杂性就在于"培养人"，其他职业或许也服务于人，但在"创造"与"改造"的意义上，它们对"人"所做出的价值是不同的。因此，教育知识的"获得"是有条件的，那些所谓"规律"的发现很可能是一种极为宏观的、笼统的甚至是对实践起不到任何作用的"空虚"之谈。反之，教育学如果有规律可循，而且教师能够遵循那种确定性的规律来行事，那么，还何谈教育学的"不可捉摸"？还何谈教育学理论不能解决棘手的"实践问题"？仅仅依靠一个教育学，总结出它的规律所在，就可以培养出千千万万个"好"学生、"有教养的人"，那么，还何愁教育学的地位不能提高，以及教育学不会成为一门"显学"？——很显然，教育学并不具备这样一种功效，也不可能具有这样一种规律，因为它面对的是人，人不是机器，教育是具有生命性的活动，生命的表现形式极为复杂，是不可能用规律性的法则来定义的。

其次，我们来探讨"教育学的功能"问题。在概念中，教育学被规定为"一门解决教育问题"的科学。对于"解决"一词，它所隐含的价值前提是能够"立竿见影"，即使不是"立竿见影"，最起码也要"卓有成效"。有了这个命题，才引出了当今人们争论不休的、被称为"蒸不熟煮不烂"的"教育理论与教育实践"的问题。教育学是一门"为了解决教育问题和阐释教育现象而设立的科学"，是隐含在教育学概念之中的价值预设，这种假设，使得很多教育研究者都竭力地想把教育理论"操作化"，让它成为一种严格意义上的"科学"。然而，我们没有关注到这其实是一个虚假的命题，我们没有去理解教育学本身是一门智慧性的学问、隐性的学问和非技术性的学问，它直面教育问题，却不能直接解决问题；它关注教育实践，却不能直接产生实践。它只会对实践进行理性的反思，甚至会选择与实践逻辑相反的假设来分析教育现象，或者是关注于"以一种怎样的态度来进行实践"等这些表面上与实践的方式并无多大关联的哲学思考。然而，正是这种形而上的反思、思维的碰撞、智慧的发现，才使教育学内在的精神层次和底蕴得到了极大的提升，使人们能够更为理性地看待和分析教育问题。因此，在很大程度上，教育学这门学科带给我们的并不是某些"实用性"的知识，而是对我们作出某种"提示"，它帮助我们具有进一步去区分"好的"教育活动的判断力。

最后，我们有必要对于教育学的"科学"性质进行阐明。我们常说，教育学是一门总结教育规律、解决教育问题的"科学"。然而，在传统的对教育学进行"科学化"的努力中，教育学能不能被划定在"科学"的范畴？换句话说，我们所强调的教育学作为一门科学学科的定位是不是广泛地被各个学科（尤其是科学领域的学科）所认定，这也是一个值得思考的问题。客观地说，一个学科的性质是什么，很多时候并不是自己所向往的那样，它需要得到学科之间的"普遍认同"，尤其是典型的具有"科学性质"的学科的认同。很显然，一些被公认为"科学"的学科从来不会承认教育学身处于科学的领域，因为它并不具备与其他科学相同的一些具有一般的、普遍的和规律性的特征可循，即使寻到了，它也不会被根本性地证明。教育，永远是一个价值性的命题，由于时代对"价值"的理解不同，教育的任何举措和行为都不可能是绝对的"正确"或者"错误"——或许你认为你的教育思想在当下里改变了所有人的观念，但也不能因此就证明你的思想是正确的。因为过了某个阶段，曾经被人们所公认的"真理性认识"，一样可能遭到深刻的批判和否定。

教育学并不会依靠某种实验（或经验性认识），然后通过证明一些事实，从而总结出一套所谓的"规律"——你符合了这个规律，你的教育就是康庄大道、前景可观；你不按规律办事，那么一切将是不正确的。如果是这样，教育学就只能由一种遵循和探索规律的科学变成一种趋于僵化和机械的工具，这套工具将会杀死其中的每个生命，使教育学的世界不再有"人"的存在。所以，并不是所有被称作"科学"的东西都是有理由赞赏的，尤其是有关"生命"的科学，必然要把价值性和伦理性充分考虑在内。于是，我们应该面对的现实是：要想从根本上证明教育学是一门严格意义上的科学是根本不可能的。

哈佛大学哲学家罗伊斯在1891年出版的《教育评论》中谈道，生活中并不存在"普遍有效、发展成熟、适用于每一个教师和学生的教育科学"①。教育学要想像自然科学一样进行事实的研究就必须保持价值的中立，然而教育面对的对象又不能回避价值的问题，不能不关注人的问题，因此，教育学本身也无法按照科学的逻辑提炼出一套类似于自然科学的范式，假设的这种范式也无法真正整理成确定的知识来作为教育学合理的理论框架。教育学只能获取一种科学精神，或者以较为恰当的手段运用科学的方法来为教育问题的解决提供证据，但绝不能将"科学性"作为教育学的学科定位，以导致教育学的各个要素都被沦为工具化和标准化的危机。

## 二　教育研究的基本属性

"教育研究是不是'必须有它的特殊规范，有自己的特殊的价值旨趣'，才能'建立一个令众人信服的教育学'？是不是'不对各种知识进行研究，就无从奢谈教育研究'？是不是从'知识的繁杂多样性'可以推导出'教育研究的方法必然呈现出多样性和综合性'？——对这些问题的回答，取决于我们该如何看待教育研究的性质。没有对教育研究性质的准

———————————

① Josiah Royce. *Is There a Science of Education?*. Educational Review 1，1891：23.

确把握，任何对教育研究价值的反思、追问，任何对教育学学术价值、学科地位的建构，都只能是'奢谈'。"① 当教育研究的地位、价值遭到质疑，维护其学术地位的最好方式就是"回到原点"，因为那些"事实性的知识"并不足以唤起人们对于教育学学科的理解和认同，更不能维系教育研究存在的合理性和学术价值。因此，如何定位、理解教育研究，不是一个实践问题，而是一个理论问题；不是一个方法问题，而是一个立场问题，它与教育学的学科性质、立场紧密相关。

（一）教育研究之"所能"——理论与实践关系的反思

在具体的教育实践中，教育研究性质问题的凸显主要在于教育者对其"所能"认识方面的困惑。他们通常认为，教育研究就是一门解决教育实践中问题的指导性和参照性的学问，与对教育学学科的期望一样，要能够"拿来即用"。这是多数教育实践工作者甚至是诸多教育研究者的普遍意志。因此，教育研究者竭力地探寻，渴望能够找寻到一些行之有效的方法和策略，使得教育实践工作能够在理论的"确保"下顺畅地开展。然而，似乎教育实践者并不领情，因为，他们时至今日，也没有得到任何一套普遍适用于实践的、行之有效地解决问题的方案。于是，一方面，对于教育研究工作，教师们"怨声载道"，不断声讨研究者的"失职"；另一方面，教育研究者也感到"苦不堪言"，不但他们没有得到认同，反而换来"唏嘘声一片"。

这种研究与实践的冲突，从根本上触及教育研究的性质和其"所能"，教育学既是一门"不确定"的知识科学，栖身于教育学立场的教育研究自然也不能够直接给予教育实践一个确定的方式和方法。教育研究只能是立足实践，为实践提供一种可能的思路或是某种关于"实践是否可行"的依据，至于如何运用这种结论，则需要依靠教育实践者在具体的教育活动中去感悟和经验。正如先前分析所言，如果你把教育学定位为一个寻找规律、解决问题的学问，那么它就是需要能够真正拿出一套对于教育实践行之有效的教育方略。然而，教育学本身不可以，研究研究是否可以呢？

在教育理论与实践的关系问题上，教师对于理论的消极依赖性根深蒂固，成了他们对教育问题认识的一种"隐法则"：即总是相信会有一种"具有普遍性原理的法则"能够帮助他们"渡过难关"。这种观念，使教

---

① 宋兵波：《教育研究的性质是什么》，《教育学报》2006年第3期。

育实践者对教育理论产生了一种"惰性"，使得他们自身放弃了主动去思考、去生成、去感悟的能力。面对教育研究，他们更愿意关注那种来自"应用"层面的假说，而并不去想象实现这个假说自身应当怎样去做。很多时候，我们在某种场合对教师的培训中，常常听到教师的反问："我们如何把这些理论应用到实践当中？"——这是教师普遍关注的问题。然而，恰是这个问题，却触及一个标准的"范畴域"，即这到底是不是教育研究者应该涉足的问题。

　　原则上，教育研究只能给予教师基于理论的基础和思考、判断的能力，却无法操纵某种行为的过程。即使教育研究者给予了教师一些他们认为可信的东西，那同样也是不可信的。因为，答案的不同在于个体的不同，知识的贫乏性在于人经验的复杂性，处于不同环境和问题中的活动，对于普遍性知识的把握存在差异，一节相同的物理教学活动，A 学校 A 教师与 B 学校 B 教师可能相去甚远。一种理论具体到实践层面，尤其是具体到个体所处的活动层面，都需要进行一种"转化"，即依靠个体通过对知识的理解、以往的经验去感受和处理。这种转化的过程是任何他者都无法代替的，这即是缄默知识的不可言说性。或许，我们可以去总结一些典型的教育案例，也可以去标榜一些教育的典范，但那些东西却在"和你相关"的实践中给予不了太多，甚至一些在研究者看来十分可靠的信息也是如此——因为这些信息和你，处于不同的世界。

　　在教育的任何领域，都没有绝对的"拿来主义"，个体间的文化差异、价值认同和实践风格决定了彼此的不同。这一切，都源自教育个体或环境的独特性和不可模拟性。美国心理学家詹姆斯曾经说过："如果你们认为心理学是作为一门关于心理法则的科学能帮你们推出课堂教学的规律和方法，那是一个极大的错误。心理学是门科学，而教学是门艺术。科学本身从来是不能直接产生艺术的。只有用富有创造性的头脑才能应用科学创造艺术。"[①]典范的和教育研究者提供的其实是同一个东西：即告诉你"做意味着什么"，提供一种对于事实和价值的判断；而具体该"怎样去做"，采取何种方式，则是教育实践者自己的事情，是没有一个理论标准的。

　　（二）教育研究的性质——复杂性逻辑的思维视角

　　通过上述对教育研究某些逻辑关系和性质的推理，我们进一步确定，教

---

①　［美］威廉·詹姆斯：《对教师讲心理学》，人民教育出版社 1985 年版，第 75 页。

育研究关注三个基本问题：人的发展问题、教育知识的积累问题和真实的教育实践问题，其中，教育实践问题是教育研究的核心。然而，对于教育研究属性的认识，我们并不能简单地从这三个方面的任意一点来判断，而忽视了其他重要的属性——基于人的复杂性，我们无法绝对地将教育研究归属于某一类学科（自然科学、社会科学抑或人文科学）；由于教育知识的特殊性，我们也无法将教育研究定性为事实研究或价值研究；由于教育实践的特殊性，我们更无法将教育研究定位为理论性研究或者应用性研究……因为，任何一种把事实和价值、科学性和人文性、理论和实践割裂甚至对立的判断，对于教育研究自身来说，都是有失偏颇、简单和片面的。

教育研究的特殊性需要我们去重新审视其自身的复杂性，用复杂性的思维逻辑去将其与其他社会科学（人文科学或其他学科）进行区分：在学科定位上，教育研究属于社会科学的范畴，却又不是严格意义上的社会科学，因为它是关注于人，并引向"人之成人"的一项特殊工作；在应用功能上，教育研究既需要发展理论来揭示事实背后的矛盾运动规律，又需要在教育规范性知识的指导下，来解决实际中的问题；它需要利用科学，但又不仅仅是科学，它具有科学的态度和品质，却是一种关注人、理解人、创造人的实践活动。因此，教育研究的性质无法从"学科性质"层面的归类和认识功能的简单判断中获得，换句话说，任何一种"二分式"的划分都是极为片面的，在人类知识趋于融合的科学背景之下，教育越来越把"人"置于核心的位置，教育研究也在目的和功能上出现了重大的转向——即更需要将视域聚焦在一个复杂性对象和一个完整的学科体系之上，深刻把握教育活动的特殊性与人发展的价值性。

基于以上的认识，就需要摆脱以往"二元对立"式的思维认识。叶澜教授从教育研究对象的特性及研究的目的、任务的角度，重新厘定了教育研究所具有的特性。她认为，教育研究是一种"事理"研究，即"探究人所做事情的行事依据和有效性、合理性的研究。它不同于一般所言的现象研究，仅要求对现象进行描述和说明。它是为成事，即办好此事而开展的研究，所以必须包含下述两大类型的研究①：作为依据的研究，可称

———————

① 对于两种类型的研究，本书将其定义为教育理论研究与教育实践研究，将在本章最后一节具体阐述。

为基本理论研究；作为有效性和合理性改进的研究，可称为应用研究"①。这种研究既区别于对自然界事物纯粹客观的"说明"（自然科学研究），也不完全沉浸在对人生存的状态和对世界的抽象认识（人文科学研究）中，而是以具体的、真实的和以人为目的的实践活动为直接对象，关注人所从事和创造的活动本身：即以"成事"为目的而展开的对于教育活动从目标到过程再到结果的实践构成——教育研究就是对于教育实践全过程的合理性认识以及对实践效果的质量、价值进行判断的过程。因此，作为事理性的教育研究，包含三大知识构架：科学的教育知识（关注教育事实的层面）、哲学的教育知识（关注价值的层面）和实践的教育知识（关注行为的层面），教育研究面对教育事实，首先需要说明"是什么"，并需要对"是什么"作出价值的判断，进一步明确"为什么"以及"何以如此"，最终，要将对于事实与价值的认知落实在"怎么做"的实践中，以提升教育实践的质量。

由此来看，教育研究作为一种事理研究，它的目的是提升教育实践的品质，促进教育实践中人自身、人与人、人与社会等关系系统的良性互动与和谐发展。教育研究的这种属性使教育研究无法单向地指向事情本身（事）或理论本身（理），无法表现为一种纯粹的理论研究或应用研究，而必然将理论与实践整合为一种从目的到行动的完整过程：依据实践的需求，理论不断修正和完善自身，以适应实践，帮助提升实践的品质。另外，从理论与实践的直接关联性看，教育研究又是一种综合研究，它既指向人的精神世界，关注人生命的质量和生命的发展，同时，又指向人的行为世界，关注人生命的实践和活动的品质。因此，教育研究性质中的理论研究部分，其目的是"研究教育的综合生成和动态转化，揭示这一生成过程的一般规律，其中包含教育活动的价值取向和规律性演变（含教育目的的形成与变化）、教育过程的本质及规律研究（含教育要素间动态的相互作用及转化）以及对已形成的教育理论的反思性、批判性研究（元研究）"，而教育研究中的实践研究部分，则是"将揭示的规律运用于对教育实践的直接具体认识及对其实践合理性、有效性的研究"②——这同样是作为复杂性思维的教育研究在性质上的特殊性。

---

① 叶澜：《教育研究方法论初探》，上海教育出版社1999年版，第322页。

② 参见叶澜《教育研究方法论初探》，上海教育出版社1999年版，第325页。

在此基础上，我们就有必要对于教育研究进行目的与价值的预设。以往，我们的研究常常追求一种规律化的诠释、原则化的条理和模式化的方法，很少将理论作为与实践紧密相关的行动要素去加以考察和应用，将"事理"研究作为仅有"事"和"人"参与的互动结构，而缺少了对于"事"背后"理"的认识和建构。面对"人"与"事"的矛盾，也没有对日益复杂的实践种类进行划分，不会回到教育的原点，对实践的问题进行哲学的反思。因此，在此实践基础上得出的教育研究的"理论"常常是受动的、僵化的和没有精神养料的。当前，我们正是缺少一种对于"事"的理性思考和认识框架，缺少了理论的实践正如缺少了养分的"土壤"，丧失了规范性和判断力。而对于理论本身，我们则需要从精神上提高教育研究的理论层次，把对教育实践的"套话""假话"变为"实话""真话"；面对实践，也不仅仅只关注操作层面的技术性话题，而是把生命的质量作为研究的核心价值，还要形成教育研究整体的脉络，认清其各部分的职责与范畴，把教师与学生的个性充分考虑进来，使教育的活动指向一种生命的生成，使教育研究变为一种活的知识，启迪人智慧的知识和关注人生命运动的知识。

在对教育实践的认识上，我们也应当清醒地意识到：教育实践中并不存有一种普遍性、成熟性和确定性的教育学知识，教育研究的意蕴在于对个体智慧的追求、对于鲜明个性化的追求、对于教育生命体的尊重和对于教育理想、理念的假说和渗透。教育学并不是一门建立在确定意义上的科学，教育研究的意义也远不是一些公式和数据所能表达的。因为，"教育学不仅仅是一种关于职业的知识或技艺，不仅仅是一堆结论或者一组定量的数据，甚至不仅仅是一种逻辑或分析方法，更重要的是，它影响到了人的道德、意志和信念"[1]。教育研究与"中医"类似，即它关注的是如何去摄取营养、保持内部平衡和调节精神养料，为自身注入一种"精气神"，而不是作为一种验证的手段，拿教育实践"开刀"。"西医"（科学的）的方式与规则只能作为成就教育进程中的一个方面，而不是宗旨。教育研究为教育实践者补充的是一种"养分"，这种质料时时对教师进行着一种滋养，并在个体的内部绽放出耀眼的光芒——我们曾经给予了教育研究太多的额外价值，这使得教育研究不堪重负，在越来越重的压迫中逐渐

---

[1] 劳凯声：《中国教育学研究的问题转向》，《教育研究》2004年第4期。

走向"异化"。问题的本源在于我们太崇尚挖掘一种带有"确定性"知识的价值，而忽视了实践，同时忽视了实践知识的"不确定性"。教育研究的作用很可能是滞后的、模糊的和事理性的，那种无须反复斟酌、简化的结论，以及那种可以"拿来即用"的行事规范，或许为教育实践带来的只能是每况愈下，而不是有所改善。

教育学学科的"独立性"，是教育研究能否具有价值和能否发挥价值的根本前提。教育研究是一项具有鲜明主体性、实践性、价值性、道德性和文化性质的活动，它可能不是作为工具、手段或目的存在，而是某种观念——这种观念能够使人成长、使人更好地实现一种完满的生活。在主体上，它需要关注研究者主体的智慧生成；在实践上，它需要关注与实践相关的活动及交往；在价值上，它应该关注人与时代的价值诉求；在道德上，它需遵循研究的行为与道德规范；在文化上，它还要继承某些文化的传统……因此，教育研究的性质从根本上体现了科学、文化、价值和理性的统一。我们应该清醒地认识到："教育的科学性即使可能为我们提供教育目的和手段所依据的许多事实细节，但他却不能代替我们作出决定。"①与社会科学的一般意义不同，教育研究关注的是价值、是生命，而这种东西恰恰又是深深扎根于实践土壤中的，因此，教育实践是教育研究的动力之源。只有明确了教育学科的性质和教育实践的本质，教育研究才能明确自身，才能够使知识指向生成、指向发展、指向另一端的价值。因为，"从一种准确而有目的的观点来看，历史也许能成为改革的工具。教育学术历史发展中那些令人困扰的因素——包括从对教育的态度到将复杂观念转化成公式化原理的偏好，这一切都可能因此成为变革的指南"②。

## 第四节　教育研究的维度

教育研究是一个综合的概念，尽管它具有自身的特殊性（以教育实践为导向），但在对"实践问题"不同的认识、过程和方法路径上，却有不同的研究侧重和方式。例如，以学科性质、方法为标准，教育研究常常被

---

① 劳凯声：《中国教育学研究的问题转向》，《教育研究》2004 年第 4 期。
② ［美］拉格曼：《一门捉摸不定的科学：困扰不断的教育研究的历史》，花海燕等译，教育科学出版社 2006 年版，第 245 页。

等同于"教育科学研究"；以工作的性质为标准，教育研究又常常被称为"教育学术研究""教育科研"等；以对象、功能为标准，教育研究又可划分为"教育学研究""教育活动研究"或"教育理论研究""教育实践研究"等。以上种种称谓，都是教育研究目的、内容和功能上产生裂变的结果，它们其中有些是真命题，有些可能是假命题；有些是教育研究的本身，有些可能是其他的东西。在我们重构教育研究的过程中，需要对这些冠以"教育研究"名义的不同的"类别"进行辨析。

## 一　教育科学研究："教育科学的研究"还是"教育的科学研究"？

长期以来，我国学界常常同时使用"教育研究"和"教育科学研究"两个术语，在研究内容中，也未对二者进行严格的区分，使"教育研究"与"教育科学研究"被等同于一个概念。甚至有人认为："在通常的（狭隘）意义上，研究即指科学研究，教育研究就是指教育科学研究。"① 从字面上，我们可以把"教育科学研究"分解成两个词组："教育科学——研究"和"教育——科学研究"。前者强调的是教育学科是一门科学，而科学是"关于自然、社会和思维的知识体系。每一门学科通常只是研究客观世界发展过程的某一个阶段或某一种运动形式。"② 教育研究则是关于教育作为一门科学——"研究教育规律的各门学科的总称。并且，作为独立的科学体系，经过了漫长的发展过程"③ 的这一门学科的研究。这种认识引出了"教育这门学科到底是不是一门科学"这个人们长期争论的学科性质。后者（教育——科学研究）所表达的则是教育研究在科学态度和科学方法上是科学的，强调科学方法的运用。另外，还隐含着一种价值选择，即教育研究是属科学研究的范畴，而不是哲学研究的范畴。

（一）教育科学：一种"学科"倾向的理解

对第一种理解（"教育科学——研究"），我们之前在教育研究性质、立场的部分详细辨析过教育学的学科性质问题，即"教育学科是不是一门

---

① 张胜勇：《反思与建构——20 世纪的教育科学研究方法论》，山东教育出版社 1995 年版，第 29 页。

② 《辞海》（下册），上海辞书出版社 1979 年版，第 3997 页。

③ 顾明远：《教育大辞典》（第一卷），上海教育出版社 1989 年版，第 80 页。

严格意义上的科学",以及"任何将教育学'科学化'的努力很可能都将是一种'徒劳'"。然而,由于自然科学的扩张以及对于我们人类精神的巨大影响,我们对于"科学"常常会有另外一种认识:即理性的、发展的和动态的。在此意义上,人们对于"教育科学"还有一个较为理想化方式的表述:"教育科学是正确反映教育领域内客观事物的关系和规律的知识体系,是人类教育实践经验的总结和概括,并将随着教育实践的发展而不断发展。"① 按照这样的理解,教育科学是被"理想化"的一个概念,科学已不再是科学本身,而是一种可以理解为"无上的理性和人们应该追寻着的一种对于观念、过程、方式以及各种理想化目标的追寻过程"——它代表了人们对于学科价值与理想的渴望。在这样的观念下,教育科学研究很可能又被还原到自身学科意义的价值本位之上,表明的依然是对于教育学学科的研究,即"教育科学研究就是对教育这门科学本身的研究,(它)只属于教育研究中的教育学科元研究,而教育研究除了教育学科元研究外还包括教育活动研究和教育观念研究"② ——而这依然是"教育学"研究。

(二)科学研究:一种"方法"和"意识"的理解

对于第二种理解(教育——科学研究),科学研究对教育研究来说,不是定位,而是一种方法论层面的诉求,即教育研究需要一套通行的科学方法论体系来支撑。具体来说,这种方法就是"提出问题——形成研究假设——搜集资料——分析资料——检验假设——形成研究成果"③ 等的一系列过程。"本体论的假设导致了认识论上的假设;而这又导致了方法学上的考虑;依次,又导致了工具和资料收集的问题。"④ 应用于自然科学和社会科学研究的科学方法来自实证主义哲学的传统,更准确地说,是"逻辑实证主义"。这种传统尊崇可证实、保持客观和中立以及不带有个人的倾向和价值观。这一套方法和价值体系在教育的科学研究中被长期使用,形成了我们所谓的"教育科学研究方法"。这种方法主要体现在对教

---

① 裴娣娜:《教育研究方法导论》,安徽教育出版社 1995 年版,第 3 页。

② 叶澜:《教育研究方法论初探》,上海教育出版社 2001 年版,第 306 页。

③ 秦行音:《教育研究、教育的科学研究与我们的选择》,《教育理论与实践》2004 年第 11 期。

④ Hitchcock G and Hughes D. *Research and the Teacher* (*secondary edition*). London:Macmillan,1995:21.

育的"定量研究"中，形成了一个基本的模式：（1）提出研究问题；
（2）就所研究的问题对前人的研究进行总结；（3）形成研究假设、预期
研究结果、提出模型；（4）研究设计；（5）收集资料；（6）分析资料；
（7）形成结论；（8）提出本研究存在的不足，提出下次研究的方向。① 针
对这样一个模式，我们需要考虑教育研究的对象的特征，在面向"人"
的过程中，教育研究者自身想摆脱政治、社会价值观、伦理道德的判断、
关系层面以及个人的意志的影响几乎是不可能的。这些"观念"的"悬
置"，会使研究这项充满"血肉"的"人类调查"抽干了自身的血液，或
许结果呈现的只能是一堆"骸骨"。而对实证主义的批评无论在哲学领域
还是教育领域似乎都未停止过。批评基于以下几点②：

（1）实证主义者声称客观观察没有理论倾向，但这实际上是不可
能的。

（2）实证主义者声称客观观察没有个人价值观，而这实际上也是
不可能的。

（3）实证主义声称只有客观观察到的现象才是有意义的知识，可
是许多教育家们的研究对象是不能被直接观察到的，如个人倾向、感
觉、认知、文化、校风等。

（4）实证主义的一个假设是客观世界在一定的范围和时期内是一
致的。这一假设对自然科学来说可能是合理的，但应用于研究社会行
为的教育时就不一定了。

因而，教育研究要想真正的"科学"方法化，这种方法本身就是不
严密的。那种作为系统的观察、测量、统计、实验的科学技术和手段，或
许简化了教育研究的思维方式，但其结果终将无法达到科学最初的愿
望——"精确性"。因此，我们更为认同对于"科学研究"的另一种认
识：即科学精神的发现。把教育科学研究定义为："以教育现象为研究对

---

① 秦行音：《教育研究、教育的科学研究与我们的选择》，《教育理论与实践》2004年第
11期。

② Borg W R, Gall M D. *Educational Research*, *An Introduction*. New York & London：Long man，
1989.

象，以科学的态度，运用科学的方法，有目的、有计划地探求教育现象及规律，阐述、控制、预测教育现象直至发现教育规律并指导教育的创造性的认识活动。"① 教育的科学研究目的在于科学精神的发现和科学态度的建立，引导人们"从自在走向自由"②。基于这项努力的原因在于："由于固有的'悟性'特征和社会精神使然，中国传统文化明显缺乏科学意识，特别是科学精神。现代中国的教育研究需要倡导和培育科学思维和科学精神，以应对现代性的挑战。"③ 因此，科学的精神被视为教育研究的一种基本态度，教育研究是否具有时代精神与是否存有科学的精神是同一的概念。

另外，还有一种认识，是用"科学研究"用以对"哲学研究"的区分。这种对于教育科学研究的认识，源自人们对传统教育学的缺失——缺乏科学性进行的反思和批判。1882 年，德国学者威尔曼指出传统教育学"具有丰富的建议和忠告，却缺乏考察与事实"，教育学的核心依然是"哲学的"，这些学说"与其说是认识与证明，毋宁说是信仰与要求"④。人们以教育研究哲学层面的学说无法对教育实践产生直接的影响作为理由，批评了教育研究的那些"形而上学的思考"并不能解决实践的问题，他们迫切需要找到一种更为客观的、能够对事实进行直接描述和程序化的研究传统。自然，科学的方式相对于哲学而言，其作用的方式将是迅速而快捷的，在可视化与可操作性方面，是哲学研究远未能及的。因此，有学者痛切地指出："教育思想家的恶习或不幸，是选择哲学方法或流行的思维方法，而不是科学的方法。"⑤

（三）科学方法、科学精神与教育科学：教育科学研究的意向

在以上三种对于科学研究的不同理解方面，我们首先应该排除第三种认识，即它是相对于哲学研究而言的那种方式。因为，这种区分不但还原了科学主义传统的极端性本质，还在观念上将科学与哲学对立起来，忽视了一种对于科学历史的考察：即"科学"本身也是从哲学领域分离出来的一个学科分支，换句话说，科学的母体本身就是哲学的。而对于第一种

---

① 周家骥：《教育科研方法》，上海教育出版社 1999 年版，第 1—2 页。

② 申仁洪、黄甫全：《教育研究科学精神的建构》，《教育研究》2005 年第 9 期。

③ 同上。

④ 刘畅：《"教育研究"与"教育科学研究"辨析》，《柳州师专学报》2007 年第 2 期。

⑤ 杨晓薇：《教育研究的原理与方法》，华东师范大学出版社 2002 年版，第 29 页。

理解，人们对于方法论层面的批判似乎更多，那种曾经兴盛一时的、被信奉为真理的"实证主义"传统，在教育研究发展的过程中，已经遭遇到各种批判，其中，"定性研究"就是一个典型的与"定量研究"相对立的一种研究形式，二者之间的争论正如教育理论与实践的争论一样，似乎持续的太久，以至于结果到底应该是怎样的，我们已经"无法判定"。然而，对于科学方法本身，我们还是有理由持以一种赞赏的态度，只是我们不赞赏的是——那种不对研究对象进行区分，将任何事物都标准化、程序化的研究方式。因此，是否采用科学的研究方法，不在于方法本身，而在于方法的应用，换句话说，在于研究对象的本质。另外，那种对于科学精神与科学态度的追求，我们是没理由反对的。科学的本质就在于科学精神的发现和对世界的探寻，它和哲学的源起——"惊异"和"闲暇"（有充分时间和精力去发现真理）在观念上是一致的。

教育科学研究实际在真实含义上还是一种对于真理的追求、理想、信念和如何选择一种更为合适的方式的规定。在宏观层面，它与教育研究的旨趣完全相同，只不过它更为强调某些它认为十分重要的东西。而在微观的层面，它似乎也是区别于教育研究的，这种情况产生于需要对哪些研究对象进行科学化的方式上。因此，无论是人们对于教育科学（学科意义）的追寻，还是对科学研究方法、态度的追求，都与对教育本身的追求是一致的。只是，追求的过程偏左还是偏右以及对认识真理的发现过程之间的矛盾。在对科学精神的崇敬之上，我们可以标榜"科学研究"的合理性；在对教育科学的追求上，我们也可以去丰富"教育研究的内涵"；在对科学研究方法的使用上，我们同样可以恰当地选择最合适的手段与方式，然而，这一切的选择，唯一的标准就是——能够区分不同研究对象的本质。

## 二　教育研究的两个向度：教育理论研究和教育实践研究

"教育学作为一个学科群，其内部应有基本理论研究与应用研究的区别。尽管这两大部分有着双向的不可分割的交互作用，但所有的交互作用都是以区分为前提的。"[①] 因此，教育研究在对象和功能上有两个指向：第一，指向教育理论的研究；第二，指向教育实践的研究。指向理论的研究是在学科基础之上去探讨教育的普遍知识、观念、目的、价值和意义，

---

① 叶澜：《中国教育学发展世纪问题的审视》，《教育研究》2004 年第 7 期。

可视作"教育学"学科理论及元理论的研究；指向实践的研究则以教育的特殊活动——教育实践为对象，对教育实践中的一些基本活动（例如学习活动、教学活动、师生交往活动等）的特殊视域的研究。教育学研究在一般意义上可等同于教育理论研究，是对教育普遍性、一般性理论的研究过程；而教育活动研究则可视作教育实践研究，它是专门指向"教育实践活动"这个特殊范围与对象的研究。教育活动研究（教育实践研究）亦有对"教育理论"的研究，但指向教育实践的理论则是一种特殊的理论、与教育实践活动相关的理论，并非一般意义的教育理论（教育学知识），而是一种教育实践理论①。（见图1－4）

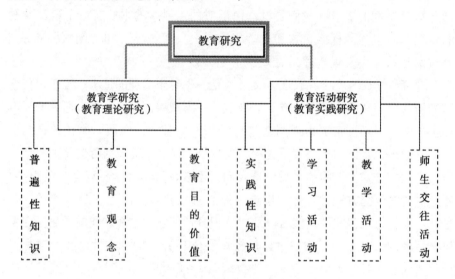

图1－4　教育研究的分类

---

① 对此进行区分的意义在于避免一种混淆，很多时候，我们常把教育理论视作教育实践的理论，而不是从一般、普遍性知识基础上来理解教育理论，因此造成了理论不能指导实践的谬误。笔者认为，教育理论在一般意义上是指教育学知识，是在学科意义上的理论研究；而有关教育实践的理论则是一种特殊的知识，它隐含在教育实践之中，或隐或显地对教育实践产生影响。因此，基于教育学的教育理论与基于教育实践的教育理论（教育学知识与教育实践知识），二者是有区别的。本研究所指的教育理论在理解上属于第一种，指的是教育学理论。值得提出的是，除了这两种理论形式之外，还有一种理论，即元教育理论，尽管它与教育学理论分属于不同的理论范畴，具有各自的认识功能，但它们在呈现方式上具有相似性——基于教育知识的建构。因此，本研究在此处（一般的意义上），将元教育理论暂且归为教育理论研究的范畴。但需要说明的是，这种划分本身并非是否认它与教育理论认识对象的区别。

因此，教育研究有两个向度：一是针对教育学科本身，对教育、教育学的一般概念、原理的认识及超越，这是教育研究的理论向度；二是面对教育实践，对教育现象、教育问题的解释和决断，这是教育研究的实践向度。两个向度在研究的不同层面，分别诠释教育的不同问题，促使教育研究在理论上更加丰富，在实践中更加深入。教育学研究与教育活动研究在教育研究中都具有独特的属性和不可替代的价值，当前，教育研究的功能出现弱化的趋势，正是因为两种取向在其自身研究性质、功能、对象的把握上出现错位，使得教育研究在理论研究的层面不深入，在实践研究的层面不具体。教育实践者站在实践的维度批判教育学（理论）研究的抽象化、概念化；教育学研究不明确自身的研究性质和任务，使研究成果成为教育实践的"鸡肋"，其理论的价值性遭到实践的深刻质疑。为此，我们需要重新厘清教育研究，把握教育研究的双重取向，使二者在研究中明确各自的性质、任务、对象及其运行逻辑，明确教育学研究应追求和建构的是怎样一种一般性理论，教育活动研究应需要和运用的是怎样一种实践性特殊理论，使两个不同向度的教育研究都能在各自的范畴有所突破，有所裨益。

（一）教育学研究：教育理论向度的一般性规律及法则

教育学研究关注的是对教育普遍性知识、教育原理及教育研究本身的认识。在性质上，它类似于"元研究"，是一种在已有普遍性知识之上的反思、批判和生成。它不是对教育及教育现象的反思与回顾，而是对"教育""教育学"乃至"教育研究自身状态"加以审视，把教育自身作为研究对象和研究内容的理论研究。因此，在目的上，它不指向实践，在功能上，也不直接作用于实践，它具有自在的价值。教育理论研究从本质上说，具有形而上学的思维与逻辑性质，它以概念、原理和一般法则为载体，解释教育"是什么"，把教育还原到"原点"，从而进一步审视自身、完善自身，用一种超验的、审视的态度来进行与理论相关的研究活动。可见，教育学研究的形而上学本质上也是教育理论研究与教育实践产生鸿沟的根本所在。

从认识与价值上说，教育学研究属于"元研究"，其定位在"教育"或"教育研究"的认识论范畴，是一种对于"可知"的追求，而非用"无知去研究未知"①。因此，教育学研究是在教育一般概念、原理基础之

---

① 刘献君：《教育研究的四个基本要素》，《高等工程教育研究》2011年第5期。

上的生成性研究，是对原有教育知识的再认识，其核心价值性并不在于对"外来"概念进行"翻译""诠释"，而在于价值创造，即在教育的本体价值之上，依据教育自身规律、现实发展趋向和文化背景，生成一种符合国情与中国教育特点的"本土化"理论。在认识论的基础上，教育学研究具有教育概念与逻辑的规范功能；在历史和现实需求下，教育学研究具有"本土原创"功能，即在全球化之上，"反思和批判自外向内的、单向的、外来的理论"①，对教育进行"自我更新"与"创造"。教育学研究通过对"教育"或"教育研究"本身的认识，来完成它的价值使命，把"存在"本身作为价值，不依附于外在，以理论自身的逻辑和理性不断认识自身、超越自身，使"教育理论"的内涵更加丰满、更加严密。

从内容与功能上说，教育学研究的任务是对教育的普遍概念、判断、命题、逻辑、范畴进行研究，同时，还要进一步拓展，关注对研究理论、方法和资料的分析研究，甚至要关注教育研究者自身，对其研究思维和研究路径进行生命的关怀，以挖掘其理论倾向与形成的深层内涵。在内容的层面，教育学研究不仅要回答"是什么"，而且要探寻"在'是什么'之上是怎样的"，这种功能性，使教育的理论理性具有了对理论的超越性，它不是针对某一现象的理论，而是针对众多理论的更高理论，是对教育理论的反思和超越。在此意义上，教育学研究源自研究者"自我意识"的觉醒，是对"教育""教育学""教育研究"自身的审视与批判，是对已有的教育理论研究的概念、体系、方法的合理性、有效性反思，以揭示其原有认识的缺陷，把一些零散的反思和研究综合到一个复杂化、深层次的背景之中，在认识论层面加以深化和系统更新。

每一次思想认识的变革必会推动教育学科与实践的变革，让教育理论者更加清醒，教育实践者更加明确。这种"自我意识"的萌动和觉醒，首先是理论者的反省，接下来便会伴随着实践者的超越，它系统化、形式化了"教育"本身，让"教育研究"更富有理性与信仰，从而提升教育研究的价值。目前，教育理论研究的缺失并不在多大程度上关乎实践的"痛痒"，而在于理论者自身研究意识、研究对象的模糊、研究方法的含混以及研究阵地的缺失。首先，理论者在研究意识层面，并不明晰教育理论研究究竟该以谁为研究对象，常常与教育实践的研究混为一谈。其次，

---

① 李太平：《当前教育研究中需要注意的几种倾向》，《教育研究》2006 年第 10 期。

在研究的内容上，随着教育各种二级学科的独立和研究立场的实践转向，教育学研究逐渐丧失了研究的阵地，正如教育学学科本身面临的危机一样，教育学研究自身渐渐淡化了研究的价值取向，使研究成果处在理论与实践的双重边缘。再次，在逻辑层面，教育学研究和教育活动研究各自遵循不同的逻辑形式，由于定位与功能的错位，教育学研究被迫以实践的具体问题为研究指向，只得用自身的逻辑方式对实践问题进行书斋式的推理，结果必然导致实践的理论与理论的实践"两张皮"，造成"理论无用"的窘状。另外，在研究方法层面，受到西方研究范式的影响，理论研究者往往生搬硬套"自然科学"的研究方法，追求理论的客观性、精确性的实证解释，关注"工具理性"，简化了自身思维与逻辑建构的过程，以"技术"代替"思维"，忽视了生命的复杂性与价值的关联，从而丧失了教育研究的人文关怀。由此可见，教育学研究必须明确自身的对象、任务和方法，认清自身的研究属性和使命，让教育理论真正具有实在的价值，具有科学与人文的价值。

（二）教育活动研究：教育实践向度的特殊性问题与现象

教育活动研究关注的是对发生在真实教育实践的具体教育现象、教育问题的解释与决断，它面向教育事件，目的是解决教育实践中的问题。教育活动研究与教育实践本身的关系是指导和被引领的关系，教育活动研究需要在具体的教育事件中发现问题、提炼问题、思考问题，经过反思与实践，解释教育的现象，从而更好地解决问题。教育活动研究的问题从哪里来？不是从概念中来、从原则中来，而是从具体的事件中来，从各种现象的矛盾中来。因此，如果说教育学研究对待问题的方式是"理论演绎"的话，那么，教育活动研究的方式就是"实践归纳"。"实践归纳是人们在教育实践基础上，通过对感性经验梳理、分析、概括和归纳，从而发现需要研究解决的教育实际矛盾和理论疑难。"[①] 由于教育实践者是活动性存在、观念性存在和研究反思性存在的教育实践主体，教育活动研究就需要关注实践者实践智慧的生成和动态转化，让有效的研究成果能帮助提升实践者的实践智慧，对教育实践起到催化和指导作用。

教育活动研究的立足点是教育的生活世界，而非概念的世界、科学的

---

① 刘献君：《教育研究的四个基本要素》，《高等工程教育研究》2011 年第 5 期。

世界。教育学研究从抽象的教育概念和理论出发，教育活动研究则从生活的逻辑出发，把实践问题作为教育内在的逻辑与规则，在生活本体论的角度使教育研究回归教育的"生活世界"，找寻教育失去的主体意识。何为"生活世界"？20 世纪初，现象学派创始人胡塞尔诠释了"生活世界"的三层含义：（1）"生活世界"是一个非理论性的世界，"它是一个始终在先被给予的、始终在先存在着的有效世界，但这种有效不是出于某个意图、某个课题，不是根据某个普遍的目的。每个目的都以生活世界为前提，就连那种企图在科学真实性中认识生活世界的普遍目的也以生活世界为前提"①。（2）"生活世界"是具有奠基意义的世界，它是科学世界以及一切抽象世界的基础，是自然的世界。（3）生活世界是直观的世界，它能够被直观的经验到，它与经验主体在交互中产生意义和价值。从生活世界出发，在最直观的真实世界发现问题，发掘教育的真实价值和意义，揭示教育与实践的各种关系、问题和规律，并架起生活世界与科学世界、逻辑世界的桥梁，这是教育活动研究的深层内涵。它呈现出生活世界教育的完整面貌，反映了教育在生活世界的多姿多彩，遵循的不是理论世界的抽象逻辑，也不是自然科学世界的技术手段，而是属于生活世界特有的实践逻辑。因此，如果说"理论逻辑表现的是一种由事实到事实的关系，那么，实践逻辑表现的则是由事实到意义的关系。这就需要有一个研究立场的根本转换，冲破单一的理论逻辑世界及其统治，把视角伸向广泛的生活领域"②。在此基础上，教育实践研究与教育理论研究有着本质的差别，理论研究关注的是问题的"一般性"，而实践研究关注的则是问题的"特殊性"，实践研究必须在生活世界实践逻辑的规则下，与理论世界共同诠释着不同的"合理性"，与其特殊的研究对象一起，去理解与建构教育的生活世界，改变人的生活方式，使教育向生活世界的纵深发展，与现实生活紧密相连，与科学世界联系沟通，创造教育的普遍价值与特殊价值。

在认识的维度，如果说教育学研究追求的是对普遍性知识的认识，那么，教育活动研究主要探寻的是"缄默知识"，它的终极产物是获取"实

---

① ［德］胡塞尔：《欧洲科学的危机与先验现象学——现象学哲学导论》，马蒂努斯·尼伊霍夫出版社 1976 年版，第 56 页。

② 李太平：《当前教育研究中需要注意的几种倾向》，《教育研究》2006 年第 10 期。

践智慧"。在教育活动研究中，研究者呈现的不是纯粹的抽象理论，也不是对他人"实践经验"的搬运，而是在自身理性与经验的基础上，反复运作、反思、升华，形成个体独有的缄默知识。什么是缄默知识？波兰尼解释："人类有两种知识。通常所说的知识是用书面文字或地图数学公式来表述的，这只是知识的一种形式。还有一种知识是不能系统表述的，例如我们有关自己行为的某种知识。如果我们将前一种知识称为显性知识的话，那么我们就可以将后一种知识称为缄默知识。"① 在教育实践研究中，研究者之所以感觉来自实践的理论常常在实践面前显得苍白无力，就是缄默知识本身具有默会性与个体性。面对棘手的教育问题，很多教育者能直觉地辨认出问题的症结，却通常无法符号化地进行描述，往往只能归结为"经验"。可以说，在很多情况下，"我们所认识的多于我们所能告诉的"②。实践性知识（缄默知识）是一种独特的知识形态，它不能在概念中找，也不能依靠语言来传递，它只能在教育的行动中被发现、被感知。因此，教育实践研究的有效方式需要借助以事件性为主的研究方法，例如，教育行动研究、教育叙事研究、教育人种志研究等，对教育中的具体事件跟踪、分析、归纳，找到问题突破口。教育活动研究的特殊性就在于研究者的"内置身份"——他们不是站在教育事件之外，作为旁观者来"欣赏事件""评价事件"，而是身处特定的教育情境，作为真实的参与者、实施者来"参与事件""分析事件""解决事件"，在实践中开展反思性研究，发掘基于具体经验与独特事件的教育意义，产生"实践性认识"，并把这种认识上升为一种"实践智慧"。在知识的层面，此认识一旦形成，便可作为终身的可持续性知识资源，能在实践中不断转化、生成，使实践性知识更加丰富，实践智慧不断升华。

（三）双重价值：教育理论研究与教育实践研究关系之辨

在教育研究中，教育学研究与教育活动研究分属于不同的向度，我们既需要对于教育一般原理、规律的理论向度的认识，亦需要对于教育特殊问题、具体事件的实践向度的解释，更需要关注教育理论与实践的契合点，即在实践中反思、批判和判断的能力。理论研究是对教育普遍规律和一般性知识的再认识，实践研究是对教育问题、现象的感知、理解和认

---

① Polanyi. *The Study of Man*. London：Routledge & Kegan Paul, 1957：12.

② Polanyi. *The Tacit Dimension*. Polanyi，M. London：Routledge & Kegan Paul, 1966：4.

识，二者逻辑起点不同，对象、方法、途径亦不相同。

　　教育学研究在原理之上以教育、教育学、教育研究为对象，是研究"自身"的学问，目的是"解释教育自身""完善教育自身"。这种"元研究"的性质不像教育活动研究那样必须紧紧植根于教育实践的土壤中，面对生活世界的种种问题，拥有纷繁复杂、极其丰富的自然资源。教育学研究就是对教育理论本身的逻辑推理、判断与理性追问，是科学性与人文性、形式分析与价值判断相融合的研究形式。教育活动研究则以教育现象、教育问题为研究对象，目的是解释教育现象，解决教育问题，在缄默知识的获得中，提升教育智慧。教育活动研究的性质要求教育实践研究必须回归教育的生活世界，在真实的情境与事件中发现问题、解释现象，因此，它必须依托于行动研究、叙事研究等实践研究的运行方式，在具体的事件中发现其特殊的意义，从而提升教育的价值。

　　从研究范式来说，教育学研究并不单一地借用分析哲学的研究逻辑，引借数学的推理，关注对理论的逻辑论证和语言分析，而是把元伦理学、元哲学的研究范式与人文学科相融合，渗入元社会学研究的范式，更为关注理论的产生、发展过程以及发展变化规律，建立的一种规范教育理论研究的全过程，同时，不断反思、建构一种新的研究范式，来实现自我完善与发展。因此，教育学研究拥有自己的运行逻辑与发展轨道，其规范性不在教育的外部，而在于教育的自身。对于教育活动研究来说，由于研究对象的特殊性和具体性，其研究的方式必然具有综合性，混合方法研究是其理想范式。教育活动研究既要在实践中回答一个个具体的教育是什么，为什么，又要解释怎样做；既要说明做的依据，又要对其说法、做法的合理性、效率和质量提出改进的意见和方法指导；既要在具体的教育事件、教育活动中开展综合性的研究，又要关注实践过程中缄默知识和实践智慧的动态生成。可以说，教育活动研究是一项具有特殊任务和意义的研究，这个研究既包含理论，又包含实践；既要关注教育的外部，又要明确教育的自身，是对教育研究者的综合性要求。只有这样，教育活动研究的实践理论和实践本身的丰富而深刻的内涵才能够被充分地揭示，才能够解决不断变化着的实践难题，教育实践才能够由"是"向"应是"过渡，从事实向意义转化。（见表1-2）

表1-2　　　　　　　　　　教育理论研究与教育实践研究的区别

| 类型 | 教育学研究（理论研究） | 教育活动研究（实践研究） |
|---|---|---|
| 研究对象 | 以教育普遍性知识、教育一般原理、教育研究自身为对象，在其之上，认识、规范"教育" | 以"教育现象""教育问题"为对象，解释、解决教育实践问题，获取实践知识和智慧 |
| 研究目的与任务 | 审视已有的教育理论、教育发展与教育研究状况，更新、完善教育理论体系与框架 | 解释教育现象，解决教育问题，获取缄默知识，提升教育智慧 |
| 研究方式与方法 | "元研究"方法，逻辑思辨法，辩证法 | 行动研究、叙事研究、人种志研究、质的研究等 |
| 逻辑方式 | 形式分析—价值判断 | 事实—过程—价值 |

除了以上的差别外，教育学研究与教育活动研究还有一个共同的指向——通过反思，指向"判断"的能力。教育学研究是由"形式→价值→判断"，教育活动研究是从"事件→意义→判断"，其中，二者都伴随着反思生成判断力，获取教育智慧。教育学研究是对形式分析与价值命题的判断过程，而教育活动研究则是由事件引发的意义命题，从而提升智慧的反思判断过程。教育研究的两个维度都经历了"可知—不可知—可知"的过程，而"反思、判断"的能力则是这个过程中由"不可知"通往"可知"的必要条件，它在意义与价值的层面通过反思和判断力以生成知识和智慧。因此，共同的指向使得教育理论与教育实践能够在智慧的层面得以"对话"，使得教育学研究与教育活动研究在理性的层面得以升华和创造。然而，反思与判断力并不独立存在于教育理论与实践研究之外，它依附于二者，起催化作用，是理性和智慧作用于教育研究的决定性因素，是教育研究的高级阶段。因此，假如没有对理论与实践的反思与判断力，教育理论与实践研究只能停留在普遍知识与一般意义的基础上，不可能超越现存，新的知识也不会破茧而出；假如没有反思与判断力凝结的"智慧"，教育理论与实践研究也终将会出现一道无法逾越的鸿沟，教育理论的实践与教育实践的理论终将站在各自的逻辑立场上"自言自语"，无法凝结成一股智慧的力量——正如理论理性与实践理性在认识和道德的层面如果没有判断力的审美过程，终将陷入纯"理性"思辨的深渊一样，不会架起通往彼此心灵世界的"桥梁"。

在价值的层面，教育研究总体是有关价值的问题，关注人价值的生成。"教育研究不是价值无涉的活动，它是一类价值沉思、价值反省与价值诉求的活动，带有明显的价值取向。"① 一方面，教育学研究的价值在于认知层面，其不断更新知识，丰富理论，审视自身，保持清醒的头脑和批判性，对教育学科本身处于高度的警觉、监督和指引；教育活动研究的价值在于发现教育问题，用已知来探求未知，解决实践中的难题，丰富教育实践经验，找寻问题的方法和途径，服务教育一线——二者都在不断澄明的基础上，采取不同的反思和判断，以提升价值的高度，将单向的价值转化为综合的智慧——前者是思想的智慧，后者是实践的智慧。另一方面，教育学研究通过"理论演绎"，运用理论思维揭示一般法则，通过"演绎"推进、迁移、转化、形成思维的判断力；教育活动研究则依托"实践归纳"，在实践问题中反思，通过直接参与和对感性经验的分析、概括、归纳，发现实践矛盾和理论难题，形成实践的理论，生成一种对实践的判断力，以提升教育研究的价值。因此，二者反思和判断力的提升，标志着教育研究价值的提升，反思与判断力可以作为教育研究的第三维度而存在，是教育研究的有效性与价值性的标志。（见表1-3）

表1-3              教育理论研究与教育实践研究的价值生成

| 类别 | 教育学研究（理论研究） | 教育活动研究（实践研究） |
|---|---|---|
| 立场 | 学科立场 | 对象立场 |
| 价值取向 | 学科本位 | 问题本位 |
| 方式 | 理论演绎 | 实践归纳 |
| 过程 | 知识的迁移、转化、推进 | 经验的丰富、概括、提升 |
| 目标 | 思想的智慧 | 实践的智慧 |
| 根本标志 | （思维）判断力 | （反思）判断力 |

当前，中国的教育研究正摆脱西方的束缚，进入一个自主发展的繁荣时期。然而，在探索的道路上，研究者需要对教育研究本身有一个清晰的界定，明确教育研究的性质、任务、对象及路径。教育研究不是单向度的，它有不同的维度与实践的路径，在这个过程中，不同的路径指向的却是同一个目标与期望，那就是教育自身的发展与教育事业的繁荣。教育研究需要历经"可知—不可知—可知"的过程，在"不可知"通向"可知"的未知领域，我们需要有足够的理解和信仰，足够的知识和智慧，足够的

---

① 宋兵波：《教育研究的性质是什么》，《教育学报》2006年第3期。

关怀和勇气，这是通向教育研究本身的道路，也是通往我们灵魂深处的道路，在这个通道上，教育研究能够在不同角度实现对话，能够让各种问题得以解决，能够使静态知识变为智慧。因为，这是所有教育研究者的共同信仰，也是教育的信仰。

# 第二章

# 知识与实践：
# 教育研究的认识论探究

也许最初就是在实践的直接驱动（主要是教育普及化、班级授课制及其所引发的师资培训需要）下产生的缘故，教育学不仅试图从实践的角度阐明自身作为一门学科的合法性，而且倾向于将自身"生产"的各种教育知识付诸实践，以阐明这些知识的"有效性"。在这种情况下，"是否有用""怎样操作"就成了许多人衡量教育学价值的重要标准。然而，这是不是一种合理的"实践期待"？或者说，是不是不同性质或类型的教育理论都能在教育实践中产生效用？假如答案是肯定的，那么这些理论又是怎样走向教育实践的？这些问题，似乎都有待更加深入的讨论。

——程亮：《教育学的"理论—实践"观》①

站在哲学层面看，所谓认识论问题主要与知识论和人的实践活动有关。教育研究无论从其发生来看还是从其成果的应用来看，都与人们对知识的理解和运用有着紧密的关联。本章主要通过考察教育研究中对有关知识的理解及其对教育实践所具有的意义来梳理教育学领域的知识体系，从哲学认识论角度明晰教育研究的认识路径与知识建构的基本要求。

## 第一节　教育研究对象的考察与界定

对教育研究对象的界定，意义在于考察教育研究应该做什么、如何界定，以及在研究对象分类基础上建立何种理论体系等一系列问题。因此，对教育研究对象的考察是一项极为关键的哲学考察，研究对象的性质决定

---

① 程亮：《教育学的"理论——实践"观》，福建教育出版社 2009 年版，第 4 页。

了研究内容的选择和研究结果的成效性、研究类型的选择和研究结果的恰当性。哲学的任务就在于既要澄清研究对象的特殊性，批判各种忽视对象本质的现象，迫使它们作出回应，又要指出什么时候要关注对象，以及研究本质和对象之间的关系，深入把握教育实践的特殊性。

## 一　教育研究对象观的历史考察

### （一）教育研究对象的认识与反思

任何科学的发展都是从确定它的研究对象开始的，并随之研究的深入又对其对象不断地进行调整，使之逐步明确。因此，研究对象的科学性和准确性是衡量某个研究领域是否成熟的一个重要标志。主体与对象构成了教育研究认识论活动的两个基本结构，对于研究对象的界定则是认识论的前提。

教育研究是一个统称。以学科性质、方法为标准，教育研究常常被等同于"教育科学研究"；以工作性质为标准，教育研究又常常被称为"教育学术研究""教育科研"等；以对象、功能为标准，教育研究又被区分为"教育学研究""教育活动研究"或"教育理论研究""教育实践研究"等。以上种种称谓，都是依据研究目的、内容、功能和结构的差别而产生裂变的结果，因此，教育研究的对象与教育学研究对象、教育科学研究对象等概念既有区别又有联系，它是包含教育所有类型和功能性质的对象性研究，属于它们的上位概念。

"对象"的确定，是教育研究是否有效及何以有效的前提。学界对教育研究对象的探讨，一直存在较大争议，综观其认识的基本路径，大体是沿着"教育"——"教育现象"——"人"——"教育活动"——"教育事实"——"教育问题"——"教育存在"——"教育生活"（"教育世界"）等纵深认识发展的过程。（见表 2 - 1）

表 2 - 1　　　　　　　　具有代表性的教育研究对象观

| 代表观点 | 核心思想 | 出处 |
|---|---|---|
| 教育 | 教育学的对象就是青年一代的教育 | ［俄］凯洛夫：《教育学》［1948］ |
| | 教育学这一科学认识领域的对象是社会的一门特殊职能——教育，因此可以把教育学称为关于教育的科学 | ［俄］巴班斯基：《教育学》［1983］ |
| 人 | 教育学研究人类各人及其全部世界的相互作用…… | ［美］桑代克：《教育之基本原理》［1935］ |

续表

| 代表观点 | 核心思想 | 出处 |
|---|---|---|
| 教育现象（或教育规律） | 教育学是研究教育现象，解释教育规律的科学 | 《辞海·教育心理学分册》[1980] |
| | 教育学所研究的主要是学校教育这一特定的现象，研究在这一现象领域内所有的矛盾运动规律 | 南京师范大学教育学系编：《教育学》[1984] |
| 教育事实 | 所有科学的起点都是描述，描述就是直接进入现象，客观地不带任何理论偏见地解释它，把握其意义 | [德]菲舍尔：《描述教育学》[1914] |
| | 只有对教育事实做了纯真而充分的描述，才能确切把握"教育是什么" | [德]洛赫纳：《德国的教育科学》[1963] |
| 教育问题 | 我们没有把教育学的对象称作现象，而特地采用"教育问题"一词来表示，并把教育学称作是以"教育问题"为研究对象的科学 | [日]村井实：《什么是教育》[1968] |
| | 教育问题才是教育研究的真正对象，是教育研究区别于其他研究的真知灼见和特质所在 | 陶志琼等：《关于"教育问题"的研究》，《宁波大学学报》，1999（4） |
| | 教育问题才是教育学的研究对象。理由是科学研究并不始于现象——事实或存在，而是始于问题 | 杜时忠：《教育学研究什么》，《教育评论》，1999（3） |
| | 教育现象或教育存在只有转换为教育问题，才能成为教育学研究的对象，教育研究对象是在"问题意识"关照下的一种发现，"对象"是由"问题"建构的 | 李润洲：《论问题在教育学研究中的地位与作用》，《上海教育科研》，2008（10） |
| 教育存在 | 教育研究的对象是"教育存在"。"教育存在"是指相对于"无"的"有"，具有三种形态："教育活动型存在""教育观念型存在"和"教育反思型存在"，因此，就有了三类教育研究：教育活动研究、教育观念研究和教育反思研究 | 叶澜：《教育研究方法论初探》，[1999] |
| 教育生活（或教育世界） | 教育从一开始就并非纯粹的教育，而主要是生活中的教育或与生活融为一体的教育。因此，建立以教育生活为对象的新的教育研究对象观，已势在必行 | 雷云、吴定初：《教育研究对象观探新》，《社会科学战线》，2005（3） |

1. 以"教育"及"教育现象"为研究对象

苏联教育学家凯洛夫在其主编的《教育学》中指出："教育学的对象就是青年一代的教育"（凯洛夫，1948）；随后，由巴班斯基主编的《教育学》则进一步界定"教育学是关于教育的科学"（巴班斯基，1983）。这两本著作被作为教材被我国师范院校广泛采用，也就自然生成了"教育研究的对象是教育"这一观点。

在广义上讲，教育研究是研究"教育"这样的表述并没有错误，但以"教育"为研究对象的，不只是教育研究，很多研究如哲学、伦理学、人类学、文化学等往往也把教育包含在其研究对象之中，这样很难把教育研究与其他研究相区分。此外，这样的表述也只是同义反复，并未给出教育研究对象以严密的定义。正如心理学是研究人的心理、人类学是研究"人类"这个群体一样，教育学必然研究"教育"，绝不会脱离"教育"而研究其他。可能其"教育"意指"狭义的教育"，即学校教育或教学活动，但以"教育"为研究对象，并不能仅限于"狭义的教育"，它必然涉及一种更为广泛的教育活动，如社会教育、生活教育等。因而，把教育研究对象指向"教育"这个复杂性的、广义的活动，其对象就隐含了极大的"不确定性"，在研究边界上很可能是无立场的。

我们对于研究对象设定的重点在于说明它研究某个领域的"什么"，即要有明确的方向性、目标性和确定性。因此，教育研究的对象最为常见的表述是研究"教育现象及规律"这个说法。何谓"教育现象"？《教育管理大词典》将其解释为："教育现象是教育本质的外部表现和特征，是人们看得见、摸得着的社会现象。"[①] 南京师范大学教育学所编纂的《教育学》教材（1984）就明确提出了这一观点。此外，这一阶段（八九十年代）诸多教育学著作对此观点都表示了不同程度的认同。例如，华东师大金一鸣教授也认为："教育研究的对象是教育现象，教育研究的任务在于把握教育的规律。"（《教育原理》，1995）直至当前，亦有少数学者仍持此观点，认为"能够被反映为有价值的教育一般问题的教育现象乃是教育研究的对象"（刘伟芳，2005）。

将"教育现象"作为教育研究的对象这种认识意在揭示两点，教育研究的对象是外在的客观存在，科学研究的目的是透过现象看本质，要发现隐藏在现象背后的"教育规律"。然而，教育现象作为一个广义概念的范畴，将其当作研究对象就不免有偏颇之处：

其一，只承认物质（或实践）形态的存在——将纷繁复杂的"教育现象"作为客观实在，并将教育研究活动在时间维度上限定在"当下"，否认"教育观念"作为教育活动的外化形式，以主观渗透的方式通过知识载体，间接地存在于教育活动之中，也是一种客观存在的事实。因此，"教育现象说"将那些固有的教育观念、教育理论与教育思想排斥在研究之外，忽视了理论与知识形态的教育存在对于教育实践发展的重要性，否

---

① 参见《教育管理大词典》，海南人民出版社1989年版。

定了理论先行于实践的重要价值。

其二，教育现象作为一种社会现象，它与社会现象的分野并不十分清晰，在不同角度，会产生不同的认识。例如，青少年犯罪，我们从社会角度分析，它是一种社会现象，而从教育角度，亦可视为教育现象；再如大学生就业状况，从社会角度属于社会分配现象，但它又与所在学校的知名度、学生的学业水平和职业选择密切相关，因此，从教育的角度讲，它仍然可作为教育现象来分析……这种界限的模糊，令我们很难把握"教育现象"的尺度，很难将其问题进行归类，使"教育现象"作为专门的研究对象变得并不确定。

其三，"教育现象说"在认识论基础上是"本质主义"的，它的前提假设就是"透过现象揭示本质"。然而，随着后现代学说对于"本质主义"的解构，教育活动是否真的存有某种实然的本质？即使有，这种本质是否能够被"言说"或"揭示"？另外，"教育规律"作为一种已知的探求结果，如何能够再次作为"未知"的对象去探寻？在此意义上，"教育规律"只能表述为教育研究的目的或期望达到的结果，并不是教育研究的对象。

另外，教育研究标榜要"揭示教育的现象及规律"，而"其中到底透过教育现象揭示了多少堪称'规律'的规律呢？所阐述的教育实践规范，或关于教育实践规范的解释，是规律吗？'教育原则'是'规律'吗？"①这一系列问题使得"教育现象说"存有现实矛盾和理论疑难等多重悖论，并且将教育研究的对象限定在一个"感性"的范围内，无论是对其范围的界定还是具体内容的界定，都是相当困难的。

2. 以"人"或"教育活动"为研究对象

美国心理学家桑代克（Edward Lee Thorndike）在《教育之基本原理》一书中写道："教育学研究人类各个人及其全部世界的相互作用……教育学必须研究人类本身及世界的任何方面的改变，因为教育研究须能供给有效的意见，使人们知道改变人们本性以适应新的环境的可能性与合理性。"（桑代克，1935）教育研究的对象是"人"这一认识，是将对象聚焦为"人"——并进一步锁定为"对人身心产生影响的活动"。对于"人"这个研究对象的假定混淆了教育研究的对象和教育对象的区别，使

---

① 陈桂生：《教育学的"研究对象"是什么》，《江西教育科研》1995 年第 3 期。

教育研究丧失了特殊性。可以说，一切人文社会学科的研究对象都是"人"的问题，如人的存在问题（哲学研究对象），人的心理发展及规律问题（心理学研究对象），人与社会的关系问题（社会学研究对象），等等。"人"并不是教育研究独有的对象领域，无论是研究人的身心发展、人的实践活动还是人的本质属性，都无法体现教育研究的特殊性。因此，将教育研究的对象界定为"人"的看法，显然是没有把握教育研究的本质。

另外，把教育研究的对象理解为"教育活动"，也存在同样的归属问题。第一，它没有区分教育活动与社会活动的区别——社会学科研究的对象无一不是对人身心产生影响的"活动"，在此基础上，教育研究对象与社会学科研究对象就失去了根本的界限。第二，这样的界定使得社会中的一切活动都能够作为教育活动来理解，由于"人"参与的各种社会活动，都或多或少地对人的身心产生一定的影响，不对"人"产生影响的社会活动是不存在的。因此，教育研究就需要对"教育活动"作进一步的界定——哪一类活动是教育的活动？它与其他的社会活动有何不同？教育活动的特殊性应该划定在哪里？等等。这就需要将我们认作是"教育活动"的社会活动挑选出来，但事实上，这并不是一件简单的事情。

3. 以"教育事实"为研究对象

教育研究对象是"教育事实"的认识，以 20 世纪兴起的"描述教育学"为典型代表，倡导者是菲舍尔（A. Fischer）、彼得森夫妇（Else Petersen）和洛赫纳（R. Lochner），其目的是建立一门价值中立的、纯粹描述教育事实的教育科学①。菲舍尔采取实证与现象学的方法，对教育事实进行客观的说明，试图建立以经验为基础的严格而确定的教育学体系（《描述教育学》，1914）。洛赫纳提出描述教育学具有"描述与规范"的双重属性（《描述教育学》，1927），随后出版的著作中又舍弃了其中规范性的成分，进而发展纯价值中立的教育科学（《德国的教育科学》，1963）。

以教育事实为研究对象持有鲜明的科学主义的认识论观念。"教育事实与价值"的命题一直是科学主义与人本主义争论的焦点。"教育事实"强调的就是教育研究要以客观的"教育事实"为对象，研究过程需保持"价值的中立"，试图建立一个类似的逻辑体系："在教育情境中观察事

---

① 冯建军：《西方教育科学取向的历史考察》，《教育理论与实践》1995 年第 2 期。

实、作出记录、分析整理有关数据、归纳抽象，形成概念、范畴和命题，最后组成一个体系。"①

科学主义的认识论使得人们对于教育研究对象的把握陷入了"唯科学"的泥沼，这种明显带有科学主义倾向的观点已经遭到了人们普遍的质疑与批判。教育活动是关涉"人"的特殊活动，那些以自然科学方式所进行的教育研究，意图将教育价值排除在研究之外，其臆想的"教育事实"是无法成立的。教育事实是在人价值的引导下形成的事实，事实与价值的根本矛盾在于教育活动的价值取向不同，而非教育事实有无价值。为此，我们说，以已经发生的"教育事实"为研究对象的属于"教育科学"："它旨在认识教育世界，并不直接指导实践；指导教育实践的，是另外一套学问。因为教育实践所需要的理论指导，主要是回答教育'应当是什么''应当发生什么'？回答教育'做什么——怎样做'和'应当做什么'——'应当怎样做'？这是有别于'教育科学'的'规范教育哲学''规范教育学'回答的问题。"②

因此，教育事实是带有价值取向的事实，是包含有人主观因素的"客观存在"；而教育活动必然是关涉价值取向的活动，"教育"这一价值判断必然先于"什么是教育"这一判断而存在，"教育应当是什么"比"教育是什么"本身要复杂得多，也重要得多。在此意义上，教育研究是带有鲜明主体色彩的对研究对象进行价值预设的活动，那种抽空了血肉，只留下一堆残骸的"教育事实"，不可能成为教育研究的对象。这就是为什么我们一方面需要采用实证的、实验的和描述的方法对教育活动进行观察和记录，同时也需要用定性的方法对活动进行分析和评价一样——"事实"与"价值"永远都是教育研究不可或缺的构成要素。

4. 以"教育问题"为研究对象

"教育问题"的对象观是人们争论最为激烈，也最具主流的观点。"教育问题"是指"教育事实中客观存在的有价值、有意义、与此同时也引起了教育研究者的关注和兴趣以及教育实践者共鸣，并且需要通过他们的创造性思维技巧和策略进行研究探讨，从而加以解决的教育矛盾和教育疑难"。日本学者村井实在《教育学的理论问题》一书中，对"教育学的

---

① 刘仲全：《教育学对象观述评》，《教育理论与实践》2000 年第 6 期。
② 陈桂生：《教育学的"研究对象"是什么》，《江西教育科研》1995 年第 3 期。

对象"进行了较全面和系统分析，提出教育学的对象是"教育问题"的结论及"要把教育问题作为客观事实加以深究"的态度。① 美国学者约翰·S. 布鲁巴克（John S. Brubacher）在 1947 年出版的《教育问题史》一书中，则详细论述了由古至今以来作为永恒的教育问题的历史发展脉络②，使"教育问题"作为可考究的教育研究的对象具有了理论支撑和历史沿革。当下，在教育理论日益抽象化、无法满足教育实践需求的现实困境下，许多研究者又把问题的症结归结为"教育问题"，进而提出"教育研究的对象只能是教育问题"③、"教育研究的地位和价值是由它研究的教育问题的性质决定的"④ 等教育问题决定论的观点。

在哲学层面，教育问题论者所持的是一种"对象并非先于研究而存在"的假设，他们认为，"研究对象并不是一个在研究尚未展开之前就存在于某地方的'自在之物'，其研究对象其实是在'问题意识'观照下进行的一种发现，也就是说，'对象'是由'问题'建构的"⑤。在这个角度上，教育研究对象是由"问题"而生，研究活动的展开也是由问题的发现、分析、改善或解决等一系列过程而进行的。在这里，"问题意识"就成为教育研究的核心，其成败的关键也在于"是否能够发现问题"——各种教育问题成为一种潜在的、可能性的被发掘的"研究对象"，等待着教育研究者的发现，目的是将其转化为真正的、现实的研究对象，用以解决正在发生和不断变化着的教育实践疑难。

然而，"教育问题论"的观点，其自身也存在几个难以澄清的问题：

第一，"问题存在"的问题。教育问题论者提出，"教育问题才是教育学的研究对象，理由是科学研究并不始于现象——事实或存在，而是始于问题"⑥。然而，教育问题具有的只能是"当下"的含义，那些潜在的

---

① 参见［日］大河内一男、海厚宗臣等著《教育学的理论问题》，曲程、迟凤年译，教育科学出版社 1984 年版，第 6 页。

② 参见［美］J. S. 布鲁巴克《教育问题史》，吴元训等译，安徽教育出版社 1991 年版。

③ 参见周作宇《论教育问题》，《高等师范教育研究》1994 年第 1 期；陶志琼、袁胜军《关于"教育问题"的研究——教育研究对象辨析》，《宁波大学学报》（教育科学版）1999 年第 4 期；李爱民《论教育研究问题及其确立》，《当代教育科学》2005 年第 1 期。

④ 宋兵波：《教育研究的性质是什么》，《教育学报》2006 年第 6 期。

⑤ 李润洲：《论问题在教育学研究中的地位与作用》，《上海教育科研》2008 年第 10 期。

⑥ 杜时忠：《教育学研究什么》，《教育评论》1999 年第 3 期。

教育问题在被发现和揭示之前，不能被称为"教育问题"，更不能被视为"隐匿的教育研究对象"，"问题"就是指"当下被感知和被意识的对象"。这就出现一个问题，教育问题论者一方面承认有"潜在教育问题"的存在，认为教育研究的任务就是去"发掘"这些潜在的教育问题，并需要将其转化为真正的"教育问题"；另一方面又严格地将"问题的存在"规定为"被意识"和"被发现"之后的产物，将教育研究对象界定为"并不是一个在研究尚未展开之前就存在于某地方的'自在之物'"①。因此，这种既"自在"又"非存在"的逻辑是自相矛盾的，同样也是难以确定的。假如按照其观点将教育研究的对象设定为只被"发现"和"经验"的教育问题，那么，那些大量存在的"潜在"的教育问题就不能被视为"对象"而存在；换句话说，教育研究对象的可能范畴要比现实中那些"被发现"和"被阐释"的教育问题的范围要大得多，"问题"自身可以着眼于当下，但研究对象的范围却不能被限定在"当下"。

第二，"问题选择"的问题。以"教育问题"作为研究对象，其实隐含着一种实用的价值，即"问题的提出是为了解决问题"②。然而，很多研究阐释的并不是此类的问题，并没有提出"该怎样做"的打算，反而更多的都是在谈某些概念性的命题或是价值性的命题，其中，不乏大量的关于对教育"是什么""为什么"等问题的阐释，这就使得"教育问题"成了"不是'问题'的问题"，教育研究似乎并没有真正发挥效用。从根本上说，这种观点把"什么知识最有价值"的命题限定在了"只有能够解决问题的知识才是教育研究"的前提预设之中，忽视了那些作为实用性理论基础存在的"知识"自身的价值性，以及它们同属于教育理论研究组成部分的重要性，把"关于什么知识"的研究等同于"解决什么问题"的研究，这无疑是极端的和实用主义的。

第三，教育研究的问题并不是随意的、零散的和突发奇想的，而是具有一个基本的范畴域，有学者提出，它应该在内容上包含七个方面："什么是教育（教育本质）、为什么教育（教育目的）、谁来教育（教育者）、教育谁（受教育者）、教育内容，用什么方法教育（教育方法）、用什么

---

① 李润洲：《论问题在教育学研究中的地位与作用》，《上海教育科研》2008 年第 10 期。
② 同上。

形式来教育（教育组织形式）等。"① 这种教育问题的框架，其实还是将复杂的教育现象分解为某些基本元素，以"问题"的方式表述出来，仍无法摆脱"系统论"的束缚；而作为"基本元素"所呈现的问题，依然是规定性的，某些"可能存在"的教育问题仍有可能被排除在这个系统框架之外的危险性。

第四，"问题"的含义是多重的，很容易引起歧义。"问题"可以分解为两重含义："问"之"题"和"有问题"。前者指有疑问之事，后者则是强调出了问题，需要解决问题。一般意义上，"问题"多指后者，常常指教育中存在的不足、困难和缺陷，甚至包含尖锐的矛盾，而事实上，我们的教育研究到底在"问题"的引导下，解决了哪些疑难呢？综观教育研究的一些基本的问题，如"教育目的""教育制度""课程""学制"等，似乎都不是从发现问题的"疑难""矛盾"入手，而即使发现了其中的"问题"，也并没有进行充分的论述，似乎很少有针对"问题"的解决思路。其中，包括那些实践取向的教育研究，也只是对问题进行客观的陈述，对那些"不成问题"的问题泛泛而谈，并没有"解决什么"。而事实上，教育研究并不都是针对实践问题的研究，那些对于教育基本概念、原理的研究亦是教育研究的重要组成部分。因此，教育研究在实际上，并未从"问题"出发，更不是以"教育问题"为对象展开的。

另外，将教育研究的对象设定为教育问题，实际上是泛化了教育研究的"问题域"，那些真实的、迫切需要发掘的教育问题很可能被很多"非真实"的问题所取代或隐匿。例如，我们以往在研究中常常出现一些情况：可能把某个领域当成问题，如把"教育的现代化"作为教育问题来研究，而实则"教育现代化"并不是教育的问题，而是教育的某个领域，将其作为教育问题，就窄化了命题本身；再有，可能把某个现象当成问题，如把"教育研究追求量化""教育理论没有指导教育实践"等现实存在的现象作为"教育问题"，现象并不等于问题，问题应该是现象背后隐藏的东西，而非现象本身；还有，存在一些"虚假性的问题"，例如，把"为什么研究"作为问题，只分析研究的意义和重要性，并没有提出到底研究什么问题；更有把那些"已知的问题"、被"澄明"、已解决了的问题作为"新问题"去研究，使研究成为一种"重复性的工作"，失去了研

---

① 刘仲全：《教育学对象观述评》，《教育理论与实践》2000 年第 6 期。

究本身的作用——即"用已知去探求未知"……这些对于"问题"的研究，无疑将本清晰、明了、具体的"教育问题"泛化为如"教育现象""教育政策"或"教育领域"的研究，教育研究的对象究竟是"哪些问题"，反而成为一种"不可知"的对象，似乎什么都是问题，又似乎什么都不是问题，教育研究对象在对"真问题""假问题"的辨别中愈加没有边界。

5. 以"教育存在"为研究对象

还有一种认识，是将教育研究的对象表述为"教育存在"（叶澜，1999）。这种看法应该是目前为止，对教育研究对象的复杂性认识最为清晰和深层次的理解。此观点认为，"教育存在"是指相对于"无"的"有"，它的形态可分为三类：第一，"教育活动型存在"，指那些一切以影响人身心发展为目的的实践活动；第二，"教育观念型存在"，指在教育认识活动中形成的有关教育观念、思想、理论和学科等；第三，"教育反思型存在"，指对教育学科及教育研究自身的发展性研究（元研究）。这三类形态分别对应了三种类型的教育研究，即教育活动性研究、教育观念性研究和教育反思性研究。这三种类型的研究活动并非在一个层面，而是处于三个层级，它们之间通过双向、多层次的相互作用而相互关联，成为一个独特的教育研究对象群[①]。

从结构和层次上看，这种对于教育研究对象的描述较之前教育现象、教育问题等说法更具有丰富性和层次性，无论在空间结构（不同层次）还是从时间结构（过去、现在、将来）上，都拓展和延伸出了一个多层、多级、多维的立体式全景图，使以往单一的教育研究对象成为一个独特的教育研究对象群，架构了一幅庞大而清晰的层间结构。

然而，"教育存在"的表述方式，仍然会引发一些反思和追问：

第一，既然"教育存在"是相对于"无"的"有"，那么，人的"意识"作为与"物质"相对的概念，它本身是"无"还是"有"？倘若把"相对于'无'的'有'"理解为"相对于'意识'的'物质'"显然是不合适的。然而，"教育存在"的观点中有一个很重要的概念——"教育观念"，就处于这种"意识"还是"物质"的矛盾之中。叶澜教授将"教育观念"理解为"有"，是作为一种实体（如教育知识）的存在，这显然

---

[①]　参见叶澜《教育研究方法论初探》，上海教育出版社1999年版，第309页。

将"教育观念"的命题置于哲学"本体论"的历史纷争之中，结论不置可否，教育研究的对象由此也变得并不确定。

第二，"教育反思型存在"作为教育研究对象的一个独立阶段（或独立的存在形式）是值得推敲的。教育反思是一种思维的过程，它本身无法作为一个"对象实体"而存在，必须依托某个载体来显示其自身。然而，既然有某个载体的存在，这种反思型的存在是否还能称为一个"独立的对象"，是需要斟酌的。①

第三，教育研究对象的三种类型——"教育活动型存在""教育观念型存在""教育反思型存在"涉及内容大而广、多而全，是一幅极为宏大的对象图景，它几乎包含了所有有关教育的可能性的对象和内容。然而，正如"全世界的女子都有可能成为某位未婚男青年的爱人一样，但究竟哪位女子最终成为该青年的爱人，却是这位青年追求、选择与取舍的结果"②。换言之，既然教育中有如此广泛的研究对象，为什么还会出现很多教育研究者对其视而不见的状况？这就说明"教育存在"只是一个潜在的研究对象，并未成为现实的研究对象，"只有当人们不但意识到它，而且还想了解它，准备把它作为对象去研究时，即把它作为教育问题提出，并企图解决这一教育问题时，这种教育问题才是教育研究的对象"③。教育研究的客观存在具有"人为性"和"意向性"，任何研究都是人有目的的选择，广泛而丰富的教育研究对象必然需要通过研究者的发现、选择和取舍来确定。这就牵扯到研究者主体意识与客观存在的研究对象之间的认识论问题，即教育研究对象既是客观存在亦是主观意识，二者是能动的，而非互不干涉、互不影响的。

6. 以"教育生活"（或"教育世界"）为研究对象

最后，我们来考察一下"教育生活"（或"教育世界"）作为教育研究对象的假定。这种观点认为，"教育是贯穿于生命全程的、普遍的生活方式，尤其是终身教育观念的提出，使教育伴随着人的生活而广泛存于人的日常生活之中，并不局限于纯粹的学校教育，而是表现为生活中的教育或与生活融为一体的教育。学校教育与非学校教育以各自不可取代的又是

---

① 对此问题的质疑与分析，见第二部分"教育知识"的功能划分与层次架构。

② 李润洲：《论问题在教育学研究中的地位与作用》，《上海教育科研》2008年第10期。

③ 周雁：《教育学研究对象探新》，《内蒙古师范大学学报》（教育科学版）2004年第7期。

相互补充的方式，共同实现文化传递的功能。教育生活就是人类为了自身的生存和发展而进行的关于文化传递活动的一个范畴，是与文化传递有关的所有活动总称"①。

此类"泛教育观"的看法将教育研究的对象扩展到教育生活的每个角落，忽视了学校教育（教学活动）作为一种独特的教育方式之于教育研究的特殊意义。当教育研究的疆域无限扩张，研究本身自然丧失了特殊性和独特性，失去了清晰的边界。另外，对于"教育世界"的对象论说法，其所描述的"教育活动与生活融为一体的世界"到底是一个怎样的世界？这个世界包含多少"教育"的成分？被隐匿于教育世界中的纷繁复杂的现象所呈现出的种种变化着的"教育形态"，是否能被准确地识别和揭示？等等，都是需要进一步去澄清的。

（二）教育研究对象观的演进趋势、关系结构及历史意义

从上述对于教育研究对象不同观点的考察分析，人们对于教育研究对象的认识脉络是不断进化、逐步深入的，这些观点的演进为我们寻求一个更为合理的"对象观"奠定了坚实的基础。从阶段性来看，历史的对象观是沿着"感性—知性—理性"发展的过程，即人们的认识从"教育现象""教育活动"和"人"的感性层次，逐步发展为对"教育问题"的知性认识，再到"教育存在""教育生活""教育世界"等的理性认识，是沿着思维"纵深"发展的路径而不断深入的。在结构上，教育研究的对象由最初的"单维结构"逐步拓展为"多维结构"，从"教育现象""教育活动"和"人"的单层次认知逐步丰富为感性与理性并存（教育问题的"二维结构"）以及立体式、全景式（教育存在、教育生活和教育世界）的多维结构。另外，从思维图景来看，教育研究对象的演进还经历了由"实然"到"应然"的转变，首先将具体的"教育现象""教育活动"从"实然"层面抽离出来，促使教育活动"符号化"，以摆脱现实世界的束缚与限制，而后在理想化和符号化的过程中获取自由意志，从"教育问题"到"教育存在"，再到"教育生活"直至"教育世界"，在"综合—分析—综合"的思维框架内，逐步解放思想，让教育研究能够真正在鲜活的生命和复杂的思想之间伸缩自如、充满张力。（见图 2 - 1）

另外，假若整合所有研究对象，将其组合成一个结构，便架构起一个

---

① 吴定初、雷云：《教育研究对象观探新》，《社会科学战线》2005 年第 3 期。

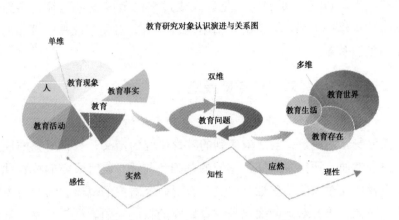

图2-1　教育研究对象的演进结构及其分析

"教育对象系统"的双重结构：在范围上，组成教育的"现实对象"（教育现象、教育问题、教育事实）和"潜在对象"（教育存在、教育生活、教育世界）；在认知上，建构了"自在对象"（教育现象、教育事实、教育存在、教育生活、教育世界）和"自觉对象"（教育问题、教育反思）两个层次，整体结构中的每个要素都是相互作用、相互转化的，构成一个"教育对象"系统较为复杂和开放的结构框架。（见图2-2）

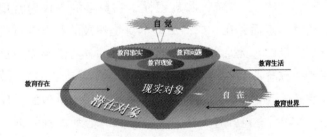

图2-2　教育研究对象的立体结构

这种思维的演进无疑对于教育研究的发展起到至关重要的推动作用。这些观点尽管在研究对象的范围和内容上难以把握一个准确的"度"，或多或少的将教育研究的对象泛化（如将教育研究对象设定为"人""教育生活""教育世界"等）或窄化（如将教育研究对象限定为"教育现象""教育问题"等），以及还未曾确定一个较为清晰的边界，等等，但这些问题并不影响我们对于教育研究对象的认识进程。恰恰这些问题的出现，使我们更为明确一些如"教育研究的对象能够是什么而不是什么""能不能没有边界"以及"要如何避免过大或过窄的范围设定"等诸多经验的判断，为构建一个相对合理的、清晰的教育研究对象系统提供可靠的理论依据和参照基础。

## 二　教育研究对象的重新厘定

### （一）"教育实践"是教育研究对象的元结构及特殊指向

教育研究的对象，与之前谈到的教育研究的定义、教育研究的性质密切相关，然而，研究对象却是它们的基础和前提。教育研究的特殊性，取决于教育研究对象的特殊性，取决于教育研究对象的范畴、结构与内在关联性。因此，研究对象的确定是教育研究的核心问题。没有对象，就没有研究；模糊对象，就失去了研究的意义与成效，很可能面临低效或无效研究的危险。我们曾在教育研究的定义（第一章第一节）中谈到，教育研究的特殊性在于教育活动是否具有"教育性"，何谓"教育性"？即"是否同我们的学习活动、教学活动（双边活动）以及师生交往活动等密切相关"。因此，一般意义上，教育研究的对象是"教育活动"，教育活动构成了教育的基本单元，也是狭义"教育研究"的特殊范畴。

然而，教育活动更多指的是一个个零散的、经验的、单个的"运动点"，并不具有特指性、系统性和规模性，它更多的是作为常规的、被动的、原始的教育形态而存在。或许活动本身是积极的，有教育价值的；或许活动本身是消极的、无意义的，也可能对人的身心发展起了反作用。因此，我们需要在教育活动的本质起点上，把教育活动定位为一种严密的、主动的、有意义的、集合性的、带有明确目的和正向价值的一种"理性的活动"——"理性"，包含着人类的主动性和对活动本身的创造，而非受动的感知和经验，是一种积极向上的生命意志与生命体验，是有目的的尝试与经验的改造，更是一种对潜藏教育价值的酝酿和实现。

基于此，就需要把"教育活动"这个原始对象在观念、范围、内容和价值基础上延伸和规范，提升其活动的目标、规模和成效，将其定位为"教育实践"。"教育实践"，是教育活动的集合，是教育研究对象的元结构，是隐含着特定价值（教育性）的教育活动过程，是以尊重和满足学生发展需要、对学生身心发展具有正向功能的理性活动，是目的和价值的统一。因此，"教育实践"作为教育研究的对象是教育研究区别于其他研究的根本标志。

教育研究对象的特殊性就在于"教育实践"的特殊性，在于组成"教育实践"的教育活动系统、教育关系系统和价值系统的特殊性，是教育研究区别于其他研究（或活动）的根本属性。从单维结构来看，教育研究的基本对象就是"教育实践"，关注的是教育实践中各项因子（例如学习活动、教学活动、师生交往活动等）的相互运动及相互关系，使教育研究与社会研究、心理研究、哲学研究等一切模仿性的研究活动相区别，将教育研究独立于其他人文、社会科学之外，赋予自身特殊的研究视阈和独特的研究价值。在此意义上，狭义的教育研究对象就是指"教育实践"，是指向"人"生命和发展的教育（教学）实践，一种积极向上、无限进取、认识和反思并存的理性活动。

"教育实践"的对象性表述，较以往"教育活动"更具有一种特殊性和实践理性，这是由"实践"的本质决定的。"实践"是理性的实践，是人认识世界、改造世界的最高表现形式，它不但体现了人创造生命价值和意义的目的性，还体现了人在实践中不断积累经验、获取知识、反思自身以改进实践、改变世界的过程性及主动探究、发现和生成的活动本质。（见图2-3）

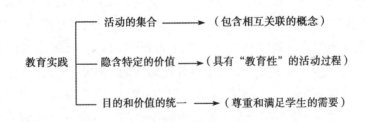

**图2-3　教育实践的构成**

（二）教育研究对象系统的构成：教育实践和教育知识

在普遍意义上，"教育实践"是一种特殊的人类实践活动，其特殊性就在于它直接指向人、塑造人、改变人，并以影响人的身心发展为直接目的。由于"人"的这种特殊性与灵动性，教育实践亦表现出生动、丰富、多变的生命表征。教育者在对这些纷繁复杂的教育实践进行发现、感知、探寻、提炼乃至价值赋予的过程中，必然形成一些对于教育经验的观念、意见、规则，进而在归纳和总结中，形成某种普适性的理论（或学科）。这种对于教育活动的理性认识和经验的积累，确实作为一种"观念性"

的存在（叶澜语），有意识地引导教育实践的发生、发展的进程，成为一种隐性的教育法则，指导和制约着教育实践的进程和成效。

从结构组成分析，这种观念"向上"，支撑和建构起教育的基础理论乃至整个教育的学科；"向下"，又指引着一个个具体的教育活动。教育研究的任务就是在这些具体的活动中，将那些原本粗浅的、零散的、经验性的认识，逐渐变为较为系统的、深刻的和理性的"知识"，并建构起关于"全部知识"的体系，形成一种"上、下"的张力：既指向学科发展及研究自身发展，又指引"教育实践"。

这种作为"观念"存在的教育研究是一个"非实体性"的运动过程，"观念"沟通实践和理论（学科），架构起二者之间相互作用的桥梁。因此，在"活动型存在"之上，叶澜教授将其定义为教育研究的"观念性存在"，并将其作为一种"实体化过程"作用于教育者、学习者和教育活动之间，成为人们对于教育活动的意见、观点、理论，乃至学科的"认识"，最终形成人的"认识成品"。然而，我们进行某种活动，并非"行动"本身那样简单。在没有成熟理论指引的状态下，这种"观念"必然是以"非实体"的形式存于人的思维之中，即"观念"是尝试建构中的理性思维过程——在被提炼、反思和检验之前，那些大量的指导人实践的"观念"是被实践者"隐藏的"，处于个体思维的形成与变革的矛盾之中。

因此，所谓的"观念型存在"并不常以"物化"形式作为间接性经验而存在（实体性存在），而是作为某种隐性的、默会的方式，潜移默化地影响那些具体和独特的教育活动，作为一种"思维方式"而存在。换句话说，"观念"是存在于人头脑之中的隐性的、默化的、体验式的思维构成，而"观点"（言语形式或文本表达）才表现出显性的、开放的和对话的符号特征。因此，只有那些由相同或不同"观点"经过反复提炼、推敲、检验形成某种"理论"（知识系统化过程）而建构的"教育知识"，作为对教育活动的进一步认识，才能够成为隐性和显性的双重存在，"或隐或显"的对教育活动进行思维的运作或言语（或文本）的表达，成为人有关教育的经验性、常识性和反思性的认识形态，以"观念"或"认识成品"的方式存在于教育实践之中。

教育的"观念型存在"作为一种观念的形式，是一种"非实体性的存在"，它的"实体化"过程必须依托某个"实体"来发挥作用，其"物化"的过程就是"知识的转化过程"，即由"隐性知识——显性知识——

隐性知识……"循环往复的过程。因此，"教育知识"是教育研究的对象，是从理论的形态，对"教育观念"的超越，是对"教育观念"目的、作用以及方式的理性表达，是教育研究发展的内部动力。"教育知识"由"教育观念"生成，在具体的教育活动和系统的教育学科之间，"知识"经历了"经验—认知—抽象—系统—批判—反思—重构"等不同阶段。在认识的起始阶段，"知识"以"观念"形态出现；在认识的高级阶段，"知识"以系统化的"文本"出现。在"教育实践"和"教育知识"两个实体之间，"观念"历经了由形成到成熟，再到发展的各个阶段，在"向下"或"向上"构建两个实体的同时，亦构建其自身，以"理性"的方式，存在于人的实践和理论之中。因此，"就教育研究对象的构成来说，其基本结构包括活动对象与观念对象。初始的结构（指教育研究主体依附教育主体，研究对象未超越实然的教育活动状态）整体衍化成活动对象，日益丰富的教育知识则构成其观念对象"①。

可以说，教育活动是"教育观念"指引下的活动，教育学科又是"教育观念"反思下的学科，"观念"以动态的方式建构起教育实践通往教育学科之间的桥梁，架构起指向"活动型存在"和"反思型存在"的两端，使教育研究一头系起教育实践，一头系起教育学科，以动态和静态两种形式，建立起教育研究对象的双重系统："教育实践"（动态系统）和"教育知识"（静态系统）；同时，"教育知识"作为一种内部的驱动力量，迫使"教育实践"朝着预定的观念进行改造，以改善和推动其外部的发展。因此，作为两个互动的系统，"教育知识"构成教育研究对象的"内部系统"；"教育实践"则因教育知识的丰富和改进，使自身质量得以提升与改造，在"内部系统"（教育知识）的驱动下，形成整个的"外部系统"（实践系统）。就二者的关系来说，教育研究对象的内部和外部系统之间并不是割裂的，而是以"教育知识"（内部系统）为动因和变革的力量，以"教育实践"（外部系统）为动力和载体构建的一个双重、复合结构的"教育研究对象系统。"（见图2－4）

教育研究的两个对象，不是独立的、割裂的，依据功能和内容的不同，我们将其分为理论的和实践的；依据表现形式的不同，我们又将其分

---

①　雷云、吴定初：《教育研究对象的历时结构及其演进逻辑》，《教育学术月刊》2011年第4期。

图 2 - 4　教育研究的对象及其关系系统

为内部的和外部的；依据其自身的属性，我们也可将其视作静态的和动态的。对"教育实践"的研究是在"教育知识"观引导下的直接的、外在的教育活动研究；而对"教育知识"的研究则是将外部的系统与内部的观念"知识化""抽象化"和"符号化"的过程，需要进一步完成对实践观念的提炼、对教育知识的积累、对教育理论（学科）的知识建构、反思、改造和重构的过程。因此，从单向上看，"教育实践"是教育研究对象的元结构；而从整个系统来看，"教育实践"和"教育知识"则共同构成教育研究对象的基本结构和复合系统（内外部系统）。两个对象的关系是相互依托、互为目的、动态转化的——"教育实践"是以"教育知识"为指引的实践，理性的"实践"产物必然是"教育知识"的积累和反思；"教育知识"则是以"实践"为出发点的理论形式，它的直接目的必然是改善实践而产生的知识——所谓的知识系统、学科系统乃至对教育研究活动的反思过程，都是以提高教育实践质量、水平和能力为目的的，"教育知识"必须直接或间接地为"教育实践"服务。

因此，"教育实践"与"教育知识"之间不是两个独立的对象系统，而是一个对象系统之中的两种形态。我们以往对于教育研究的种种指责，例如"教育研究的理论无用""教育研究必须着眼于具体的实践问题"等一系列认识，都是将教育研究的对象"分化"的结果，把"教育实践"和"教育知识"作为两个独立的系统，甚至是对立的系统；将一个复合的、立体的和多维的对象系统变成单一的、片段的和独立的对象相区别，从而造成了人们对教育研究对象的选择性和差异性认知，忽视了"人类的实践是以知识为基础的，实践就是知识参与下的实践，实践的程度和范围是受着人类知识状况制约的"基本法则。在此基础上，"知识"建构本身也是建构"实践"的过程，"实践"的产物是"经验"，而"知识"在学科意义上却并不是"经验"的总结，而是"经验"向"规律"的转化——在具有普遍性的知识及知识反思的基础上，形成一种批判性的认识。因此，对于教育研究对象的这种划分，是多维角度的一种划分，是考虑到了教育研究对象系统的复杂性和多重性，兼顾了对象的内外部、动静态以及理论和实践等不同的形态特征的一种思考。有了这种认识，我们就更加明确：教育研究的对象既是"教育知识"作用下的实践，亦是"教育实践"反思中的知识，它是具有双重指向和双重目的的。

（三）教育研究对象的内部系统："教育知识"的层次架构

教育研究的对象由"教育实践"（初始系统）延伸为"教育知识"（复合系统），使教育研究的对象具有了双重结构。这样做的好处在于：超越了"可感的"现实束缚，使研究成为一种"符号化"的教育活动，摆脱了经验的和现实的制约，随着教育知识的积累、丰富，研究者能够构建一个理想化、符号化的教育活动，令原始较为"感性的"的教育活动伴随着理论的引导和反思，趋于理性和自觉。因此，"教育知识"作为教育研究的对象，不仅丰富了"教育实践"的内涵，也提升了"教育实践"的品质和教育研究的内部动力，使教育研究对象的结构由线性（教育活动对象）变为立体、多维式结构；"教育知识"以"符号化"的方式引导"教育实践"，使教育研究对象处于丰富而多变、发展和变革的知识系统之中，为教育研究的变革提供现实驱动。

"教育知识"在层级和内容上，可以划分为三种类型：

1. 经验型知识

是在教育实践中经过主体的认识、鉴别、提炼和归类形成的一些粗浅的、独特的和较为零散的知识类型，是教育活动与教育实践联系最为紧密的、作用最为直接的知识形态。它多以个体主观感知和经验为基础，表现方式或以"教育随笔""教育片段""教育反思"等碎片性知识存在，或直接以教师的"缄默性知识"而存在，潜移默化地生成于教师的教育活动之中，是一种以"实践"为直接目的的"线性结构"，也是教育对象的初始结构。

2. 学科型知识

是在经验的基础上，不断地进行知识的积累、构建、发展和丰富的知识类型，较"经验型知识"而言，它更多地表现为深刻的、科学的和系统的理论形态，以某种教育理论、教育学科的普遍性知识或教育经典为载体，是构成教育知识系统的普遍性观点和认识的基础性、常识性理论。

3. 反思型知识

是"学科型知识"的延伸与重构，是对教育学科、教育研究及成果本身以发展性为目的而进行的知识批判、反思和再认识。作为一种"元研究"，反思型知识间接作用于教育实践，是教育研究发展的内动力。对于"反思型知识"（对知识的反思），有学者将其独立于知识本身，作为教育研究的第三类对象——"反思型对象"①，我们需要进一步探讨它的合理性。"教育反思"包含两种状态：反思中和反思后，前者是正在进行时，后者是过去时。正在进行时的"反思"描述的是对"知识"的反思过程中同时反思"自身"（即"反思"与"反思的反思"同时进行）。这种状态是否可能呢？答案是否定的。梅洛庞蒂在身体现象学的研究中已经推翻了此种预想，因为，"人的神经系统无法一次做两件事"②。而对于过去时的"反思"（反思后），它仍然反映为某种"教育知识"，我们以"教育知识"为研究对象，亦可观其全貌，再将"反思型研究"作为独立的对象，就实属没有必要。"反思型存在"更多强调的是一种过程，而非研究对象，"教育反思"作为一种思维方式，既无固定状态，亦无独立载体，以此为对象的研究，其实并不存在。何况"没有固定的形态，便无法采用观察法、调查法等对教育反思进行定量研究；没有独立的知识载体，就不能采用文献法、理论法等对教育反思实施定性研究"③。这种抽离了研究方法的对象，其研究过程必然是抽象和空洞的。"反思型的存在"只能依托"教育知识"（固化）而存在，作为"教育知识"的高级形式，"反思型知识"才能显现其自身，通过对知识及其自身的反思，起到对以往知识的批判与重构功能。

经验型、学科型和反思型知识共同构成了"教育知识"的三个层级。从功能上看，第一阶段（经验型知识）为知识的积累阶段，知识的形成是"经验的总结与提炼"；第二阶段（学科型知识）为知识的更新、创造阶段，知识的建立表现为"学科体系（系统知识构架）的构建"；第三阶段（反思型知识）为知识的重构阶段，表现为"对已有知识（学科或研究成果）的反思和重构"。三类知识从程度上由浅入深，从阶段上由形成到发展，从功能上由简单到复杂，从逻辑上由具体到抽象，从与教育实践

---

① 参见叶澜《教育研究方法论初探》，上海教育出版社1999年版，第309页。

② 倪梁康：《现象学及其效应》，北京三联书店2005年版，第108页。

③ 雷云、吴定初：《教育研究对象的历时结构及其演进逻辑》，《教育学术月刊》2011年第4期。

的关系上看，由直接性转换为间接性，以直接到间接的方式支持、作用或改变教育实践，形成一个丰富的、整体的和有机的教育知识体系，在教育实践相互作用过程中，构建出一个多层、多级、多维的全景式结构，是人们对教育全部历史和未来发展的动态把握。（见图2－5）

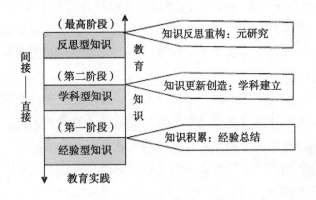

**图2－5　教育知识的层次结构**

## 第二节　教育实践：教育研究对象的根本指向

"实践是人们为了获取物质文化生活资料，满足人类社会需要而进行的探索和改造客观世界的物质活动。"[1] 它是人接触外部世界、处理与外部世界关系的基本方式和过程。在实践活动中，一方面，人要依照外部对象的尺度进行活动；另一方面，还要将自身的观念作用于活动对象，把对象改造成一个既符合现实需要又具有自身设想与规定的理想客体。因此，人类社会实践活动是一个双向的改造活动，它既是人们运用相应的思想观念作指导（如关于目的的认识和人的意识中对人活动结果的预计等）改造客观世界的物质活动，使客观世界按照人的需要而存在。马克思将其称为对象化的活动，客观世界的存在不再是所谓纯粹的自然，而是"人化自然"。在这个过程中，改变了的客观现实又对人的主观世界进行重构，形成了人的新的意识或思想，实现着对人的改造。所以，马克思说，人在改变环境的过程中也改变了自身，人的发展或人类的进步正是在实践过程中

---

[1]　王炳书：《实践理性辨析》，《武汉大学学报》（人文科学版）2001年第3期。

来实现外部世界的改变和内部观念的重构的统一。从这个角度来讲，"并非每种活动都叫做实践，而是只有其目的的实现被设想为某种普遍规划过程的原则之后果的，才叫做实践"①。换句话说，人在处理与世界的关系时，必须先在思想内部处理自身与外部世界的关系，进行"观念的预演"，对实践的过程进行设计（目标），再按照合适的方法和步骤（过程）完成对外部世界的改造，将客观的实在改造成适合主体需要的产物，实现外部对象的尺度与自身观念尺度的统一。人的发展正是蕴含在这个过程中的结果。

教育实践就其本质来讲，应该是人类最直接的改造自身的活动。在这个意义上，没有任何其他活动能具有如此鲜明的属性。因此，任何的教育研究，在其终极意义上都是一种如何观照教育实践的活动，任何教育研究的旨归，从研究逻辑上讲应该最终是指向对教育实践的改造和重构，这便是教育研究的根本指向。

## 一　教育实践的性质与价值

### （一）教育实践的本质

从教育活动的特殊性来说，"教育实践"这个词，用它来指"许多不同活动的集合，这些活动联合在共同的目标之下，体现着特定的价值，并使其中每一个活动能够被人所理解"②。因此，"教育实践"含有三个特征：第一，它是教育活动的集合；第二，活动隐含着教育者预设的价值，从而体现活动的教育性；第三，它是教育目的与价值的统一。

在第一个层面，"实践"并不是孤立的某种活动，而是在同一目的下，活动者参与过程中，将目的和价值进行统一的一组活动。这是因为，某种教育活动只能在那些相互联系的一组活动以及对活动意义和价值的阐释中才能被理解。换句话说，某个简单的教育活动，必须将其放置在一个更大的框架内（活动的背景），让活动具有教育性的意义，才有可能被揭示和体验。例如，学校历史课中开展的"八股文"的历史发现活动，它并不是活动本身对"八股文"的形式和内容的理解、把握、创作这么简

---

① ［德］康德：《历史理性批判文集》，商务印书馆 1990 年版，第 164 页。
② ［英］理查德·普林：《教育研究的哲学》，李伟译，北京师范大学出版社 2008 年版，第 25 页。

单，活动的框架实际上包含的是一组概念：八股的规则、科举制度、封建人才选拔方式、封建等级制度等一系列认知及价值判定的多边活动。"八股"的概念只能在更大的框架内才能够被理解，并赋予这个活动本身"教育性"的意义。在这个框架内，已经隐含了这些概念的价值以及开展这种学习（或教学）活动的价值。

可以说，任何活动的价值都不是自我显现的，它只能显现于同一目的的一组活动（活动的集合）中，凸显活动的原貌。一个完整教育活动的框架，不仅包含概念与相关概念，而且隐含着那些概念的价值和活动本身的价值——即"为什么这些东西是值得学习的""这些被理解的概念对我们意味着什么"……因此，在第二个层面，实践就不单指一组活动和对其中组成概念的理解，还包含从某一观点出发，使教育活动具有"教育性"——不但明确"学习些什么"，而且理解"为什么需要学习"。只有当我们去深入挖掘这些活动的时候，"教育实践"的本质才得以显现出来，使我们清晰地辨别与判定是否是"好的实践"。

教育实践中确实存在着两种非常相似的活动，从活动的构成看，都可以称为"教育实践"，然而，如果仔细考察，细致分析它们不同的呈现方式和背后的价值属性，那些具有"教育性"的活动与看似是"教育"的活动就会显现出本质的区别，研究的结论也会完全不同。因此，一种"实践"是否有效，在于我们对它定义的方式以及方式背后它所隐含的价值——假如我们认定那些把"圆周率"背诵到小数点后几位的教育活动是有价值的活动，那么这种教育实践就会把"记忆的效率"当作评判学习效果和高效教学的基本标准；反之，假如我们把数学的学习看作培养人理性思维能力和科学审美意识的活动，那么，那些"记忆"无论多精确，都无关"教育性"，这种教学就会被认定为"无效"教学。

在第三个层面，我们说"教育实践"是教育者自身实际处理与教育对象、教育问题、教育事件关系的能动过程。因此，教育实践是隐含着活动过程价值的一种师生交往活动，这种交往又以活动的共同目标和价值为导向，是目的和价值的统一。在师生交往的过程中，能否"尊重和满足学生的需要"是判定教育实践质量的关键，而这种教育活动"是以什么方式让学生理解和易于接受的"则是教育研究关注的焦点。其中，就涵盖了对"需要的种类"和"以什么样的方式来满足"等一系列概念的考察和行为的考察。从另一个角度上说，"弄清楚是什么使活动能够为我们所理解，就是在揭示'教育实践'的本质"①。

（二）教育实践作为教育研究对象的特殊价值

事实上，教育研究常常被宽泛到教育的各个学科及可能活动的范围之内，以至于许多"研究"的名称，都冠以"教育研究"的名义来进行。例如，决定着教育实践运行法则、规模和速度的"教育政策研究"，决定着教育实践运行成本和效益的"教育经济研究"，以及我们常常视为教育实践方式革命的"教育技术研究"等，这些研究领域与从事此类研究的工作者常常是以"教育实践"的名义开展工作，更有意思的是：他们从不去接触"实践"（师生交往下的学习和教学活动），而又试图改变"实践"。教育研究的特殊性就在于"教育实践"的特殊性，目的也是改善实践。那些站在"教育实践"之外（外立场）的研究方式与研究视角，处于"非教育"的立场是有研究价值的，而站在"教育"的立场，则是无"教育价值"的。一方面，学习者的需要对于他们来说知之甚少，他们对学习者到底"学了什么"和"怎么学"根本毫无兴趣；另一方面，他们也并不去接触教育实践，那些特殊的教育活动到底"意味着什么"他们无从知晓——面对教育的事实，根本无法建立起一个具有导向价值的教育观念，亦无法建立起一个较为合理的判断标准。因此，"除非教育研究试图理解教育实践，除非教育研究工作者像从事实践的人所感觉的那样讨论问题，否则，教育研究和教育理论还有什么意义呢？除非教育研究有助于增长人们对处境的共同理解，无论这种理解是多么暂时，无论这种理解通过批判是否还需要进一步的发展，教师如此，学生也一样，他们利用这些理解才能解决遇到的问题，并且根据自己的经验和批评贡献自己的理解，如果教育研究做不到这一点，那么教育研究还有什么地位可言呢？实践和理论之间的分离制度化了，这种制度化的分离使得理论脱离了实践，实践也不受理论的影响"②。

在此意义上，"教育研究"就是具有严格意义和标准的专门活动。"立足教育实践"是教育研究的根本取向，"了解教育实践"是教育研究

---

① ［英］理查德·普林：《教育研究的哲学》，李伟译，北京师范大学出版社 2008 年版，第 27 页。

② 同上书，第 29 页。

的基本要求，"改进教育实践"是教育研究的根本目标。那些与"教育实践"的内部需求毫不相关的研究，从性质上，并不能行使教育研究的职责，也不具备教育研究对于教育实践的正向功能。真正的教育研究，它关注的必然是教育实践中的几个核心要素：学习质量、教学效果和师生交往活动等一系列与教育的基本活动相关的问题，探讨的是它们之间的关系、可能的行为以及如何获取知识等的过程。

## 二　"教育实践"研究的关注点

"教育实践"是教育研究的特殊对象，也是教育研究需要关注的一项特殊的活动。站在"实践"的立场，教育研究就必须关注两个基本点：学习质量和教学质量；同时，还需要关注促成二者达成的一组关系保障，即活动中的"师生交往"。我们之所以强调"活动"与"师生交往"关联性的目的，是由于任何一项"师生交往"都不能脱离教育活动而单独考察，教育活动是师生交往的环境和实施载体，只有在教育活动中的师生交往才是具有根本意义的。因此，"教育实践"是在目标和价值相互达成基础上的师生交往活动。在这个起点上，它需要关注几个基本问题：人的发展问题、学习质量问题、教学效率问题和师生交往问题。（见表2－2）

表2－2　　　　　　　　　　　教育实践的基本问题

| 对象 | 基本问题 | 关注点 |
|---|---|---|
| 教育实践 | 人的发展 | ＊"人"的理解<br>＊"完善的人"的特征 |
|  | 学习质量 | ＊学习是什么<br>＊学习哪些东西 |
|  | 有效教学 | ＊什么算作教学<br>＊教师应该做什么<br>＊哪些教学是有效的 |
|  | 师生交往 | ＊交往的目的<br>＊交往的过程 |

首先，我们需要把"人的发展"问题摆在所有有关教育问题的首要位置。教育与其他学科的区别就在于：它是唯一指向"人"自身的实践活动。可以说，"哲学探讨的是人的属性问题，回答的是人的存在问题；心理学探讨的是人的心理成熟及其规律问题，回答的是人的发展的内在的规律、机制问题；社会学探讨的是人与社会的互动问题，回答的是人的社会行为及其社

会性发展问题。而教育学对人的问题的探讨，明显地与哲学、心理学、社会学等学科中对人的研究旨趣不同。教育研究探讨的是人的发展及其价值实现的问题，回答的是人的生成与外部条件之间的关系问题"①。因此，"教育研究的核心就是设法理解活动、政策和机构的意义，无论是活动、政策还是机构，它们通过学习的组织，帮助提高人们的能力，使人们能够过上一种更为完满和更有特色的人类生活。这种研究必须关注什么是'人之为人'的特殊性，以及什么是在更成熟（developed）意义上的人的特殊性"②。当前，"人的独特性"得不到重视，这和我们对于"人的发展"以及"人生活的特殊性"的理解息息相关。当我们意识不到"什么是人的独特性"以及"学习是一种目的还是手段"的意识冲突中，教育只能沦为一种工具，而丧失了基本的研究立场——"教育是目的不是手段"的价值判断。

在此意义上，教育研究首先需要建立的是"人的意识"，在理解"人的世界"和"人的生活"的基础上尊重人格；其次去探讨教育需要培养人的哪些精神、哪些意志和能力，在达到这些品质和能力的过程中需要具备哪些知识和技能；而后才能在"人"的概念之上来探讨"人之成人"的问题。具体来说，作为一个"完善的人"需要具备一些基本特征（见表2-3），这些特征的表象是"知识和能力"，内涵和实质却是人的"道德和品质"。人的成长与价值的建立、教育研究与价值判断之间是紧密关联的，人类价值区分的标准是人自我把持的维度与发展自我的向度——起码，它给予我们一个重要的信息：人是具有独特性的，是区别于他物的，在我们探讨"人之成人"的过程中，这个重要的信息成为一切问题的核心以及我们应该坚持的价值判断标准。

表2-3　　　　　　　　一个"完善的人"的基本特征③

| 能力 | 内容和理解 |
| --- | --- |
| 知识和理解 | 概念、思维方式、信念，人们凭它们来理解世界和明智地行动 |
| 心智品德 | 诚实、不迷信书本、检验和分享信念，对新思想抱开放的态度，同时对未经证实的主张持怀疑态度 |

① 宋兵波：《教育研究的性质是什么》，《教育学报》2006年第4期。

② ［英］理查德·普林：《教育研究的哲学》，李伟译，北京师范大学出版社2008年版，第17页。

③ 参见上书，第19—20页，本研究进行了整理和归类。

续表

| 能力 | 内容和理解 |
| --- | --- |
| 想象力 | 横向思维、问题解决、发散思维、联系古今、根据原有经验重新解释经验 |
| 智慧技能 | 研究的技能（无论是实验室中的科学技能、论战中的道德技能，还是实施调查中的社交技能）、推理的技能、组织论点的技能、收集证据的技能、交流结果的技能 |
| 自我反思 | 包括自我知识的增长 |
| 道德品德和习惯 | 比如，仁慈、慷慨、爱护环境、对别人的同情，成功面前保持谦逊、危险面前具有勇气、对朋友的忠诚等实现生活理想的素质 |
| 社会和政治的参与 | 参与社会与政治生活的能力和对影响个人生活质量的社交活动的干预能力 |
| 完整性和真实性 | 在要求你在忠诚于它的各种不同力量中间分辨什么是对的并且坚持不懈、一以贯之的能力，即不随波逐流，不为潮流和时尚所左右 |

其次，我们需要进一步把研究聚焦在"学习"和"教学"活动之上，对"学习的品质"和"教学的效果"进行考察。当我们把研究的视角聚集在"学校"这个专门机构的时候，到底应该"学习些什么"似乎就成为一个十分必要去探讨的问题，而那种"什么知识最有价值"和"到底什么是学习"就成为探讨的前提。我们常说，学习是对于关键概念的掌握以及利用经验来运用概念之间关系（例如教育与学习、教学、人的发展、道德养成、精神品质等概念）的过程，学习在于对于这些概念的理解、掌握和运用。在"事实性知识"的层面，我们关注那些作为事实的概念、原理和技能；在"事理性知识"的层面，我们关注那些影响人"态度""品质""习惯"和"意志"构成的因素，可以说，学习成为"博学多识"的人和学习成为"品格高贵"的人同等重要。因此，学习的复杂性已远远超越了我们那种简单化的、易于操作的"学习理论"；作为一门学科，学习也远远不止那些有关观察、测量、问卷、测验和分析那么简单。

学习是教育研究的焦点，但教育研究必须关注不同层面上学习的含义是什么，必须明确学习那些事实性知识和事理性知识到底意味着什么，以及以往我们轻易相信的那些有关"工具性"手段的对于学习的"测量"，是否能够获得我们全部有关学习者的知识和能力，对此，学习到底改变了什么……教育研究带给我们的应该是一个广阔的有关学习的图景，那些对学习狭义的理解，简单化的方式，如何能够说明"学习"到底意味着什么、改变了什么、获得了哪些知识的价值？可事实常常是，我们假定了一个学习的起点，预设好了所有学习的内容和进度，似乎学习者根本无须去花时间思考和适应那些和他们学习有关的内容（态度、知识、经验和逻辑）。这样做的结果，导致了学生在学校的"学习"成为"有规划的无意识行动"，而那些对于学生的学习水平采取测量和标准化判断的研究，不但没有抑制这种行为，反而为这些行为提供了可靠的"证据"。

另一个典型的案例还体现在"教学"方面——我们为之"有效性教学"所建构的"教的指南"。对于"教的问题"，我们很少去反思它到底意味着什么、教师应该创造什么以及如何去教。对于"教是什么"，我们最起码要有三种认识：第一，它和学习者的学习相关，是能够引导学习的活动；第二，它关心学习者的情况（立场、意识、经验、品质等），与学习者的内部（心智）和外部（环境）密切相关；第三，它关注学习的动机、学习准备和学习内容的性质，而非直接产生学习成果。"教学"是促使学习内容与学习者心灵沟通的活动，教师无论采取什么样的方式（如讲授、谈话、讨论、实验等），都需要以搭建二者之间（心灵和知识）的桥梁为目的，而那种只关注教师知识传授方式的"技艺性"探讨（"教的手段"），并不足以解决教和学之间的实质问题。进一步说，建立在教与学活动中的"师生交往"，也不单只是"交往过程"（如何交往）那么简单，师生关系的实质在于"这些交往的活动到底促成了什么"以及"它实现了学习品质和教学过程的哪些转变"？这是我们对于"教学"以及与"教与学"相关的"师生交往"研究的深入理解。

因此，教师也不是一个简单的身份，而是以"专业的眼光和方式"赋予教育活动以价值的人。师生交往的活动，必须促成学习者的几个根本转变：第一，学习能力的转变，让学生"去理解"那些构成学习内容的概念和观点的全部意义，使学习者具有更深刻的洞察力和理解能力。第二，价值与信念的转变，让学习者在可能的范围内能够去努力寻找一个有意义的完满生活，在"意义的视野"（horizons of significance）能够用特殊的方式去看待和评价世界。第三，交往方式的转变，这种转变决定了以上的两个转变，没有对交往身份的认同和平等的师生关系，学习和教学都将是被动的、受某种力量所支配和相互牵制的。在平等、宽松而非权威、服从的关系身份中，教育活动才会赋予学习者自由的认识空间，让他们能够自觉地参与活动的创造，去了解、评判和进入所谓的"公共世界"。

## 第三节　教育研究的知识系谱：教育知识的基础与建构

教育研究的本质是实践的，但需要诉诸理论来实现。它实质上是通过建立直接或间接影响教育实践的知识体系，通过"知识化"① 的方式改变教育实践。因此，教育研究不直接产生实践，必须借助"知识"载体（理论形式）来完成自身由"理论——实践"的转换。可见，没有理论的实践是不存在的，同样，也是不可靠的，"我们不能设想如果大家都一窝蜂地追赶市场时髦去从事应用研究而置理论研究于荒漠时教育学会处在什么样的境地。不仅教育实践需要教育理论，而且教育研究本身也需要理论"②。在此基础上，教育知识作为学科的支撑和理论的载体，对于教育研究来说，显得尤为重要，同时，作为显性对象，教育研究的成果最初是通过教育知识来呈现的。因此，我们对教育研究进行反思的一个重要任务，也是对于"教育知识"的探讨与重构。

### 一　教育知识的理论基础

（一）建立独立性"教育学"及真实性"教育知识"的必要性

综观教育学科发展史，"教育知识"是贯穿始终的"共同要素"。③ 我国对"教育知识"的研究，最早见于《教育知识学科称谓的演变：从"教学论"到"教理学"》一文，其中，将"教育知识"界定为"教育领域的所有系统知识"④，以学科发展史的演进为线索，对"教育知识"的形态进行了分析，旨在解决教育学科的基础理论问题。可见，从教育知识的规范性来看，教育知识本身要成为稳定的研究对象，首先需要建立一个"可供参照的规范体系"。从教育研究的现实来说，就是建立一门普适性

---

① "知识化"即知识的"实在化"，指通过教育实践活动，将教育知识所含的教育理想转变为教育现实的过程。具体描述参见郭三娟《从教育知识实在化看教育知识应具备的素质》，《教育理论与实践》2007 年第 6 期。

② 王洪才：《论教育研究的特性》，《教育学报》2005 年第 6 期。

③ 雷云：《"教育知识"的探究——兴起、现状与研究取向的思考》，《东北师大学报》2009 年第 2 期。

④ 黄向阳：《教育知识学科称谓的演变：从"教学论"到"教理学"》，《华东师范大学学报》（教育科学版）1996 年第 4 期。

的教育学。① 因此，在广义上，"教育知识"与"教育学"是同一的概念；而在狭义上，"教育知识"则归属于"课程"的范畴，指那些"待传递"的课程知识。显然，作为教育研究的理论对象，教育知识所取的含义必然是"广义"意义上的"教育知识"定义。

教育知识的发展，有赖于学科的稳定和发展，然而，由于"教育知识"的母体——"教育学"学科是一个较其他学科建立较晚且很难进行独立性发展的学科，因此，教育知识的基础（或学科基础）就显得十分复杂和多样化，这就不得不谈到教育学的"独立性"和学科基础问题。

可以说，很少有学科像"教育学"这门学科这样，与其他学科具有如此千丝万缕的联系。直至现在，教育学科仍存在着"被其他学科占领"（赫尔巴特语）的危机和趋势。从 19 世纪初，赫尔巴特力求建立一个独立的、普遍性的教育学科以来，尽管经过几个世纪的努力，教育学科有了长足的发展，但作为一门独立学科应有的立场和价值，却渐渐随着多学科的渗入和教育学由"单数"向"复数"的转变而几乎消失殆尽。教育学由最初的"实践哲学"和"心理学"（赫尔巴特）的理论基础逐渐发展为"尽可能多的"理论基础并存的演变趋势。处于多元发展基础之上的"教育学"，并没有因为学科的多元化而使自身更加明晰，反而逐渐丧失了理论的基础，使自身甚至更加剧地沦为其他学科的殖民地。（见表 2 - 4）

表 2 - 4　　　　　　　　　　教育学的理论基础②

| 教育学的理论基础 | 代表人物 |
| --- | --- |
| 实践哲学（伦理学）、心理学 | 赫尔巴特（1776—1841） |
| | 贝内克（1797—1854） |
| 形而上学（哲学） | 奥伊肯（1846—1926） |
| | 布德（1865—1944） |
| 实践哲学（伦理学） | 施莱尔马赫（1768—1834） |
| | 罗森克兰茨（1805—1879） |
| 思辨哲学：逻辑学、伦理学 | 纳托普（1854—1924） |
| 美学 | 韦伯（1873—?） |

① 雷云、吴定初：《教育研究对象的历时结构及其演进逻辑》，《教育学术月刊》2011 年第 4 期。

② 陈桂生：《教育学的建构》，华东师范大学出版社 2008 年版，第 31 页。

续表

| 教育学的理论基础 | 代表人物 |
|---|---|
| 精神科学（文化学） | 狄尔泰（1833—1911） |
| 神学 | 施瓦茨（1776—1857） |
| | 福禄倍尔（1782—1852） |
| 生理学、心理学、人类学 | 乌申斯基（1824—1870） |
| 心理学 | 孔佩雷（1834—1913） |
| 心理学及生物学、人类学、卫生学、经济学、伦理学、美学、神学 | 拉伊（1862—1926） |

由上述表格，我们看到了一个可谓"无所不包"的教育学的理论基础，教育学的分支学科也是在这些学科基础之上建立的。这就使得教育学的理论基础转换成另外一个问题：不存在基础的选择，而存在某种"教育学"类型的建立和归类。例如，以规范哲学为基础的"实践教育学"、以伦理学为基础的"教育伦理学"、以人类学为基础的"教育人类学"、以社会学为基础的"教育社会学"等，在这些理论基础上建立的"教育学"，实际上反映的是处于不同学科立场和背景的教育学的"类型"以及不断扩大的教育学的"学科领域"。假若我们把它们都看作教育学的理论基础，实则得到的一定是"教育学"自身的被遮蔽——并非教育学领域被"扩大"了，而是学科领地越来越被"占领"了。因此，学科的理论基础决定了学科的性质及存在的必要性，当教育学以如此之多的学科为理论基础，它面临的必然是整个教育学学科领域或独立性的丧失。

这种现状就需要我们进行反思：教育学的理论基础能够无限拓宽吗？这些理论基础对教育学自身意味着什么？理论基础能不能选择？如何建立属于教育学自身的理论基础？这一系列问题，都应该是在教育研究的哲学基础上，对"教育学"自身进行对象的反思。

面对诸多为教育学提供"准备知识"的学科，我们首先要做的就是对"教育知识"和"非教育知识"进行界定。由于教育是人类的一项特殊的活动，它既与"人"相关，又需要受到政治、经济等的制约；既承载着某种"文化使命"，又需要通过一系列的实践活动来完成"社会化"的过程。因此，教育的特殊性就在于它的复杂性：教育的对象是"人"，我们就需要研究人的属性与发展，需要诉诸"心理学""人学""人类学"等；教育的内容和任务是"传递文化"，对人类文化进行选择和传播，因此，就需要对人类文化的属性和需求进行考察和研究，需要诉诸"文化学"；教育的目的是促使人的"个体社会化"，这里，"社会"又成了教育活动的一个背景，我们同样需要研究"社会"的一般规则和结构，使教育能够反映社会的属性，这又需要诉诸"社会学"；另外，教育现象并不同于简单的物理现象、化学现象、生理和心理现象，更不是具有明显特征的政治现象、文化现象，而是由这一整套现象和规则系统伴随所组成的特殊的集合，它是一个内外相连的系统和一整套的实践过程，那些如社会政治、经济、文化为教育活动提供外部条件，而那些精神学科、心理学、生理学、人类学等又为教育活动提供内部要素，使教育学时刻处于"变革"的边缘，随着社会、文化的进步，以及人"心理""生命"等学科的理论进展，而不断丰富、变化和结构重组。因此，教育学在不同的角度被看作社会科学、人文科学或者其他，这都是由于教育学自身极为特殊的身份决定的。（教育学的各种知识命题在陈述中所反映的事实见表 2－5）

表 2－5    教育知识相关命题的学科归属①

| 教育知识的相关命题 | 相关学科知识 |
| :---: | :---: |
| 教育本质 | 历史唯物主义（哲学） |
| 教育与社会的关系 | 历史唯物主义（哲学） |
| 教育与经济（生产） | 经济学 |
| 教育与政治 | 政治学 |
| 教育与文化 | 文化学 |
| 儿童年龄特征、个性 | 心理学 |
| 教育目的 | 马克思主义关于人全面发展理论 |
| 课程门类 | 各门学科关于自身任务的表述 |
| 教学过程 | 认识论（哲学） |
| 德育本质、内容 | 伦理学 |
| 品德 | 心理学 |
| 体育 | 体育理论 |
| 美育 | 美学理论 |
| 班级、师生关系 | 社会学 |

① 陈桂生：《教育学的建构》，华东师范大学出版社 2008 年版，第 30 页。

　　从上述表格可以看出，组成教育知识的相关命题，都能够在除"教育学"学科之外的其他学科中找到归属。这就产生了一个事实："教育知识"所反映的到底是教育学科自身还是间接或直接地反映了其他学科立场的知识建构？我们说，教育知识的建构依靠这些知识的理论基础，但它与这些知识又不是一回事。换句话说，这些知识并不能够直接产生有关"教育学"的知识本身。"教育社会学可以着重取'社会'视角考察教育，但教育不等于社会；教育心理学着重从'心理'角度考察受教育者，而受教育者并不只具有心理属性；教育文化学也可以着重从'文化'角度考察教育，而教育与一般文化现象有别。可见，就连对于教育交叉学科的研究成果都有待整合，一般心理学、社会学、文化学之于教育学的意义，就更不用说了。"① 教育学需要提供的是有关"学生＼教师＼学校＼课程"这几个"特殊因子"之间的关系、结构以及运行规则的理论，那些关于"人""社会"和"文化"的考究，终究需要转化为与这些因子直接相关的"观念"或"行为"，才有可能真正成为有关"教育的知识"，形成一种学科独立的知识形态，而作用于教育实践。因此，教育研究需要的不是对那些"一般性"的社会、文化知识的考察（例如考察一般的社会价值观念、社会关系系统或文化表现形式），而是由这些"一般的"观念和知识，推导出具有教育命题的"特殊观念"（适用于教育范畴的特殊知识），建立有关教育的文化基因、教育的价值规范和教育的社会结构，使这些知识和观念能够直接作用于教育活动，建立属于教育自身系统的"内部知识"。这种由"一般性知识"向"教育知识"的转化，就是"教育知识"概念的界定、属性的分析、特殊性的诠释以及如何在教育领域运行的完整的表述。教育研究在"知识"领域的任务就是澄清这些"一般性知识"与"教育知识"的区别和联系，将其中的"教育知识"成分抽取出来，作为能够支撑学科独立发展和直接与教育实践相联系的内部知识系统，完成"教育知识"的转化和知识功能的蜕变。

　　这种"教育知识"的澄清，正是因为我们看到了目前大量教育学类型（分支学科）中有关"教育知识"的表述都不是在阐述其自身，而是在反映那些为教育学提供理论基础的学科的研究成果。这些成果可能进行了大量的相关性知识描述，而其中"普遍性"的概念（如正义、公正、

---

　　① 参见陈桂生《教育学的建构》，华东师范大学出版社 2008 年版，第 36 页。

善良、幸福、人性、认知、情感、符号等）对于教育学的特殊性，却不曾凸显或避而不谈。换句话说，这些成果并不是采用教育学的话语系统和思维逻辑，也找不到真正的"教育知识"，而是处于"外学科"立场的对于其他学科知识的"堆砌"。因此，"教育知识的建立"同"教育学学科的独立"是相辅相成的，教育学学科要想摆脱其他学科的精神枷锁，就必须建立真正的"教育知识"，以教育的"内立场"来看待相关的知识，进行知识的转化。例如，国家提倡的"和谐社会""荣辱价值观"等观念，这些观念在教育领域的研究就不能仅仅提出相对应的"和谐教育""荣辱观教育"等套用性的"知识概念"，必须"去社会化""去政治化"，把这些"一般性的"知识命题经过分析、批判和匹配，变成教育领域的"特殊性"知识命题，将"一般的社会价值观念"转换为"教育价值观念"，还需要进一步界定"什么是和谐的教育""和谐的教育何以可能"以及"具体教育活动中的'和谐'是如何实现的"等本体论、认识论、价值论和方法论的追问，从而推导出真正在教育领域存在和适用的"教育知识"。

（二）当前"教育知识"的四种取向

教育知识的变迁与发展不是孤立的教育学科自身的发展，而是与整个社会的发展和经济、文化及知识类型的变革密切相关。在这个大的时代背景下，教育知识经历了"理性扩张""科学突进"以及"人文反思"等几个重要阶段，在此基础上，形成了四种相互映衬的知识类型，使"教育知识"具有了四大取向："哲学—思辨"取向、"科学—实证"取向、"人文—诠释"取向和"实践—批判"取向①。从这些取向形成的时间和发展的路径看，它们之间是先后出现的纵向发展关系；而从目前发展的格局来看，它们又不断融合，形成了多元并进、互为依托的发展态势。

"哲学—思辨"取向与教育学的渊源来自"哲学"这个共同的母体学科，教育学无论从概念、命题还是方法都无法摆脱"哲学"思辨式的影响。教育的活动是经验的，但教育本身却可以是"先验的"。从夸美纽斯到康德，再到赫尔巴特，无一不是把"先验认识论"作为教育的认识论基础，要求从事物本身不变的性质出发，来认识教育，获取教育的方法。康德作为哲学家，他的教育思想主要反映在其《论教育学》一书中，尽管

---

① 参见程亮《教育学的"理论——实践"观》，福建教育出版社 2009 年版，第 22 页。

他这唯一的一部教育学著作并不具备他的"三大批判"那样大的影响力，但却开创了教育知识史的一个新纪元——进入了哲学教育学的新时代。①之后的赫尔巴特、费希特（J. G. Fichte）等，都在康德那里获取了批判式的哲学思想，所建构的"教育知识"无不带有浓重的思辨色彩。赫尔巴特作为教育学发展史上一个里程碑式的人物，他所建立的"科学教育学"，就是以"实践哲学"和"心理学"为基础的，"前者说明教育的目的，后者说明教育的途径、手段和障碍"②。在实践哲学的角度，赫尔巴特提出了教育的终极价值及道德的假设，并建立了五种道德的观念；在手段方面，他虽是从心理学角度出发，但这种所谓的"经验"却必须依靠"形而上学"的方式来阐释。他甚至认为："作为科学的教育学乃是哲学的任务，而且是整个哲学的任务。"③可以说，在整个的教育学发展史上，思辨哲学式的教育学长期占有极其重要的地位，作为人类最原始的知识取向，"教育"被视为一个整体的系统，并不存在自然的（科学的）和社会的（人文的）分别，而在它之后的"科学—实证"取向和"人文—诠释"取向，则将这种整体的"哲学—思辨"式的知识，引向了不同的方向。

"科学—实证"取向的教育学，首先是从经验科学出发，在反思和批判早期思辨哲学基础上建立的。20世纪初，"教育科学化"运动掀起了教育学研究的"科学"浪潮，在持续了30多年的"科学化"运动中，那些实证的、量化的教育研究方式被赋予了绝对"科学"的权威，其中，德国的"实验教育学"就是实证取向的最早的教育研究派别。德国的梅伊曼、拉伊，法国的比纳、西蒙以及美国的赖斯、桑代克等一大批前赴后继的教育学者，都作为"实验教育学"的实践者，将搜集"教育的事实"作为教育研究的根本手段，形成了"科学教育学"的开端。随后，随着数学与计算机科学的发展，斯金纳、泰勒、皮亚杰、布鲁纳等教育研究者又将当时先进的统计和测量理论引进教育学领域，建立了如"结构课程""程序教学"等一系列"科学化"的研究成果。在时代的意义上，"科学教育学"无疑为传统的教育知识体系带来了新的生机，"它把教育学从哲

---

① 参见王坤庆《论康德对教育学的贡献》，《教育研究与实验》2001年第4期。

② ［德］赫尔巴特：《教育学讲授纲要》，李其龙译，人民教育出版社1989年版，第190页。

③ 同上书，第424页。

学的桎梏中解放出来，提高到独立的科学高度"①，为教育学的理性发展奠定坚实基础。

"人文—诠释"取向是由精神科学领域最早发起的，它是在批判科学主义"量化"研究的基础上，以人文关怀为目的而阐发的。这种取向要求教育学要回归人的生活，要体现人的生命或文化特征，关注人类社会特殊的文化现象，避免实证主义那种把"人"作为自然现象的研究倾向和研究方式，主张采取"质性"的方法来进行教育研究。该取向较为重要的学派除了精神科学学派，之后兴起的现象学、解释学等众多哲学流派，也将这种"人文—诠释"的思维引入教育学，建立了如现象学教育学、存在主义教育学、批判教育学等诸多教育学流派。他们认为，教育学作为人的一种生活方式，其作用就在于阐释、理解生活世界的意义，教育学应该由一门社会科学转变为人文科学，在生命的价值和生活的意义层面，建构关于自身的知识结构体系。

"实践—批判"取向是在西方"批判思潮"影响下萌生的一种"批判教育学"思想。它的哲学基础是批判理性主义和法兰克福学派，他们从不同的知识基础和认识论方式出发，对教育学的"知识"本身（例如概念、命题、论证、学科体系等）进行了全面而深刻的反思。例如，有从分析哲学的角度，对教育学的语义、逻辑进行分析，旨在澄清教育学中那些容易混淆的概念②；另外，还有一种文化批判的视角，将教育研究视为一种"意识形态"，将其放置于"社会—文化"的背景中，挖掘隐藏在教育知识背后的权力系统，以追求教育的公正。这类主张的代表人物有法国的布迪厄（P. Bouedieu）、美国的鲍尔斯（S. Bowles）和金蒂斯（H. Gintis）、巴西的弗莱雷（P. Freire）等，他们将"教育"视为一种社会和文化现象，需要在社会和文化这个大的系统内来诠释其自身，建立一种具有解释力与实践性的教育知识体系。

四种"教育知识"的取向（见表2-6）是建立在不同的理论形态之上的一种既相互批判又相互依存、既相互独立又相互融合的基本知识取

---

① 参见日本筑波大学教育学研究会编《现代教育学基础》，钟启全译，上海教育出版社1986年版，第482页。

② 谢弗勒（I. Scheffler）所著的《教育的语言》就是其代表，它从语言和逻辑分析的角度，重构了教育学的知识和结构。

向。在当前"教育学"自身建构的过程中，四种"知识"取向为建立一个科学、系统的教育知识体系（教育学科）提供了有说服力和判断力的认识论基础，使"教育知识"的更新渗入了不同取向的合理成分，又小心避免了某种取向的偏执性；既趋于融合，又关注差异，为建构一个合理的"教育知识"结构和框架奠定了理论和实践基础。

**表2-6　　　　　　　　　　　教育知识的四大取向**

| 知识取向 | 理论基础 | 代表人物 | 认识论基础 | 方法 | 知识建构 |
|---|---|---|---|---|---|
| 哲学—思辨 | 哲学 | 夸美纽斯；康德；赫尔巴特等 | 先验认识论 | 哲学思辨 | 哲学教育学 |
| 科学—实证 | 经验科学 | 威尔曼、孔佩雷、梅伊曼、拉伊、比纳、西蒙、桑代克、麦柯尔；斯金纳、泰勒、布鲁纳、布鲁姆等 | 经验认识论 | 实证、量化 | 科学教育学实验教育学 |
| 人文—诠释 | 精神科学现象学解释学 | 狄尔泰；斯普朗格、李特、范梅南、范登堡等 | 生命价值论、生活价值论 | 本质还原 | 精神科学、教育学、现象学、教育学存在主义教育学解释学、教育学 |
| 实践—批判 | 批判理性主义法兰克福学派 | 菲舍尔、瑞斯纳；彼得斯、赫斯特、谢弗勒；布迪厄、鲍尔斯、弗莱雷 | 各种批判理论 | 逻辑分析、语义分析、文化批判社会批判 | 批判教育学解放教育学 |

## 二　"教育知识"性质的划分

从理论上讲，对教育知识的性质进行探讨有助于人们认识教育知识的与其他学科知识的特殊性，从而站在教育知识建构的立场去自觉追求教育知识特殊性和唯一性，并能够使教育学展现自身的学科特点与研究逻辑。

（一）从二分法到五分法："教育知识"划分的历史考察

对"教育知识"性质进行区分，能够对"教育知识"作出判断，并进一步合理化判断的标准。从教育学发展的四种知识取向，我们可以初步看出"教育知识"的演进路向：即由一个规范体系（教育学）到一个多元化知识体系的演进，使"教育知识"的性质和结构更为复杂化和多样性。在此基础上，教育研究的一个新的使命就是聚焦"教育知识"本身，厘清教育学内部的知识性质与结构。

1. 二元论的"二分法"

"二分法"是教育知识史上一个历史悠久、最具代表性的划分方式。它的源头可追溯至柏拉图时代。柏拉图认为，人类从事研究的目的是获得永恒的知识，而不是认识暂时的事物，他所指的"科学"（指"纯粹知识"），是哲学的含义，指向的是具有永恒意义的"理论知识"。在其之后，亚里士多德对这种"纯粹的知识"进行了区分，他认为，"科学"不但包含"理论知识"，还包含"实践知识"（实际的知识及应用的知识），他所建立的政治学（实际知识）和修辞学（应用知识）都属于"实践知识"的范畴。这是教育知识"二分法"的最初依据，至此，"理论知识"与"实践知识"作为两种不同性质的知识形态，各自具有了独立的位置。

在教育学领域，教育知识的"二分法"大体经历了两个阶段：前认识阶段和认识论阶段①。在前认识阶段，"二分法"的知识划分是较为模糊的，最初，将教育知识进行划分的是德国教育家尼迈尔，他将以伦理学、心理学、生理学等学科为基础建立的一般教育学称为"理论教育学"，将阐述一般性原理在实践中的应用称为"实践教育学"（即所谓的"教育术"）。② 随后，赫尔巴特改造了尼迈尔的"二分法"，放弃了其中对"实用部分"的划分方式，另辟蹊径，从"目的——手段"的角度，将教育学划分为两个部分：前一部分从传统思辨的角度说明了教育的意图（包含措施），后一部分则在理论上说明了实施的可能性。后一部分被他认为是真正"科学的"，仅把教育作为事实来加以说明，目的并不在于改造实践，而在于提供知识。这种"目的——手段"的划分，使教育理论与实践之间出现了一道鸿沟，其中，如何由"目的"通往"手段"（衔接）的过程，同样难以解决。赫尔巴特的弟子莱茵（W. Rein）试图避开这种难以解决的划分方式，从教育知识的功能上，将"教育学"划分为"历史教育学"（对教育史的研究）和"系统教育学"（教育组织的研究）；"系统教育学"又区分为"理论的教育学"和"实践的教育学"，

---

① 这是本研究一种粗略的归类，意在说明"二分法"的认识基础及存在的状态，将无认识论基础的阶段划分为"前认识阶段"，将从认识论角度进行知识归类的阶段称为"认识论阶段"，同时，依据二者的关系状况，又将"认识论阶段"分为"对立阶段"和"融合阶段"两种不同的知识存在状态。

② 参见范国睿、瞿葆奎《西方教育学史略》，浙江教育出版社 1999 年版，第 313 页。

前者关注教学过程的目的、方法问题；后者关注教育形式和教育行政方面的问题。① 这种分类从纵、横两个维度，细分了教育学的功能及方法，较尼迈尔和赫尔巴特有了深层次的认知。

"二元论"的划分从根本上说，是以鲜明的"实践"立场为参照的。在前提预设中，将"知识"作为能够为"实践"提供帮助的"行动引导"，并不是"为知识而知识"，而是"为行动而知识"，因此，试图在"理论教育学"的基础上，建立一个同样的与实践更为紧密的"实践教育学"。这是最初"二分论"的形成所隐含的目的与价值预设。然而，从"前认识阶段"对于理论与实践教育学的划分能够看出，他们一个共同的缺陷就是缺乏"认识论基础"，"想当然"地进行知识的区分，并没有追问"知识何以可能"等认识论层面问题。因此，这个阶段的划分具有很大的缺陷和随意性。之后，人们关注到了此问题，从维尔曼开始，都在认识论的基础上进一步区分了"理论教育学"与"实践教育学"，对教育知识有了更为规范和理性的认识。例如，涂尔干从研究目标出发，对教育知识进行了区分：一是以科学为目标、旨在描述和说明"是什么"和"曾经是什么"的"教育科学"，试图将教育作为社会事实来解释；另一个是以实践为目的、旨在规范未来行为的"实践理论"，包括教育者的"指导思想"和程序性规则，被称为"教育学"。② 这种分类，尝试了对"教育科学理论"和"教育实践理论"不同"边界"的划定，试图要在各自的"边界"内来寻求科学知识和实践的法则。——这种划分采取的是一种"对立式"的思维，这样设定的结果，使得教育理论与教育实践根本对立起来，人为地建立起理论与实践之间的鸿沟。因此，在"认识论"的后期阶段，人们逐渐意识到这个问题，试图抛弃这种"二元对立"式的思维。例如，梅伊曼在《实验教育学》中对"传统教育学"（实践教育学）与"实验教育学"就进了严格区分，他强调：前者涉及教育价值和规范问题，无法用实验的方法来描述，是为了解释和说明事实；而后者的目的则在于"行动"。前者虽不属于严格意义的科学，但却作为后者的重要补

---

① 参见唐钺、朱经农、高觉敷《教育大辞书》，商务印书馆 1933 年版，第 1018 页。

② 参见［法］涂尔干《道德教育》，陈光金等译，上海人民出版社 2001 年版，第 333—335 页；［德］布雷钦卡《教育知识的哲学》，华东师范大学出版社 2006 年版，第 36 页。

充与后者共同作用①；洛赫纳也指出了"教育科学"与"教育学说"的联系性，认为"二者之间是并存式的、平行式的相互依赖的关系：实践教育理论需要以科学教育理论为基础，并通过科学教育理论来说明自身的合理性"②。

"二分法"是基于对已存在事物的认识和变革这些事物的要求性质上作出的对于"教育知识"成分的划分。对于"二分式"的思维，很可能造成两种不同的结果：理论教育学与实践教育学的分野或许更加清晰；也可能在另一方面，他们之间更加模糊。由于"科学"的任务在于认识世界，严格意义上指的是"自然科学"，所回答的是"是什么"的问题，并不指导实践。教育学既要借用自然科学的研究方式，在客观的角度上"描述事实"，又要兼顾自身社会和人文科学的属性，进一步回答"应当是什么"，对事实进行判断，因此，用"是什么"和"应当是什么"两种不同方法论背景的命题来区分"科学"与实践的关系，就产生了更加深刻的矛盾障碍。从性质上说，"应当是什么"的命题需要由"规范哲学"来回答，用以阐明哲学的实践作用。然而，对教育事实作出价值判断并不足以指导实践，仅仅只是作为实践的起点，还需要进一步回答"做什么""怎样做"以及"应当做什么"和"应当怎样做"。在这个复杂的知识体系中，教育哲学既无法替代实践教育学，也无法替代理论教育学，而"科学的教育学"却作为理论形态的教育学而存在，这就使得"教育哲学"（规范哲学的教育学）处于极其尴尬及两难划分的境地——既不属于纯粹的"理论教育学"，又不属于严格意义上的"实践教育学"。然而，价值的判定终究是教育知识建立的重要命题，因此，教育哲学势必要在其中扮演一个十分重要的角色，无论是"科学的"、还是"实践的"教育学，都无法取代"规范哲学"的价值使命。因此，将教育学划分为"理论的"（科学教育学）和"实践的"（实践教育学）从根本上还是无法全面地关注教育的"价值"这个关键性的命题，或许"二分法"的局限就在于此。因此，对于"教育知识"的进一步划分，就成为一个迫不及待的学科难题。

2. 问题论的"三分法"

"三分法"是在弥补"二分法"局限性的基础上产生的，这种观点或

①　此观点详见［德］布雷钦卡《教育知识的哲学：分析、批判、建议》，《华东师范大学学报》（教育科学版）1995 年第 4 期。

②　程亮：《教育学的"理论——实践"观》，福建教育出版社 2009 年版，第 52 页。

将教育学划分为"思辨教育学""经验教育学"和"批判教育学"（克勒）；或将教育学划分为"描述教育学""规约教育学"和"规范教育学"（克劳尔），以及"教育科学""教育哲学"和"实践教育学"（布雷钦卡）等。其中，以克劳尔和布雷钦卡的分类综合性较强、影响较大。克劳尔认为，"描述教育学"研究的是教育的事实及其因果关系，"规范教育学"旨在确立和检验教育的应然性原理，而"规约教育学"则以前两者为基础，寻求解决教育问题的条件和途径。① 布雷钦卡对于"教育科学""教育哲学"和"实践教育学"的划分，从"教育问题"的角度，对描述性问题（教育科学）、评价性和规范性问题（教育哲学）以及综合性问题（实践教育学）等三个范畴的"教育知识"进行了功能划分。"教育科学"回答"教育是什么"的命题；"教育哲学"回答"教育应当是什么"和"应该怎样做"的问题；"实践教育学"则混合了两种命题，将手段与准则作为激励教育行动的实践依据。这样划分的好处在于：它兼顾了两种不同的"理论教育学"，区分了揭示"事实—规律"的"教育科学"和揭示"价值—规范"的"教育哲学"的知识任务的不同，以二者为基础，建立了一个"规范—行动"的理性选择，即"实践教育学"②。

3. 象限论的"四分法"

教育知识的"四分法"是在布雷钦卡"三分法"的基础上进行的。"四分法"由我国著名学者陈桂生先生提出，他在认识到"二分法"与"三分法"无法真正将"教育知识"中的规范成分与价值成分、科学成分与技术成分清晰地区别开来，因此提出了"四分法"的构想，对"理论教育学"和"实践教育学"进行了一个重新的划分。"四分法"是以"象限式"的思维模式展开的，将"教育知识"划分为四种理论："技术理论""科学理论""价值理论"和"规范理论"，它们分别位于坐标的四个象限，在内容、功能及知识结论方面具有不同的意向，从知识对象（知和行）及方法（实然和应然）两个维度，重构了"教育知识"的范围和结构。（其象限图示见图 2 – 6：）

---

① 杨深坑：《理论·诠释与实践——教育学方法论论文集（甲辑）》，台湾师大书苑 1988 年版，第 202 页。

② ［德］布列钦卡：《教育知识的哲学》，杨明全、宋时春译，华东师范大学出版社 2006 年版，第 25 页。

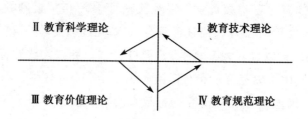

**图 2－6　教育理论"四分法"象限**②

对"教育理论"成分的划分，既属于对"哪一类教育知识"的研究，又属于对每一类知识的层次的理论性质的分析。从象限一到象限四（根据箭头所指），在正向上，后一种理论需要以前一理论为前提；在逆向上，也同时显示了作为理论前提的每种成分可能起到的反作用。而每种理论的功能、类型及成果形式又分别指向不同的命题（见表 2－7）：

表 2－7　　　　　　　　四种教育理论的功能、类型及成果分类②

| 象限 | 教育问题<br>（指向研究对象） | 主要理论命题类型 | 理论成果形式 |
| --- | --- | --- | --- |
| Ⅰ 教育技术理论 | 做什么－怎样做？ | 程序性命题 | 教育规则 |
| Ⅱ 教育科学理论 | 是什么？ | 描述性命题 | 反映教育规律的原理 |
| Ⅲ 教育价值理论 | 应当是什么？ | 评价性命题 | 教育理念的原理、原则 |
| Ⅳ 教育规范理论 | 应当做什么－怎样做？ | 规范性命题 | 教育规范 |

如图 2－6 所示，在认知和行动角度，"教育科学理论"与"教育价值理论"共同构成了"理论教育学"的两大部类，功能在于揭示"教育的性质"（实有属性及其变化规律与应有属性及为其辩护的应然法则）；"教育规范理论"和"教育技术理论"共同构成了"实践教育学"的两大部类，旨在建立教育规范（技术规则与行为规范）；前者着眼于"知"，后者着眼于"行"。而处于"实然"与"应然"的角度，"教育科学理论"和"教育技术理论"又可纳入"科学教育学"的范畴，而"教育价

---

① 陈桂生：《教育学的建构》，华东师范大学出版社 2008 年版，第 54 页。

② 同上书，第 55 页。

值理论"与"教育规范理论"则可以纳入"哲学教育学"的范畴。[①] 如此，就建构了一个错综复杂又互为因果的"教育知识"体系。(见图2-7)

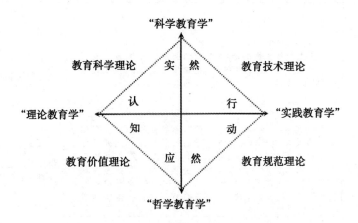

**图2-7　教育知识的交叉结构及功能组合**

4. 取向论的"五分法"

为了避免教育知识的内部分工趋向（理论与实践的分立），有学者又重新在厘清教育理论与实践逻辑关系的基础上，从二者的关联出发，将教育知识划分为五种不同的取向。具有代表性的是英国的卡尔，他将教育理论划分为常识取向、应用科学取向、实践取向、诠释取向和批判取向五种取向。五重理论的认识论基础在于不同的"实践"观及"理论——实践"观，在各个角度反映出对教育理论与实践关系的理解（见表2-8）：

表2-8　　　　　　　　五种取向的教育理论的观念及定位[②]

| 理论形式 | 实践观 | 理论—实践观 | 理论的定位 |
|---|---|---|---|
| 常识取向 | 实践体现了它自己的观点和信念，从事一种教育实践就是按照一定传统的观念、知识技能来思维和行动 | 理论揭示和阐明蕴含在"好的实践"中的观念、原则和技能，并以此为依据来认识实践能力和修正实践行为中的不足。通过常识性理论与实践发生联系 | 教育理论建立在实践者的常识性理解上，教育理论是对表达了实践者观点和信念的"实践原则"进行识别、整理和概括的结果。教育理论是常识的、处方性的理论 |

① 参见陈桂生《教育学的建构》，华东师范大学出版社2008年版，第55—59页，

② 参见唐莹《元教育学》，人民教育出版社2002年版，第342—343页。

续表

| 理论形式 | 实践观 | 理论—实践观 | 理论的定位 |
|---|---|---|---|
| 应用科学取向 | 教育实践是经过设计的、用以达到具体教育目的的、在本质上是技术性的活动，工具性的"手段—目的"观为基本假设 | "好的实践"取决于那些能够最有效地达到理想的教育结果的科学原则。通过科学理论与实践发生技术性的联系 | 教育理论是应用科学的一种形式，是关于"手段"事实的知识，本质上是科学技术理论 |
| 实践取向 | 教育实践是一种开放的、反省的人类伦理活动，不受理论原则的制约或技术规则的指导，而受内在于实践本身的价值观的引导。实践既是目的又是手段 | 教育理论不能调控实践，但能提供根据，实践者借此对特殊情境作出明智而谨慎的判断。理论通过启发实践者而与实践发生联系，通过对教育者角色的道德特征的自我理解而发挥作用 | 提供不确定、不完全的实践知识，是人文道德知识的一个特例 |
| 解释取向 | 教育实践为行动者的动机、期望或目的所构建，是行动者赋予了意义的行动，它总是体现了行动者的解释 | 教育理论是通过解释性的描述来促进实践中各旨趣团体间的对话、交流；通过影响个体实践者理解自身及其处境的方式来影响实践，实践的改变在于理解实践的方式的改变 | 为实践者理解自身提供更深、更广、更系统的知识，是一种描述性的理论 |
| 批判取向 | 教育实践不仅是道德实践，而且是受意识形态影响的社会实践，它总是有问题的，教育实践过程是实践者借助意识形态批判的方法，进行批判性自我反思的过程 | 理论与实践相互构成、辩证相关，它不是从理论到实践，也不是从实践到理论的转化关系，而是实践者的实践之知从不合理到合理，从无知和习惯到理解和反省的转化 | 批判、反思的实践理论，是关于实践者的信念、理解、常识、习惯、不证自明的真理如何得到批判和转化的知识 |

　　在此认识基础上，我国学者程亮结合理论（或知识）的性质和实践（或行动）的特征，以卡尔的"五分法"框架为参照，又进一步改进和整合，从教育学史的角度，将"教育知识"划分为新的"五种取向"："科学"取向、"艺术"取向、"实践"取向、"诠释"取向和"批判"取向。其中，"科学"取向重在对教育事实的追究，力求以一种客观的、中立的方式建构普遍的教育知识，通过技术转化来改进教育实践；后四种取向则直面"教育实践"本身，有侧重地针对实践的不同特征，作用于实践。例如，"艺术"取向侧重于实践的未来性和创造性，将卡尔的"常识取向"整合在"艺术取向"之中，以强调以教师经验为基础而建构的实践知识；"实践"取向侧重于"个人知识"和"实践智慧"等个体性知识；

"诠释"取向侧重于实践的历史性和语言性；"批判"取向侧重于实践的社会性或政治性。① 这种新的分类方式既考虑了这些知识在历史与逻辑上的关联，又兼顾了理论与实践的复杂性关系，展现了一个较为全面、独立的教育知识体系。该体系框架如下②：

"科学"（Science）取向，与"经验教育学""（经验—分析的）教育科学""科学教育理论""描述教育学"等相当；

"艺术"（Art）取向，与"科学"相对，是一种"规范教育学"，包括"传统教育学""思辨教育学""实践教育学"等；

"实践"（Practical）取向，以"实践哲学"为基础，谋求实践者的"操作性理论""个人知识"或"实践智慧"；

"诠释"（Hermeneutical）取向，以现象学和诠释学为基础，与"精神科学教育学"或"诠释教育学"同义；

"批判"（Critical）取向，以社会批判理性为基础，与"批判教育学"或"解放教育学"相当。

从"教育知识"划分的历史考察，我们看到，确实存在着两种不同的知识：一种是直接指向实践的知识，我们笼统地把它称为"实践教育学"；另一种是间接指向实践的知识，把它笼统地称为"理论教育学"。两种知识的不同，并不在于知识的分工，而在于作用实践的方式。因此，从"二分论"到"三分论"再到"四分论"，人们尝试的就是尽可能清晰地诠释那些分属于理论和实践的知识，尽可能合理地找到划分它们的依据以及运用它们的方法。

有些学者认为，"从'理论'（知）与'实践'（行）的分立出发对教育学进行划分，似乎暗含着教育学内部的知识分工：有些知识是与'实践'无涉的，有些知识是直指'实践'的。而且不少学者认为，不同类型的教育知识之间是不可僭越的，实践理论不能代替科学理论，而反过来，科学理论也不能达到实践的目的"③。然而，从知识的演进过程来说，任何一种知识都来源于对"经验"的认识，并且认识的目的同样也是为了"回到实践中去"。因此，无论是程序性知识、描述性知识，还是规范

---

① 程亮：《教育学的"理论——实践"观》，福建教育出版社 2009 年版，第 34—35 页。
② 同上书，第 34—35 页。
③ 同上书，第 33 页。

性知识或评价性知识等，它们都是以"改善实践"为根本目的的，"实践"是"教育知识"的根本指向。在对教育知识的研究中，我们之所以细致地将它们进行区分，是由于看到了具有不同形式与功能的教育知识的存在方式的不同，而认识这些差别的目的，正是更好地发挥不同知识的"理论"或"实践"的效用。因此，那些所谓与"实践无涉"的知识是不存在的。

取向论的"五分法"为了避免这种"理论—实践"分裂式的思维方式，提出"教育理论与实践"关系式的划分方式，不失为一种有意识地"化解"。程亮提出的教育知识"五分法"（科学取向、艺术取向、实践取向、诠释取向、批判取向）的划分，是以卡尔的"五分法"为框架，以教育知识发展史"四大取向"（即哲学—思辨取向、科学—实证取向、人文—诠释取向、批判—实践取向）为依据来划分的。在某种程度上，这种划分方式对教育知识史进行了整合和创新，例如，其中对于"艺术"取向的划分，就不失为一种创新。最早，古代教育被认为是一种"艺术"：即把事情做好的能力。亚里士多德把"艺术"理解为"一种理性的行为能力的状态"；涂尔干把"艺术"界定为"做事的方式的系统，它指向特殊的结果，要么是与教育相关的传统经验的结果，要么是个人体验的结果"。因此，有一种教育类型的理论可以为教育者提供教学指导、提供教育活动的说明或规范，这种理论可以作为规范性理论，也被认为是在教学或教育中作为艺术的理论。① 根据最初人们对于教育及教育艺术理论的理解，"艺术"取向的知识划分有了某种历史的依据，其中所包含的规范教育学、传统教育学、思辨教育学等成分，都可以视为对"艺术"取向的理解。然而，"艺术"取向也可能造成某种误解，必须将此"艺术"与今天我们理解的"艺术"或"艺术学"相区别。今天我们所指的"艺术"，往往是以"创造美"为主要目的而开发的技术及其产品，它是以情感和想象为工具来把握和反映世界、表现世界的一种特殊方式。在现实意义上，"艺术"更多的是一种"审美"的创造过程，一方面，它与科学不同，科学借助人类的理性反映客观世界的规律性，艺术借助人类的感性反映世界，科学更多的是"发现"，而艺术更多的是"创造"；另一方面，

---

① ［德］布列钦卡：《教育知识的哲学》，杨明全、宋时春译，华东师范大学出版社2006年版，第12页。

艺术与哲学也不同，哲学是人理性的思维构造，是人自觉的"思维本性"，而艺术则是抛弃人类理性和信仰的感性认识，它是摆脱了思维形式化与思辨的感觉与创造系统。因此，在我们现实中的"艺术"，反映的是一种再现、模仿或技艺；而哲学则是某种思辨、智慧和理性。这种"艺术"与古代意义上的"艺术"是具有巨大差异的。

另外，"五分法"的划分也有一些局限性。例如，对"实践"取向的划分，主要指的是"操作性"的理论及"个人知识"等，然而，由于"教育操作性理论（即教育技术性理论）并未得到公认，这种表现'操作性技术'成果的'教育规范理论'就成为了'实践教育学'的代名词，我们习惯上把实践取向的'教育学'称为'规范教育学'。因此，实践教育学的特点就是以'教育规范理论'为核心的"①。然而，在新的"五分法"中，"规范教育学"却成了"艺术"取向的知识，这就与"实践教育学"的精神实质大相径庭。另外，对"教育知识"以知识发展史的四种取向为参照来划分，仍然反映为一种粗线条的划分，其中知识的功能、过程及不同知识间的联系和相互作用的方式，都没有清晰地被阐明（"界限"在他们看来，或许正是需要避免的）。然而，这样做，尽管避免了教育理论与实践的思维分化，却也模糊了每种知识之间的逻辑边界——作为"取向论"的教育知识，很可能是极为笼统的，并不能够建立起一个"循环的""互动的"知识系统，使教育知识内部能够相互循环和流动。

（二）"教育知识"的重新架构："正八面体"立体结构的划分方式

综观所有对"教育知识"划分的观点，本研究认为，陈桂生先生的"四象限"划分是较为合理和清晰的。它不仅明确了"教育知识"的不同性质、功能，更重要的是澄清了它们之间的关系，让这些知识作为一个循环的、动态的系统，在"知识"系统内部流动起来，架构了一个清晰的、循环的"教育知识"结构。然而，作为一种对教育理论成分的划分，他将具有反思和批判属性的"分析教育（学）哲学"及"元教育学"排除在教育理论之外，认为这种反思和批判性的教育学并不属于"对象理论"，而属于同"教育学"（教育陈述）相关的理论。② 这种认识，将

① 参见陈桂生《教育学的建构》，华东师范大学出版社 2008 年版，第 56 页。
② 同上书，第 54 页。

"教育知识"放置于一个平面上，属于一种"线性认识"。而"教育知识"作为一个复合的系统，它是具有层级的，知识并不都处于一个平面之上。因此，作为教育研究的理论对象，"教育知识"是多维、多层和复合的教育理论——在一般意义上，它同义于"教育学"，作为"教育理论"层面的"知识"而存在；站在更高的层级，"教育知识"的轮廓（范畴）远比"教育学"要宽泛得多，广义的"教育知识"还应该包含对"一般性理论"的反思，是一种"教育理论的理论"（元教育理论）。只有将具有对"一般性知识"进行认识论反思的知识（对学科知识及研究自身的反思）纳入"教育知识"的范畴，作为一种复杂化的教育理论，教育知识才能更加丰满。教育理论与元教育理论的关系（见图2-9）：

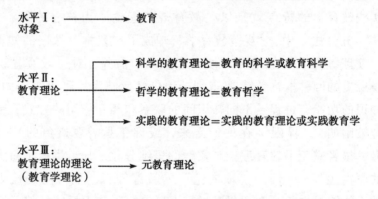

**图2-9　教育、教育理论与元教育理论的关系**[①]

在此认识基础上，为了突出知识的层次性，我们分别将两种不同的知识（即教育理论和元教育理论）放置到一个"立体式"的架构里，建立一个"正八面体"的"教育知识"结构，使每种知识成分都处于多维和多层的架构之中。"八面体"结构包含两个部分：处于平面上部的"正四棱锥"和处于平面下部倒放的"正四棱锥"；位于下半部的区域属于"一般性教育知识"（教育理论），而上半部则属于"元教育知识"（教育学理论）。（见图2-10）正八面体包含两个顶点，P点和Q点，Q点作为教育知识的最基点，与具体的"教育实践"相连；P点作为教育知识的最高

① ［德］布列钦卡：《教育知识的哲学》，杨明全、宋时春译，华东师范大学出版社2006年版，第28页。

点，与人的"实践理性"① 相连，二者的逻辑终点都反映为某种"规范"，底部为"行动规范"，顶部为"认识论规范"。指向 P 点的四面体与指向 Q 点的四面体分别由"四个象限"区域构成（即 A、B、C、D 坐标到 P 或 Q 的组成区域），每个象限的知识成分既是相互循环的，又是互为基础的。

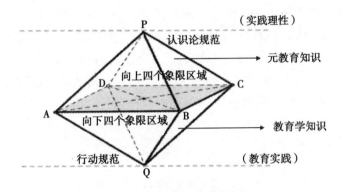

**图 2-10　教育知识的"正八面体"结构**

位于八面体下半部分的"四棱锥"在横向的结构上，分别由"四个象限"区域构成②，从第一象限到第四象限依次是："教育技术性"知识、"教育科学性"知识、"教育价值性"知识和"教育规范性"知识。它们的功能和相互作用的方式是：教育科学性知识（第二象限）产生于教育的技艺（或经验），同时，又必须经过教育价值知识（第三象限）的追问和评判，才能作用于实践；教育价值性知识（第三象限）需要对教育科学性知识进行"事实判断"，并对已发生的"教育事实"做出"价值判断"，同时，又需要将这种价值的观念转化为教育规范性知识（第三象限），从而作用于实践；教育规范性知识（第四象限）需要在价值评判下来选择和规范教育技术的基础，并将这些知识转化为"可操作性"的技术性程序（第一象限），来作用于实践；教育技术性知识（第一象限）根据科学的研究成果，构建可操作的教育技术性理论，将这种理论纳入规

---

① 在此，初步提出"实践理性"的概念，意在指出，实践理性作为人认识的最高阶段和高级形式，一方面，指出实践理性的目的；另一方面，指出实践理性的认识论阶段。具体对"实践理性"的理解，见第四节。

② 此划分的依据来源于陈桂生先生的教育理论的"四象限"分类，每种知识成分及含义均与之相同。

范，从而在实践中产生作用。整体来说，"科学——技术性"知识作为"客观性知识"，为"价值——规范性"知识提供现实根据；"价值——规范性"知识作为"主观评价性知识"，是"科学——技术性"知识选择和确立的标准。最终，实践知识（指能够直接作用于实践的知识）的获得过程就是从第一象限至第四象限（逆向）的演进过程，即"客观的知识"经过价值的评判转化为某种"行为的规范"，以作用于实践。

在纵向结构上，教育学的四类知识呈"螺旋式"向下运动趋势，每种知识成分不再是"平面"意义的三角形，而是"块状"三角体，在"螺旋式"的知识循环中不断向"教育实践"方向运动，过程历经"描述性""评判性"和"规范性"三个起主导作用的阶段，最终凝聚成一个知识点，即形成一种"行为规范"，从而与"教育实践"接轨。（其结构剖面图见图 2 - 11）

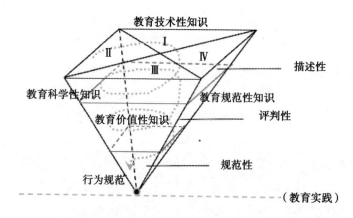

图 2 - 11　立体式"教育知识"结构的下半部剖面

在"实然"的角度，"教育技术性"知识阐释"做什么"和"怎样做"（程序性）的问题，"教育科学性"知识阐释"是什么"（描述性）的问题，前者说明如何达成实然的状态，后者说明实然演变的客观可能性；在"应然"的角度，"教育价值性"知识回答"应当是什么"（价值性）的问题，"教育规范性"知识则回答"应当做什么"和"应当怎么做"（规范性）的问题，前者为思想准则，后者为行为准则，二者共同反映了主观意志与客观存在的关系，以及如何转化为客观的主观判断。（见表 2 - 9）

表 2 - 9　　　　教育知识组成体下部"四象限"块状知识结构的功能

| 象限 | 知识成分 | 问题 | 反映形式 | 方法或途径 | 目的 | 关注点 |
|------|----------|------|----------|------------|------|--------|
| 2 | 教育科学知识 | 是什么 | 客观事实 | 实验—实证 | 揭示教育性质 | 知 |
| 3 | 教育价值知识 | 应当是什么 | 思想规范 | 价值判断 | | |
| 4 | 教育规范知识 | 应当做什么 应当怎么做 | 行为规范 | 价值选择 | 建立教育规范 | 行 |
| 1 | 教育技术知识 | 做什么 怎么做 | 应用程序 | 工程技术 | | |

　　向下运动的"四象限"教育知识共同构成了教育的"一般性知识"结构，是对于教育性质及教育实践规范的认识。"一般性教育知识"的上部，还有一个反向的"四棱锥"，这一部分区域指向的就是认识论的高级形式——"元教育知识"。这类知识位于"教育知识"结构的上半部，它既是对一般性教育知识（教育学）的反思，也是对整个教育知识系统的（或知识研究）反思。上半部分知识结构在横向上，仍然是由四个象限区域构成，从第一象限到第四象限依次是："教育应用性"知识、"教育描述性"知识、"教育批判性"知识和"教育规范性"知识。（见图 2 - 12）

　　"教育描述性"知识（第二象限）是一种对事实的、经验的描述，同样是对"是什么"问题的判断，它以教育知识的"事实"（应用性知识）为基础，对这种事实作出经验性的判断和诠释。因此，"描述"意味着：既要了解教育知识在过去是如何客观存在的，又要诠释现在它是如何呈现的。这就包含了两个过程：第一，对有关"教育知识"的历史文献或历史研究进行"形式分析"①，主要方式是对静态的知识文本进行逻辑的考察和澄清，或在更大的范围内，对教育知识进行认识论层面的形式分析；第二，在语言逻辑分析的基础上，对现实的教育理论状况作出评价，形成"教育批判性"知识（与第三象限相连）；教育批判性知识（第三象限）是对于"教育知识"事实现状合理性的评价和批判，它以"描述性知识"为基础，为其提供评价性的判断，以改善现实知识的现状。"教育批判性知识"意味着：要以某种"标准"为依据对"教育知识"的事实进行评

————————

　　① 元知识的研究同一般教育理论的研究具有差异，一般教育理论以具体的内容、观点为主，而元教育知识分析主要指形式分析，通过在语言中分析教育知识的特征，揭示语言背后的方法论认识及教育知识形成的逻辑。

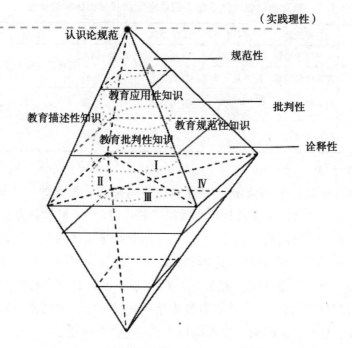

**图 2 - 12　教育知识的"元知识"结构分解**

价和判断，这个标准有赖于对教育知识"应然的"理解，这就需要对教育知识进行一种规范性的认识，建立"规范性的知识"（第四象限），并将"应然"的认识放置在"实然"的状况中，以"应用性知识"（第一象限）为参照，分析出它的合理因素，最终，在"教育知识"内部建立一个循环的逻辑分析系统，经过经验判断（描述）和事实评价，为"教育知识"的应用形成一种合理化的"认识论规范"，从而建立有关教育知识的"实践理性"。（见表 2 - 10）

**表 2 - 10　　教育知识组成体上部"四象限"块状知识结构的功能**

| 象限 | 知识成分 | 问题 | 反映形式 | 方法或途径 | 目的 |
|------|---------|------|---------|-----------|------|
| 2 | 教育描述性知识 | 如何客观地存在 | 经验性判断 | 语言分析<br>逻辑分析<br>方法论认识 | 形成认识论观念 |
| 3 | 教育批判性知识 | 客观存在是否合理 | 评价性判断 | 理性分析<br>事实判断 | |

（续表）

| 象限 | 知识成分 | 问题 | 反映形式 | 方法或途径 | 目的 |
|---|---|---|---|---|---|
| 4 | 教育规范性知识 | 如何合理地呈现 | 认识论规范 | 规范性认识<br>规范性评价 | 建立认识论<br>规范 |
| 1 | 教育应用性知识 | 知识的呈现方式 | 实用性规范 | 应用性评价 | |

在纵向结构上，元教育知识的四个象限同样呈"螺旋式"向上运动，每种知识成分也均为"块状"三角体，在"螺旋式"的知识循环中不断向顶点"实践理性"方向运动，过程同样历经"诠释性""批判性"和"规范性"三个起主导作用的阶段，最终凝聚成一个知识点，即形成一种"认识论规范"，获取教育知识的"实践理性"。"元教育知识"体系的运行逻辑是由"应用性知识"为起点，在应用性知识的现状基础上进行描述性分析，得出经验判断，并通过对知识现状的评价和批判，形成某种"认识论规范"，最终到达"教育知识"的逻辑终点——"实践理性"。在整个的知识循环中，每种知识成分是交替进行的：在描述中批判，在批判中建立一种规范的认识法则，不断改善知识应用的现状。

从整个知识系统图可以看到，位于两端的顶点均为建立一种"规范"，向上，是建立一种"认识论规范"；向下，则需要建立一种指向"行动的规范"。对于规范的建立，显然是作为"教育知识"系统核心存在的一种"应然"需求。然而，我们对于"教育知识"规范性的探索，到底能够达到一种什么样的境界，或者说，我们是否能够为每一种"教育知识"都提供一种相对合理的和固定的认识及行为的规范？这是需要我们深入把握的。规范的建立，为教育知识的发展、变化提供了一种合理化的改善途径，而不同的教育知识则需要依据知识自身的性质和人们对知识的认识基础来建立规范，这就需要我们去理性把握每种知识的性质。例如，有关科学教育理论的规范，就较实践教育理论的规范更具有逻辑性和合理性，这是由于"科学教育理论"作为一种对教育事实的判断，受其背景学科发展的影响，长期受到了人们的认识关注，在知识的形态上，无论是认识论的形成、逻辑，还是程序化的问题，都较为"规范化"；而"实践教育理论"由于自身的逻辑、关系较难澄清，也难以用某种程序化的方式来表述，在认识论上，就很难达成共识，也长期受到人们的批判。因此，鉴于其形式逻辑的复杂性，至今，尚未建立一种较为公认的"规范性认识"。

在"教育知识"框架、结构和认识论分析的基础上，我们更应当明确教育研究的任务：即站在教育知识及学科的立场，如何尝试建立某种合理性的"规范"，是我们对教育研究对象——"教育知识"进行研究的迫切需要。但有一点可以肯定的是，这种"规范"无论在理论还是实践的层面，都应以"教育实践"为指向：在抽象的认识论层面，建立一种能够指导实践的理性"观念"，即建立一种"实践理性"；而在一般的理论层面，则需要具体制定能够直接作用于实践的"行动规则"，让教育实践在理性规则的引导下，得以改善，最终提升人生命的质量。

## 第四节　"知识"和"行动"的关系法则

### 一　教育理论作用于教育实践的方式

我们确立教育研究的对象，主要在于阐明"教育知识"的建构与实践方式的问题。换句话说，我们关注的焦点是：所构建的"教育知识"如何作用于"教育实践"。这就牵扯到两个基本的问题：第一，教育理论（知识）与教育实践（行动）是什么关系；第二，教育理论以什么方式作用于教育实践。

对于二者的关系问题，属于教育研究历史性的理论疑难。一直以来，教育学的学科地位屡遭质疑的一个重要原因，也是因为其"构建的教育知识本身对于教育实践的乏力"的缘故。在现实中，教育知识是脱离实践的，并没有为实践提供"处方"，也不具有实践的效力。因此，教育理论与教育实践均站在各自的立场上，相互对峙，成为教育研究领域中难以解决的一对矛盾关系。在此认识基础上，教育理论如何作用于实践就有了一个前提预设：凡是正确的教育理论，必然是能够对实践产生效用的。继而产生了一种主导性的观点，即教育理论对实践的"指导观"，认为"教育理论需要指导教育实践"①。此观点持有的是一种"理论实践化"的技术理性的观点，以此为前提，人们就更为关注如何建立一种"实践中的理

① 参见马凤岐《教育实践与教育理论的建构问题——兼评一种教育理论的建构问题》，《教育研究与实验》1996 年第 2 期。

论"，以及如何将公共的"教育知识"转化为"个体性"的知识，以寻求知识的"特殊性"，找到普遍性知识与特殊实践之间的联结点。然而，教育知识在认识上的"完备性"并不能完全保证教育实践的"有效性"，这是由教育知识的复杂性和多样性决定的。而真实的教育事实是："不仅教育理论与教育实践间存在着某种距离，而且这种距离又因理论的不同（如科学的、价值的、规范的、技术的理论等）呈现出类型或层次上的差异。因此，教育理论往往不能'直通'教育实践，而必须借助某种'中介'或'转化'的过程。"① 因此，很多学者在批判"指导观"的逻辑矛盾基础上，又提出了"本然统一论"② 的观点及"虚假命题论"③ 的观点；尤其在20世纪80年代末以来，随着教育知识的实践使命逐渐增强，人们更为关注实践主体的作用，对于教育理论的实践方式也具有了一定程度的转变，教师的"个人知识"作为理论的焦点，知识的开发逐渐回归教师的实践经验，"实践智慧"成为新时期教育知识作用于教育实践的产物，形成了一种教育知识的"应用观"④，大量的行动研究、叙事研究作为主导性的研究方式，广泛应用于教育研究的各个领域。

教育理论与教育实践关系的复杂性，与教育理论的多样性和教育实践的多变性紧密相关。以教育实践为基点的教育研究，在理论上就力求明确两个问题：第一，如何建立指向实践的理论；第二，如何将这些理论指向实践。前者是对于教育知识的选择，后者是关于教育知识的应用。这就要

---

① 参见唐莹《跨越教育理论与教育实践的鸿沟》，博士学位论文，华东师范大学，1995年；宋秋前《行动研究：教育理论与实践相结合的实践性中介》，《教育研究》2000年第7期；何小忠《论教育理论现实化的途径》，《教育理论与实践》2002年第6期；鞠玉翠《行动研究何以联结教育理论与实践》，《山东教育科研》2002年第7期，等等。

② 参见李长伟《论教育理论与教育实践的本然统一》，《教育理论与实践》2003年第4期；李长伟《再论教育理论与教育实践的本然统一》，《湖南师范大学教育科学学报》2003年第5期；宁虹、胡萨《教育理论与实践的本然统一》，《教育研究》2006年第5期，等等。

③ 参见高伟《一个"劳而无功"的虚假性命题——评"教育理论与实践关系"之争》，《北京大学教育评论》2005年第2期。

④ 参见石中英《波兰尼的知识理论及其教育意义》，《华东师范大学学报》（教育科学版）2001年第2期；张立昌《"教师的个人知识"：涵义、特征及其自我更新的构想》，《教育理论与实践》2002年第10期；傅敏、田慧生《教育叙事研究：本质、特征与方法》，《教育研究》2008年第5期；王爱民、刘文《行动研究及其在教育研究中和实践中的意义》，《辽宁师范大学学报》（社会科学版）2008年第1期，等等。

求要在"真理性"的纯粹知识（理论教育学）之上，构建有关教育实践的运行法则（实践教育学）。这个过程体现为，"教育实践发现的问题都是经验性问题，作为学术研究，不可能仅仅就这些经验性问题发表评论，而需要将经验性问题转化为学科理论问题，以概念来陈述问题"①。例如，研究"一节好课的标准"，就可以转化为"学习质量与人的发展"的问题。然而，构建何种教育实践的知识，需要根据不同教育理论的性质来决定，假如笼统地将教育理论指向实践，势必无法真正把握教育实践的本质。这就需要我们去区分每种教育理论的特性，使其在不同层面上与教育实践进行匹配，使教育理论以恰当的方式作用于实践。因此，在二者的关系上，我们得出一个认识："什么样的理论能够向教育实践提供最多的帮助，这是一个真问题；而教育理论是否能够提供帮助，这只是一个假问题。"②

教育实践的进步有赖于教育知识系统的更新和建构，从而为教育实践提供完备的理论前提。如果教育知识始终处于"无序"的发展之中，如何能够有效地指导教育实践？在此基础上，"批判的武器当然不能代替武器的批判，物质的力量只能用物质的力量来摧毁；但是理论一经掌握，群众也会变成物质力量。理论只要能说服人，就能掌握群众；而理论只要彻底，就能说服人。所谓彻底，就是抓住事物的根本"③。因此，完善与发展理论自身，就是在为实践的力量做准备；而进一步认识理论，承认教育理论的多样性，明确教育理论的不同性质，则是教育理论与教育实践关系相作用的前提。

另一个角度，教育理论作用于实践的过程是以"实践"为起点，在实践中形成的感性认识在理论理性的作用下，成为某种"教育理论"，在实践中将"教育理论"上升为能够指导实践的"观念"（即形成"实践理性"），从而指导和改进教育实践。这个过程既是理论理性上升为实践理性的过程，同时，也是教育理论作用于教育实践的过程。

具体来说，这个过程可以分为三个阶段：第一，在实践中感知，获取

---

① 刘献君：《教育研究中的四个基本要素》，《高等工程教育研究》2011 年第 5 期。

② ［英］迪尔登：《教育领域中的理论与实践》，唐莹、沈剑平译，转引自瞿葆奎主编《教育学文集·教育与教育学》，人民教育出版社 1993 年版，第 556 页。

③ ［德］马克思：《〈黑格尔法哲学批判〉导言》，转引自《马克思恩格斯选集》（第 1 卷），人民出版社 1995 年版，第 9 页。

经验，形成感性认识；第二，总结、归纳某种经验，通过科学和价值的判断，成为一种规范性的理性认识，即形成某种"教育理论"；第三，回到现实的实践中检验，在工具理性、价值理性和过程理性的追问下，将理论理性上升为一种实践理性，从而作用和改造教育实践。这个过程使教育理论和教育实践都经历了不同的阶段：教育理论经历了"感性—知性—理性"的阶段；教育实践则经历了"过去—现在—将来"的不同时段。（见图 2 – 13）

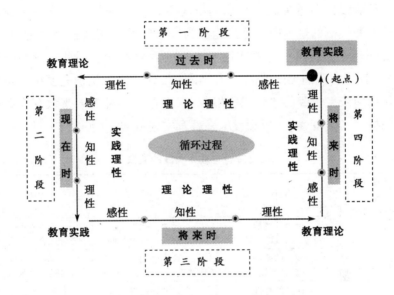

图 2 – 13　教育理论与教育实践相互转化的过程

在这种思维框架下我们就容易认识教育理论和教育实践的关系，也便于回答教育理论为何没能直接作用于实践的问题。

第一，在"过去"教育实践的起点上，我们通过"感性→知性→理性"三个阶段，将人在实践中的感知形成某种经验，通过科学认识（是什么）和价值判断（应该是什么）形成具有规范性的理性认识（形成理论理性），并总结为教育的普遍概念、原理和著作，即现在我们已知的"教育理论"。

第二，已知的"教育理论"并不能直接作用于当下的"教育实践"，而必须同样经历"感性→知性→理性"三个阶段，让过去的理论在现实的实践中通过工具理性、价值理性和过程理性的追问、反思和批判，从而上升为能够直接指导实践的"观念"（即实践理性），从而将教育理论作用于教育实践。这是笼统地描述实践理性形成的过程，在这个过程当中，还伴随着另外一个过程，即现实实践问题的多样性并不满足于已知的教育理论，它仍然不断地对教育理论提出新的要求，而教育研究的任务也在于"用已知来探求未知"。因此，为了解决新的实践问题，新的教育理论假设不断产生，而新理论的成熟同样经历着"感性—知性—理性"的过程（对第一阶段的重复），因此，新的理论对当前的教育实践可能起到指导作用，也可能缺乏现实指导意义，但可能对未来的教育实践具有指导意义。

第三，面对"未来"的教育实践，尽管我们未曾经验，但我们可以作出一种假设：在过去教育理论的积淀下，当下的教育实践在不断地感知、理解和规范的过程中，已经能够为未来的教育实践提供理论的支撑，并在实践理性的获得中能够作用于未来的教育实践。因此，我们怀着对"未来"教育实践的无限憧憬，以当下的教育理论为认识论基础，不断形成某种指向未来实践的"认识论规范"，即形成一种对未来教育实践的观念性把握（实践理性），以预设未来教育实践方向。（见表 2 – 11）

表 2 – 11　　　　　　　　教育理论与教育实践的关系

| 教育理论<br>教育实践 | 感性 | 知性 | 理性 |
|---|---|---|---|
| 过去 | 过去的感性<br>（过去实践的经验） | 过去的知性<br>（科学解释、价值判断） | 过去的理性<br>（总结归纳、形成规范） |
| 现在 | 现在的感性<br>（理论放置实践检验） | 现在的知性<br>（理性追问、反思、批判） | 现在的理性<br>（用实践理性改造实践） |
| 未来 | 未来的感性<br>（对教育实践的憧憬） | 未来的理论理性<br>（反思认识论基础） | 未来的实践理性<br>（形成认识论规范） |

在对教育理论与教育实践关系认识的基础上，"教育理论与教育实践脱节"其实在于三个方面：

第一，教育实践主体缺少"过去时"，即他们对于当下实践问题的认识仅存于经验层面（即处于认识论第一阶段），并没有上升到理论理性的层面，甚至对一些在过去实践中形成的原理、经典（过去的教育理论）毫无知晓。自然，缺少了"是什么"和"应该如何"的认识论结构，也就无法形成对实践的理性认识。换句话说，"没有一定的理论观念，没有对世界的物的尺度的反映，也就无所谓实践理性"[1]。

---

[1]　王炳书：《实践理性问题研究》，《哲学动态》1999 年第 1 期。

第二，教育理论的形成需要经历复杂的过程，当下的教育理论对当下的教育实践发挥的作用具有滞后性。"教育理论不能指导教育实践"这个命题可以变为"正在形成中的教育理论还不能功利性的对当下的教育实践产生即时的效果"。这也是教育理论脱离教育实践的一种表现，但是，这种理论却可能对未来的教育实践产生潜在的影响。因此，教育实践的改进依赖的是教育理论的不断丰富、完善和成熟。

第三，理论作为一种"普遍的"认识论法则，作用于实践的方式依据认识主体的不同，具有"独特性"。换句话说，人们对于教育理论的认识和把握不可能完全一致，过去的概念、原理和知识作用于人的方式不是传承、替代，而是更新、创造；人们对同一个原理和法则，不同经验、知识、文化背景的人会在实践中得出不同的结论。因此，实践理性的形成是在特定的时空条件下，实践主体对内在的欲求与实践客体的存在状况之间的矛盾进行现实统一的结果。这就要求教育研究更应该关注实践主体的特殊性和理论作用于实践的行为方式的差异性。

在此理解基础上，教育理论与教育实践的关系就不能被简单看作"指导与被指导"的关系，而是处于不同阶段的教育理论和实践在相互碰撞和作用中，复杂的生成和转化的关系。因此，教育理论"应该"联系实践有其"应该"的道理，理论说到底是实践的理论，必须扎根于实践的土壤，这样，在认识论的层面才能"求真去伪"，在实践的层面才能从实然过渡到应然；同样，教育理论"应该"脱离实践也有其"应该"的道理，这种脱离不是割裂，而是让理论有充足的生长空间和时间，能够足以经得起实践的检验。理论不是以概念的形式作用于实践，而是以"观念"的形式作用于实践，所以说，理性观念的形成是教育理论发展的最高阶段。正如"世界永远不会因为理性的割裂而被割裂"一样，教育的进步也不会因为理论与实践的不同步而停止前进。因此，教育理论与教育实践的运行法则其实在于二者之间和谐、矛盾、理性的统一。教育价值的实现既不表现为以实践的理性压抑感性的生命，也不表现为用感性的生命对抗理性的实践，它依靠的是理性的转化、理论与实践的转化来"点化"生命，以达到"知与行、理与情、理性与理想、真理与价值的完美统一"[①]。

---

① 王炳书：《实践理性辨析》，《武汉大学学报》（人文科学版）2001 年第 3 期。

## 二　指向"实践"的认识论法则："实践理性"的运作

教育研究包含两种活动：认识活动和实践活动。在哲学的层面，这两种活动均伴随着理性的参与并决定了教育研究的方向。因此，教育研究是理论理性和实践理性的统一。当下，教育研究与实践问题的冲突将"实践理性"凸显出来，迫使人们开始反思研究者建构的教育理论难以走向实践的原因究竟在哪里？问题出在教育理论还是教育实践？我们说，教育研究在知识建构的层面是求"真"，探寻"是什么"；在知识应用的层面是求"解"，回答"应如何"和"怎么做"。因此，如果说"教育知识"本身存在问题，关键在于被解释的"是什么"在实践中并不能满足"应如何"和"怎么做"的需要；如果说"实践"本身存在问题，很可能在于获取的知识还不足以上升为能够"指导"实践的观念（即实践理性）。当前，"教育研究要面向实践"的观点已经得到普遍认同，但要想提高教育研究的质量，还应该着眼于"实践理性"，以此作为提升教育实践品质的突破口。

### （一）教育研究的理性构成：理论理性与实践理性

康德认为，人类唯一的理性是纯粹理性，而纯粹理性在领域上可分为理论理性和实践理性：理论理性为科学——认识论领域，实践理性为道德——伦理领域。理性本身既具有对象属性的意义，又具有主体活动的意义；既存有普遍性，又带有具体性。从功能上说，理论理性关注"认识"的功能，目的是探寻事物本来"是如何"，用来"解释世界"，还原事物的"本来面目"，经历的是知识从"无→有""少→多"的过程；实践理性则直接指向实践，关注人和外部关系"应该如何"，需要对事物的"本来面目"进行改造，较理论理性更具有主动性和能动性。从目标与结果来说，理论理性追求的是"必然的结果"，目的是认识与对象相符合，在这个层面，即使揭示事物的因果关系，也仅是对事实存在的客观解释，将合乎对象的逻辑与规律作为实施准则，完成合客体需要、合客体目的的理性诉求；实践理性追求的是"应然的结果"，它所揭示的"应当"是为了满足主体需要、以合乎主体目的为标准预设的"应该做什么"和"具体怎么做的标准"，期望创造一个符合主体需要和目的性的新客体，完成合主体需要的价值诉求。因此，在方式上，理论理性从客体出发，把客体的思想"内化"为主体；而实践理性则从主观意图出发，把主体的思想"外化"于客体，二者的根本差异在于："理论理性是从实践中来的认识（内化），实践理性是要回到实践中去的认识（外化）。"①

实践是理性的实践，这是实践何以有效的前提。一方面，实践理性是包含着理论理性在内的一种更高的理性，是人对外部认识自觉、自主的"能动性"把握；另一方面，实践理性也不同于一般的理性，而是一种"特殊的理性"，它并不是人一般的行为能力和准则，而是实践的思维能力、实践的行为准则，是人在实践中改变世界、处理与世界关系的"观念性掌握"，是概念与实在、主观与客观的统一。因此，相比之下，实践理性的优势体现在两个方面：一是它高于外部世界的真理性认识，为这一认识增添了目的、情感、意志等理想的成分；二是它高于对外部世界的普遍认识，为这一认识增添了直接现实性，即可以促使其直接向现实世界转化。② 在实践活动中，人不但要依照外部对象的尺度进行活动，还要将自身的观念作用于活动对象，把对象改造成一个既符合现实需要又具有自身设想与规定的理想客体。从这个角度，"并非每种活动都叫做实践，而是只有其目的的实现被设想为某种普遍规划过程的原则之后果的，才叫做实践"③。在此意义上，教育实践也不是一种单纯的实践活动，而是通过思维活动（观念的预设与处理），将对象的规则与主观的意志法则相统一，把客观的教育事实改造成教育者主观需要的内部理想状态的活动。

在教育研究中，理性的功能在于认识和改造。理论理性从事实出发，描述教育是什么，形成教育"认识"；实践理性从现象、问题出发，建构理想中的教育事实或教育活动，从而改造教育实践。理论理性描述教育"本来如此"，实践理性说明教育"何以如此"以及"如何行动"；前者是"实然"，后者是"应然"；前者关注"认识问题"，后者解决"实用问题"。最终，理论理性与实践理性相统一，在获取"真知"的基础上，对教育行动及其结果进行预设，以指引或改造教育实践。（见表 2 – 12）

---

① 王炳书：《实践理性辨析》，《武汉大学学报》（人文科学版）2001 年第 3 期。

② 赵家祥：《理论观念与实践观念的含义和关系——澄清对列宁两句话的误解》，《哲学动态》2008 年第 4 期。

③ ［德］康德：《历史理性批判文集》，商务印书馆 1990 年版，第 164 页。

表 2 – 12　　　　　　　　　　　　教育研究的理性功能

| 类别 | 目的 | 功能 | 着眼点 | 价值 |
| --- | --- | --- | --- | --- |
| 理论理性 | 获取真知 | 还原对象 | 实然层面 | 认识价值 |
| 实践理性 | 改造教育实践 | 解释对象 | 应然层面 | 实用功能 |

当前，教育研究不能仅停留在"认识"层面，当遭遇各种教育的问题，一味地解释"是什么"，而逃避"该如何"和"怎么做"。教育研究是一个循环性的过程，实践理性恰是一个节点，"它既是客观的东西向主观的东西运动的最高点，又是主观的东西向客观的东西运动的思想准备和起点，超过这一个最高点或起点，实践观念便进入实践活动过程，开始了人对外部世界的实践改造，并由此创造出能够满足人的需要的新的对象"①。实践理性使得教育理论作用于教育实践成为可能。当教育实践面对一个个具体的生命和事件，教育研究中那些普遍的、一般的、抽象的概念已经无法解决"做"的难题，甚至在"为什么"和"该如何"的价值层面，"是什么"的解释也是苍白无力的。"理性的运用不是表现为某种抽象的纯形式或逻辑一般，因为它与具体的生命存在没有分离。理性既是生命的内在本质，也是生命自我实现的理想状态。"② 教育研究需要那种基于生命实践的理性，当面对教育实践的诘难，它不本能地压抑感性生命，也不轻易地屈服感性的意志，它将真与善、感性与理性、真理与价值和谐的统一，表现为"点化""生成"的生命实践智慧。

在这个基础上，教育研究具有四项功能：描述教育现象、解释教育行为、改变教育实践和批判教育事实。描述教育现象即回答教育"是什么"（be）、解释教育行为即回答教育"应该是什么"（ought to）以及"何以如此"，改变教育实践则需要回答教育"应该做什么和怎么做"（do），批判教育事实则是在对实践的知识进行反思的过程中，对现有实践认识论的批判和重构。其中，"是"属于理论理性，"应该"与"做"属于实践理性。"是"的意义是对教育的属性有所规定，它的作用在于揭示教育的

---

① 赵家祥：《理论观念与实践观念的含义和关系——澄清对列宁两句话的误解》，《哲学动态》2008 年第 4 期。

② 郑家栋：《理性与理想：中国现代人文主义哲学的基本精神》，《哲学研究》1993 年第 8 期。

"规律"和"事实"，"做"的意义在于让"事实"直面"教育实践"，而"应该"就是"做"在实践层面的"落实"。"其所以有'做'，在于'事实'的世界存在着人生'价值'的不足，'应该'意味着对于'是'的欲求、评价和选择，也意味着对于'做'的期待、要求和决断。"① 因此，实践理性是教育研究的大智慧，研究者作为理性的生命体，必然通过实践的理性来把握主观与客观的结构，从而认识和改造教育实践本身。从这个角度上说，教育理论理性要求教育研究是"要从实践中来的认识"，教育实践理性则要求教育研究一定是"要回到教育实践中去的法则"。前者是教育研究"内化"的过程，后者是教育研究"外化"的过程，二者之间不是分割的"两张皮"，而是相互转化和互动的。

（二）教育研究的"实践理性"功能及其应用

实践理性的形式划分，其依据只能在实践本身中去找。康德将"实践"划分为"技术的实践""实用的实践"和"道德的实践"，依据康德的划分，实践理性的应用就在于三个层面：实用的层面、价值的层面和关系的层面。

工具理性指向主体与客体相互作用的载体——工具系统，在实用的层面，实践理性作为一种技术性手段而存在，表现为对技术、手段、方法的审慎选择。"就行动和实践过程中的手段、方式而言，实践理性又具体展开为'有效原则'，其内在的要求在于合乎实然（事实）与必然（存在的法则）：实践活动的有效展开，既基于事（实然），也依乎理（必然）。"②

价值理性关乎实践主体的理想和合理需要之满足，由于"人的理想以及人的合理需要属价值之域"，因此，"实践理性以如何使存在合乎人的理想及人的合理需要为关切之点"③，它遵循"向善原则"，表现为对实践活动是否符合主体的理想和合理需要做出"好""坏""善""恶"等价值判断的标准。

交往理性指向人与社会的关系系统，关注交往中的关系法则：即调节主体间利益冲突的正义决断。此时，实践理性遵循的是交互主体间的正义原则，为主体间价值、利益的获取或维持达成某种共识。（见表 2-13）

---

① 徐长福：《是、应该、做》，《哲学动态》2001 年第 10 期。

② 杨国荣：《实践理性：基于广义视域的考察》，《学术月刊》2012 年第 3 期。

③ 同上。

表 2 - 13 实践理性应用的层面

| 层面 | 范畴 | 立足点 | 关注点 | 方式 |
|------|------|--------|--------|------|
| 工具理性 | 实用层面 | 物质载体 | 技术应用 | 技术、手段的选择 |
| 价值理性 | 价值层面 | 主体自身 | 确立价值目标<br>价值判断 | 人生终极目标的选择"好"<br>"坏""善""恶"价值判断 |
| 交往理性 | 关系层面 | 主体与客体<br>(或主体间) | 交往法则<br>正义原则 | 调节主体间利益冲突的关系准则 |

实践理性在教育研究中也表现在工具理性、价值理性和交往理性三个层面。在不同的层面，实践理性表达和诠释了教育研究的不同旨趣。

1. 工具理性：获取合理的技术手段的教育研究

在近代科学主义影响下，教育研究本身成为发现"有效的"教育手段、获取"可操作性"研究方法的客观工具。这是科学主义的工具理性观，其逻辑形式可以表示为：

大前提：我想要实现某一结果

小前提：我知道只有通过这样的行动，才能产生预期的结果

结论：我应该对此做出所必需的行动①

依此逻辑，教育研究的目的就是发现"更有效"的教育手段，而手段是否合理、是否符合道德要求，似乎并不重要。例如，为了让学生取得好的成绩，教育研究需要去发现那些能提高学生成绩的"有效"手段：无论是引导还是灌输、表扬，还是惩罚、威逼，还是利诱，在价值层面都是没有区别的。可以说，"做什么"和"怎样做"成为被关注的焦点，而"应不应该去做"则被排除在理性之外。

可以说，近代以来科学主义对教育研究的影响是极为深刻的。在科学主义工具理性的意义上，教育研究关注的是在"认识"的基础之上，如何获取更为有效的技术手段。研究本身作为一种工具性存在，常常需要保持价值中立，用"纯粹客观"的方式开展研究：只进行客观描述，只阐述因果关系，而不讨论因果关系可能会带来哪些后果。教育研究缺少了对研究对象的关注，缺少了实践主体的参与，缺少了研究主体与研究对象的对话，自然，只能沦为一种工具，把教育现象或教育事实等同于自然现象

---

① 孔红艳：《实践理性与"是－应该"问题——兼论一种可能的伦理形而上学的建立》，《学术论坛》2006 年第 5 期。

或事实，使教育的"人性"被"物化"，将"教育"变成另外的一种东西。然而，教育中的工具系统不同于自然改造中的工具（况且后者也是人为的），它不是价值无涉的，其中，"合理性"已包含在实践理性的范畴之中。因此，技术或手段的选择不是一种没有判断标准的任意行为，而是指"适宜的"技术或手段，它的尺度取决于研究对象的性质，需要我们进一步追问：那些在自然科学领域作为规范的程序或法则是否能够作用于"人"。

于是，工具理性的教育研究广泛遭到质疑，因为人们关注到了其价值的缺失和"非合理性"因素：工具不能作为目的本身而存在，程序的开发还需要关注到人的问题——即"价值"的问题，需要在真实的教育情境中明确"事实和意义"的关系，体现对教育研究主体与对象的生命关怀，以阐明教育的意义。因此，在科学主义盛行和教育研究日趋"科学化"的今天，我们需要对研究目的和手段的关系进行反思、对事实与价值的关系作出判断。事实上，教育研究要想完全保持价值中立是不可能的，因为教育研究的核心是"人"的问题，人是价值的动物，当我们面临"目标本身该如何选择"的时候，工具理性已无法为我们作出判断，此时必然要涉及有关价值的问题，在价值理性层面对教育活动进行追问。因此，工具理性的有效原则是：既需要尊重事实、合乎实然、追求效率，又需要依乎情理，合乎必然，关怀价值。

2. 价值理性：教育研究的目标选择与价值判断

目标的确立，是价值判断的前提。当教育研究面临价值目标的选择时，就进入了一种价值理性的思考，将过程转向目的，开始关注"教育的终极目标"这个价值命题。然而，对此命题，实践理性要求站在实践的立场进行理性的反思和判断。例如，"教育是促使人类幸福"这个解释，它认为："教育要培养人追求幸福的健康生命，培养人创造幸福、享受幸福的能力，并提升人的幸福境界，从而培养全面发展的人以增进人的幸福。"[①] 在这里，"幸福"成为教育"应该"追求的终极价值目标。然而，我们从哲学的角度思考，"人普遍追求幸福"属于经验层面的命题，它不能逻辑地推导出"幸福就是最高的善""人应该追求幸福"这样的规范命

---

① 许建争：《教育与幸福——教育基本理论专业委员会第十一届年会综述》，《教育研究》2008 年第 1 期。

题。另外，"人们普遍地追求幸福"这一命题，实际上说的是"人们普遍地追求它所追求的状态的实现"这一表述。"幸福"在其中成为一个形式化的概念，究竟什么样的人生才是一个幸福的人生？这个问题是需要进一步探讨的。① 而对于教育来说，"经验层面"的命题既然无法推导出"人应该追求幸福"这样的"规范命题"，那么，把教育的终极目标定位在"幸福"上，就是缺乏理性的。也就是说，教育与幸福关系是："教育仅在追求着它所追求的状态的实现。"而由于"幸福"本身并不具有实在内涵，这个命题便成为一种"形式化"的描述，描述的不是教育的终极目的，而是教育的某种状态，并且很可能这种状态在实践中不是真实存在的。因此，这种没有评判标准的形式化概念一旦作为教育的终极目标，其结果很可能导致目标在实践中根本无法实现。另外，关注教育实践，就是站在实践的立场对教育研究行为进行理性的反思和判断，这意味着不仅要有合理的理论建构，同时还要建立相应的行动指南。教育研究有描述教育现象、解释教育行为、改变教育实践等多重取向，描述教育现象和建构教育理论属于理论理性，解释教育行为和改进教育实践属于实践理性。教育研究更需要关注教育实践，即"如何对现实的教育行动进行规范和引导"，需要在"明其理"的基础上"求其实"，在"寻其真"的基础上"至其善"。"幸福"作为一个抽象的概念，假如仅仅停留在理论理性，而不去探讨其达成的实践过程，结果也将导致其"幸福"的目标无法实现。

尽管"价值的多元化是现代性的最主要特征"②，教育研究依然要对价值作出选择与判断，需要进一步思考"实践活动是否符合他人或社会公共利益，是否符合社会行为规范等正当与否、善恶与否"③ 的问题。实践理性很多时候都是被作为价值工具来使用的，当我们在谈论一个教育活动是否是"好的活动"的时候，实际上是讨论或说明社会公认的价值以及道德的标准。

因此，价值理性在教育研究中的应用主要体现为三个方面：第一，选择和确立可视化的教育目标，并对目标的合理性作出说明和判断；第二，依据

---

① 孔红艳：《实践理性与"是—应该"问题——兼论一种可能的伦理形而上学的建立》，《学术论坛》2006 年第 5 期。

② A. MacIntyre. *After Virtue*. London：Duckw orth，1981：122.

③ 王炳书：《实践理性问题研究》，《哲学动态》1999 年第 1 期。

社会价值体系和道德标准对教育行为进行重估与评价；第三，突出教育研究的实践性与适切性，在真实的情境中考察、预测教育行为的结果和价值。

3. 交往理性：道德交往与建立关系法则的教育研究

在实用和价值层面之外，还有一种情况，它表现为人与人之间的行为法则，这种法则在教育研究中就表现为一种"交往理性"。"交往理性是工具理性的补充，即在社会生活的组织方面，当只有工具理性被应用的时候，问题就出现了"①，这时，就需要一种"交往理性"来建构人与人、与社会群体的关系意识。交往理性同样关注价值的命题，亦包含着自我意识中对"价值"（即利益）一词的认定。"交往"本身亦是实践，交往理性本身亦是实践理性的一种表现形式，是处理人与人、人与社会关系的实践理性。哈贝马斯认为，意见的达成，需要建立一个合理的普遍价值体系，借助"商谈"来获取有效性。因此，需要通过主体与主体间的交往，形成一种社会群体的普遍意识，从而建立一个普遍的价值体系。

在教育研究中，交往理性体现在不同的研究主体之间以及研究主体与研究对象的关系上，它要求建立一个普遍的道德法则，同时要求所有主体都必须遵守，即"要只按照你同时认为也能成为普遍规律的准则去行动"②。这就出现一个问题：主观意志的道德法则如何具有"普遍性"？主体从自我意志或利益出发所遵循的"准则"，是否能求得其他主体的共同遵守？——答案多半是否定的，因为利益的损害方不会认可。因此，公共价值（利益）是影响人与人相互关系的主要因素，其中，还隐含着一个重要的价值标准：想要建立一个普遍必然的道德法则不能仅从主观意志和利益出发，必须充分考虑和权衡其他主体的利益诉求，否则，所建立的道德法则就不会成为有效的、人人应该遵守的运行规则。

那些违背交往理性的种种倾向，如"科学主义"的教育研究，主观地认为科学的程序和方法能够普遍地运用于教育实践中，并把价值的中立作为教育研究实践的准则，以实现研究的客观性和精确性。然而，由于教育的特殊性，教育实践只能是有关人的活动，这个所谓的运行法则并不能够在普遍意义上作用于实践——这就产生了一种观念的冲突，那些所谓的

---

① ［英］安德鲁·埃德加：《哈贝马斯：关键概念》，杨礼银、朱松峰译，凤凰出版传媒集团 2008 年版，第 25 页。

② ［德］康德：《道德形而上学原理》，苗力田译，上海人民出版社 2002 年版，第 38—39 页。

客观法则不断遭到相关主体的质疑与批判，他们在"普遍性"层面达不到共识。为此，哈贝马斯强调，"一种准则的正当性仅在于，所有相关者都能够愿意它在类似的情况下为每个人所遵守"①。换句话说，对"利益"（或价值）的普遍认同是教育研究在关系层面实施"绝对命令"有效性的基本前提。教育研究者所建立的关系法则必须遵守相关主体以及对象的共同利益，并得到他们的认同，这种行为的准则才有可能与教育行动主体达成普遍的共识。假如仅以主体的意志为准则，没有主体间的参与和认同，教育研究本身就是一种缺乏理性的行为。

"人的思维是否具有客观的真理性，这不是一个理论的问题，而是一个实践的问题。"② 实践理性对教育实践活动具有根本指导作用，是"认识""意志"和"实践活动"的观念预设及实践逻辑。在教育理论的层面，我们常常解答"是什么"的问题，把对"是什么"的理解形成一种"观念"，上升为理论理性；但实践的需求并不因"是什么"而止步，它既包含"理论理性"，又需要教育研究者进一步回答"该如何"和"怎么做"。因此，教育研究者就需要从理论理性层面的"解释"引申至对实践理性的把握，把对教育基本问题的解释转换为一种实践需要的理论，通过主体对客体的作用，改变教育实践。换句话说，教育理论需要在实践理性的层面对教育实践发展的理想状态进行观念预设，需要对未来教育实践活动的结果——理想客体进行"观念创造"。

如果说实践是教育的存在方式的话，那么，实践理性就是教育的生存智慧。"这种智慧有着无数的潜能，它不仅能够否定现存世界中人与自然、人与社会、人与自身关系的不合理、不和谐的现状，提出并解答人与世界的关系'应如何'的问题；还能够在理论理性提供的关于客体的存在状况、内部结构、本质属性和发展规律的基础上，探寻并解决人类怎样改造世界的问题。"③ 教育研究的任务就是把教育理论和教育实践在外部尺度、内部尺度上进行统一，以预设出教育发展的"未来尺度"，依靠实践理性，构建出教育真、善、美的理想客体。

---

① J rgen Habermas. *Justification and Application*. Polity Press and Blackwell Publishers，1993：8.

② 马克思、恩格斯：《马克思恩格斯选集》（第 1 卷），人民出版社 1995 年版，第 55 页。

③ 王炳书：《实践理性辨析》，《武汉大学学报》（人文科学版）2001 年第 3 期。

# 第三章

## 思维与形式：教育研究的方法论辨析

在某些方面，人是"科学的对象"（object of science），是归纳和因果解释的对象。然而，在其他方面，人又放弃科学模式，而用他们自己的个人方式解释世界。不同的方法得出不同的结论。理解人类，研究他们所作所为和如何作为，要用许多不同的方法，每种方法都有"复杂的，有关行为、个人和社会活动是什么"的假设。任何一种研究方法在教育研究领域占据主导地位，都给某些理论乃至有关人类的假设以优先权（有时候是排他性的优先权）。任何一种教育研究方法背后，都有相应的支持我们对事物的理解和成为这些理解的前提的一组信念和价值。但是，其他研究工作者也可以提出完全不同的前提假设，并因此采用不同的方法。①

——理查德·普林：《教育研究的哲学》

方法论的进步与方法论意识的增强是教育学科发展与成熟的根本标志。我们正处在一个变革的大时代，世界范围内的教育改革方兴未艾。教育研究方法论问题是教育研究的根本问题，如果说教育哲学应该研究教育中的根本问题的话，那么，探讨教育研究方法论应该成为教育哲学研究的基本问题之一。教育研究方法论是在明确教育研究对象的基础上，对研究现象及其特性特别是其过程的进一步认识，它关注研究方法的选择之于研究对象是否适切等问题。在研究方法论体系中，教育研究方法论属于具体学科层次的方法论研究领域，针对的是教育学科领域的方法论问题。

纵观整个近现代教育变革的进程，就其基本进路来看，大致围绕两个

① ［英］理查德·普林：《教育研究的哲学》，李伟译，北京师范大学出版社 2008 年版，第54—55 页。

问题展开：一是教育改革到底应该是"自上而下"，还是"自下而上"，或者是二者的结合？二是教育改革到底应该侧重于什么？是人、学校，还是整个知识系统？前者是一个改革的路线问题，可称为"路线之争"；后者是一个改革过程中关注点的问题，可称为"重点之争"。无论是路线之争还是重点之争，都无法摆脱其历史现象背后的认识变革所带来的直接影响，且几乎每一次方法论层面的思维变革都导致了教育理论及实践整体格局的重新组合。因此，认真借鉴和吸收西方教育研究方法论的优秀成果，深入挖掘和继承中国优秀教育理论遗产，通过深入研究方法论变革层面的教育理论与实践的交互影响，陶铸具有中国特色的教育理论，为我国教育变革提供方法论依据和行动指引，是当前教育哲学研究亟待研讨的问题。

以往，对于教育研究对象认识的简单化，使我们将自然科学的研究方法奉行为真理，并排斥其他方法的科学价值，没有认识到教育系统的复杂性和整体性，造成了教育研究在方法的选择上非此即彼或万能性的认识。在学科转型和发展的重要阶段，重构教育研究方法论的体系，提升方法论对教育研究的指导意义和功能价值，是教育研究变革和教育学科重建的重要任务和迫切需求。

## 第一节 "方法论"释义：内涵、逻辑与体系

要讨论教育研究方法论问题，首先必须明晰教育研究方法论的基本概念，而在这一问题上，国内学术界存在众多争议。笔者试图通过分析不同的方法论概念来阐释对教育研究方法论的基本理解。

### 一 "方法论"定义的考察

"方法范畴发展到现在，已经成为一个极为广泛的概念，一般是指人们为了解决理论的、认识的、实践的、日常生活的等特定任务或为了达到一定目的所选择和采取的手段、途径和方式的总和。"[①] 方法论作为与方法密切相关的研究理论，它处于方法系统的核心位置，为方法提供极其重要的思维框架和行为指导。目前，对于"方法论"的理解可以分为三个层面：哲学层面、科学层面和方法层面。

---

① 刘冠军：《哲学方法论论纲》，《理论学刊》2001 年第 6 期。

（一）哲学层面的"方法论"

在哲学的认识层面，人们对"哲学"本身理解的不同导致"方法论"认识的差异。有观点将哲学世界观等同于方法论，认为"任何时代的真正哲学都产生于主体（人）与客体（对象）之间对象性的相互作用过程中，它们是历史活动的产物，成为特定时代社会意识形态的核心内容，同时又成为主体指导自己活动的理论原则和客体相互作用的中介——手段和工具"①。有观点则将方法论与哲学世界观相区别，把世界观作为方法论的指导和认识前提，即"方法论是由哲学世界观转化而来的理论认识方法"，"是以哲学的世界观为指导的认识世界和改造世界的最一般方法的理论体系"②。综合人们对"方法论"普遍性的认识，方法论在哲学层面的理解可以分为三类：

第一，"方法论是世界观"（方法论＝世界观）。这种观点主要是20世纪50年代人们对方法论的认识，它的哲学依据是："哲学是关于世界观的学问，是理论化、系统化的世界观，世界观就是方法论。"③它将世界观作为人认识世界的根本看法，具有指导实践的方法论意义。因此，世界观就等同了方法论的作用，在功能上具有哲学的"同一性"。由于此观点源起于苏联学术界，这里的"世界观"特指的是"辩证唯物主义"的世界观，其基本假设是："辩证唯物主义是唯一科学的世界观，又是唯一科学的方法论。"④因而，该"方法论"就具有了强烈的政治性（党性）、阶级斗争性（辩证法与形而上学）和对立性（唯物主义与唯心主义）。总体来说，"方法论即世界观"的认识包含两个基本命题：

A. 哲学是世界观，世界观是方法论（二者正向统一），世界观指导方法论。

B. 辩证唯物主义是唯一正确的世界观，也是现代唯一科学的方法论，除辩证唯物主义之外，不存有其他有价值的方法论。

---

① 李燕：《哲学是方法论》，《教学与研究》1987年第6期。

② 孙显元：《论现代的科学方法体系》，《徽州社会科学》1988年第3—4期。

③ 吴元梁：《科学方法论基础》，中国社会科学出版社1984年版，第134页。

④ 《辞海·哲学分册》，上海辞书出版社1980年版，第50页。

由这两个命题，我们可以得出此观点的三个重要结论（含重大的方法论认识缺陷）：

①它否认哲学方法论之外还有科学方法论的存在；

②将世界观与方法论完全等同，排斥除马克思主义之外的其他哲学的方法论价值以及科学方法论的价值；

③它将政治意识形态泛化到哲学、科学领域，使方法论沦为阶级斗争的工具。

正因如此，"方法论是世界观"的认识泛化了二者的概念范畴，忽视了一般和具体的逻辑关系，由于它产生于特殊的阶级矛盾与斗争的历史时期，因此，其偏颇之处也是显而易见的。

第二，"世界观是方法论"（世界观＝方法论）。这种观点产生于20世纪80年代，它认为哲学本身具有方法论的功能，而不仅仅是知识的运用和对世界的根本看法，"哲学虽然本身是一种知识，但它所提供给人们的并不是知识，而是知识背后的那种精神、原则和方法"①。哲学是世界观，但世界观是人们关于认识和改造世界的看法，具有方法论的指导和实践意义。因此，哲学知识与方法论的关系是外在和内在、显性和隐性的关系，我们更为关注的是知识背后的方法论价值——一种能够指导实践的精神、原则和方法。在此基础上，世界观与方法论是同一的，但方法论并不是世界观，恰恰世界观是方法论，它们是一种反向的统一。因此，"世界观是方法论"的认识也包含两个命题：

A. 哲学是世界观，但世界观不是对世界"是什么"的认识，而是对世界"应如何"的认识，是人们掌握世界的方法（反向统一）。

B. 方法论改造世界观，哲学的功能是改造人的思维，改变人对世界认识的理论思维能力（方法论功能）。

从以上命题可以看出，"世界观是方法论"的认识同样忽视了方法论与世界观的相对区别，忽视了二者的前提性存在——即世界观是人们对于世界的根本看法，而方法论则是这种看法所依据的原则和思维方法，是一种内在的驱动力量，二者并不是同一的。只有看到二者的区别，方法论才

---

① 袁贵仁：《论哲学思维方法》，《哲学研究》1987年第8期。

能够独立于其他领域，成为一种专门性的研究，将方法论的意识独立于人们对于知识的把握和反思之中，挖掘出知识背后的精神、内涵和价值的存在。

第三，"方法论是对思维形式的研究"。这种观点是对第二种观点的进一步延伸和修正，它认为，哲学本身包含三个部分：本体论、认识论和方法论。其中，方法论研究的是思维本身形式化的问题，它独立于本体论、认识论而存在，是哲学的一个专门的研究领域：

$$\text{哲学}\begin{cases}\text{本体论：人（世界）的存在}\\\text{认识论：思维与存在的转化（统一）}\\\text{方法论：思维形式的抽象化}\rightarrow\text{专门领域}\end{cases}$$

方法论作为一种对思维形式的抽象性研究，完全脱离了对象而存在，使哲学中的"思维形式"部分凸显出来，具有了特殊的地位。它"不但成了当代哲学与当代科学的结合部，而且成了哲学中新思想新学派的生长点"[1]，使诸如分析哲学、现象学、解释学等理论纷纷进入方法论的研究视域，成为沟通两大世界（哲学世界与科学世界）的桥梁。具体来说，"方法论即思维形式研究"亦包含两个命题：

> A. 方法论独立于本体论和认识论，是哲学的一个独立的研究领域。
>
> B. 方法论研究的是思维本身的形式化问题，是完全脱离对象的对思维形式的抽象研究。

从命题的描述来看，将方法论独立于本体论、认识论而单独作为对思维形式的研究，其自身积极和消极的两面性也因此而凸显出来：

①正向：它发展了方法论自身，使方法论作为一种独立于对象的思维抽象，在哲学中具有了特殊的存在地位；

②负向：方法不是剥离对象的形式抽象，而是对象与思维形式关系的抽象，只有有效地认识对象，才能准确地把握思维，从而使思维活动作为

---

① 陈伟康：《第三次浪潮的科学与文化》，《自然辩证法研究》1988 年第 5 期。

一种反思，推动方法论自身的发展。

从这个意义上来说，对象与方法不是相互独立的，而是一对不可分割的整体。杜威在《民主主义与教育》中指出了方法与材料（对象）的关系，他将方法的研究和运用比作"吃东西"，"吃"为方法，"食物"相当于材料（对象），材料不同，吃法也不同，但在没有食物的情况下，人绝不会去"空吃"（方法的训练）。这表明了方法与材料（对象）是相互伴随的一种经验活动，并没有脱离了材料（对象）而独立运行的方法自身。他说："方法是什么呢？方法不是什么外在的东西。方法不过是材料的有效的处理——有效就是花费最少的时间和精力利用材料达到一个目的。我们能够识别行动的方法，并且单独讨论这个方法，但是这个方法只是作为处理材料的方法存在。"① 然而，在人的认识领域，方法与材料又是可以加以区别的。杜威接着说："我们在怎样（How）和什么（What）即方法和材料之间在思想上划个界限……一个人正在吃的时候，他是正在吃食物。他并不把他的动作分成吃和食物。但是，如果他对这个动作进行科学的研究，他会考察有机体占有食物和消化食物的动作。这种对于经验的思考产生了我们经验了什么和怎样去经验的区别。一方面是我们看到、听到、喜爱、憎恨和想象的东西，另一方面是看、听、爱、恨和想象等动作。"② 在这里，"材料"是"我们经验了什么"，而"方法"则是我们"怎样去经验"，但这仅仅是作为"思想上"的区分，在行动上，方法与材料的动作仍然是不可分的。因此，方法论绝不是抽离了对象的对于思维本身形式化问题的研究，而是对于对象与思维形式的关系研究，探讨的是方法与材料的相互作用。方法论与认识论之间是一个整体化的过程，方法论推进认识论的进程，反之，认识的过程又不断完善方法论自身的思维需要，促使方法论走向成熟和发展。

（二）科学层面的"方法论"

在科学的认识层面，对于"方法论"主要存在三种不同的观点：

第一，"科学的方法论是科学认识活动的哲学思考"，其中，科学活动是方法论的研究对象，一般是指"作为人类认识活动的自然科学的一种哲学考察，旨在为作为真理的自然科学提供哲学的基础，为自然科学家有

---

① ［美］杜威：《民主主义与教育》，人民教育出版社1990年版，第181页。
② 同上书，第182—183页。

效地进行认识活动提供指南"①。科学的方法论认识本身并不否认有哲学的方法论存在，而是强调二者的区别，即"研究对象的特化"，这种对象的特化可以指有关人认识自然、改造自然的方面，也可以直接指向"自然科学"，而方法论的任务就在于为人们的科学活动提供哲学的导引。

第二，"科学的方法论是有关形成科学认识活动的一般方法的原理"。在这里，方法论是"科学认识"的方法论，"科学认识"是指"从提出问题到检验认识结果真理性的全过程"，而方法论则是保证在这个过程中"一系列方法正确性的原理，而不是具体的操作方法，更不是知识体系本身"②。方法论的作用在于对科学认识活动的调节，是着眼于科学认识活动的形式、方法及其原理的学说。即：

A. 方法论是科学认识活动中的一般方法的理论体系，其中，科学认识包含对于自然的认识以及对自然科学的认识。

B. 方法论是保证和检验科学认识活动过程中方法正确性的原理，对认识过程的内部具有组织和调节的功能，同时，对客体的实践具有变革作用。

在以上的描述中，科学的方法论特指有关自然科学的研究领域，为社会科学的方法论提供了可供参考的框架；方法论也为科学的认识提供了一般的方法性原理，构建了科学认识活动的体系、形式、方法及其原理的总体学说。

第三，"科学的方法论是有关科学理论的原理和具体方法"。这种观点，将方法论的研究范围拓展到方法理论之外的范畴，将方法论等同于"使科学研究得以正确进行的理论"③，涵盖了保障科学研究顺利进行的所有必要条件，不但包括科学理论的各种方法、依据，还包含科学研究过程的逻辑、形式，甚至涵盖为科学研究提供指导的思想观念、形式及命题（元理论），使得方法论自身变得宏大，无所不包，甚至将那些"科学的特征、科学认识的范畴、过程、主客体、工具及其相互关系，科学思维、

---

① 周昌忠：《西方科学方法论史》，上海人民出版社 1986 年版，第 1 页。

② 叶澜：《教育研究方法论初探》，上海教育出版社 1999 年版，第 6 页。

③ 吴元梁：《当代社会科学发展的方法论特征》，《中国社会科学》1992 年第 3 期。

语言的哲学分析、理论知识的方法论功能及方法间的辩证关系，学科中的方法论问题"① 等，统统纳入科学的方法论范畴，使方法论成了"科学学"，丧失了其自身独特的研究对象，成了"科学理论"的代名词。在此基础上，我们就需要对"方法论"和"与方法论相关"的理论进行区别，进一步区分"方法论"与"具有方法论意义"的理论能否作为同一的概念，从而得出以下的判断：

　　A. 方法论不是有关具体方法、科学理论的结构、研究逻辑及元理论的总和，不是异质集合的概念，要进一步区分哪些是方法论研究的特殊问题。

　　B. 具有方法论价值的理论（元理论）不是方法论本身，方法论并不能直接产生元理论，而是为了突破元理论的现实状况，为元理论提供某种新的思维框架。因此，方法论的目的不是生产，而是变革。

从上述的判断，我们需要将方法论与科学的知识体系区别开来，与具体的研究方法区别开来，进一步厘清科学活动的方法论研究的独特视域以及方法论研究的直接对象。

（三）方法层面的"方法论"

在方法的认识层面，一般认为，"方法论是对方法的理论研究"②。在此认识基础上，对方法的理论研究又存有两种不同的观点：第一，方法论指向方法本身，是对方法自身的认识；第二，方法论指向方法的应用，是对于方法运用的一种反思。

对于第一种观点，方法论作为探讨方法的理论，其自身包含两个部分：首先，它是有关研究方法、方式的理论；其次，它是某一门学科的研究方法的总和。两部分之间的关系是一般与特殊的关系，但它们都指向方法本身。其观点可以表述为：

　　A. 方法论是有关方法理论的研究，它指向方法本身，方法论就是对方法的认识，是以理论形式存在的方法。

---

① 王续琨：《科学研究方法学与科学方法论》，求实出版社 1983 年版，第 100—108 页。

② 叶澜：《教育研究方法论初探》，上海教育出版社 1999 年版，第 8 页。

  B. 方法论是对研究方法的研究，在总体上，它是一般的方法学说；在具体学科领域，它是学科方法的总和。方法论与具体方法的区别在于，它是具体学科领域方法的总和。①

  第二种观点，方法论探讨的不是方法自身的问题，而是探讨方法的效用问题。这是一种对于研究方法运用的一种反思，它关注的是理论与操作相互作用的方式以及理论与对象的适切性问题。它可以表述为：

  A. 方法论是对方法效用的探讨，是对方法运用的反思；方法论不指向方法本身，它指向方法的应用。
  B. 方法论关注的核心问题是理论基础与研究对象的适切性问题，其中包含两个方面：其一是方法论体系的完善对于方法自身的改进，其二是方法的改进对于研究质量与效益的提升。

  从上述观点可以看出，这种对于方法论的认识强调改善方法、方法体系、方法过程对于研究结果的影响，关注"方法的效用"，将方法论等同于技术手段的方法的改进策略。然而，方法的改进（包含技术手段）与方法论并不能等同，方法论作为一个"总纲领"，它与技术性问题、方法效用问题并不是一回事，这种功能性的定位，对于方法论定义来说，显然是不合适的。

## 二 "方法论"认识的进一步澄清

  通过上述对于方法论内涵不同层面的理解，我们大致可以得出一些基本的认识：
  首先，方法论是与世界观和认识论有着紧密联系的某种理论，这种理论不是知识的堆积，而是具有知识的支撑作用以及观念变革性的核心理论；其次，方法论关注的是人类认识活动中方法整体与对象特性之间的关系问题，任何一种对方法的研究都不可能脱离对象而存在，那些所谓对思维本身形式化问题的研究（方法论）是不存在的；最后，方法论理解的多样性表明方法论的结构不可能是一元的，要想建构一个完整的方法论体

---

  ① 参见叶澜《教育研究方法论初探》，上海教育出版社 1999 年版，第 9 页。

系，必须架构一个多维、多角度、复合型的立体式结构，要从不同层次的相互关系中来理解和把握具体的方法论功能，尤其是哲学层面对方法论体系中的理论基础、核心构成与对象性质的反思和批判功能，因此，这种复合型的方法论知识体系不是某种理论和方法的综合，也不是对于一般性方法的规范和应用，而是对整个方法论知识体系的反思和重构，恰恰方法论意识的觉醒就在于对知识结构和组成要素间的自觉反思和批判意识之中。

这三个基本的认识，为我们构建一个合理、完整和清晰的方法论体系奠定了认识基础；同时，也为澄清方法论中容易引起混淆的概念提供了理论依据。以此为积淀，我们就能够继续延伸，进一步澄清方法论中的两组关系：第一，方法论与理论的关系；第二，方法论与方法的关系。通过对关系中概念的区分，以进一步揭示方法论的内涵，从而更为接近方法论自身。

（一）"方法论"与"理论"的关系：方法论是何种"理论"

方法论与理论的关系问题，主要在于澄清两点：首先，"方法论是对方法的认识，它指向方法本身"这种提法是否正确；其次，方法论能否作为一种基础性的理论，成为有关"方法的理论"或"为方法提供支撑的理论"。

第一种认识，"方法论是对方法的认识，是作为理论形态呈现的方法"。对于这个命题，我们可以得出两个判断：首先，方法论指向"方法"本身，研究"方法论"就是研究"方法"本身；其次，这种方法也不是具体的方法，而是作为某个领域方法的总和。根据这两个根本性判断，"方法论是对方法的认识，它指向方法本身"这种提法，实际存有两个重大的逻辑漏洞：第一，"方法论是对方法的认识"，因此，"方法论研究方法本身"，此命题可以被判定为一个无效命题，正如"教育研究就是研究教育"一样，方法论必定研究"方法"，并不会避开"方法"而言其他；第二，方法论既然指向"方法"本身，那么，它与"方法"的研究就处于同一层面，即使它是被作为"学科领域方法的总和"，却依然无法超越"方法"层次的功能范畴，如此，指向"方法"的"论"字就完全可以去掉，没有必要将同一研究对象的概念复杂化。然而，这个命题的目的恰恰不是对"方法"自身的追问，而是在进一步澄清"方法"研究的取向和范畴，即"方法论到底研究方法的什么"——观念？理论？范畴？行为？手段？还是它们之间的关系？这种提问方式，把我们引入了第二个命题，即"方法论就是讨论方法的理论"①。

"方法论是研究方法的理论"这个命题，同样存在着不同的认识，而认识的差异就在于"理论"二字。因为这种"理论"既可以是作为方法研究范畴自身的理论，也可以是为方法提供某种"观念"的理论，还可以是具体学科领域方法建构中所依托的"学科"理论。因此，这些对于方法来说具有奠基性、指导性和方向性的"理论"，究竟是怎样一种"理论"，它的范畴在哪里，是我们区分方法论与"理论"关系的重点。

依据对方法论（哲学、科学和方法）层面理解的不同，构成方法论的"理论"亦可以包含三种：

（1）方法论的基础是世界观，因此，它是研究"世界观"的理论，即研究方法在"观念"（思维方式）层面的理论。

（2）方法论是研究"方法"所依托的基础性理论，研究的是方法与理论之间的关系，因此，它就包含某一学科领域中基础理论的组成部分——如学科概念、原理、结构、关系等，方法论就是对学科的"基础性知识"的研究理论。

（3）方法论是研究有关"方法的理论"问题，在这里，"方法的理论"是指关于"方法的学说"，它的范畴被划定在"方法"的特殊研究领域，是对"方法"的一般原理、分类、结构、程序及其行为方式的总和。

以上三种理解，都可以构成方法理论的"可能"范畴，也都可以归结为方法论作为某种"理论"的研究。然而，我们知道，"理论"与"方法"的重要区别在于它是方法研究的假设或规定性前提，它的目的在于"认识"的功能，任务是对概念、命题及其结构的理论建构，是方法研究的逻辑基础。假如我们把这种知识体系（如教育理论）也作为方法论的对象，就混淆了方法论与具有"方法论意义"的理论之间的区别。更进一步说，理论往往回答"是什么"的问题，包含学科的概念体系、原则、基本结构、发展进程、矛盾关系、知识产生的基本逻辑等；方法论则需要在"是什么"的基础上，对研究基础与前提假设的价值尺度重新审视，进一步回答"该如何"，并在对已有理论的变革中，通过不断反思方法与对象关系，从而进一步解决"怎么办"的问题。因此，在性质上，方法

---

① ［瑞士］J. M. 鲍亨斯基：《当代思维方法》，童世骏等译，上海人民出版社 1987 年版，第 9 页。

论属于"元研究"（元理论）范畴，而不是一般的理论范畴。

对此，我们可以作出第一个判断：理论是方法论的逻辑基础，它指向方法论的基础性部分，但不是方法论自身。方法论是依据人总体的思维方式，以某种理论或范式为参照，对已有理论基础的反思和对新理论的构建。它不仅关注指向"前提"的理论，更关注指向"应用"的理论，即"理论"与"行为方式"的关系（如何相互作用和它们的适宜性问题）。换句话说，方法论一头连接着为其提供认识基础的"理论"，一头连接着在理论和思维协调下的认识（或改造）成品——方法。因此，对方法论的"理论"认识的前两个范畴（①②）就可以排除在外，方法论的"理论"并不是单独作为世界观的理论，也不是作为普遍性的基础理论，假如将那些普遍性的理论（如基础性概念、命题、结构等一般理论范畴）也纳入方法论的范畴，就弱化了方法论的本体功能，从而造成方法论研究对象的泛化。

关于第三个命题（范畴③），即"方法论是作为方法的理论（或方法的学说）"是否能够作为对方法论的合理解释呢？很多学者认为，"方法论就是讨论方法的理论"①，这种有关"方法"的理论指的是"关于方法的本质及其发展规律的理论或学说，是把方法作为直接对象而从理论上进行系统研究和梳理。方法论研究方法的性质、作用和发展规律，研究不同方法之间的差别和联系，研究每一种方法在方法系统中的地位，以及正确运用各种方法所必需遵守的基本程序和原则等"②。这种关于方法的学说，实际上是对于某种"方法"体系的构建，其中涵盖"方法的内在结构、方法的本质与特征、方法的来源与发展、方法的分类、方法的功能评价以及方法的选择与运用等一系列最基本的问题"③。从这些问题来看，方法论的研究性质是围绕着"方法"而进行的一系列构成性理论的建构，它等同于组成方法的"知识"，自身以"认识"为目的，并不具有"改造"的功能。

然而，方法论一方面是有关"方法系统"知识的建立，另一方面，

①　[瑞士] J. M. 鲍亨斯基：《当代思维方法》，童世骏等译，上海人民出版社1987年版，第9页。

②　李政涛，李云星：《百年中国基础教育改革的方法论探析》，教育科学出版社2011年版，第13页。

③　刘永富：《哲学概论》，西安交通大学出版社2008年版，第7页。

它还更为关注对"知识的变革"，其中，就包含思维方式的变革、方法体系整体性的变革以及新体系的确认等一系列复杂过程。在这个过程中，任何一种单一的理论结构都不可能直接促成方法论整体性的变革，因此，方法理论与方法体系的构建，仅是方法论的一个层面，而方法论本身则是多层次的，绝不仅限于某种理论的部分。

（二）方法论与方法的关系：方法论指向方法的"什么"

第二个问题是方法与方法论的区别问题。"方法"一般被认为是"达到某种目的所应遵循的活动方式和法则，是取得某种成果的精神性工具和手段"[①]。在这里，方法作为某种目的支配下所选择和采取的方式、手段和过程的总和，它综合反映为某种行为过程的规则、程序以及途径等。从"目的—手段"出发，方法包含五个部分：方向、途径、策略、工具和操作程序，因而，方法关注的核心是应用和技术的层面，它是人的认识成品。从内容和层次上说，方法的内涵可以表述为以下几个方面：

（1）方法是在目的支配下的行为或手段，体现为某种规范性的程序或步骤。

（2）方法的运用是人主观进行选择的结果，方法的价值、途径、效果等，都是依靠主体选择和操作运行的。

（3）方法包含多种要素，是多重要素相互协调和作用的结果，其中，核心的几组要素包括：目的要素和工具要素、活动要素和工具要素、工具要素和对象要素、主体要素和工具要素等，这些要素需要在选择和效果中进行实施和检验，在过程中形成某种技巧，以完成技术的改进。

方法是操作层面的"应用"，是工具和手段、方式和技巧、程序或过程的具体运行方式。它的价值在"技术"或"工具"的层面——"我们可以将之看作规范性研究和解释性范式相关的方法，也可以把它看作形成观念与假说、构建模式与理论、抽样程序等更具体的过程。（因而）方法常以规范、章程、条例、准则等相对确定的形式来规定人们的研究范围和研究主题，它在本质上是研究者运用的一般技术"[②]。而方法论则是一个更为抽象的概念，"它不是方法本身或者方法的汇集，而是选择、反思、

───────────

① 袁贵仁：《为何思考世界》，学苑出版社1990年版，第253页。

② 鲍同梅：《教育学方法论的内涵及其研究视角》，《华东师范大学学报》（教育科学版）2008年第1期。

评价和判断你所用方法合理性的活动或事物"①。方法论指向方法的"核心"部分——观念形式、研究范式等,并不指向方法的运用及技术的实现,它的目的是"为了描述与分析这些方法、辨明它们的局限与用途、明晰它们的前提假设与结果、分析方法在新领域运用之后的合理性。它既是为了表明方法的新用途而对特殊技术进行的大胆抽象,又是为了形成新的研究框架而对具体问题的展开逻辑及其形而上学原则进行的反思和重构。简言之,方法论直接指向研究方案的一般逻辑和理论视角,其目的是帮助我们理解研究过程本身"②。因此,方法论往往带来的是某种技术的革命,而不仅仅是技术的革新。方法论改造的是技术的观念、思维的模式和方法的结构,是包含着"理论—方法"在内的一系列整体性的变革,是对思维与手段的选择性、理论与结构的合理性、方法与对象的适切性的反思,是针对存在与认识的差异而构建的新理论、新方法结构,其效果是为了实现"方法"在总体意义上的突破性变化。

因此,方法论不同于方法的理论,理论是方法论的基础性前提;方法论也不同于方法,方法是方法论的认识成品。方法论关注的是认识的变革对方法的核心的影响,是以理论形态存在的认识世界、改造世界和建构新世界的方法观念、结构和方式的驱动性理论,是不断反思和建构新思路的过程性理论。方法论与理论、方法的区别(见表3-1):

表3-1　　　　　　　　　方法论与理论、方法的区别

| 区分<br>名称 | 理论 | 方法论 | 方法 |
| --- | --- | --- | --- |
| 指向 | 方法的理论 | 方法的核心 | 方法的运用 |
| 性质 | 认识基础(前提) | 认识变革(元研究) | 认识效果(成品) |
| 问题 | 是什么 | 应该是什么<br>可能是什么<br>应该怎么办 | 怎么办 |
| 内容 | 系统化的方法体系 | 突破性的整体变革 | 程序化的行为方式 |

① Jerry Wellington, *Contemporary Issues and Practical Approaches*, London and New York: Continuum, 2000: 22.

② 鲍同梅:《教育学方法论的内涵及其研究视角》,《华东师范大学学报》(教育科学版) 2008年第1期。

续表

| 区分<br>名称 | 理论 | 方法论 | 方法 |
|---|---|---|---|
| 任务 | 理论基础的建立<br>方法结构的组成 | 理论基础的反思<br>方法与对象的适切性反思<br>新方法结构的构建 | 工具或手段的选择和运用<br>方式和技巧的程序或过程 |
| 形式 | 基本概念、原理、结构 | 思维方式、范式更新、<br>结构调整 | 活动方式、程序、法则<br>技术改进 |

## 三　"方法论"内涵的揭示

### （一）对"方法论"复杂性概念的理解

通过上述对于方法论的考察和辨析，我们能够感受到方法论自身的复杂性：一方面，它不是简单的概念和判断——既不是某种系统化的理论，亦不是某种规范性的方法，它是围绕着各种关系和矛盾展开的对研究对象系统性的反思和构建，通过对关系的认识、对矛盾的揭示，来完成自身的任务和发展；另一方面，方法论并不是单一层次的某种知识体系，而是一个多层次、复合型的立体式结构，方法论关注的是知识体系结构间的关联性，即每个维度的知识体系之间是如何相互联系、互为条件和相互作用的。方法论本身是一个多维的存在，任何一种单一性的解释都不足以完整表达方法论丰富而多重的内涵。因此，基于方法论的这种关系和结构的复杂性，我们需要从不同方面来诠释方法论的内涵，需要通过这些概念的组合来认识和理解"什么是方法论"，形成如下判断：

（1）方法论研究不是对已有方法理论的说明，也不是理论在具体方法层面的运用和技术性改进，它指向理论和应用的结合部，是新理论和新方法的生长点。在研究范围上，它同时包含对"理论和方法"的研究，但方法论研究的"理论"是构成方法体系和结构的理论基础，方法论研究的"方法"是方法体系中的核心部分（思维方式、研究范式等），方法论是围绕构建方法论体系的理论基础和方法体系的核心而展开的"认识的变革"和"新旧更替"。因此，方法论属于元研究的性质，这与其反思性、批判性的任务和功能紧密联系。

（2）方法论与世界观（本体论）、认识论有密切的关系，亦有某种差别，不能把它等同于世界观或认识论。方法论不是脱离了对象的对思维形式的抽象研究，它关注的是对象的特性与方法的矛盾，揭示的是对象与方法的关系。因此，方法论的研究对象是人认识活动中"对象与方法的关系"，解决的是方法整体与对象特性的适切性问题——通过对对象特性的不断认识，不断反思方法体系的理论基础、核心构成与研究对象的矛盾，以调整和改造原有的方法体系，从而创造更为适宜的新方法体系，实现提升人类认识与实践水平的方法论功能。因此，方法论的任务是推动"认识与实践"的根本性变革和突破性发展，它指向整个方法体系，而不是个别的方法。

（3）对方法论的认识是一个历史性和生成性的过程，它的内涵是随着人的认识和实践的发展而不断清晰、丰富和更新的，方法论并不是"研究方法的总和"，也不是仅在方法层面的分析和运用，我们对方法论的认识随着人认识范围的拓展，逐渐由某种单一的结构发展为层次性的结构，呈现出多维、多角度、多类型的立体式架构。从学术探讨的角度看，对方法论问题的不断探索，意味着人们在不断追求和建构人类对于外界的认识途径与方法，方法论在本质上就是历史性地继承和生成性的发展与不断成熟过程。

（二）"方法论"知识体系的结构

根据一定的标准对不同的方法论进行分类，方法论就具有了层次性，而具有层次性的方法论，则是确定方法论对象的依据和前提。按照作用范围和普适性的程度，方法论可以分为一般的方法论、特殊的方法论和个别的方法论三个层次，其中，一般的方法论具有最高的普适性，对特殊和个别层次的方法论起到基础性的指导作用。在一般、特殊和个别三个层次上，方法论的知识体系结构又分别对应着三种不同性质和功能的方法论：哲学方法论、科学方法论和具体学科的方法论，这三种方法论共同组成了一个复合、多维和完整的方法论体系。

哲学方法论是"在一定哲学原理和哲学世界观的指导下，在社会实践中逐步总结出来的关于认识事物和解决问题的根本方法的理论"①。哲学与哲学方法论分别指向理论研究和应用研究两个层面：哲学是哲学方法论的理论形态，哲学方法论是哲学的应用体系。从另一个角度说，哲学与哲学方法论又是同一性质的联合体，"既没有和哲学原理相脱离、相分裂的

---

① 刘冠军：《哲学方法论纲》，《理论学刊》2001 年第 6 期。

哲学方法论，也没有不具备方法论意义的哲学原理……有什么样的哲学就有什么样的哲学方法论……哲学即哲学方法论，哲学方法论即哲学。"[1]由于哲学的理论性和抽象性，哲学方法论探讨的是事物的一般规律和共同特征（哲学方法），它的核心是思维方式，是人的认识基础，体现为某种认识框架和思维路线，人们根据不同的哲学思维方法，去认识和改造世界。哲学方法论指向人的认识理性和创新性思维，处于方法论结构的最高层次，具有高度的普适性，是指向一般方法之本质和规律的知识体系。此外，哲学方法论的显著特点是，它本身是方法论构成的一个重要和基本方面，如某种哲学，它既是众多的哲学流派中的一种，更是一种不同于其他哲学的哲学方法论，同时又对人们运用和选择研究方法给予哲学上的基本导向，因此，在这个意义上，所谓哲学方法论应该为方法论研究的核心和基本的内容。

科学方法论探讨的是事物某一方面规律与特性的方法（科学方法），指向人的认识对象，属于特殊方法论的层面。由于"科学作为反映客观物质世界系统性和层次性的理论知识，是一个有内在联系的有机整体。科学体系正是这种客观物质世界系统性和层次性的总体表现"[2]。因此，科学方法论体系本身也是分层的，它的结构自上而下可以分为三个层次：哲学科学、数学科学和系统科学、交叉科学和三大科学门类（自然科学、社会科学和思维科学）。在最底层，由于"整体客观世界是由自然界、人类社会和精神世界三大基本领域组成的，它们各有自己的特殊矛盾性质或特殊运动形式，并成为科学研究的特殊对象"[3]，因此，自然科学、社会科学（含人文科学）和思维科学呈"三足鼎立"，构成整个科学体系的基础；交叉科学[4]位于三大领域的中心部分，"是形成与数学科学、自然科学与哲学科学、社会科学之间交汇区域的科学部类，是所有交叉学科的总称或

---

[1]　刘冠军：《哲学方法论论纲》，《理论学刊》2001 年第 6 期。

[2]　何钟秀等：《科学学纲要》，天津科学技术出版社 1982 年版，第 40—41 页。

[3]　同上书，第 40—41 页。

[4]　交叉科学与交叉学科是不同的概念：交叉学科是指形成于数学科学、自然科学与哲学科学、社会科学之间交汇区域的跨界学科或边缘学科；交叉科学是形成与数学科学、自然科学与哲学科学、社会科学之间交汇区域的科学部类，是所有交叉学科的总称或统称。同一科学部类内部学科间的渗透和融合不再属于交叉科学的范畴。（参见王续琨《交叉科学结构论》，大连理工大学出版社 2003 年版，第 18—19 页）

统称"①。自然科学、社会科学和思维科学以及它们构成的交叉科学的研究对象，经过抽象可以成为系统科学的研究对象，因此，在第二个层次，数学科学具有广泛的渗透性，系统科学②则既具有普适的横断性，又具有承上启下的特殊作用。在最顶层，哲学科学是第一层次"哲学方法论"在科学层面的具体运用，在科学领域，它具有最高的抽象性。笛卡尔认为，"全部哲学就如一棵树似的，其中形而上学就是根，物理学就是干，别的一切科学就是干上生出来的枝"③。哲学科学是科学体系的最高点，它具有统领一切科学对象的功能。

具体学科的方法论属于个别方法论的层次，它由特定学科的研究任务和对象特征来决定，以此来选择基本工具，进行方法的组合，是一个个具体学科的领域构成的方法群。（见图3-1）

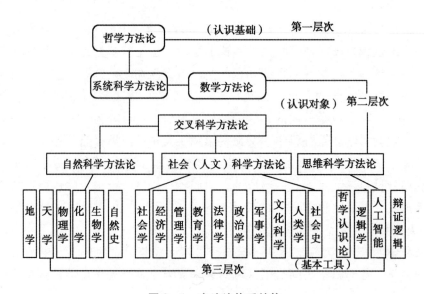

**图3-1　方法论体系结构**

方法论的三个层次从上到下体现为"一般→特殊→个别"的关系，方法论知识体系的层次越高，对于处在它下部的层次越具有方法论的意

① 王续琨：《交叉科学结构论》，大连理工大学出版社2003年版，第18—19页。

② 系统科学是研究系统的所有学科的总称，是以自然、社会和思维领域的运动形式的共同方面为研究对象的横向科学部类。系统科学的基础理论学科是系统学，技术理论学科是信息论和控制论，它在一般属性和关系意义上揭示事物的规律性，具有特殊的方法论功能。

③ ［法］笛卡尔：《笛卡尔思辨哲学》，九州出版社2004年版，第55页。

义，因此，哲学具有最普遍的方法论指导性。方法论的变革在根本上依靠的是人思维方式的变革，其次才是范式的变革和行为的变革；反之，方法论体系的层次越低，就越反映出方法论的某种特性，能够为认识与实践架构起突破性的独特视角，引起思维和范式在实践中的根本性变革。三个层次之间不是断裂和相互独立的，每个层次虽然有不同的性质，但不同层次和不同类型的方法论知识在横向和纵向上是相互渗透的。因此，对于"方法论"概念的认识不是平面化的，它是包含着不同层次的内容和功能在内的有机的整体，故我们不能忽视任何一个层次对于方法论自身的影响；一个完整的方法论体系，也必然需要建立一个多层次、多类型和整体性的立体式思维架构。

从一般意义上讲，所谓方法论的更新与变革，首先应该是哲学层次的方法论的变革，没有哲学层次的方法论变革，其他的方法论变革在总体上只能是有限的或者是局部的，只有在哲学层次上实现方法论的更新与变革，才有可能导致方法论整体的格式塔转换。而科学方法论乃至具体的研究方法的变化则更多地依赖人们在研究过程中的不断发现和重组，并以这些方法的不断变更来丰富和完善哲学方法论。

## 第二节 "教育研究方法论"体系的建立：对象、性质与架构

将教育研究方法论置于方法论的体系结构中去认识，就是为了强调它在整个方法论知识体系中的位置、与其他层次方法论纵横的关系以及所属对象的独特性，关注的是教育研究方法论内外部结构的关系和它们相互转化的过程。因此，对教育研究方法论的理解，有赖于上述对"方法论"整体的结构性描述。从系统论的角度来看，教育研究方法论是处于方法论结构体系中的最基层（第三层次），属专门学科层次（个别层次）的方法论。在纵向上，它受哲学、系统科学以及所属领域科学的思维方式和一般规律的影响，是对"一般性"方法论的"特化"研究，需要以学科独特的方式和视角阐释由"一般→特殊"的思维和对象的关系。因此，在纵向层次上，探讨教育研究方法论包含两项任务：其一，研究上层方法论（如哲学方法论、系统科学方法论、社会科学方法论等）对于教育研究方法论的一般意义和交叉影响；其二，运用一般性方法论知识解决在教育学

科产生的方法论问题。在横向上，教育研究方法论与和它同层次的方法论（尤其是能够相互交叉和运用的学科）产生交互的作用，受到不同学科领域研究成果的影响，带动自身的发展（如优势学科或成熟性较高的学科会对教育研究方法论产生重大的启示、反思和带动的作用）。

## 一　教育研究方法论的研究对象和性质

### （一）教育研究方法论的特殊对象

作为具体学科的方法论而存在的教育研究方法论是处于最基层的指向研究教育学科的方法论，研究的是教育学科领域的方法论问题，"是以人类教育现象为研究对象的教育学科群的方法论知识"①，关注的是研究对象的特性与方法整体的关系。对教育研究方法论对象的研究主要涉及几个方面：第一，研究对象的特殊性及对研究方法的特殊要求；第二，研究主体的特殊性及对研究活动的影响；第三，研究过程（或程序、模式）的特殊性及所具有的方法论意义（主要关注教育性的价值）；第四，研究方法群的独特性与相应的建构途径。因此，"教育研究方法论从总体上探讨教育研究中对象与方法的关系及适宜性问题，旨在为教育研究方法整体的发展、完善提供理论基础，揭示适合于教育研究的方法核心的构成及其基本特征，最终服务于教育研究，提高其质量与水平，为教育学科与教育事业的发展提供方法论依据"②。

方法论的进步与方法论意识的增强是教育学科发展与成熟的根本标志。随着科学领域研究进程的加速，来自自然科学和社会科学的研究成果不断涌现，新思维与新方法也随之进入教育研究的视域，促使教育研究方法论体系的更新与变革有了新的起点和理论依据。作为"教育研究"与"方法论"的组合概念，教育研究方法论是以特定的逻辑结构和思维方式为基础，由不同层次的理论建构的前提假设、理论体系的逻辑和结构、特殊方法的建构方式等组成的动态体系和结构系统。通过研究教育研究方法论中重要的理论基础问题、核心构成问题以及结构特征、发展趋势等，揭示教育研究方法论整体与对象特性之间的矛盾存在与适宜性，提升教育研究方法论的内部发展动力。因此，教育研究亟待来自方法论层面的指导和

---

① 叶澜：《教育研究方法论初探》，上海教育出版社 1999 年版，第 18 页。
② 同上书，第 19 页。

规范，需准确把握其自身方法论对象的特殊性，关注方法整体与对象的关系问题，根据研究对象的特殊性对研究方法进行合理的选择，借鉴、吸收不同层次领域先进的理论、方法的成果，以思维的转换和方法的创新带动教育研究方法论整体的变革与发展。

（二）教育研究方法论的基本特性

就哲学方法论对各门具体学科的影响而言，教育研究方法论属于"应用哲学"的范畴，关注的是理论实践化的问题，是实践理论的抽象认识和理论应用的实践理性。教育研究方法论的功能在于能够作用于教育实践的理论自身所具有的方法论意识和需要，对教育实践起导向作用、间接作用和改造功能。教育研究方法论的对象是认识活动中方法整体与对象之间的适切性问题，因此，它的内涵有两种指向：教育理论和教育实践。教育研究方法论是对教育理论与教育实践关系适切性的反思与批判，是对教育理论与实践矛盾的自我检视与观念的变革。在教育理论层面，教育研究方法论关注在实践中教育知识的抽象，将其上升为理性的认识，提取普遍性知识，重构教育知识体系与实践理性；在教育实践的层面，对普遍性的教育原理如何作用于实践的问题进行复杂性的思考，对于作用的方式、可能性和适切性问题进行哲学和科学的反思、推理、检验，从而引导、规范和变革教育实践。可见，教育研究方法论自身虽受到哲学世界观、科学理论体系和逻辑的影响，但在根本属性上，并不是先验的、抽象的和绝对的命题，而是在长期的研究实践中形成的系统性的观念，并在对系统的研究中不断反思和反复修正的。因此，"教育研究方法论不可能从哲学演绎出来，也不可能从其他学科的方法论中推导出来，教育研究的方法论只能是通过对教育研究活动自身的系统反思得来……教育研究方法论不是外生的，而必然是对教育研究活动过程进行系统反思的结果"①。

目前，我们对于教育研究方法论的认识往往只停留在理论或抽象的层面，将它作为某种先验的规定，忽视了教育实践本身所具有的方法论价值，使教育研究方法论在理论的层面脱离了实践的本体，成了人们对于教育理论体系、教育逻辑范畴和形式问题的系统化认识。然而，教育研究的根本任务在于揭示教育实践过程的内在规律、内部结构和规定性法则，教

---

① 王洪才：《论教育研究的方法论特征》，《厦门大学学报》（哲学社会科学版）2007年第1期。

育理论的终极目标必然是对教育实践的理论化问题的规定性探索，因此，教育研究方法论的研究对象与方法、研究主体与对象、研究目的与价值都是围绕教育实践而展开的对于某种思维方式、逻辑命题、理论框架和内部结构的思考。教育研究需要在整体上把握教育现象的本质，在主体上形成独立的判断，在价值上追求理想的品质，最终，将目的与过程落实在行动中，以转化为实践的原则和方法。在此基础上，教育实践是教育研究方法论的理论前提，教育研究的目的、方法与归宿之间的必然联系与动态转化都要根据教育实践的特殊性来设置具有规定性的法则，这是教育研究方法论生长与变革的条件基础。

## 二　教育研究方法论的层次和功能

教育研究方法论在方法论的整体结构中，属于方法论体系的第三层次，即个别层次（具体学科）的方法论。这就意味着，处于第一层次的哲学方法论，是它建立的理论基础，教育研究方法论必须依照某种世界观的基本原理，来明确自身，显示自身；处于第二层次的科学方法论（包含系统科学、数学、交叉科学和三大领域科学体系）是教育研究方法论系统化、理论化的形成基础，教育研究方法论体系的建立，必须依托科学方法论的逻辑体系和因果关系，在系统性、复杂性认识的基础上，阐释自身、构建自身；在同层次上（第三层次），教育研究方法论既需要显示自身的独特性，又需要明确与同层次不同学科间的逻辑关联，借鉴不同学科的研究成果，完善自身、发展自身。因此，"教育研究的独特性在于，它在探索实现教育原则的方法时，既能超越教育研究对象的范围，揭示影响教育的社会因素，又能广泛地依靠教育学同其他学科的联系，有目的地研究加强这些联系的方法"①，在此基础上，教育研究方法论主要讨论的是学科群内部一般性、基础性的方法论问题，而不是分支学科的方法论问题的总和。

将教育研究方法论置于整体的方法论体系结构中去理解，更能明确其自身构成的认识基础、理论依据及逻辑关系，能够更为清晰地把握教育研究方法论的性质、地位和功能，为在一般系统中建构一个特殊的教育研究

---

① 鲍同梅：《教育学方法论的内涵及其研究视角》，《华东师范大学学报》（教育科学版）2008 年第 1 期。

方法论体系奠定坚实的理论基础。依据上述教育研究方法论在整体方法论结构中的层次和功能，我们尝试为教育研究方法论自身划定一个范围，初步构建一个能够在学科内部独立运行的教育研究方法论的体系和结构，即根据其在方法论整体结构中与哲学方法论、科学方法论和一般学科方法论的指导、融合、渗透及相互作用的关系，按照"一般→特殊"的逻辑，兼顾教育研究对象的特性，将教育研究方法论在纵向和横向上划分为不同的组成部分：纵向——（自上而下）由教育哲学、教育科学和教育技术构成；横向——由哲学方法、科学方法和历史方法三种基本的研究方法构成。（见图3-2）

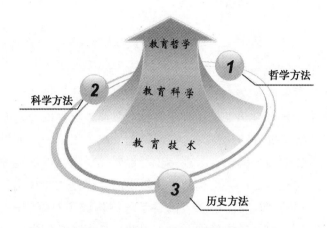

**图3-2　教育研究方法论体系结构**

**（一）教育研究方法论体系的纵向结构**

按照具有方法论功能的抽象程度划分，教育研究方法论在纵向上，由三个部分构成，即教育哲学、教育科学和教育技术①。教育哲学层次方法论的特征以思辨的、假定的、归纳的和演绎的为主，教育科学的方法论特征以描述的、实证的和实验的为主，教育技术的方法论特征以操作的、规则的和规范的为主。②（见图3-3）

---

① 这里的教育哲学、教育科学不仅是作为学科意义上的教育哲学学科和教育科学学科，而是包含教育哲学的理论或知识以及教育科学的理论或知识在内的知识体系或系统；教育技术也并非现今意义上的教育技术学科或现代化的科学技术手段，而是指具有操作性的程序、技艺或方法，是对研究对象具体方法层面的选择和应用。

② 参见王坤庆《关于教育研究方法论的探讨》，《黄冈师范学院学报》2005年第1期，内容及具体观点有改动。

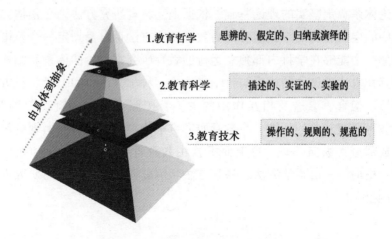

**图 3 – 3   教育研究方法论的纵向结构**

1. 教育哲学：教育研究方法论的思维导向

教育哲学在学科意义上，是教育理论中最具方法论性质的学科；在知识体系结构中，教育哲学也是具有统领性和最高抽象性的普遍知识以及思维形式。教育哲学的方法论意义，在理论上反映为根据一定的世界观，依托某种哲学思想或理论模式，为进一步把握研究对象，提供某种认识基础及思维方式；在行动上，则反映为运用哲学的思维方式，对研究对象进行抽象的认识、理解和批判。由于人的哲学思维构成了对事物的认识基础，影响着人对对象认识的具体思维形式，因此，教育哲学作为教育研究方法论结构的最高层，主要是作为思想工具和思维方式存在，功能在于对以往教育对象认识的反思、批判和改造，对教育研究起到思维定向的作用。

教育哲学相对于哲学本身，体现为应用哲学的性质：即对教育理论来说，它具有实用哲学的功能，是哲学思维在实践范畴的应用；对教育实践来说，它又具有理论的功能，是教育实践在世界观层面的理论引导和思维定向。因此，从理论和实践的不同角度，方法论探讨的问题主要涉及两个方面：哲学自我意识的反思和哲学方法论的应用。首先，教育哲学需要研究自身的方法论问题，反映为学科自我意识的觉醒、反思和重构，需要以哲学的方法论作指导，正确运用哲学的方法论来提升对教育问题的认识能力。其次，教育哲学要以教育科学为研究对象，为教育科学提供思维的指导，对教育科学的理论、范畴进行归纳和提炼，为教育科学的发展提供可能性的选择路径和方向。基于这两个基本问题，教育哲学的功能体现在：以抽象的思维和内在的逻辑为教育科学提供方法论指导，揭示教育科学发展的内在规律，在反思自身的过程中，重构具有普遍性和突破性的思维方法论命题，最终形成用以改善教育理论、指引教育实践的思维路径。

当前，面对一个庞大的教育理论体系和学科结构，教育哲学的方法论使命愈加凸显。如何在更高的层次和更广阔的视角统揽全局，把握教育科学的发展脉络，为教育科学发展提供思维动向和世界观指引，探索教育科学发展的内在规律，将教育科学体系的概念、命题、范畴、逻辑以及各种理论进行整合、修正和完善，提供具有普遍意义的方法论指引，是现阶段教育哲学作为最高层次方法论理论的重大使命。现代兴起的各种哲学思潮之所以能够对教育研究方法论产生深刻的影响，是由教育研究自身的复杂性所决定的。"从某种程度上说，教育渗透于所有学科，其他学科的理论或思潮或多或少都与教育相关。因此，在探索教育研究方法论时，教育与其他学科的理论或思潮的内在联系为方法论的迁移提供了现实基础……教育研究方法论体系本身的构建也为引入其他学科的理论或思潮预留了空间。"[①] 面对如此庞大的哲学理论背景，教育研究方法论的另一项十分重要的功能就是如何将这些哲学的思维成功引入教育研究，为教育研究提供坚实的理论基础，而并非简单移植，照搬哲学的术语和方法；还需要对其进行哲学的审视和对实践适切性的考察，避免概念与方法、理论与实践的脱节。

教育哲学，对于教育研究来说，不仅仅只是提供一种思维的方式和理论的依据，它的方法论价值，更多的还在于批判和改造的功能，是对教育理论及实践问题的高度概括化、抽象化和思维提炼的过程。当前，之所以教育实践缺乏指导性，处于随意化的状态，并不是因为教育理论不具有指导性的功能，而在于教育理论并没有上升到方法论的层面审视自身和建构自身，发挥方法论的职能，并没有在实践中抽象和提炼出具有教育普遍性的问题。因此，教育实践的快速、多样化的进程与教育方法论的滞后、迟钝的自我反省意识并不同步，实践的问题总是先于理论的抽象而发生、发展，造成了理论脱离实践的假象，其中，方法论（尤其是承担方法论最高使命的教育哲学）的缺失，不能不作为一个重要的影响因素，制约着教育实践和教育理论的发展进程。在此状况下，教育哲学作为具有方法论本体功能的一门学科或理论，需要潜心挖掘它深刻的批判精神和判断力，在方

---

① 胡红梅：《近十年我国教育研究方法论之研究特征》，《教育导刊》2007 年第 2 期。

法论意义上具有突破和创新，甚至说，"一种教育哲学，就是倡导一种独特的方法论，就是研究教育的思维模式，在这种方法论或思维模式的指导下，往往能建立一整套全新的教育观念，创造出一种全新的教育模式……它不仅能够帮助人们提高理论思维水平，而且使人们确立正确的教育观念，并善于运用哲学思维方法和正确的价值标准，去合理地选择教育活动的方式和手段，在坚定的信念支撑下，去完成培养人、造就人的千秋伟业"①，——这就是教育哲学在整个方法论意义上的理论和实践的终极任务。

2. 教育科学：教育研究方法论的理论基础

教育研究方法论纵向的第二层次是教育科学，教育科学的研究对象是各种教育现象，它是在教育哲学的观照下，基于对教育事实认识而建立起的一个系统化和理论化的逻辑体系，是有效认识对象的理性工具。第一次将哲学方法论与科学方法论进行区分的是黑格尔，他认为哲学方法论在方法论整体结构中具有概括性、抽象性；科学方法论（含具体的科学方法）在具体的层面，更多表现为应用性和操作性。在这里，教育科学与教育哲学的关系类似于科学与科学哲学的关系，教育哲学为教育科学提供方法论的指导，为建立一个科学的教育理论体系提供逻辑基础、思想工具和价值判断，而教育科学作为教育哲学在方法论层面的具体运用，"它向研究者提供搜集、分析教育事实和判断信息真假的系列方法；提供从假设的提出，到实验设计和结论检验等一系列事实和因素间因果关系的方法；提供从经验到概念，到原理，到结论等形成理论体系的逻辑方法"②，是具体研究方式的总体概括，是系统科学理论体系建立的方法论基础。这种区分，一方面使教育哲学获得了方法论的较高地位，成为人认识世界、认识自身的思维指引；另一方面，教育科学由此获得了独立的地位，进一步丰富了方法论体系，使教育研究方法论的结构具有了明显的层次性和功能性。这样，具有不同方法论意义的教育哲学与教育科学的区别就在于："科学讲求事实，判断真伪，以精确的数学语言准确地描述客观世界的本来面貌；哲学则是在事实判断的基础上面对客观存在的事物进行逻辑分析和价值判断，是一种高度普遍的定律寻求，必须充满令人信服的逻辑力量

---

① 王坤庆：《关于教育研究方法论的探讨》，《黄冈师范学院学报》2005 年第 1 期。

② 叶澜：《教育研究方法论初探》，上海教育出版社 1999 年版，第 326 页。

和思维深度。"①

　　在学科意义上，教育科学是一门"旨在影响人类并使其达到特定人格状态的科学……它十分注重研究教育行动和教育机构的目标与受教育者状况之间的关系，然后再考察，它们所采取的手段是否合适，或者它们是否产生了与原来意图不同的实际效果或作用"②。因此，教育科学的任务在于根据一定的行动目标获取有关行动领域的某种认知，并在一定的理论框架上对其目的和行动关联性问题作出判断和说明，以构建一个科学的知识体系和理论框架。在这个过程中，教育科学首先要对教育这一特殊领域的现象进行描述，对教育的对象、特征、关系、手段、过程和结果进行规定和假设，从而建构一个合理的理论框架来解释教育现象、揭示教育活动规律，最终预测教育活动的可能性发展——这是教育科学对于整个教育研究的方法论价值。另外，科学的教育知识要依托科学的方法来说明和验证。此外，教育科学还需要借助各种科学的研究方法对教育的现象（特殊的社会领域）展开研究，在明晰基本概念的前提下，对于教育某一问题领域的可能性知识提出假设，通过目标、过程、手段、结论等一系列科学的程序进行验证和说明，最终提出假设与事实符合程度的结论，从而推导出科学结论与理论假设间的逻辑关系。在此基础之上，教育科学在方法论的意义上，其主要作用是对教育事实的判断，确切把握教育现象的复杂性，以建构一个科学的理论体系和逻辑基础，使教育行动的整个过程在一个合理的理论框架之内来探讨其可能性，并且，这个基本的框架还能够为教育行动提供某种科学的规范化指导以及程序化指南。从教育科学的目标和功能的认识，我们能够更深入理解教育科学对于整个教育学科的现实意义：即处在方法论体系中间层次的教育科学，其自身具有承上启下的方法论作用，一方面，它是教育哲学的逻辑应用，是教育观念在理论层面的"落实"；另一方面，它还是教育技术层面得以规范的理论依据，是技术理性建立的理论前提。

　　3. 教育技术：教育研究方法论的应用规范

　　在教育研究方法论的整体结构中，最基层是教育技术，"技术"是具

---

　　① 王坤庆：《关于教育研究方法论的探讨》，《黄冈师范学院学报》2005 年第 1 期。

　　② ［德］布雷钦卡：《教育科学的基本概念：分析、批判和建议》，胡劲松译，华东师范大学出版社 2001 年版，第 22 页。

体方法、程序、规则的总称，是教育研究得以有效运行而选择和运用的工具系统。方法的选择不是随意的，而是依据哲学和科学的方法论目的和要求，为了达到研究目标而采取的适宜性的手段或程序。因此，教育技术层面的方法论并不仅仅是一种工具符号，而是包含了价值目标、理性因素在内的一系列思维方式和研究对象的融合过程，它既体现为一种多样化的呈现方式和灵活的手段，又是作为教育目的在实践中的具体诠释，对教育的目标和期望所采取的手段和过程的分解。在项目化和操作程序的指导下，教育技术主要由不同类型的研究方法构成。例如，比较研究法由单向比较和综合比较、纵向比较和横向比较、求同比较和求异比较、定量比较和定性比较以及相关比较和因果比较构成。首先需要确立统一的标准，然后按照"问题—标准—现象—解释—分析—结论"等程序对事物的变量进行相关程度的判定①……教育技术，则是对此研究方法、程序性组成（或组合）规范的基本法则。

在现时代，教育技术革命使教育研究在技术层面出现了重大转向，网络信息化的技术变革已经引起了教育方式的深层变革，电脑、网络、数据库从隐性的影响因子转向了显性的核心构成，为教育研究提供了更大的信息支持平台和运用平台。第三层次的技术变革快速地渗透于人思维的方式及生活的领域，像一只"隐性的手"，以技术革命的方式正悄悄颠覆教育研究的观念组成和知识结构。因此，教育研究方法论三个层次间是相互作用和相互影响的，它们之间的作用力大小并不是决定性的，而是取决于变革的速度和时代的要求，它们对于方法论的作用和位置也是可以互换的。处于较低层次的方法论很可能随着内涵的丰富和外部环境的系统重组而成为方法论的主导及核心，甚至取得最高层次方法论的功能和地位。典型的例证当属"系统方法"的方法论变革，随着现代科学技术的进步，系统方法逐渐由定性转化为定量，由经验形成一门科学（系统科学），最终上升为一种科学的理论形态，即系统论。在时代的推动下，系统论的认识标准统领了整个的科学意识领域，取得了崇高的方法论地位，"尤其当它与信息论、控制论及新兴的耗散结构、协同论、突变论结合，成为横跨自然科学和社会科学的一门综合性学科——系统科学后，其方法论的意义便日

① 参见曾天山《教育研究中的技术与方法》，《教育理论与实践》2008年第4期。

趋明显"①。依据系统论，我们更能全面和系统地认识教育问题，将教育看作社会大系统中的一个分子，关注它与其他分子之间的区别和联系，从而区分不同层次的标准和性质、功能和任务，将研究对象视为一个整体的、开放的和层次性的系统来看待，而不再不分层次、不分功能、孤立地看待教育的现象和内部的结构。在方法论的重大突破中，我们将摒弃过去单一式的思维方式，以整体性和关系性的思维路径作为认识的根本原则，将各组成部分间要素的相互作用和关系法则作为制约教育研究发展的重要因素，关注结构的内在联系，关注层次与层次间的相互影响，以立体式的思维模式来看待教育的组成结构——这是现代系统论对教育研究的重大启示。这种自下而上、最终引起整体思维方式变革的方法论生成路径，为基层方法论对方法论整体的作用提供了可借鉴的程序。生成后的系统论理论，则成了具有最高方法论意义的纲领性认识，深入影响着人们对教育研究的结构和功能的认知，基于此，才促进了我们对教育研究方法论以及对教育研究范式的重新认识，而这一系列的重构，正是在此思维方式的变革中重新得以修正和建立的。

（二）教育研究方法论体系的横向结构

按照教育理论发展的历史和研究的现状划分，教育研究方法论的横向结构主要由哲学方法、科学方法和历史方法构成。这三种方法在教育研究方法论的整体结构中，犹如三角形的边，构成相对稳定的教育研究方法论的静态模式②，在教育研究的发展过程中，由于研究者不同的学术背景和不同的研究问题以及不同的研究目的，这三者的组合就构成了教育研究方法论在发展过程中或不同的人的选择过程中的动态模式或结构，犹如不同变式的三角形的结构。如在夸美纽斯那里，哲学方法、历史方法、科学方法基本上是一种等边三角形的构成态势，他既重视哲学的演绎，又看重历史的启示，也关注收集与整理具体观察的材料或经验。但在赫尔巴特那里，他主要看重的是哲学方法，其次是科学方法，相对于这两种方法的运用，赫尔巴特是比较轻视历史方法的运用。而在美国教育家孟禄那里，他更多倾向于运用历史方法而疏于科学方法与哲学方法。至于美国教育家贾

---

① 王友英：《系统科学方法论与教育研究》，《雁北师范学院学报》2004年第3期。

② 此观点最早由学者王坤庆提出，参见《教育研究方法论论纲》，《华东师范大学学报》（哲社版）1996年第3期，本研究对其观点进行了延伸和进一步论述。

德则对科学方法情有独钟，甚至排斥、拒斥哲学方法和历史方法。由此可见，教育研究方法论必须从静态和动态两种角度去认识才能较准确把握其基本结构。

1. 哲学方法：基本的思维工具

哲学方法是在经验思维之上进行的价值判断的活动，它主要表现为一种思辨研究，包含演绎法（先验演绎、先验推理、先验论证）、归纳法（经验推理、经验论证）、类比法等形式，另外，还包含元研究，即对思维方式和教育理论的反思。哲学方法是教育研究最基本和最普遍使用的方法类型，它的核心是有关教育价值的问题，回答的是教育命题在价值层面"应该是什么"，主要涉及几个基本的问题范畴：第一，"人——价值"的问题。教育研究中的哲学方法主要是在对人性（或人的本质）充分理解的基础上，对研究对象和方法的合理性问题进行的价值选择和价值判断。它的基本假设是：人首先是价值的动物，教育活动也是具有价值取向的活动，而教育研究恰恰是依据人性及社会的价值目标及其标准，对教育活动的方式进行价值选择和价值判断的过程。因此，所谓的教育的实然和应然（事实与价值）之间，都包含有价值取向的问题，而不存在所谓的教育事实的纯粹客观化和研究过程的价值无涉。教育研究必须将人作为唯一的价值目标，体现教育研究与自然科学研究以及其他社会科学研究对象的差别和独特性，这是哲学方法在教育研究方法领域的特殊使命。第二，对教育理论的重新认识、反思、批判和重建。哲学方法的运用在于深层把握教育的本质，重新认识教育理论的性质、功能和结构，以一定的哲学观念或理论为认识基础，改造已有的教育知识体系、逻辑结构及行为方式。第三，对教育实践具有改造功能。哲学方法对于教育实践的作用主要体现在对教育经验的反思、教育事实的批判和教育方式的变革上，哲学方法作为一种应用性的哲学思维，它最终会将人业已形成的某种世界观、方法论及知识结构作为对教育实践的判断标准，对实践中的具体问题进行自觉的反思和判断，依据人的价值标准，改变教育实践的现状及行动方式。因此，哲学方法与人的世界观一同作用于人的思维内部，为教育研究提供了认识基础和思想工具，在此基础上，哲学方法并不是单独起作用的指向某种具体的方法，而是作为思维分析的工具使用的基本方法工具，它具有整体思维的渗透性和普遍性。

2. 科学方法：理性的认识工具

科学方法是一种理性的认识工具，用以尝试建构教育研究的理论体系和逻辑结构、范畴及分类的标准或形式，它主要解答教育理论（或知识）"是什么"的问题。"科学"既可以作为技术工具使用，也可以作为思想工具使用。当作为技术工具使用的时候，科学方法是一种技术的手段，表现为一系列客观的操作程序和步骤；当作为思想工具使用的时候，科学方法更多指向的是一种科学的精神和信仰。因此，在技术的层面，科学方法的运用具有条件性和选择性，必须依据人的价值目标和工具理性，选择适宜的科学方法和手段，而不是将研究过程作为一种价值无涉的操作程序，纯粹客观地开展教育研究；在精神的层面，科学方法（科学精神）具有普适性，是人类认识世界、改造世界的真理性的认识标准。正是在此意义上，教育研究才更多地被认为是一项科学的研究，其中，既包含了科学发现的过程、独特的思维方式，同时，也包含了人类对自然事物探求的欲望和发现的精神，是一种对事实的基本态度、对真理永恒的追求以及高度的责任感。

科学方法依据自身所处的结构（即方法论的第二层次），其内部可划分为系统科学研究方法、自然科学和社会科学研究方法、综合方法和分析方法，定性研究方法与定量研究方法等。① 在不同类型的方法结构中，具体的科学方法之间并不存有等级或优劣之分，科学方法的选择是依据研究对象的特征以及实际情况的需要设定的。当前，系统论的观点使人们对研究对象的认识更为全面，研究者越来越倾向于用综合性的方法来替代以往单一的认识方式，科学方法内部也不再表现为几组对立的关系（如定量与定性、科学与人文等），而是方法间趋向结构和功能的融合。人们在选择研究工具的时候，摒弃了以往单独运用某一种科学方法贯穿整个研究过程的实践方式，而是运用多重研究方法，以弥补单一的科学方法的漏洞，通过不同方法的选择和组合，对研究过程的方式进行有效的修正，使教育研究的科学方法更具有真实性、科学性和适宜性。

3. 历史方法：事实还原的分析工具

历史研究主要是从历史演进的角度，具体考察教育研究方法论的历史发展进程，在历史结构中观察和发现教育研究对象与方法的关系。历史方法又称为"历史比较研究方法"，最初由施宾格勒（O. Spengler）提出，主要是对"历史上那些既有历史差别性，又有某种历史联系性或共同性的

---

① 此划分标准参见叶澜《教育研究方法论初探》，上海教育出版社 1999 年版，第 327 页。

历史现象进行比较分析，从而发现许多新的结论"①。历史研究的目的是提供事实，对已经发生的历史事实进行归纳和反思，它有助于我们将现实的知识进行历史结构的还原，从而认识它在各个阶段的方法论意义及重要作用，因此，它主要回答的是教育知识的现状"何以如此"的问题。教育研究方法论的历史研究与教育史的研究不同，"教育史是考察人类社会教育现象的历史发展，并揭示教育这一特殊社会现象的历史发展规律；教育研究方法论的历史考察是通过研究作为理论形态的教育科学的产生、发展，揭示教育研究方法的历史演变规律，将历史上出现过的教育研究方法系统化、理论化"②，因此，教育研究方法论的历史研究的方法，主要注重对历史上产生的各种教育理论的比较和归类，关注历史教育研究的方法和思维过程，目的在于"通过历史过程的分析，揭示教育研究方法论发展的规律，最终把教育研究方法论置于今日时代、科学和教育学科发展的背景之下，发现教育研究中存在的问题及形成的历史因素，提出教育研究方法论的发展问题"③。在此基础上，历史方法对于教育研究的特殊使命就在于发现教育研究方法论的历史轨迹、发展阶段以及各个阶段的主要矛盾及特征规律，寻找到促进教育研究方法论发展的内部动力和核心要素，形成有效促进教育研究方法论机制创新和结构变革的重要认识。

如图 3 - 4 所示，在横向上，哲学方法、科学方法和历史方法相互支撑，构成了一个相对稳定的教育研究方法论的静态模式；不同研究主体依据研究对象和问题属性，对三种研究方法进行选择或组合，即对静态的方法进行动态的整合，使处于恒定地位的三种教育研究的方法具有了多重组合的变化，反映出复合性方法的形态特征，从而生成了教育研究方法论的动态结构。另外，三种方法依据背后强大的理论支撑（即哲学、科学和历史研究的新进展），经过高度融合、重组及创新，可以进一步丰富和完善教育研究方法论的体系结构、逻辑关系、内部机制，以灵活、可变的方式，推动教育研究方法论的总体变化。

---

① 王坤庆：《关于教育研究方法论的探讨》，《黄冈师范学院学报》2005 年第 1 期。

② 王坤庆：《教育研究方法论初探》，《教育评论》1986 年第 4 期。

③ 叶澜：《教育研究方法论初探》，上海教育出版社 1999 年版，第 20 页。

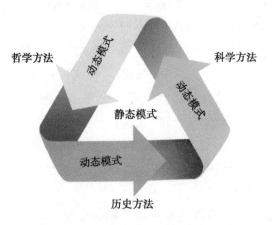

图 3 - 4　教育研究方法论的横向结构

## 第三节　教育研究范式的重构：概念、逻辑与结构

探讨教育研究方法论不能不研究范式，因为，在某种意义上说，方法论与研究范式是两个相互联系而又有区别的概念。就一般的理解而言，讲方法论就必须包含对研究范式的理解和运用，反过来也一样，对研究范式进行探讨也只能是在一定方法论背景下来谈。此处笔者主要是在方法论背景下对教育研究范式进行探索，目的是更进一步理解教育研究方法论问题。

### 一　对于"范式"内涵和"学科范式"系统化的理解

#### （一）科学"范式"的概念考察

"范式"（paradigm）是库恩（T. Kuhn）在《科学革命的结构》一书中首次提及的概念范畴，它最早被应用于自然科学领域中，通过对科学史的研究，发现存有"范式"这样一种科学的成就（或研究的基础），科学研究者之所以在"研究共同课题使用大体相同的语言方式和规则，是由于他们具有一种解决问题的标准方式，即范式"[①]，而真正的科学就是在某种范式的框架内展开的。因此，库恩认为，科学的发展不是直线式的，也不是认识的积累和进化，而是"跳跃式"发展的，以科学革命的方式进

---

① ［美］托马斯·库恩：《科学革命的结构》，上海科技出版社 1980 年版，第 377 页。

行。"范式"在自然科学中被认定是"一个特定社团的成员共同接受的信仰、公认的价值和技术的总和"①，故而"范式"与"规范"不同，"规范"的主体是"科学工作者"群体，而"范式"的主体则是"研究和实践共同体"（即科学共同体）。库恩强调，"范式"可直接理解为"科学共同体"，因为"一种范式是，也仅仅是一个科学共同体成员共有的东西。反过来说，也正是由于他们掌握了共有的范式才组成了这个科学共同体"②；另外，"规范"是科学工作者群体普遍承认的某种共同的规则，而"范式"则是在研究和实践共同体内部公认的实践基础和行为法则，综合体现为某种科学的成就。

库恩提出"范式"的概念是为了解释科学革命的发生，他将科学的历史划分为两个阶段："常规科学阶段和科学革命阶段"，他认为，"在常规科学阶段，科学家共同体成员遵循着共同的范式开展科学研究，科学在范式的约束下稳态发展；而在科学革命阶段，常规科学时期的范式遭遇到科学中'例外'的挑战，'不可通约'的原有范式为新范式所取代，旧范式的一致性消失了，科学发生了'范式转换'而进入到新范式约束的阶段。从总体上看，科学发展是新范式取代旧范式的过程，是不断的'范式转换'的过程"。③由此看，"范式"自身是有阶段性和层次性的，它起码表现为两种不同的状态：静态模式和动态模式。在常规科学的阶段，它主要是以静态模式对研究共同体的基本信念、价值观、规则及程序起到共同约束的作用，使科学研究在一个共同的框架内稳步运行；而在科学革命的阶段，范式则表现出"动态"的特征，对科学者观念和行为产生颠覆性影响，进入科学的范式变革及更替，以科学革命的方式，推动科学的快速发展。

从科学的范畴来理解"范式"最基本的内涵，主要表现为几个明显的特性：第一，范式是在研究和实践共同体内部公认的某种理论（一致性的观念、认识标准和行动规则），它包含着行为的方式，如研究过程、程序和方法，但它本身却不是技术层面的规则、程序及方法，而是制约和共

---

①　瞿葆奎：《教育学文集》（教育研究方法卷），人民教育出版社1988年版，第178页。

②　［美］托马斯·库恩：《必要的张力——科学的传统和变革论文选》，北京大学出版社2004年版，第189页。

③　张应强：《中国教育研究的范式和范式转换》，《教育研究》2010年第10期。

同作用于它们的某种"理论"，这是范式自身"优先性"的表现。第二，在常规科学阶段（静态模式下），科学共同体在接受了某种单一的范式后，将严格遵循和接受此种范式的规则和指导，在范式允许的范围内，积累性地获得或扩充科学的知识，并提高其应用的精确度，以不断丰富范式的内涵。第三，在科学革命阶段（动态阶段），范式表现出最高的方法论指令，其内部的不可通约性将完成新旧范式的更替，主导一个科学时代的产生。第四，范式的转换存在于同一事物的不同理论之间，而不同事物的不同理论则无法进行范式的转换，即"范式不同，不可通约"。

（二）学科"范式"的整体性认识和思维架构

库恩提出范式概念起源于研究自然科学，后来，人们将其延伸到人文社会科学领域。在人文社会科学领域，研究者对于"范式"的理解就宽泛得多，它可以是"存在于某一科学论域内关于研究对象的基本意向"；也可以"用来界定什么应该被研究，什么问题应该被提出，如何对问题进行质疑，以及在解释我们获得的答案时该遵循什么样的规则"；同时，它还可以表示某一"科学领域内获得最广泛共识的单位，我们可以用其来区分不同的科学家共同体或亚共同体"，它的功能在于"能够将存在于某一科学之内的不同范例、理论、方法和工具加以归纳、定义并相互联系起来"。① 人文社会科学领域的"范式"，在概念、内涵和功能上较自然科学领域来说，更为宽泛和灵活：从观念上来讲，它代表着研究共同体的某种公共信念；从思维方式来讲，它具有同一的方法论体系，并且在这个框架内，运行着某种方法和程序；从功能上讲，它是作为信奉它的研究者所共同依赖的理论基础和实践法则，在此基础上，产生了共同体内部通行的、较为公认的研究规则——理论思潮或学术流派。

站在具体学科的立场，根据某一领域特殊的研究对象，"范式"的理论可以在学科视域内进行适宜性改造，同时，也赋予了范式以新的内涵和规范。对于学科的"范式"，通常意指"某一科学共同体在某一专业或学科中所具有的共同信念，这种信念规定了它们的共同的基本观点、基本理论和基本方法，为他们提供了共同的理论模式和解决问题的框架，从而形成为该学科的一种共同的传统，并为该学科的发展规定了共同的方向"②。

---

① 周晓虹：《社会学理论的基本范式及整合的可能性》，《社会科学研究》2002 年第 5 期。

② 冯雯：《浅析教育研究范式的演进历程》，《安阳师范学院学报》2006 年第 3 期。

如此来看，组成一个学科的"范式"有几个基本要素：首先，组成信仰它的研究和实践共同体；其次，建造他们共同遵守的一套理论、规则和行为典范；再次，还需要有一个基本的理论框架，在复杂性的范式背景下来分析和把握具体学科的范式规则和动态，从而构建一个立体式的学科范式结构。对于教育学学科而言，教育研究范式的建立就需要放置在一个理论模型和框架结构中去理解，而不能仅仅从方法（技术）的层面来理解；需要建构一个关于教育研究立体式的方法论范式结构，从本体论、认识论和方法论的不同层面，来架构一个关于教育研究范式的层次结构，在区分静态和动态不同形式的系统性思维下，全面和深层次把握教育研究的范式结构和范式转换。

建立一个完整的学科范式结构，需要以系统性思维作为前提，在静态和动态两个不同维度，对学科范式进行考察。在静态上，我们需要建立一个整体的、处于方法论层面的范式结构，将学科范式按照抽象程度的不同进行分层，使范式在层次性的架构内来认识。在动态上，我们还需要发现和探讨具体范式的转换问题，以及处于某一阶段的范式是如何实现方法论变革的过程。从二者不同的认识角度来看，静态的范式是对学科内部结构和功能性的考察，它的核心是建立一个整体的学科范式的层次构架，使学科范式在不同层次上体现由宏观到微观，由单一到整体，由抽象到具体的关系结构，提升人们对范式理解的方法论认识功能；而动态的对于研究范式变化的考察，主要目的则是揭示某一学科的发展轨迹，通过对某一阶段人们在认识和行动领域对学科基本信念、基本方向的理解和把握，以及对学科内部的公共价值取向、言语规则的认同基础比较，来研究学科的动态发展的过程，以预测学科的未来和走向。

依据两个不同的认识思路，我们需要建立一个纵横交错的立体式学科范式结构：在纵向上，需要以"范式方法论"（paradigm methodology）为参照，主要探讨学科的理论基础和方法论功能，建立一个在"范式"范畴的理论模型和方法论结构，并从本体论、认识论和方法论三个维度，来回答"知识的本质是什么""现实的本质是什么"以及"认识者（研究者）与被认识者（研究对象）之间关系的本质"和"认识者应如何发现知识（解决问题）"① 等基础性、理论性和关系性的范式内涵。在横向上，

---

① 刘玉静：《高等教育管理研究的范式转换及价值重构》，《教育研究》2011 年第 10 期。

则需要对处于不同层次上的"范式"类型和转化过程进行历史考察，分析每种具体的"范式"对学科的动态影响以及"范式转换"为学科带来的是怎样一场方法论的革命。因此，我们研究某种范式的转换，"表面上看是一个学术共同体的研究重心或关注点的转移，而实质上是一门学科在不断完善自身的反映"①。学科范式的理解，既需要研究其认识思维的路径，又需要研究其认识发展变化的过程，从而找寻处在其中的学科发展的成就。

## 二　教育研究的范式结构

在对学科范式进行整体性认识的基础上，我们需要将"范式"以系统化的方式引入教育研究的范畴，具体考察"范式"在教育研究中的方法论层次、结构和功能，以及对教育研究所产生的方法论变革的影响。

（一）教育研究范式的纵向结构——范式方法论的层次划分

范式方法论，"是借用范式（paradigm）这一范畴在对科学研究的理论基础进行探讨时提出的一种方法论"②。范式方法论是一种关于范式理论的方法论架构，它自身的组成是具有层次性的，一般来说，它包含"元范式方法论、一般范式方法论和方法范式方法论"三个层次。③ 对于教育研究范式的探讨，我们一般是站在方法范式方法论的层次，从方法的角度来区分教育研究范式的类型、演进、转换及其功能。例如，将教育研究的范式按照方法的区别和对方法价值的认同划分为实证主义范式、人文主义范式、解释学范式、现象学范式、综合方法范式以及复杂性范式等。这种划分在具体的层面具有某种实用的价值，但缺乏对研究范式的整体性认识，缺乏站在系统的结构框架内，对教育研究的范式进行理解和功能的分层，从而使教育研究的范式处于单一性、简单化的认识，甚至对立的矛盾之中，或宽或窄地限定了教育研究范式的内涵以及所具有的方法论功能。

依据范式方法论的基本框架，我们可以将教育研究范式在方法论的结构框架内，按照方法论的不同取向（哲学取向、科学取向和方法取向）

---

① 王洪才：《论高教研究的四种范式》，《北京师范大学学报》（人文社会科学版）2002 年第 3 期。

② 孙锦涛：《西方范式方法论的反思与重构》，《华中师范大学学报》（人文社会科学版）2003 年第 6 期。

③ 同上。

划分为元研究范式、体系研究范式和方法研究范式三个层次。处于最高层次的"元研究范式"以哲学世界观为指导，基本任务是对研究的目的、价值及意义的确立，对教育研究方法论的核心进行价值判断，对教育研究的关系系统中主体与对象的矛盾进行范式的转换，以哲学的方式处理教育研究在思想意识方面的冲突，化解教育研究内外部关系系统的根本性矛盾。处于中间层次的"体系研究范式"是一种科学取向的方法论范式，它在"一般"意义上，为教育研究方法论提供理论基础，其目的和任务是建立一个科学的学科体系和思维框架，使教育研究在这个一般的（体系）范式下，实现对于独立学科的追求，加快提升学科的地位和发展进程，在科学与现实的评判标准下，构建教育普遍性和适用性的概念范畴、理论规范和逻辑体系，最终通过不同范式的转换，以化解科学理论与规范实践之间的矛盾冲突。处于范式方法论最基层的"方法研究范式"是一种技术取向的方法论范式，它关注的是方法和技术手段的选择，目的是寻找与研究对象相适宜（或合理性）的运行法则和运行方式，通过具体方法范式的转换，实现教育研究方法论整体的变革。

表3-2                                教育研究范式的纵向结构及其功能

| 结构层次 | 范式方法论 | 研究取向 | 方法论维度 | 功能 | 目的和任务 | 范式变革 |
|---|---|---|---|---|---|---|
| 第一层次 | 元范式 | 哲学取向 | 教育哲学 | 哲学基础 | 研究目的、价值、意义的确立 | 关系系统的范式变革 |
| 第二层次 | 体系范式 | 科学取向 | 教育科学 | 科学规范 | 建立学科体系框架，完善概念范畴和逻辑体系 | 理论与逻辑系统的范式变革 |
| 第三层次 | 方法范式 | 方法取向 | 教育技术 | 行动法则 | 找寻合理性的方法及运行程序 | 方法与技术的范式变革 |

（二）教育研究范式的横向结构——研究范式的转换

教育研究范式的三个层次中，每个层次在横向结构上又包含一些具体的范式（即教育研究范式的横向结构），这些具体的范式以动态的方式通过"范式转换"来实现该层次新旧范式的更替、观念与行为方式的改造，最终完成方法论的革命。横向的"范式"具有灵活性，它们既可以是非此即彼、不可通约的，以区分不同阶段的学科成就（学科范式的转换）或观念的冲突；亦可是并存的和相互影响的，用来区别不同的研究规范乃至不同学科，或者直接代替某一阶段、同一领域的研究共同体（如各种学派、思潮、观念等）。在此意义上，教育研究范式的横向结构既可以表现为某种"范式革命"，通过范式更替与转换实现方法论的根本性变革；也可以用来表达不同范式之间的重要区别，以体现方法论自身的功能，通过分析它们得以建立的哲学背景、理论框架及运行规则，从而作出重要的方法论指引，以实现方法论的根本变革。

在横向结构上，教育研究的具体范式具有三个基本特征：其一，灵活性。它既保留了自然科学范式核心的"规范性"内涵，又兼容了不同范式的独特性，将严格的"范式转换"（即不可通约性）进行了适用性改造，使范式可以兼容并包，丰富了范式的内涵——尽管这种改造在自然科学领域是不被允许的。在自然科学领域，"自然科学家相信一个范式取代另一个范式代表了从错误观念到正确观念的转变"，因此，它们之间是不可通约的；但在人文社会科学领域，则可以较为灵活地处理，这种"范式更替模式与库恩所说的自然科学并不相同"，"理论范式只有是否受欢迎的变化，很少完全被抛弃"，"范式本身没有对错之分；作为观察的方式，它们只有用处多少的区别"。① 这种灵活性，使得教育研究的范式内涵更加丰富，包容性更强，避免陷入非此即彼、思维僵化的对立矛盾之中。其二，发展性，每一次范式的变革从学科发展的角度上看，都是一次学科自身演进与蜕变的学科发展史，每一个新的范式都是学科发展的一个重要节点，反映着学科在不同历史阶段的观念、价值取向和行动规范。往往一个新范式取代旧范式就预示着一个新学科时代的产生，因此，每一个范式都代表一部教育发展史。我们仔细观察每个范式从产生到裂变、再到被一个新的范式所取代的过程，便可以清晰地感受到学科发展进程的速度、规模和程度，为构建一个完整、科学的学科体系奠定方法论的理论基础。其三，生成性，教育研究范式的转换并不是一个严格意义上新旧更替的过程，而是在新旧范式不断地循环交替中，以主流的价值观念为导向，反复质疑、修正单一化、对立化思维，从而建立一个完整性、系统化思维的生成过程。因此，一个新的范式在教育研究领域并不具有绝对的统治性和权威性，而是具有自觉的反思性和建构性，是经过反复的价值追问、实践验证之后的价值判断和取舍的过程，具有动态生成和主动更正的范式特点。基于以上特征，教育研究范式的横向结构就分别在元研究、体系研究和方法研究三个不同维度，具有了不同的范式结构和形式，它们或是以观念更

---

① ［美］艾尔·巴比：《社会研究方法》（上），华夏出版社 2000 年版，第 57 页。

替为特征，或是以学科进程为主导，或是以技术手段变革为依据，分别实现不同形式和功能的方法论价值。

1. "元范式"的横向结构

在哲学研究的范畴，元范式（metaparadigm）探讨的是范式的哲学理论基础问题，它的横向结构根据诺斯维尔（R. Rothwell）在《哲学范式和质的研究》中，按照西方的哲学传统将其划分为客观主义元范式和阐述学元范式两种，前者包含实在论范式、唯理论范式、实证主义范式和逻辑实证主义范式；后者包含现象学范式、存在主义范式、解构主义范式、新实用主义范式和解释学范式。①

客观主义元范式是实存于人外部世界的社会实在，它的作用在于人通过认识去发现、揭示和把握处于人之外的客观现实，需要借助有效的、适用性的手段（或方法），如通过观察、测量等，利用客观的数据得出有关事实的结论，以揭示和证明客观的存在。面对这样一种历史和社会现实，研究者必须处于客观世界之外，通过主体对客体的认识和把握，从而改变某种客观的现实。在此意义上，"客观主义的范式"实质上是一种"科学主义的范式"，它强调处于人外部世界的客观现实，强调保持价值中立，需要借助工具手段对研究进行事实判断。因此，客观主义元范式在哲学本体论、认识论和方法论中秉承的是一种"主体——客体"式思维（主客二分），它把世界置于人（本体）之外，将其对象化，并以"我"为主体，以"他者"为客体，凭借主体对客体的认识、把握、征服来使客体"为我所用"，从而达到主体与客体的统一。在此思维结构框架下，客观主义元范式体现为以下几个特征：第一，外在性，强调客观事物存于"我"（主体）之外，思维与行动是分离的，主体与客体的关系是对立统一的；第二，主观性，强调人的主体地位，外部世界是被认识和被征服的对象；第三，工具性，即人与对象世界必须通过某种客观的认识工具，如掌握普遍性概念或客观规律，通过某种研究方法、工具或手段等，来实现主体与客体的统一。

诺斯维尔又进一步指出，客观主义的元范式主要用于自然的世界，并不适用于对社会与人的研究。因此，在人文社会科学领域，还需要有一个与之相对应的元范式，来探讨处于人内部的生活世界。他将这种范式表述

---

① J. Higgs, *Writing Qualitative Research*, Sydney：Hampden Press, 1998：pp. 321 – 328.

为"阐释学元范式"，即认为：在人的世界中并不存在某个纯粹的客观事实，只存有一个价值的事实，对价值事实的判断标准在于人的内部世界，需要通过语言和意义符号对人的内心和行为进行理解和阐释。在此意义上，"阐释学的元范式"就具有了某种"人文主义范式"的特征，它关注的是人的自我意识的发现和理解，探讨的是人如何通过设定一个价值的标准来认识自我，从而建构人生活世界的全部过程。此哲学传统下衍生的各种范式，如现象学范式、存在主义范式及解释学范式等，都将生活世界看作人内部的系统和行为方式，人认识世界的过程就是揭示其生存意义、进行价值判断的过程。因而，阐释学元范式在哲学本体论、认识论和方法论中的思维结构表现为"人——世界"式，即世界与人必须处于同一结构的内部关系之中来认识，人与世界不是对象性的、相互独立的关系，而是相互融合、相互依存、共同构建的关系。在此，阐释学的元范式的基本特征就表现为以下几点：第一，内置性，即人与世界的关系是相互内置的，人存在于生活世界之中，生活世界的意义需要人在表达自身、揭示自身的过程中得以阐释；其二，包容性，人和世界是平等、包容、共处和互动的关系，而不是必须依靠工具系统来认知和改造的过程，人自身就是沟通的工具，由此，语言被作为理解和阐释意义世界的一个重要的实践工具；其三，共一性，人不仅仅是作为具有认识和改造功能的客观实体，而应被视为一种生命的存在，人与外部事物共同构成了一个有机的整体系统——即人的"生活世界"，人的思维和行动正是在对生活世界的感知和实践中被统一起来的。在由"客观实在"向"意义世界"的转向中，客观数据不再被作为研究的唯一尺度，因为现实就存在于人的意识之中，人对现实的揭示就在于对人自身意义与价值的揭示，在此基础之上，意义的表达成为人理解和解释世界重要的行为方式。（见图 3 - 5）

在教育研究中，依据人与外部世界、人与自身的关系认识，客观主义的元范式和阐释学的元范式突出表现为两种根本对立的哲学范式，即科学主义范式和人文主义范式。教育研究的发展路径就是在两种范式的根本矛盾和对立关系中此消彼长、交替运行的。

"科学主义"是以近代自然科学的飞速发展为历史背景而建立的思维法则与行为典范，是"依照数学物理学的认识模式所做出的认识论方面的提升，并以理性自我意识作为哲学思考与建构真理的基点，以客观性、必

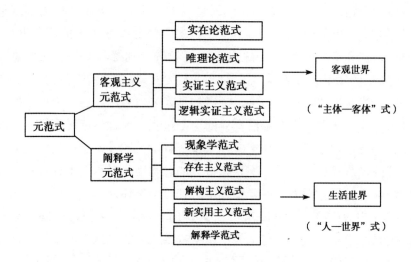

**图 3 – 5　元研究范式的结构组成**

然性作为知识标准的理论模式"①。整个近代西方哲学对于教育研究的影响，就是以科学的认识原则和行为准则为标准，将其抽象为一种普遍的哲学观和认识基础，并作为对教育知识和教育现象的解释依据。科学主义的方法论原则，强调客观方法的普遍适用性，主张运用观察、实验等经验方式，来把握事物的客观规律。19 世纪中期，由孔德、斯宾塞等建立的以经验和科学为基础的"实证主义"哲学，作为对科学主义范式的进一步诠释，成为一种规范科学的研究典范；梅伊曼和拉伊创立的实验教育学、桑代克开展的"教育心理学化"运动，以及涂尔干等社会学家把教育作为社会事实的认识，都是将科学主义的客观法则运用于教育研究的实证典型。在科学主义的范式下，"教育心理学、实验教育学、教育社会学、教育统计和测量等教育科学相继发展起来"②，教育研究成为以自然科学实证主义为主导的思维模式。

　　科学主义的研究范式承认，有一个客观教育事实的存在，认为教育研究对象具有客观性和可预测性，因此，它们的目标是建立一个纯粹客观的、普遍的教育法则，对教育现象进行对象性认识，追求研究的量化标准

---

　　①　陈嘉明：《从科学主义到非科学主义——现代西方哲学的范式转换》，《复旦学报》（社会科学版）1995 年第 2 期。

　　②　冯雯：《浅析教育研究范式的演进历程》，《安阳师范学院学报》2006 年第 3 期。

和精确性，是一种剥离了价值的教育事实，主张以量化的方式开展教育研究。从科学发展的大背景看，西方社会的进程就是依靠自然科学的进步摆脱中世纪的束缚，取得物质文明的巨大发展的。因此，"近代科学的长足进步，改变着人们对世界的认识，从而科学的观念被提升为世界观，包括对'人'本身的认识；'理性'这一人的代名词也基本上被等同于科学认知的能力，科学几乎成为新的'上帝'，它迅速填补着由于宗教影响的不断减弱而出现的某些精神真空。自然科学的观念不但支配着世界观、价值论，而且还支配着方法论"①。教育研究的科学主义范式，作为一种普遍的认识规律，逐渐上升为世界观和方法论层面的哲学基础，作为一种思维方式存在，成为指导教育研究的根本法则和质量判断的统一标准。

在一定程度上说，科学主义的范式推动了教育研究"科学化"进程，它关注教育现象，使教育研究在过程与方法上具有了严格的规定性，为研究中客观化标准的建立提供了思维的导向。然而，"在适合于理解自然实在和适合于理解个人精神生活的两种研究之间，存在着天壤之别。'人'不是'科学的主题'"②。科学主义范式的教育研究虽然致力于普遍知识和客观事实的把握，但在其运行中，要想保持价值的中立是不可能的。首先，自然科学的研究对象与社会科学的研究对象具有根本差异，尤其是教育科学，它的对象是以人为根本指向的，人的研究远比对自然实体的研究要复杂得多；其次，教育研究不但具有工具理性，还具有价值理性，人作为一种价值的动物，任何与人有关的研究都不可能摆脱价值的预设和选择，价值特征是以人为研究对象的学科领域的根本特征，排除价值性因素实际上排除的是人思维的批判性和否定性，教育研究因此而丧失了主动反思和自我觉醒的自知力；再次，量化的标准使教育研究成为一种机械的生产过程，研究对象作为等待加工的材料，使教育研究陷入一个完全被动的、毫无生命力的、可以无限重复的循环之中，在程序化和僵化的研究状态里，丧失了主动批判、生成、反思等基本功能。

在对科学主义范式的反思和批判中，人文主义范式应运而生。人文主

---

① 陈嘉明：《从科学主义到非科学主义——现代西方哲学的范式转换》，《复旦学报》（社会科学版）1995 年第 2 期。

② ［英］理查德·普林：《教育研究的哲学》，李伟译，北京师范大学出版社 2008 年版，第 31 页。

义范式是 20 世纪中期兴起的一种哲学思想，最早源自康德，他将世界区分为"现象世界"和"本体世界"，认为现象世界与科学认识相对应，本体世界与人的道德相对应。在他的纯粹理性的概念中，包含着理论理性与实践理性两种成分，这就使得理性摆脱了现象的束缚，将人内心"自由"的部分抽象出来，作为一种价值理性而存在，并付诸道德来实现。随后，新康德主义进一步延伸了康德的观点，他们从反对实证主义的事实观念入手，从价值取向上对世界进行了细致区分，认为自然科学领域是以"事实世界"为主导的，而人文社会科学领域，则存在着另一种世界，即"价值的世界"，前者实施的是客观的标准，后者则是依据人的目的和价值取向建立的意义的世界；前者重在"说明"（explanation），后者重在"理解"（understanding）和"阐释"（illumination）；前者遵循着"因果决定论"的法则，认为研究对象是客观存在的、等待被发现的实存之物，而后者则是建构性的，关注人的意识世界，需要通过理解和阐释，揭示对象的本体意义。

人文主义范式在根本上关注的是人的存在和意义的建构，强调事实研究要以价值判断为背景。教育学，在本质上是最直接关涉"人"的学问，其理论前提必然是对"人是什么"的问题的反复追问，对"人"自身进行一种形而上的思考；而科学主义的危机恰恰就沦陷于事实世界之中，丧失了对于"人"意义与价值世界的主动构造——它将工具理性作为唯一科学的标准，将价值排斥在研究主体之外，势必会导致教育的机械论，而研究者一旦陷入价值的迷失，也必会导致整个社会与文化权利的迷失，教育主体无法作为一个"自由人"的身份出现，被迫让位于客观的事实，从而简化为一种可操控的程序系统机械地运行。在此现状下，教育研究科学主义的迷失带来的种种人性危机、社会危机、文化危机迫使人们开始反思、重估那些对教育来说极其重要的判断标准，通过对价值进行还原，最终实现了教育研究方法论在元范式层次的第一次转向。

"人文主义"范式在对"科学主义"范式的批判和超越中实现了哲学基础的互换，这是一场元范式层面的哲学基础和思想武器的范式转换，以精神科学、现象学、存在主义、解释学等为代表的哲学思想的流派，开始占据教育研究思维的主导地位，研究者开始了对于教育复杂性问题的思考，并将教育还原于生活世界之中，在一个新的框架内阐释自身、创造自身。"人文主义范式在本体论上强调一种整体观和相互联系的观点；在认识论上否认价值中立，强调主客体的关系是一个互为主体、相互渗透的过程；在方法论上强调深入现场，发挥研究者的'前见'作用，对被研究者的意义解释系统进行再现和建构。"① 在此基础上，教育研究必须关注人的生活，关注人的存在与发展，从而具有了鲜明的实践取向。在人文主义范式背景下，质的研究方法被赋予了权威的地位，作为一种实践取向的研究方法，它极为关注现实的问题，关注人的主体性以及人和人之间的主体间性，实现了教育人性的回归和价值的重构。

科学主义范式和人文主义范式从哲学基础看，是不同世界观主导下的思维产物；从发展背景看，它们分别处于不同的历史时期，又是整个社会和文化发展阶段的产物。它们的区别在于哲学基础、思维方式和目的、手段的不同，若将它们放置在一个大的思维框架中，它们的逻辑起点却是极为一致的，即它们都是以"社会——人"为研究框架而提出的前提假设。教育基本理论有两大核心问题：教育与人的关系（内部关系系统）、教育与社会的关系（外部关系系统）。站在"教育与人的关系"立场，人们将教育研究的对象视为"人的发展"的问题，将目光聚焦于"人"自身，关注对人身心发展规律的探寻；立足"教育与社会的关系"视角，教育研究就更关注于客观存在的教育现状，将研究对象视为已存在或已产生的教育现象、教育问题、教育事实等，来研究教育发展与社会影响之间的辩证关系。对于前者来说，教育研究是围绕教育与人关系而开展的"内部研究"；对于后者来说，教育研究则是围绕着教育与社会关系而展开的"外部研究"。二者虽在形式上区分了与教育联系极为紧密的关系系统，但这种区分本身，也将教育、人、社会视为一个相互独立的系统，教育处于人及社会系统之外，被作为某种工具价值而存在，使教育丧失了本体论的功能。

"社会——人"的思维框架的基本假设是：教育要满足和服务于社会发展的需要，培养能够创造社会（经济）财富、推动社会进步和生产力发展的"人"。在此基础上，确立了"知识教育观"作为教育的思维形式和根本手段，以帮助人们掌握适应和改造社会所需要的知识和技能，并通过"知识传授"的方式来实现社会对人才的需求。在这种观念的导向下，在教学领域，人们关注学生"认知结构"的发展，教学过程被作为一种

---

① 刘玉静：《高等教育管理研究的范式转换及价值重构》，《教育研究》2011 年第 10 期。

"特殊的认识过程",其目的是获取相应的"科学知识",教育方法也被简化为有效获取知识应该采取的"技术性"手段,无论教学的目的、过程还是方式等都围绕"学习的效率"展开,教育质量的标准也仅用"掌握知识的效果"来判定,以具体的数字来衡量,从而产生了"社会——人"框架下特殊的教育产物——"应试教育"。而那些真正处于人精神内部的(如道德、品性和修养等)衡量一个人精神价值的成分,或简单地被量化或根本忽略不计。这种观念反映在教育研究领域,种种实证的、量化的研究方法被作为唯一科学、有效的方式而被广泛推崇,人们更为关注那些客观存在的教育现象、教育事实,并采取统一的方式去观察、说明和验证,通过揭示知识传授与人发展之间的规律,来进一步阐释教育与经济社会发展的辩证关系——那些掌握科学知识之外的剩余的部分,如教育信念、教育理想和教育观念等,则在研究过程中被"悬置",以避免造成具有主观倾向性的严重"后果"。

在"社会—人"的框架下,无论是科学主义范式还是人文主义范式都是以教育在多大程度上促进了社会发展的能力或水平来衡量教育质量或研究效果的。其中,"人的素质内涵主要以社会的要求为参照系,政治素质、思想素质、科学素质取代了人的主动性、创造性、反思性、批判性等这些对于个体而言更本质、更具体的内涵",教育并不具有独立的价值,人本身也不作为教育的最终归宿,"这种通过知识传授来培养人才的前提假设,反而缩小了教育的内涵,出现了教育失真、失善、失美的现象"。[①]人成了发展的工具,而非直接目的,教育研究无"人"存在,只有作为工具的"人"在辅助加工和复制社会的"产品"。被广泛运用的实证统计方法,对教育在社会现象中问题、矛盾的科学性研究,对于教育规律的探寻等,都将一个复杂系统的教育现象作为一种简单的社会现象来加以解释,割裂地看待教育与内外部关系之间的矛盾和问题,在本体之外关注人的存在与发展。由此,教育研究成为帮助实现人"社会化"的一种手段,探讨以何种方式促使教育者能够在教育活动中满足培养"社会人"的质量需求。

这种思维假设实际上隐含的是一种经济基础与上层建筑之间矛盾关系的假设,在物质与精神的对立中,教育作为上层建筑,其自身实践的本质

---

① 刘玉静:《高等教育管理研究的范式转换及价值重构》,《教育研究》2011年第10期。

被剥离在人类的创造性活动之外，丧失了其作为一种物质性存在的独立性本质——教育往往作为一个工具系统，被视为社会发展的"助推器"，教育与社会的关系陷入简单的"反映论"及"经济还原论"的观念之中，极有可能被沦为社会意识形态和权力斗争的工具，使教育丧失主体性，最终游离于本体价值之外。——"人"在其中，所谓的发展是有限的，而非以"自由人"的形式表现出丰富而多样性的人的发展内涵，这就大大窄化了人对自身发展的需求与从根本上改变人自身的精神需要。然而，着眼于自身，人并非仅是一种现实性的存在，更重要的还作为一种"发展性的存在"获取本体价值，以超越自身的有限性；教育，恰恰也不是作为帮助人适应当前社会发展的现实性的手段和工具，应该成为着眼于人的未来，帮助人超越自身有限性需要的载体。因此，人作为一种"发展性存在"，其自身只能是目的，而非手段。

对于教育来说，"一切现实的规定性只能规定人的现在，而不是去决定他的未来。理想的教育并不是要用现实的规定性去束缚人、限制人，而是要人从现实性看到各种发展的可能性，并善于将可能性转化为现实性；它要使人树立起发展和超越现实的理想，并善于将理想付之于现实。培养一种理想与现实相统一的人，这才是教育的宗旨"[1]。在以社会需求为导向的教育世界里，人无法摆脱社会的主导，其自身必然受到社会影响的束缚而无法澄明自身。因此，教育与自身的关系需要从一个新的维度来重新思考和厘定，从一个整体性的角度来重新认识教育的目的和功能。至此，在人对自身和教育终极意义的反思和重构中，一种新的思维架构——"文化——人"的架构应运而生，出现了教育研究元范式层面的第二次转向，即"文化学范式"的转化。

文化学范式是以文化哲学、文化人类学等为理论背景而产生的一种新的教育研究范式。它可由多种形式表达：在观念上，它表现为一种世界观；在思维模式上，它形成了一种新的思维方式和逻辑基础；在理论形态上，它作为一种新的文化模型，转换了以往以社会价值为导向的研究框架，建立了一种新的研究范式——文化理论视角的研究范式，深刻阐明了人的文化习性对教育、人和社会发展的根本影响，在文化的根本属性中，将三者进行了深层融合。在此基础之上，教育不再是为了满足社会的需要

---

[1]　鲁洁：《论教育之适应与超越》，《教育研究》1996 年第 2 期。

而展开的将人——社会化的某种手段，而是为了满足人自身需要所创建的文化历史；教育研究也不再是着眼于"社会现象"而展开的对于教育客观事实的把握，而是促使人具有精神生命和种族信仰的一种"文化活动"。由此，教育便具有了自身的"本体"，而不再作为某种"现象"的存在。教育对人发展的功能通过文化的繁衍与创造，以"文化人"的方式付诸实践；文化的选择性和文化的适切性问题由此将替代"社会的需要"而被置于观念的核心，人作为一种"文化存在"，获得了自身就是目的而非手段的本体论价值。

文化学范式理论的形成，深受文化哲学和文化人类学的影响，正是在此基础上，"文化学范式"才得以不断生成和构建自身，并取得了极为深刻的内涵。首先为文化学范式提供思想武器的是文化哲学理论，文化哲学详细探讨了文化的本质、概念、意义和范畴，在本体论的角度，对文化与人的关系进行了深入诠释。文化哲学是将人的理性世界拉回生活世界的一种自觉的道德性回归，康德最先区分了两种不同的文化类型：技术文化和教育文化；在此基础之上，又进一步对文化和文明进行了区分——"他把外部的、技术上的文化类型称为文明，而把无条件的道德自由、理性的自由选择和人的完善称为文化——教育文化。而只有文化（教育文化）才决定我们人的生命价值，保障人的道德进步，使人具有人格、自由和尊严，使人真正成为'人'"。① 在此认识基础上，"人"成了教育的出发点和归宿，教育本身就是文化，它具有根本的文化属性。教育中人的行为、现象也都能够用文化的观点来解释："教育的目的"不再是培养社会主义的"建设者"和"接班人"，而是培养文化的"继承者"和"创造者"；"教育的本质"也不再表现为鲜明的"政治本质"和"社会本质"，而是一种"文化本质"②，教育自身由追求工具价值转变为追求本体价值；"教育过程"也不再只是特殊的"认识过程"，而更是人与文化之间相互建构的过程；在对"教育功能"的认识上，教育研究也将教育的政治、经济问题自觉转化为文化问题，从人"文化生存"的角度建立起教育与社会、教育与人发展的整体性联系，创设了教育基本理论建设的第三条道路——

---

① 张应强：《中国教育研究的范式和范式转换》，《教育研究》2010 年第 10 期。

② 陈伟：《多学科视域中"高等教育"范畴研究之述评与新探》，《湘潭大学社会科学学报》2001 年第 1 期。

"教育的文化研究"路径①，并在理论上确立了教育学的"文化性格"②，实现了教育研究重要的方法论转向。与之相应的教育研究，亦将目光从人的认识领域和理性的逻辑转向人之生存的意义世界、价值世界、人文世界，重在揭示教育如何以文化的方式建立起与人的行为相互关联的价值规范体系和社会运行机制，"建立起一种回归生活世界的哲学理解范式和一种以文化模式的演进为深层机制的历史解释模式"③。

为文化学范式提供实用模型的是文化人类学。文化人类学具有一套严密的研究方法，即田野工作法、民族志的撰写和文化理论建构。其中，最具有标志性的方法——田野工作法，为教育研究回归生活世界、开展微观叙事提供了一种新的行动方式。"田野工作是一个收集资料的过程，资料的收集，是通过访谈、观察、体验等不同的方法来获得的，这样就要求要尽可能获得真实的第一手资料"，田野工作一般采取"定量与定性相结合的方法"，往往"用文献法了解历史背景，用个案法实地观察体验，深入挖掘，做小的 case study（个案研究）"，并且"要把几种方法综合起来使用，力图了解真实情况，获得第一手真实的东西"，同时，还需要进行"理论建构"，"这种理论建构能够提出一个同样人类群体，或者整个人类面临的深刻问题"。④ 教育研究的文化学范式转换具有科学精神和人文关怀的双重价值，研究者所持有的文化观和独特的"田野作业"的行为手段实现了教育研究从"书斋"到"田野"的转变，是教育研究从认识世界转向生活世界的重要标志。在向"文化学范式"转换的过程中，教育研究避免了与现实相脱离的种种质疑和危险，使研究工作从一个"封闭"的系统中走出来，进入对人生存需要的关注，将"宏大叙事"转为具体的生命关怀，将"教育生活""教育世界"引向研究对象的范畴，使研究处于一个较为开放的系统中，以主体的方式去描述和阐释作为文化意义的"人"的教育过程。

---

① 董标：《教育的文化研究——探索教育基本理论的第三条道路》，《华东师范大学学报》（教育科学版）2002 年第 3 期。

② 石中英：《教育学的文化性格》，陕西教育出版社 2007 年版，第 187 页。

③ 衣俊卿：《文化哲学——理论理性和实践理性交汇处的文化批判》，云南人民出版社 2005 年版，第 2 页。

④ 巴战龙、滕星：《人类学·田野工作·教育研究——一个人类学家的关怀、经验和信念》，《中南民族大学学报》（人文社会科学版）2004 年第 2 期。

　　具体来说，文化学范式对于教育研究方法论的启示主要在于几个方面：

　　第一，教育研究的认识论从二元对立和价值中立的思维中解放出来，教育的主体不再是抽象的人和作为工具的人，而是生活世界中具有生命的人、具体的人；人的发展也不再具有社会的规定性，而是具有了文化的创生性。"教育"这种实践活动，"在宏观层次上是人类世代参与其中的、对思想文化自觉的选择和传承活动，在微观层次上是实践主体'以文化人'促进主体发展的交往活动"。①

　　第二，教育基本理论范畴的两对基本关系：教育与社会发展的关系（外部关系）、教育与人发展的关系（内部关系）将被整合为一组关系，即教育与文化的关系。这就在一个整体性的视域内，将教育与社会的关系、教育与人的关系隐含在教育的文化属性之中，集中反映为一种"文化的规定性"，社会与人通过文化而统一起来。在"人——社会"的框架中，社会是人的主导，教育培养人的价值体现在社会的需要层面，忽视了"人创造了人与人之间的关系，创造了社会这种人的存在方式以及相应的社会制度"，忽视了"社会的本质就是文化"的事实，而恰恰"人的'社会化'过程，其实就是人接受某种文化以及为文化所接纳和适应文化的过程"②的本质规定性。在此基础上，教育的文化性格在本体论意义上被确立，教育随文化的多样性表现出复杂而丰富的内涵。

　　第三，教育研究在对象性领域，具有了层次性。在实用的层面，它是基于一种"文化事实"的研究；在抽象的层面，它是一种发掘"文化价值"的研究；在更为广泛的意义上，它则是一种基于人生活方式的研究，旨在考察人作为一种"文化存在"，教育应以何种方式来满足自身的某种文化需要，以及依赖其规则生存的人自身该以如何为自己的持续存在做准备，并为其社会成员提供有秩序的生存方式，从而丰富人的精神生活，创造一个文明的社会。

　　第四，文化学范式为教育研究开拓了一个广阔的研究视域，从一个新的角度，衍生出一些以往教育从未涉及又对教育自身来说十分必要且极为重要的问题，如"教育领域的国家主义与民族主义之争、经济文化类型理

---

① 冯向东：《教育自身：教育学学科立场与理论的基石》，《教育研究》2013 年第 7 期。

② 张应强：《中国教育研究的范式和范式转换》，《教育研究》2010 年第 10 期。

论与教育变迁、文化传承与教育选择、文化变迁与教育发展、文化差异与教育公平、社会流动与移民教育、地方性知识与课程建构、文化认知与双语教育、经济全球化与多元文化教育等"问题①，使教育研究从工具理性的思维模式中解脱出来，关注人的现实存在问题和文化价值问题。

在这种从思想到认识行动的变革中，教育研究的元范式在横向结构上就具有了三种范式和二次范式的转换：人文主义范式在批判科学主义范式缺乏教育的人文关怀和价值基础上实现了教育研究元范式的第一次转换；而文化学范式则在批判基于"社会——人"框架下的前两种范式的本体性缺失中，提出了"文化——人"这一新的研究框架，在新的框架下，教育研究在本体论、认识论和方法论上取得了重大突破和思维转向，最终得出，教育的主体是文化的主体，"教育是整体文化的经验生成"②的重大的结论，实现了教育研究元范式的第二次转换。在三种范式的二次转换中，教育研究的元范式还经历了从政治、经济到文化的观念转换历程，经历了由关注事实、价值到关注存在的认识论转换历程，经历了由割裂性地看待教育的内部、外部关系系统（二元对立思维）到整体化思维的转换过程，经历了由人、教育现象、教育事实、教育问题等现实存在对象到教育生活、教育世界、教育存在等可能存在对象之间的复杂性思维的转换过程。

在一个新的理论基础上，教育研究将教育、人和社会整合于"文化"这一范畴之中，使得"无论是社会还是人，在本质上都为文化所规定，实际上都是一种文化存在。文化、教育、人是以人的自由全面发展为目的而相互作用、相互规定的；人的价值、教育的价值，是一种文化价值，是通过文化来体现的"③。教育研究则体现为一种"文化建设"，它不仅是作为对某种文化的继承和批判，更重要的还需要对文化进行创新。这种认识论的转向，使人的发展不仅具有了"现实性"意义，更具有了"发展性"内涵，深入诠释了"人是目的而不是手段"的重要的教育本体论前提。教育这一实践活动，在文化的概念和范畴里，最终得以澄明自身，从而进

---

① 滕星、巴战龙：《从书斋到田野——谈教育研究的人类学范式》，《西北师大学报》（社会科学版）2005年第1期。

② 王凌霞：《教育研究中文化研究路向的回顾与反思》，《邢台学院学报》2003年第1期。

③ 张应强：《中国教育研究的范式和范式转换》，《教育研究》2010年第10期。

一步回答了"何谓一种文化存在","教育在什么意义上赋予了人文化的规定性",以及"它在多大程度上帮助人完成了自身文化创造的历史使命"等一系列价值命题的追问。正如康德所言,"惟有那些能够作为最终目的（我们从人类方面把它赋予自然界）的东西才是文化……人的个体的世俗幸福,以及人作为主要手段在无理性的外部自然界中建立秩序与和谐这一单纯的事实,都不能称为文化"①,文化学范式作为一种研究纲领,它深刻影响和指引着研究共同体的价值观、规范和行动方式,从而为教育研究开辟了一个崭新的研究视域。

表3-3　　　　　　教育研究"元范式"的横向结构与范式转换

| 元范式 | 思维框架 | 关系系统 | 研究对象 | 认识基础 | 研究方式 |
|---|---|---|---|---|---|
| 科学主义范式 | "社会—人" | 外部关系 | 教育现象、教育事实、教育问题 | 事实世界 | 量化研究 |
| 人文主义范式 | | 内部关系 | 人的发展 | 价值世界 | 质性研究 |
| 文化学范式 | "文化—人" | 整体性关系 | 教育生活、教育世界、教育存在 | 本体世界 | 量与质相结合 |

2. "体系范式"的横向结构

体系范式关注的是"学科体系"的建构问题,它是以建立一个科学的教育学框架和理论体系为主要任务的方法论研究范式。将一个学科由独立性阶段引向成熟性阶段,并化解科学理论与规范实践之间的矛盾,实现研究范式的转换,是该层次研究范式对教育研究方法论的重要意义,它为教育研究的发展提供了科学的理论依据。教育研究的"体系范式"经历了学科发展的两个不同的历史阶段:"一般范式"阶段和"实效范式"阶段。"一般范式"阶段以赫尔巴特《普通教育学》的建立为标志,在此阶段,学科取得了独立的地位;"实效范式"阶段以各类"分支学科"的建立为标志,使学科的体系由"单数"转向"复数",实现了两种范式的转换,使教育学学科的发展由追求"独立性"转向"多元化"的发展路径。

在"一般范式"阶段,教育研究的主要任务是确立教育学的学科地位,建立一门独立的教育学学科体系和概念范畴。一般来说,判定一门学

---

① 范进:《康德文化哲学》,社会科学文献出版社1996年版,第47页。

科是否具有"科学的"独立地位和学科标准主要在于三个方面：对象、方法和体系（概念系统和理论体系），其中，是否具有独立的"概念体系"是一个学科得以存在和发展的理论前提，也是教育学学科区别于其他学科的根本标志。教育学学科真正建立是在 19 世纪，同其他学科相比，起步较晚。在创立之初，构成教育学学科知识的来源主要有三个维度：第一，历史教育实践（教育经验）的提升、抽象和系统化，形成了近代教育学科知识的经验基础。从近代教育学学科意识的萌芽到赫尔巴特学科思想形成的这一阶段中，夸美纽斯（17 世纪）可作为此阶段的起点，其《大教学论》的出版，是以"实践"为参照的教育学论著，首次从哲学的思维框架中解脱出来（之前的教育研究都是从哲学开始、从其他学科进入的），根据他对教育问题的研究，以及他对学校教学、管理的经验，形成了最初的教育学知识和体系框架。从教育知识形成的背景来说，夸美纽斯教育理论的产生，与当时欧洲对普通教育、义务教育的关注，大量的人需要接受最基础性的知识的教育需求是紧密联系的，因此，面向教育实践的"教育学知识"和"把一切知识教给一切人的全部艺术"才以一种特殊的方式，充实、改变和促进了教育学的发展，为教育学学科的独立奠定了实践的基础。第二，特殊时代和社会的变革引发了人们对于人的生存状态的思考和思想革命的强烈意识。此阶段的代表人物是卢梭（18 世纪），从其著作《爱弥儿》的第一句话"凡是自然的东西都是好的，一切到人的手里就变坏了"，就足以反映他非常强烈的反社会倾向，因此，这个阶段的教育就是要改变人的生存环境和受教育的状态，主张让人脱离社会而完全回到自然之中，依据人自然成长的规律来培养和塑造人。从某种意义上说，卢梭的教育思想标志着"个体教育学"的诞生，他将个体成长作为教育的一个核心问题，这深刻反映了 18 世纪所面临的是怎样一场深入的社会变革，以及人在变革中的个体觉醒、个体独立和个体自由所存有的强烈愿望。卢梭《爱弥儿》对于教育学学科独立的启示，就是它阐明了社会变革强烈的、集中的影响对于个体发展需求的重要性和对人思维的震荡，人无法离开社会而生存，面对社会变革，教育本身不是是否关注和顺应社会变革的需要，而是要作出正确的价值判断——即这种变革是否反映了人类社会发展的方向，是否反映了对人的更多的关注和尊重，是否反映了对人自身发展的强烈需求。第三，哲学体系的变化对教育产生了一些新的思考，为教育提出了一系列新的问题，教育在理念、内容、思想和方法上需要进一步发生变化。此阶段的典型人物是康德（19世纪），他从自身哲学思想出发，由对人（主体）的关注，引发了对教育的关注，写成了他唯一的一部教育著作《康德论教育》。在哲学领域，康德对于哲学史的贡献在于他实现了哲学由本体论向认识论的转换，完成了从"世界是什么"到"人何以认识世界"的思维方式的转换；而对于教育的认识，康德的贡献则主要在于：首先，他认为"人只有通过教育才能够成为人"，"除了教育从他身上所造就出的东西外，他什么都不是"①，这是他在《论教育》中最为核心的观念；其次，他区分了两种人类最难的艺术，即统治的艺术和教育的艺术，并认为教育是人类面临的最大难题，教育的价值就在于"使孩子比父母好"，而达到这个目的的根本，就是要让教育成为一门学问，他说，"教育艺术中机械性的东西必须转变成科学，否则他就不能成为一种连贯的努力，而某一代人就有可能毁掉前人已有的成果"②；再次，他主张要形成教育学的"学问"——即形成人内在的具有某种理性的精神品质。因而，从总体来说，康德教育学对于教育学学科的知识积淀和影响就在于：它关注到了人主体精神的形成问题，关注到了教育和人、人的品格的形成、人的精神世界的发展之间的重要关联，提出了一系列关于教育的理念、内容和方法；尽管康德并没有在学科意义上来研究教育学，但它带给了之后的研究者极大的思想启示，直接影响了如赫尔巴特等一大批教育学家在教育观念和认识论层面的思维及理论的形成。

　　以上是教育学知识形成阶段呈现出的三个主要来源，这三大来源直接构成了教育学学科的知识基础，并形成了教育学学科体系的内部张力。在教育学学科建立后的不同阶段里，我们或者强调教育经验的价值和实践的意义，或者强调社会变化的需求，或者强调哲学观念对于教育自身的重要性，其理论背景就是学科知识来源的复杂性，这种内部的张力直接引发了教育学内部观念的倾向性。然而，在历史发展的背景下，这三种知识来源只有形成合力并从中提炼出有关教育学的独特性，处于转型期的教育学才能在真实的意义上得以建立，并经得起社会变革的考验。在此知识基础的背景之上，赫尔巴特教育学作为学科诞生的标志，他建立起了学科的"一般范式"，并以此为起点，引发了人们对于独立学科的追求和学科体系的

---

① ［德］康德：《论教育学》，赵鹏、何兆武译，上海世纪出版集团2005年版，第3页。
② 同上书，第8页。

建构。1806年，《普通教育学》的出版作为一个标志性事件，开始了人们对于教育学学科概念、理论、逻辑、方法体系的探寻和对教育学"科学"性的追求。论著从"目的—手段"出发，首先强调了哲学对于形成教育目标的重要性，认为教育的功能、价值是精神性的，而非物质性的（即非经济的、社会的某种功利性价值），教育是形成人、形成人精神世界和内在品格的重要手段，因此，教育目的是"为了形成人的精神世界、形成具有高尚品格的人而进行的努力"。随后，他以自然科学为范本，希望通过"观察"来实现对儿童的科学认知，并主张用科学的方法来达到教育的目的。在此基础上，赫尔巴特确立了以哲学和科学为立场的教育学，认为哲学规定教育学的目标，而科学则规定它该如何做，以求将哲学和科学在某种思维框架内得以沟通和建立。

赫尔巴特"科学的"学科主张另一个重要的观念在于：他力求形成对教育的"一般性""普遍性"和"规律性"的认识。由此，他将自己的科学理论命名为《普通教育学》，旨在找寻教育中具有普遍的、一般的和共有性的教育知识，找寻某种确定性的教育知识。因此，"科学化"成了教育学的普遍追求，教育学需要以科学的规范来建立自身的理论体系和实践规范，科学作为支撑教育学形成一门学科的重要参照和依据，成为教育学"一般范式"的理论核心和重要学科立场——这是赫尔巴特教育学对于康德教育学的重大突破和突出贡献。在过程上，对于"一般范式"的科学体系建立，赫尔巴特首先提出了教育学独特的一个核心概念——"可塑性"，他认为教育学是围绕人、关心人"可塑性"问题的一门学问。围绕这一核心概念，他又进一步对教育目标、教育过程（即如何运用规范、如何进行教学等）进行了详细阐述，最终引导人们通过具体的教育手段（教育性教学、多样化兴趣等）促使教育对象成为具有精神力量和人格力量的人。

从教育学学科建立的过程可以发现，在人们对于教育学学科独立性追求的阶段，人们希望将教育学作为一门科学来研究，并试图建立一个完整的科学教育学理论体系和研究框架，从而获得教育学学科的独立地位。因此，在"一般范式"阶段，研究者都把找寻教育学独特的研究对象、研究方法和构建一个严密的理论、逻辑体系，揭示教育的一般规律作为教育研究的己任，从而使教育学真正成为一门严格意义上的科学而努力。在此阶段，教育学反复面临"学科"存在性的危机，遭到"教育学究竟是一门学科还是一个领域""究竟是不是一门科学"等的反复追问，面临着被视为一门"次等学科"①和"乌托邦理论"②的危险，甚至教育学还在对自身的不确定性中，丧失了根本的学术尊严，相对其他学科而言，"教育只不过是一种职业化了的领域，不值得进行严肃的理论探讨"③，"中国的教育学百年的史实告诉我们，它至今未成为一门显学"④等的存在性追问，并在种种的"危机论"和"终结论"中，开展了长久的学科独立性的追求和辩护。

为了取得教育学科独立的存在地位，教育研究者致力于对教育学独立概念、理论和逻辑体系的探寻，并将其作为"学科独立"的标志和前提，从而体现出教育研究在"体系范式"层次的重要特征。在对自身的完善和建构中，"体系范式从两个方向寻找自己的突破口，一是从哲学或其他更成熟的学科出发，通过寻求教育学的上位概念，找到教育活动赖以存在的最基本概念，进而演绎出教育活动的具体概念，这是一种从抽象到具体的思维路线；另一种思路是从教育具体实践中进行归纳，然后通过经验提升，最终寻找到一个与实践比较相符的概念体系，这是一种从具体到抽象的思维路线"，"两者的追求也有很大的不同，一个是要建立完全高于实践操作的理论体系，另一个则是为了建立与实践相对应的行动指南"，"尽管这两种思路是大不相同的，但在实践中确实可以相互借鉴的"。⑤然而，对于前者来说，理论概念和逻辑框架的建立，是与教育学学科创立之初的学科立场紧密联系的，之所以教育学不断被研究者所质疑、否定，其根本在于"教育学是否具有科学性""它能不能作为一门科学"这个问题焦点上。教育学最初的理论体系的参照系是建立在自然科学的立场上，这就奠定了学科追求一般性、科学性的基本研究取向，正因如此，后期的研

---

① [美] I. 华勒斯坦等：《学科·知识·权利》，刘健芝等译，三联书店1999年版，第43—45页。

② [法] 加斯东·米亚拉雷等：《世界教育史》（1945年至今），张人杰等译，上海译文出版社1991年版，第496页。

③ [美] H. A. 吉鲁：《后结构主义者的论争及其对于教育学的几种影响：转向理论》，《华东师范大学学报》（教育科学版）1995年第1期。

④ 胡德海：《思考教育学》，《西北师范大学学报》（社会科学版）2004年第1期。

⑤ 王洪才：《论高教研究的四种范式》，《北京师范大学学报》（人文社会科学版）2002年第3期。

究者普遍把"科学性"作为学科得以生存、是否成熟的判断标准——而这种"科学性"，又是以"自然科学范式"为尺度的科学立场。

教育研究"科学性"学科立场的转向，直至"精神科学"的观念形成之后，教育学学科对"科学性"的盲从才真正具有了实质性的突破，其中，为社会科学奠定科学地位的法国哲学家狄尔泰，则是实现这种转向的重要人物。狄尔泰的突出贡献，是他具体区分了自然科学和精神科学两种不同的科学类型，他认为自然科学与精神科学的对象不同，精神科学的研究对象是"人"，而人的思想、生活和交流需要的是"理解"，即"到生活世界中去认识生活世界"，自然科学却无法在直接的意义上实现语言的交流和沟通。因此，他主张用历史的方法代替实验，主张"进入生活世界去研究生活"。正因为他意识到研究中人的认识和自然的认识之间的巨大差别，研究立场也因此发生了重大的转换，社会科学才相对于哲学、自然科学，取得了独立的科学地位。而这种认识的转向，对于教育研究则具有更为重大的意义：教育学作为一门具有"精神科学"性质的学科，它与其他学科尤其是自然科学是具有重大区别的，只有认识到这种差别，教育学科才能逐渐找寻到自身得以安身立命的标准，进而从对教育学"科学化"的盲目追求中折返回来，重新思考有关教育学体系得以确立和完善的标准问题以及学科的归属问题。

在此认识的基础上，从 20 世纪开始，教育研究者就将目光转向教育理论体系自身，希望将一个独立的教育学在理论上更为清晰化，在框架上更为精细化，在内涵上更为全面化。对此，一大批学者开始了对教育学自身理论体系的探求。例如，日本学者大河内一男在《教育学的理论问题》一书中，对教育学进行了两重划分：其一，以教育目的和相关的方法为研究对象，可称为教育思想或教育理论；其二，以教育事实作为研究对象，可称为教育科学。此划分沿承了赫尔巴特"哲学的"和"科学的"教育学的影子，对教育学自身的理论问题和学科性质进行了深入阐释。另外，还有德国教育家布雷钦卡对于教育知识进行的三重划分，在《教育知识的哲学：分析、批判和建议》中，他将教育学划分为三种知识：教育哲学知识、教育科学知识和实践教育学知识[①]；随后，我国学者陈桂生，又在布

---

[①] ［德］布雷钦卡：《教育学知识的哲学：分析、批判和建议》，李其龙译，《华东师范大学学报》（教育科学版）1995 年第 4 期。

雷钦卡的基础上，将教育学延伸为四种理论，即教育科学理论、教育价值理论、教育规范理论和教育技术理论。这些对于教育理论体系自身的建构，都是教育研究在"一般范式"的阶段，对学科发展所做的尝试性建设和追求。可以说，"一般范式"对教育学的奠基作用是不可忽视的，它为教育学提供了理论的前提和基础，为建立一个独特性的教育学的概念、逻辑和体系范畴做出了重要的贡献。然而，作为一种在教育经验与实践基础上衍生出的教育学，其对于教育实践的意义则是极为特殊和无法忽视的，那种关注于理论体系构建、知识化的教育学，由于具有强烈的"书斋化"倾向，并落后于教育改革的实际要求，缺乏对于理论体系的实践意义的揭示，因此，人们逐渐由对于学科"独立化"的理论追求，转向对学科"实效性"的尝试，将一个普遍性、一般意义的"单数"教育学，转化为多学科相互参与的、相互交叉的、综合性的"复数"教育学，开始了教育研究在"体系范式"层次的由"一般范式"向"实效范式"的转换。

体系范式层次的内部范式转换是从 19 世纪下半叶开始的。伴随着人们对教育学功用性的认识，教育学自身呈现出了一种被"双重裂解"的状况。首先，在教育学的内部，最初的普通教育学被分离为四个部分：由于教学知识在教育学的传统中一直占据最核心的位置，因此，"教学论"最先分裂出来；其次，着重于人思想品质的部分，即"德育论"也随之德育问题的复杂化而分离出来，成为一门独立的学科；再次，着重于学校管理的部分，即"学校管理学"也逐渐脱离出来；最后，仅剩余"教育原理"的部分，还以较单薄的知识形态继续维持着教育学基本的理论框架和结构功能。另外，在教育学内部第一层分裂的基础上，又出现了第二重分层，即其中"教学论"部分又依据教育实践的特殊需求，被划分为一系列的学科教学。至此，"一种类似细胞无限分裂"的状况不断出现，教育学内部呈现出一种无限分裂的趋势。同时，在教育学的外部，自 20 世纪下半叶以来，也出现了多个学科对教育领域的分解。从形态上看，这种"外解"是由其他学科介入教育研究领域而产生的，教育学研究领域出现了越来越多的以教育问题为核心的、多学科相继进入而生成的教育学交叉学科。大量外部学科的进入逐渐淡化了教育学作为一门学科的意识，教育学成为利用其他学科资源来形成和建构自身理论体系的学科，即"复数"形式的教育学——由此产生了教育学"学科范式"结构中的第二种范式，即"实效范式"。在教育学与其他学科相互交叉的基础上，教育学更多地被当作面向实践的一门"应用学科"来理解和使用，教育学的应用资源主要来源于其他学科的理论，需要借助于其他学科来重建自身，完成理论与实践的衔接。

可以说，"实效范式在教育研究转型中发挥了重要作用，它客观地起到了进行教育研究分层作用，它引导更多的人从事应用研究，它要求少数学术基地在继续保持纯理论探索的旨趣同时也要关注现实问题"，同时，"在实效范式的导引下，人们不再追求教育学专有的概念和范畴，而是大量借用其他学科的概念和话语，于是教育学科的门户大大开放了"。① 然而，教育学内外结构的"裂变"，一方面将教育学引入"实践"的视角，避免了"抽象"化的理论形式问题，丰富了教育学的研究视域；但从另一个角度来说，它也功利化了教育学自身，化解了教育学对独立性知识和独特话语权的追求，使教育学成为即将沦为一门"寄生性"学科的危险。——当教育学面临着多个分支学科的介入（如教育学社会、教育心理学、教育统计学等），教育研究也将被迫转换自身的研究立场，并以交叉学科为权利主导，不得不借用外学科的术语来描述和解释教育问题，阐释的教育概念、逻辑和体系。在此基础上的教育学，便丧失了作为一门独立学科的"话语权"，失去了一个学科得以存在的标准——独立的概念、理论和逻辑范畴，使"一般""普遍"意义上的教育学不再完整，将"学科"层次的教育学降位为"技术"层次的教育学，最终引发了人们对于教育学存在价值的思考和教育研究发展的可能性问题的思考。换句话说，"实效范式探求只解决了关注现实问题，而没有解决现实背后的深层次问题，尤其不能为塑造人性这一大课题提供答案"，因此，学科在由"一般范式"向"实效范式"转换的同时，形成了一个新的问题，即"如何对学科内部进行整合，形成一个新的理论基础，形成一个教育研究领域共有的话语系统"② 的问题。

重建的必要性，是由教育学科由"一"到"多"的结构变化和范式转换中所产生的问题而提出的。对于"多"，我们应该如何来认识？分

---

① 王洪才：《论高教研究的四种范式》，《北京师范大学学报》（人文社会科学版）2002 年第 3 期。

② 同上。

裂、交叉以后的教育学我们该如何整合……这一系列问题将是教育研究方法论新的研究起点。面对转型期的社会，教育作为一个"学科群"，对它内在的关系结构、逻辑基础、理论范畴有必要产生新的认识并诉诸一种新的理论诉求。20 世纪 80 年代中期，元教育学对此作出了积极的尝试和持续的努力，"元教育学从教育学的反思开始，把教育学自身当做研究对象，对教育学的整体发展和重构产生了深远影响。元教育学的功能不仅是认识和理解原有理论的机制，而且还要对理论进行批判和改造，因此，不成熟的理论更需要面对元理论的批判和检验，以求朝着合理的方向发展"①。在这种新的理论反思下，学科的"实效范式"正在遭受着一个时代的挑战，迫切需要在学科体系层面出现一种新的范式，因为，"实效范式"确实存在着对于学科发展来说致命的一个问题，即"多学科的加入可以扩展教育学的视野，但借鉴其他学科的研究成果不等于要以丧失教育学科自身的基本概念、基本问题和理论为代价"②，教育学对于自身学科独立性的追求、学科体系的完善必然要在方法论层面展开对于自身理论框架的思考和重构；任何一种技术层面的关注都只能作为方法和手段存在，而不能作为教育的目的存在。在此发展性的前提下，一种更新的范式才能显现出某种"超越性"，从而取代以现实存在为普遍价值的"实效范式"。（见表 3－4）

表 3－4　　　　教育研究"体系范式"的横向结构与范式转换

| 目的 | 内容 | 关注点 | 标志 | 形式 | 阶段 |
|---|---|---|---|---|---|
| 独立学科的追求 | 概念、理论、逻辑体系、理论范畴的建立 | 理论框架 | 普通教育学的建立 | 单数教育学 | 学科独立阶段 |
| 学科功能性应用 | 能作用于现实的实用体系 | 应用资源 | 分支教育学的建立 | 复数教育学 | 学科发展阶段 |

3. "方法范式"的横向结构

随着方法论意识的觉醒，人们开始不断反思教育研究，并自觉地将观念作用于教育研究方法之中，促使我国的教育研究出现多种方法范式并存

---

① 瞿葆奎：《元教育学研究》，浙江教育出版社 1999 年版，第 460 页。

② 齐梅、马林：《学科制度下的中国教育学学科发展研究》，人民出版社 2012 年版，第 174 页。

的现象。20 世纪 80 年代以来，教育研究的"方法范式"先后经历了思辨取向、实证取向、解释学取向、实践取向（行动研究为代表）、系统理论取向等的方法论哲学基础的变迁，这种多元化的研究取向从不同角度加深了方法整体与研究对象关系的认识，并打破了以往传统的教育研究方法论体系，使教育研究跟随哲学与科学研究的时代步伐，在范式的转换中，积极反思自身，不断重构教育研究方法论的结构和功能。具体来说，在"方法范式"的层次，教育研究的范式主要经历了四个基本阶段："哲学—思辨"范式、"科学—实证"范式、"人文—诠释"范式和"复杂理论"范式。

　　"哲学—思辨"范式是教育发展史上最早出现的一种方法研究范式，从古希腊到 16 世纪，一直作为研究的主导范式影响着学科的发展。在前"科学"的时代，教育研究受到古代朴素自然观的影响，以"形而上学的本体论和认识论"为哲学基础，"从'先验原则'或'公理'出发，依靠直觉、洞察、逻辑推理演绎来获取理论和知识"。① 由于与哲学的关联性，至今，它仍作为一种普遍的研究范式而广泛地被应用于方法研究的领域。"哲学—思辨"范式的主要内容是"对教育现象进行思考，并着重依据一定的哲学观构化教育的理想或应然状态"，其"代表有柏拉图、亚里士多德、夸美纽斯、裴斯泰洛奇、卢梭、赫尔巴特、杜威、马斯洛以及要素主义、永恒主义、改造主义等各教育流派"。② 自夸美纽斯起，"哲学—思辨范式"便占据了教育研究方法历史的主导地位长达两个世纪之久，并取得了巨大成就。以夸美纽斯《大教学论》为代表，教育学在教育目标的确立、价值的导引和方式的选择中起到极为重要的作用，使教育学迈出了关键的一步，为学科的建立和发展奠定坚实的理论基础。从应用角度来说，"哲学—思辨"范式是"自上而下"进行的，主要通过三种途径得以实施：第一，以一种哲学观为依据，直接演绎出某种具体的教育思想；第二，为教育现象（现实）提供某种哲学层面的审视（思维方式），对教育事实作出价值判断和观念引领；第三，

---

　　① 卢凤龙：《教育研究范式分类再探》，《内蒙古师范大学学报》（教育科学版）2005 年第 3 期。

　　② 李雁冰：《试论三种教育研究范式及其转换背景》，《宁波大学学报》（教育科学版）2000 年第 1 期。

将教育问题进行归类，以一定的哲学取向为理论基础，构建能够指导教育实践的理论和思想框架。从它的具体方式来看，"哲学—思辨"的研究范式虽然为研究者提供了强大的思想武器和价值倾向，但它仅停留在个体思辨的层面，带有极强的主观色彩，尤其在早期，教育学的"科学"认识还较为薄弱，这种"思辨式"的研究往往还带有浓重的神学（非科学）意味，无法摆脱"上帝""自然法则"等对于教育思想和观念的束缚①；在体系和框架上，也缺乏较为严密性和逻辑性的教育理论框架为支撑，很多教育思想或隐藏在某些哲学著作中或以较为松散的随笔、札记、对话集等形式呈现，缺乏研究的系统性。因此，由于"哲学—思辨"范式特殊的"悬而未决"特征以及与教育实践的"主客二分"，17、18 世纪以来，在自然科学迅猛发展的工业革命时代，"哲学—思辨"的研究范式逐渐衰退下去，取得代之的则是以坚实的产业革命为思想后盾的"科学—实证"范式。

近代以来，最早在教育研究领域对方法"范式"进行阐释的是瑞典著名教育家胡森（T. Husén），他在《国际教育百科全书》中探讨了教育研究中的两种范式（定量和定性）及其冲突性问题："一是模仿自然科学强调适合于用数学工具来分析的、经验的、可定量化的研究，研究的任务在于确定因果关系，并作出解释；另一种范式是从人文科学推衍出来的，所注重的是整体和定性的信息以及理解的方法。"② 这两种范式的差异既反映在"物理现象的客观世界和'意义'·的主观世界的对比之中，反映在外在现实的公共世界和内在思想的私人世界的对比之中"，同时，在具体的研究方式上，又"反映在基于科学模式的定量研究方法和基于现象学的'澄明'（phenomenological exposure）的定性研究方法的对比之中"。③ "科学—实证"范式在 17、18 世纪取得了教育研究方法论至高无上的地位，受近代机械自然观的影响，在哲学基础上，它以经验科学为背景的

---

① 极为典型的是夸美纽斯《大教学论》中对于教育目的等的描述和记载，具有浓重的宗教主义色彩。

② ［瑞典］胡森：《教育研究范式》，转引自瞿葆奎主编，叶澜、施良方选编《教育学文集·教育研究方法》，人民教育出版社 1988 年版，第 179 页。

③ ［英］理查德·普林：《教育研究的哲学》，李伟译，北京师范大学出版社 2008 年版，第 32 页。

"实证主义"①（positivism）为理论根据，强调事物的必然统一性，主张将自然科学的研究方法普遍应用于社会科学领域，以凸显"理性"的作用。在教育研究中，第一个以实证科学为基础而建立的教育理论是"实验教育学"，它由德国的心理学家梅伊曼和拉伊创立，主张教育学应采用"定量研究"（quantitative research）的方式，开展实证研究。梅伊曼首先"区分了教育研究中的事实与价值，认为实验教育学研究的是'事实'，主要记载和说明教育现象'是什么'的问题，与一般的经验科学等同，'价值'则为系统教育学所研究。实验教育学实际上把教育学当做是实验心理学的应用，研究的基本原则是'实验'和'观察'，研究的结果是形成'教育技术'和'操作模型'"②。随后，社会学家涂尔干也主张教育应该以"事实研究"为主来开展，并强调客观的观察、实验、调查、统计等方法对于教育研究的重要性，从而加快了教育学"科学化"的步伐。另外，桑代克作为将教育心理学化的典型代表，同样主张用"精确的科学方法"来开展教育研究，并强调"精确量化"对于研究结果的重要性，激烈批判了以往"纯理论"形式的研究对教育研究产生的危害，他说："教育思想家的罪过或不幸，是选择哲学方法或流行的思维方法，而不是科学的方法……当今从事教育研究的严肃的学者的主要职责是，养成归纳的研究习惯和学习统计学的逻辑。"③

"科学—实证"范式的方法论基础在于以下几个方面：第一，因果决定论。认为教育现象的发生必定有其原因，教育研究的任务是揭示现象背后的原因和规律，并起到预测的效果。第二，经验论和还原论。认为教育研究的真实性必须依靠研究者的客观经验，并提供真实、可信的证据对教育过程进行事实推断，最终验证结果的有效性；主张将研究对象的复杂因素进行简化，还原为直接经验可把握的范围内，将复杂对象进行分解，达

---

① 19世纪中期，孔德创立了实证主义哲学体系，为教育研究的"科学—实证范式"提供了理论依据，它主张研究必须"遵循培根的必须以被观察到的事实作为一切思维的基础这一方针"。（鲁克俭：《论马克思主义方法从思辨到实证的转向》，《中国人民大学学报（社会科学版）》1999年第3期）

② 冯建军：《教育研究范式：从二元对立到多元整合》，载《教育理论与实践》，2003年第10期。

③ ［瑞典］胡森：《教育研究范式》，转引自瞿葆奎主编，叶澜、施良方选编《教育学文集·教育研究方法》，人民教育出版社1988年版，第183页。

到认识的目的。第三，价值中立。主张教育研究是"价值无涉"的过程，需要排除一切主观的倾向性和价值因素，将教育事实回归"本来面貌"使其在经验直观的范畴"如其所是"。由此看来，在教育研究领域，"科学—实证"范式将研究对象视为一种"教育事实"，认为教育活动具有客观性、必然性和普遍性，需要采用量化的方法（如观察法、测量法、实验法、统计分析法等）来搜集数据、形成假设、验证结果，最终把握教育的客观规律，得出普遍适用的理论成果。

然而，观察、测量、实验等一系列在"科学—实证"范式共同体看来纯粹"客观"的东西，在以"人"为核心的教育研究中，实际上是被观察者"过滤"之后的东西，这种所谓的"经验的材料"已经赋予了观察者自身的理解和偏好，因为"看到的并不等于知道的"（what you see is not the same as what you know），要想获得真正可靠的东西，观察者自身的倾向性里还必须加入观察对象的意向和动机。因此，这就出现了一个哲学的问题，研究者面对这样一个客观的世界，这个世界究竟是真实存在的，还是处于我们的理解和解释之中？我们清楚"描述"（表达）的关于这个世界的"文本"，与客观存在于我之外的世界之间又有何关联性？换句话说，我们所描述的这种"人的世界"真的独立于我和它的相互作用以及我对它的理解、解释和主观赋予之外而客观的存在吗？——这就是科学和实证主义者最大的逻辑漏洞，即他们相信这种在客观性手段中所获取的是"可靠"的知识，并将其视同于"真理"，但往往事实却不一定是这样，或许这些被我们"准确"描述的世界，是被人"扭曲"了的世界，描述的事实也很可能并非一种真实的"实在"，就像哥白尼提出"日心说"之前，人们都将地球视为宇宙的中心一样，这种所谓的"客观的世界"不过是存于人的主观假设和推断之中的某个情景罢了。

另外，对于人所追求的"实在"来说，或许这种被个体描述的"事实"，在终极意义上并构不成一种"事实"，而是在主体与客体互动中的某种"创造"——"事实"并不是被"发现"的，而是被主体"创造"的，这种"建构"本身就是真实的"实在"；同样，"主观的实在"与"客观的实在"或许也并不是同一种"实在"，而我们只一味强调"客观部分"的"实在"，而忽视"主观的实在"。在研究者与被研究者并不完全一致的认知世界里，二者观察和描述的"实在"却是彼此不同的，可以说不同的个体有不同的实在，他们所描述的"实在"是被重新定义的

"实在"，并非统一的"实在"，因此，必须承认"多元实在"（multiple realities）的存在；从另一个角度来说，这种区分实际上又是毫无意义的，"实在"既然被人所"规定"，人们设法寻找的"客观性实在"对人就无根本性目的，人们对于"客观性"的追寻，其实无法在本质上规范研究"结果"，而只能对研究者的态度和倾向性施加影响，使研究在某种规则或价值取向中得以运作。

从方法论的角度看，这种研究范式是以自然科学的发展而引起思维方式的变革产生的。随着人们对自然驾驭能力的增强，以感觉经验为主的思维模式逐渐成为研究意识的主导：在本体论上，将教育现象视为客观的存在；认识论上，采取"主客二分"的思维模式，将教育过程视为一种机械的反映论，主体通过对客体的认识、把握来实现与客体的统一；在方法论上，对象与方法是相互独立的，研究方法具有普遍性，量化是唯一适用性的"科学"方法；在价值论上，认为事实与价值是一对矛盾体，在认识过程中是对立的，教育研究只有不涉及"价值"的观念方能达到纯粹客观的目的，最终，建立一个符合自然科学标准的"教育科学"体系。"科学—实证"范式在20世纪中期逐渐走向衰落，以狄尔泰"精神科学"为代表的社会科学体系的建立，促使教育研究在方法论层面进行了思维的转向，在"人"独特性的基础上，人们开始反思教育研究的价值性问题，从而完成了由"科学—实证"范式向"人文—诠释"范式的转换。

"人文—诠释"范式是在对"科学—实证"范式的批判中阐述自身的。它建立在"相对论"而非"绝对论"之上，存有的是主观的"一元论"而非客观的"二元论"。其哲学基础来自现象学、解释学、人文主义、建构主义、后实证主义等，在人本主义和系统论的观点下，"理解"被视为人的存在方式，从而进一步区分以"说明"为主的自然科学和以"理解"为主的人文社会科学之间的重大差异，在一个"整体的人"的维度，通过对人精神世界的体验，来揭示人存在的价值和意义。

随着解释学（interpretivism）研究的进展，以"理解""体验"为核心的研究方法进一步延伸为以"诠释"为主的人与人相互沟通和交流、对话等形式，这种揭示人精神的感知和理解的研究传统又被称为"心灵的现象学"（phenomenology），因为他们相信，人不是科学研究的对象，对于个体来说，"经验"对人的意义不在于是否客观以及是否独立于人存在，而在于"领会""理解"经验所带来的意义，进而在不同的教育活动中寻找到某种价值。对于教育来说，教育活动的价值是生成性和创造性的，并非诉诸某种规律，教育研究正是通过对人生命的感知而使整个人的活动（教育实践）变得可以理解。在此基础上，"定性研究"（qualitative research）作为此范式主要的研究方式，逐渐成为与"定量研究"相互对立的一种研究范式。"定性研究是在研究者与被研究者的互动关系中，在尽可能自然的状态下，通过深入、细致、长期的观察、体验、调查和分析，以一种开放的研究态度，对教育现象获得比较全面、深刻的认识的一种方法"①，它关注人的特殊性，以教育中的特殊问题为对象，使研究者进入教育过程中以参与者的身份开展研究，并将研究者自身作为研究工具，收集第一手资料，通过分析和归纳，赋予研究结果以"理解"和"意义"。

"人文—诠释"范式认为教育研究重要的并不是对教育客观现实的说明，而是揭示隐藏于教育行为背后的教育意义。在本体论上，"人文—诠释"范式强调研究的整体性，主张以复杂性的观点来看待教育现象，避免将研究过程视为简单的"因果性"法则，反对将复杂的人和教育现象还原为单一的"原子论"；在认识论上，它强调主体与客体间"互为主体"的特性，以"主体间性"的方式作为存在关系的基本原则，认为研究的过程是在主体与客体的交流和互动中共同建构的过程，在主体在与客体的交互中，研究者对客体进行重新解读和意义的建构；在方法论上，它主张研究者本身就是研究的工具，需要亲身参与到研究过程中，深入了解研究对象的深层次背景和内涵，通过理解和对话揭示研究的意义；在价值论观点上，它认为教育研究属于价值领域，研究者在研究过程中的价值因素（如"先见""倾见"等）不仅无法避免，而且是主体间进行交流、沟通和理解的先决条件，教育研究的对象是由意义构成的现象，因此，研究者不仅需要对其作出说明，描述它"是什么"，还需要提供价值的判断，进一步解释它"应该是什么"和"应该如何去做"。在此基础上，由于价值的介入，"人文—诠释"范式相对于"科学—实证"范式就具有了观念上的"超越性"——即"超越了教育的现实层面"，为教育研究"提供了应

---

① 卢凤龙：《教育研究范式分类再探》，《内蒙古师范大学学报》（教育科学版）2005 年第 3 期。

然层面的规范性指导"。① （见表 3 - 5）

表 3 - 5　　　　"人文—诠释"范式与"科学—实证"范式的区别

| 类目 | "科学—实证"范式 | "人文—诠释"范式 |
|---|---|---|
| 基本方式 | 定量研究 | 定性研究 |
| 哲学基础 | 实证主义、逻辑实证主义、自然主义 | 现象学、解释学、人文主义、建构主义、后实证主义 |
| 本体论 | 教育现象客观存在，关注研究事实 | 教育现象的复杂性，关注意义解释 |
| 认识论 | "因果性"法则、"主客二分"思维、机械的反映论、"原子论" | "主体间性"、"互为主体"、整体性思维 |
| 研究方法 | 观察法、测量法、实验法、统计分析法、问卷法、测验法等 | 观察法、访谈法、文本分析法、历史研究法、人种志、个案研究、叙事研究等 |
| 价值论 | 预设性：价值中立 | 生成性：价值倾向性、意义的揭示 |
| 主体关系 | 保持一定距离、一定界限 | 深入性接触、平等、信任关系 |
| 研究过程 | 直线型研究程式：提出假设、确定因果关系变量、抽样、选择测量工具、测量、检验效度、数据运算分析、验证假设 | 循环式步骤探究：确定问题、陈述目的、选择对象、了解背景资料、建立互为主体关系、收集分析资料、形成结论、揭示意义 |
| 呈现方式 | 量化资料：数字形式呈现 | 主观、描述性资料：访谈记录、观察记录、照片、个人资料、现场资料等 |
| 研究方式 | 归纳分析 | 演绎分析 |
| 缺失 | 教育研究的简单化、客观化、对象性，忽视了教育研究对象的特殊性、主体性、反人性化 | 样本较小，缺乏整体性、系统性功能，无法形成理论体系 |
| 适用范围 | 揭示教育中普遍性、规律性知识，指导、控制大规模教育活动 | 对具体教育问题的深度研究 |

　　在对上表的描述和分析中，我们可以进一步得出有关两种范式的区别以及它们各自所坚持的东西，我们分别用"范式 A"和"范式 B"② 进行表述③：

---

　　①　岳欣云：《教育研究三种范式的比较》，《信阳师范学院学报》（哲学社会科学版）2004年第 4 期。

　　②　注：范式 A 代表"科学—实证"范式，范式 B 代表"人文—诠释"范式。

　　③　［英］理查德·普林：《教育研究的哲学》，李伟译，北京师范大学出版社 2008 年版，第46—49 页。

①"范式 A"相信"客观实在"，认为存在着一个独立于我的、由"对象"组成的、对象之间相互因果作用着的世界；"范式 B"否认这一点，宣称实在是"心灵的社会建构"，有多少个体就有多少建构，因此，有多少个体也就有多少实在，科学本身必定是一种社会建构，世界上并没有有待我们发现的永恒不变的因果法则。

②"范式 A"相信研究者和研究对象是分开的；"范式 B"模糊研究者和研究对象之间的区分，研究结果是通过研究工作者和研究对象之间的互动被创造（而不是被发现）的，因此，"客观"和"主观"之间的区分必须被重新定义，因为在独立于观念世界而存在这个意义上，已经不再有"客观"的东西，这个观念世界要么是由私人建构的，要么是在与他人的共识中建构的。

③"范式 A"在把研究工作者从研究对象中分离出来的过程中，它有一种真理观，认为真理是研究结论和独立于研究工作者而存在的事实之间的相符；与此相反，"范式 B"认为"真理"是有见识的熟练建构者之间的"共识"（consensus）。"事实"并不独立于研究工作者建构实在的活动而存在，事实并不像在科学范式里那样是使命题为真的东西。

④"范式 B"相信研究对象只有在它之所以被建构为研究对象的情境之中、与该情景一起，并且通过该情景，才能被理解，因此也就排除了进行归纳的可能。

从以上区分可以看出，无论是"科学—实证"范式抑或"人文—诠释"范式，都是将人个体的、主观的世界与公共的、客观的世界截然区分，这种"笛卡尔式方法"（Cartesian approach）存在着深层的本体论和认识论的谬误。他们过分强调自然世界与社会（人的世界）之间的绝对差异性的观念，人为地将一个"整体性"的世界割裂开来，使两种范式和方法之间的争论"极端化"；而遵从于这种"研究范式"的共同体，则各执一词地站在"二分法"的两端，使"同一世界"的矛盾变得更加不可调和。

"复杂理论"范式兴起于 20 世纪 80 年代的复杂性科学，创立者是法国哲学家埃德加·莫兰。单从方法论的思维走向来说，教育研究方法论经历了由"简单化"到"系统化"、再到"复杂化"三个层次的不同阶段：

简单化思维的方法论以还原论、机械决定论和反应论为基础；系统化思维的方法论强调运用"整体"或"系统"的观念对复杂对象进行"层次性"把握，注重系统内部间不同层次的关系，提出"整体大于部分"的思维结论；而复杂性思维则是在对系统性思维重新认识的基础上，对系统思维"整体与部分"的关系进行重构的过程，表现出对系统理论的超越性、对系统目标认识的"非线性""开放性"和对事物认识的"不确定性"。

　　复杂性思维首先从关系角度指出了自身与"整体性"思维的区别：即"只有整体决定部分的系统是简单范式下的系统，而整体与部分相互决定的系统才是复杂范式下的系统"。① 对此，莫兰认为，系统范式在试图避免简单范式所采取的"还原论"的过程中，却完成了某种"对立面的统一"效应，从另一个角度——整体性角度，实现了对"整体"事物的还原。他说："无论是整体派还是简化派，二者的解释都是对统一的复杂性的简化。后者把整体简约为孤立部分的属性，前者则把部分的属性简约成同样孤立的整体。二者互不相容的解释属于同一范式。"② 因此，我们可以看出复杂性思维对于"整体性"概念的特殊认识——"整体"并不是永恒存在的一个实体，而是时刻处于变化之中，"整体"自身也存有"不充分性、不确定性和冲突性"③，而我们只有认识到"整体"与"部分"各自都具有的复杂性的基础上，才能真正全面地把握整体与部分的关系。

　　在教育研究中，复杂性范式作为一种新的思维方式（或方法论）正在改变着自然科学和人文社会科学的性质，人们逐渐认识到："科学共同体、某些研究者或个别学术权威采用和信仰'科学的''人文的''定量的''定性的''实证的''解释的'等研究方法中的任何一种，并不意味着其他方法都是与之对立的、错误的。'非此即彼''二元对立'的思维方式必须加以改变。改变意味着打破封闭的研究范式的束缚，用开放的

---

　　① 胡有志：《复杂范式视域中的教育研究》，硕士学位论文，南京师范大学，2006 年，第 15 页。

　　② ［法］埃德加·莫兰：《方法：天然之天性》，吴泓缈、冯学俊译，北京大学出版社 2002 年版，第 119—120 页。

　　③ ［法］埃德加·莫兰：《复杂思想：自觉的科学》，陈一壮译，北京大学出版社 2001 年版，第 211 页。

态度和眼光来对待研究方法，允许和鼓励采用多种方法进行教育的研究工作。"① 在复杂性思维的控制下，自然科学和人文社会科学正在走向思维的融合，甚至很多学者预言："21 世纪将是一个复杂性科学的世纪"，而复杂性科学也将由一门"交叉性科学"转换为一门"横断科学"，将引起整个科学系统理论的变革。

由于教育系统是一个极为复杂的系统，"科学—实证"范式以简单式思维为主导，力求避开教育现象自身的复杂因素，通过还原的方式把握事物的客观规律；"人文—诠释"范式则从另一个极端出发，仅关注现象背后的价值，虽具有一种整体性（片段性）的看法，却也是极为片面的和不完整的。因此，"教育研究的思维方式应从简单走向复杂，并把复杂性思想作为重建教育理论以使其列入新的科学家园的一种机遇"②。在复杂性的视野，教育现象分为三种："必然性现象、偶然性现象和混沌现象，分别对应三种教育规律：确定性规律、统计性规律和非线性规律"③，教育研究必须根据不同的教育现象来把握这三种不同的规律，而非仅用一种简单化思维，来处理所有的教育问题。这就需要在思维方式上将教育视为一种复杂的、开放的系统，并学会关注复杂系统间的不断变化和呈现的关系；在方法论层面，善于整合多种研究范式，以复杂性的思维方式在一个新的意义上对教育研究的主体、对象和方法进行重新认识，重构一个"复杂范式"模式下的方法论体系。由此看，"复杂性所要求的教育研究范式，不仅是后现代的多元，而且还强调整合，这种范式虽然把理论与实践、事实与价值、科学主义与人文主义、理性与非理性看作是不同的方面，但他们不是对立的、静止的，而是多元平等的、联系的、同一整体事物的不同方面"④，追求教育知识的普遍性并不是以消灭系统的复杂性为代价的，教育系统内部包含着各种错综复杂的矛盾关系和逻辑层次，复杂性理论中涵盖的"经验的核心"和"逻辑的核心"要求教育研究必须正

---

① 蒋雅俊：《从封闭到开放：教育研究方法范式的转换》，《南京师大学报》（社会科学版）2009 年第 5 期。

② 叶澜：《世纪之初中国教育理论发展的断想》，载《华东师范大学学报》（教育科学版），2001 年第 3 期。

③ 同上。

④ 冯建军：《教育研究范式：从二元对立到多元整合》，《教育理论与实践》2003 年第 10 期。

视教育系统中的无序性和不确定性因素，以及研究主体自身的"主观性""随机性"，打破二元对立思维和线性的思维模式，将教育视为一个整体的活动系统——这将是"复杂理论"范式对于教育研究范式转换的根本突破和最大价值。（见表3-6）

表3-6　　　　　　　　　简化范式与复杂范式的区别①

| 序号 | 简化范式 | 复杂范式 |
|---|---|---|
| 1 | 普通性原则，把局部性或特殊性作为偶然性因素或残渣排除 | 普遍性的原则是有效的但是不够的。增加从局部性和特殊性出发补充的和不可分离的理解原则 |
| 2 | 清除时间上的不可逆性 | 承认和融入实践的不可逆性原则 |
| 3 | 把对总体和系统的认识还原为对组成它们的简单部分或基本单元的认识 | 认识到把物理世界基础中简单的基本单元加以孤立的不可能性。把对元素或部分的认识与它们的总体或系统的认识连接起来的必要性 |
| 4 | 把对组织的认识划归为对这些组织固有的有序性原则的认识 | 组织问题的不可回避，自组织的问题也是不可回避的 |
| 5 | 处于对象之上和之外线性因果性的原则 | 复杂的非线性因果原则 |
| 6 | 有序性是最高原则，随机性是认识的错误 | 有序和无序的相互作用构成组织 |
| 7 | 使对象孤立或脱离它的环境 | 对象、组织与其环境不可分离 |
| 8 | 对象与认识它的主体的绝对分离原则 | 对象与认识主体相关联的原则 |
| 9 | 在科学认识中可以消除任何有关主体的影响（价值中立的原则） | 主体在科学认识中的必要性和可能性 |
| 10 | 通过量化和形式化消除具体的存在物和存在活动 | 从自我产生和自我组织的理论出发，确认存在物和存在活动的范畴的可能性 |
| 11 | 自主性是不可理解的 | 自从我产生和自我组织的理论出发，科学地确认自主概念的必要性 |
| 12 | 形式逻辑是真理标准可靠性的原则，矛盾的出现必然意味着存在错误 | 形式逻辑是有限度的。复杂的推理原则包含着同时互补、竞争和对立的联合 |
| 13 | 思想是把清晰和明确的概念在单一逻辑推理中加以连接 | 以两重性逻辑（即多元的统一）的方式和通过宏大概念进行思考，以互补的方式把可能是对立的概念连接起来 |

---

① 参见［法］埃德加·莫兰《复杂思想：自觉的科学》，陈一壮译，北京大学出版社2001年版，第139—148、266—270、142、151页；冯建军《教育研究范式：从二元对立到多元整合》，《教育理论与实践》，2003年第10期。

（三）教育研究范式结构的纵横关系——本体论、认识论与方法论的作用

教育研究的范式结构依据方法论的层次结构，在纵向上分为三个层次：元范式、体系范式和方法范式，分别对应方法论结构中的教育哲学、教育科学和教育技术三个维度；在横向上，每个层次依据其范畴的对象和关系系统，又衍生出许多具体的范式，产生了某种阶段性理论和主导方式：例如，在元研究范式层次，依据教育自身与内部、外部系统的关系认识，教育研究的范式经历了"科学主义范式""人本主义范式"和"文化学范式"三个阶段；在体系研究范式层次，由于人们对于学科建立的标准、体系和功能认识的差异，以及教育学科发展的进程和速度，教育研究的范式又经历了以追求教育科学的普遍概念、原理和范畴的"一般范式"阶段到各种分支学科的渗入、以追求教育学知识"应用"价值的"实效范式"阶段；在方法研究范式的层次，由于受到之上两个层次范式中世界观、认识论的影响，教育研究范式在技术层面对于"工具"本身的认识和运用也经历了"哲学—思辨"范式、"科学—实证"范式、"人文—诠释"范式和"复杂理论"范式四个基本的认识阶段。从上述概括和分析可以发现，无论是纵向的范式还是横向的范式，甚至是不同层次间以动态方式出现的横向范式之间，在其内部的发展规律中，都存有必然的联系，即在任何一个交叉结构、纵横结构中，各种范式是相互关联、相互影响和相互制约的。尽管处于每个阶段的范式所表现出的特征和方式不同，但它必然要受到处于它之上层次的范式理论的规定和制约，例如处于方法研究范式层面的"科学—实证"范式，它必然需要在"体系范式"的规定下，依据科学理论的框架来规范自身的行为方式；也必然在"元范式"的影响下，依据"科学主义范式"的基本假设和信念来建立自身的思维方式。因此，在抽象层次上，它们是由低到高逐层抽象，形成范式理论的过程；也是由高到低，逐渐运用观念建构理论和选择工具的过程。

尽管不同层次、不同阶段教育研究范式的形态不同，但在"范式"构成的本质上，它们站在自身的角度和层次，回答的问题却是相同的，即在本体论上，追问"教育何以存在"以及"以何种方式存在"；在认识论上，追问"教育者与被教育者""研究主体与研究对象"是什么关系，以及这种关系该如何被理解和被建构；在方法论上，则是共同探讨教育或教育研究这一特殊的研究对象该如何进行认识和把握、怎样以"恰当"的方式来处理"对象与

方法"的矛盾关系、该以什么样的方法去探求"不同的知识"……正因为有了纵横交错、相互制约的复杂关系，教育研究的"范式"才体现出一种"复杂性"和"整体性"的立体式思维架构，组成了教育研究范式复杂的关系系统和功能结构——在稳定性阶段（常规科学阶段），教育研究的范式以静态的方式建构自身、扩充知识、积蓄能量，使"范式"在不断循序的过程中呈现一种完善的逻辑、结构和功能；在转型的阶段（科学革命阶段），教育研究的范式又表现出极为惊人的颠覆性力量，以动态的方式促使那些新的"范式"迅速崛起，在自身日益增进的教育观念、学科进程和技术革命的现实性影响下，完成"范式转换"和方法论的革命。（见图 3–6）

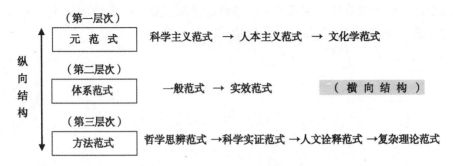

图 3–6　教育研究范式结构

从"范式"的整体结构来看，任何一种主导着教育重要发展阶段的理论都可以称为"范式"，因为这些理论对教育研究的价值取向、思想和行为方式起到了一般预设和规范的作用。单从这一点来说，方法层面的范式对教育研究方法论的变革可能更为直接和有效，它从"工具"选择和使用的角度，对教育研究的核心观念和行为方式进行了直接的表达，而这种表达在研究者的角度能够反映得更为直接和具体——因为无论哲学范式还是科学范式，它们对于研究的作用一般是要通过方法范式表达的；换句话说，任何有关教育的观念、价值判断和规范性法则最终需要体现在人的行为（行动）之中。因此，我们常常只将"方法范式"作为对教育研究"范式"的基本考察对象，而在"分析这些范式方法论时把这些不同的范式类型所构成的范式方法论不加区别地同等对待"。① 然而，面对一个以

---

① 孙锦涛：《西方范式方法论的反思与重构》，《华中师范大学学报》（人文社会科学版）2003 年第 6 期。

复杂的教育关系系统为对象的教育研究，这种简单化和功利性的思维正是我们需要去反思和在行动中加以避免的。基于此，在探讨教育研究"范式"的时候，我们首先要分清楚"范式"的不同取向，即我们是在什么维度上来使用所谓的"范式"概念的——或是从"元范式"的维度，或是从"体系范式"的维度，或是从"方法范式"的维度……这种区分的重要性在于：它能够使我们将某一个单一的"范式"放置到一个更大的背景和更复杂的关系系统之中去考察它的精神实质和发展前景，以"动态"的认知方式去把握它可能存在的危机和受制于发展的问题，而不是以非此即彼的方式沉浸在对某种新的范式的推崇和欣喜之中，仅为一种新的理论进行辩护和宣传，而丧失了方法论的重要使命——清醒的认识、理性的反思、合理的批判和新思维的建构。

# 第四章

# 符号与意义：教育研究的
# 语言转向

人们认为，人天生就有语言。人们坚信，与植物和动物相区别，人乃是会说话的生命体。这话不光是指，人在具有其他能力的同时也还有说话的能力。这话的意思是说，唯语言才使人能够成为那样一个作为人而存在的生命体，作为说话者，人才是人。

——海德格尔：《在通向语言的途中》①

20 世纪，人们把语言置于哲学研究的中心位置，开启了哲学由本体论、认识论向语言的重大转向。综观哲学语言转向的整体发展路径，语言问题———直是当代哲学的研究基点。"罗素认为，哲学问题，说到底就是对语言进行逻辑分析；维特根斯坦主张，哲学的全部任务就是语言批判，因为哲学的困惑都是由于人们误解语言的性质产生的；赖尔、达梅特和其他许多人一样，都明确宣称，语言分析是哲学唯一的、全部的任务，只有通过研究语言，才能解决哲学问题；海德格尔既把语言与本体论相联系，又把语言当成人的本质属性；伽达默尔认为，语言是哲学思考的中心问题，它在本世纪哲学中处于中心地位；而利科认为，对语言的兴趣，是今日哲学最主要的特征之一，我们这个时代最突出的一个特点是，许多哲学家把对语言的理解当成解决基本哲学问题的必要准备……"② 语言从人们对世界认识的背景走向世界的中心，人的思维认识活动让位于语言探究活动，意在用语言运动去化解传统形而上学的思辨难题。毫无疑问，探讨

---

① ［德］海德格尔：《在通向语言的途中》，孙兴周译，商务印书馆 2004 年版，第 1 页。

② 徐友渔等：《语言与哲学——当代英美与德法传统比较研究》，生活·读书·新知三联书店 1996 年版，第 236 页。

教育研究哲学，必须回答语言在教育研究中的地位与作用。

# 第一节 语言与教育研究的本质

在语言论的视角，我们以往做教育研究，尝试过对"教育"的种种描述，分析过"教育"的各种命题，推断过"教育"的可能性走向，规范过"教育"的应然和实然的行为准则……教育者（教育研究者）流连忘返地不断推敲、运作着关于教育语言的思考和行动。在与语言的遭遇中，他们从教育的生活、研究和实践的方方面面切入语言，借助语言达成某种既定的教育目的、手段，却很少去思考"语言"是如何在教育中发生的？教育与语言的关系是什么？在教育的栖息地上，发现语言、感知语言、行使语言对"教育"自身意味着什么？

## 一 语言与教育研究的"遭遇"：对语言的"用"和"思"

（一）语言对于教育目的的"可能性"传达

"人类不可能在沉默中生存，滋养人类不可能靠错误的词，而只能靠真实的词。男男女女都用真实的词来改造世界。有人性地活着，就意味着命名①（name）世界，改变世界。一旦世界被命名，世界反过来又以问题的形式再现在命名者眼前，要求他们给予新的命名。人类不是在沉默中，而是在词中，在工作中，在行动——反思中被造就的。"② 语言是教育的基础，而不仅仅是工具。教育的一切期望、目的、价值、行动及可能性都蕴藏在教育的语言之中。我们通过语言，达成了对教育的各种认知，形成了在教育行动中可能性的教育结果。当我们重新查阅《教育学》《教学论》等教材中对"学生"一词的描述和分类，并焦距关于"学生"的种种"命名"——"优等生""差生""后进生"这些字眼映入眼帘，当我们定格于此，这些不同的"学生"称谓在其分类和方法上的"隐喻"被凸显出来，单纯的教育对象被贴上不同的等级和"标签"，单数的"学习共同体"在研究者和行动者的潜意识里自然生成优劣，人为地打上了

---

① 着重号为原作者所加。

② ［巴西］保罗·弗莱雷：《被压迫者的教育学》，顾建新等译，华东师范大学出版社 2001年版，第 38 页。

"不平等"的烙印，毫无预期地成为被关注甚至"鄙夷"的"弱势群体"。同样，此项"命名"也将教育研究引向某个崎岖的路向，并随着无意识的观察、发现、改进的步骤一起，形成了"差生的转化""优等生的标准"等诸如此类的应对和改进策略。

语言是教育的本质，语言是教育的存在之家。"以语言作为基础，并在语言中得以表现的是，人拥有世界。世界就是对于人而存在的世界，而不是对于其他生物而存在的世界，尽管它们也存在于世界之中。但世界对于人的这个存在却是通过语言表述的。"① 语言传达了一种观念、意识和行为规范，可以说，语言是教育的隐性法则。教育者对自身语言的忽视，意味着教育目标的遗失，这种境况下语言的传达，必然导致盲目的教育过程和可能错误的教育结果；教育研究者对自身语言的漠视，意味着研究和反思能力的丧失，绕过了必要的对"语言"自身的思考，缺少了对语言本身目标导向和意义价值的细细"斟酌"，教育研究的结论也必然是混沌的、经不起实践的推敲，研究者也只能被动地人云亦云、随声附和。

（二）语言对于教育研究的意义指向

人一旦去思考，必然会遭遇语言，继而寻求表达的路径，形成话语（声音）和文本。因此，教育的世界，首先是语言的世界，教育研究——更是如此。在教育的世界中，师生的交流、研究者间的对话都在彼此的倾听、理解和言说之中，那或许是人们赖以生存、沟通的必要手段，借助语言信息，教育的过程得以发生，教育的目标得以实现。然而，当语言充斥在教育生活的各个角落，教育的世界便成了语言的时空，教育存在成为一种语言存在，语言就不仅仅是教育者的言说和经验，更重要的是成为他们自身心灵的对话和体验。当语言造访我们，研究的过程就被语言的经验所替代，此时，"语言与我们照面，造访我们，震动我们，改变我们。"② 语言对于教育研究来说，体现的不仅仅是文本，而是研究者对于教育整体世界的认识、思考、理解和描述——"于是，他阅读、观察、写作、思考，他浸泡在语言的酒缸里，试图从中酿造出属于他的关于教育的琼浆玉液，

---

① ［德］伽达默尔：《真理与方法》（上卷），洪汉鼎译，商务印书馆2007年版，第597—598页。

② ［德］海德格尔：《在通向语言的途中》，孙兴周译，商务印书馆2004年版，第46页。

让世人共饮之"① ……教育研究是依靠语言来实现的，它一方面借助语言生成教育的认知，另一方面，也通过语言去试图指引和改变教育世界的观念和实践。当语言进入教育研究的时候，我们听到它、看到它，但它并不是我们眼前听到、看到那么简单，随之而来的是一些更为深入的思考——那些关于教育研究本体论的命题：语言为教育研究带来了什么？对于教育研究它意味着什么？人们在生成语言（去思考）的过程中，它让研究者去"思"些什么？在"思"的途中，它为教育世界改变了什么？

"语言从我们生命伊始，意识初来，就围绕着我们，它与我们的智力发展的每一步紧依为伴。语言犹如我们思想和情感、知觉和概念得以生存的精神空气。在此之外，我们就不能呼吸"。② 自古希腊起，"逻各斯"③ 便处于世界的中心，逻各斯即存在，逻各斯即语言，而"人"恰恰处于逻各斯的中心。语言构成了人全部的生活和完整的存在，正如呼吸一般，赋予我们生命，却毫无意识地将自身所遮蔽。正如海德格尔所言：

> "是人，就叫做：是言说者。人是能说出是与不是的言说者，而这只因为人归根到底是一个言说者，是唯一的言说者。这是人的殊荣又是人的困境。这一困境才把人和木石和动物区别开来，同时却也和诸神区别开来。即使我们生了千眼、千耳、千手以及其他众多感官、器官，只要我们的本质不植根于言语的力量，一切存在者就仍然对我们封闭着：我们自己所是的存在者之封闭殊不亚于我们自己所不是的存在者。"④

---

① 李政涛：《教育研究中的四种语言学取向——兼论通向语言的教育学之路》，《教育研究与实验》2006 年第 6 期。

② ［德］卡西尔：《语言与神话》，于晓译，生活·读书·新知三联书店 1988 年版，第 127 页。

③ "逻各斯"在希腊文的原义是"话语"（英语：word）的意思，它包含了许多层面的意义：一方面它代表了语言、演说、交谈、故事、原则等意涵；另一方面，它也代表了理性、思考、计算、关系、因果、类推等。古希腊时期，逻各斯除了"言说"含义，还有"聚集"之义，逻各斯是语言的基础，而人是则处于逻各斯之中、处于聚集状态之中的人。人是能动的、是聚集者，因此，逻各斯即存在、语言。

④ Heidegger. *Einfuehrung in die Metaphysik*. Tuebingen, S. 88.

我们运用语言、提炼语言，以认识和改造的方式进入语言的世界，从而征服和改变人的生活。在被遮蔽的语言世界里，与其说语言沦为人类的工具，不如说人类被沦为语言的工具。"从表面看来，人在支配着语言、向语言发号施令，其实，语言一直是以自己特有的方式和人打交道、支配着人，在教育过程中更是如此。"① 人与语言的每一次造访，都如它的奴仆，被束缚和规定在它的程式中，语言控制和操纵着人的一切。当语言以"他者"的身份出现，我们去经验它、规定它、打磨它，从而生成规则化的思想法则，它便有力地操控着我们所有的习惯和认知、行动和生活。在这条双向奴役的道路上，人们依赖语言，却从未进入语言；人们使用语言，却从未操控语言——语言对我们心灵的造访，从未实现。

当我们不是在"用"语言而真正是在"思"语言的时候，我们便开启了语言世界的另一扇门——通过对语言"思"的本身，我们的心灵世界与语言世界重合，通向另一个新的世界。然而，"思"的本身只是"思"，一种对自身的审视，它不仅仅关注语言的形式，更为关注的是"人自身"。语言是人的存在本质，语言通往的不是人的物质世界、符号世界，而是人的内心世界、理想世界，语言的生成和自我的呈示没有分别。在此意义上，教育研究在"用"的层面与语言世界遭遇，或者沦为语言的工具，或者汇入语言自身；而在"思"的层面上，当它与语言的世界重合，它便作为教育的"存在"本身，教育研究因此而触及了它的本质。

## 二　教育研究的语言：哲学取向与认识维度

（一）对于"语言"本质的认识——哲学与教育历史的"语言转向"

在西方哲学发展史上，曾出现过两次重大转向：第一次是由哲学本体论（柏拉图发起）向哲学认识论（笛卡尔为先驱）的转向，这个转向可概括为："从笛卡尔开始的近代哲学，其中心任务是研究认识论（知识理论）问题。它们可以归结为这样一些问题：心灵获得外部世界的知识的能力是什么？心灵的能力在多大程度上能洞察实在的结构？心灵的观念对于

---

① 杜丽娟：《"教育语言学"片论》，《华南师范大学学报》（社会科学版）2006 年第 8 期。

表现和揭示世界的本质有多恰当？心灵这种获得真理的能力的限度是什么？"① 在第一次哲学转向中（本体论向认识论的转向），认识论致力于在"认识"角度重建"本体论"的命题，关注于通往世界本体的"认识"路径，例如康德的"未来形而上学"、黑格尔的"绝对理念"，叔本华的"生命意志"……以此为重建世界本体的依据。因而，认识论则重新陷入本体论时代的认识迷沼中。第二次哲学的转向是由认识论向语言的转向，在这次转向中，语言成为哲学关注的焦点，被推向了历史的中心位置——人们不再全力关注人类知识的起源、认识的能力和限度，以及主体对于认识对象的功能等，而是转向探究人语言的意义问题，他们认为："哲学并不直接研究外部世界（那是各门经验科学的事），而是以研究人的理性、人的思想为己任。问题在于，我们能直接把握的不是人的内在的、隐秘的灵魂，而是通过语言表现出来的思想和理性。"② 至此，语言取代了认识论成了 20 世纪哲学研究的主题。

哲学的语言转向（Linguistic turn）最先是由英美分析哲学发起和推动的。20 世纪 50 年代的一些英美分析哲学家③认为："包括康德、黑格尔在内的许多重要的旧形而上学哲学家们，在对人认识的来源、过程和能力进行论证时，所使用的一些概念、命题以及推论，往往是晦涩的、模糊的、充满歧义和逻辑矛盾的。"例如，他们在反对形而上学的语言批判中，对海德格尔"形而上学是什么"一文进行了"语言滥用"的批判④：

---

① ［美］M. K. 穆尼茨：《当代分析哲学》，吴牟人等译，复旦大学出版社 1986 年版，第 4 页。

② 徐友渔等：《语言与哲学——当代英美与德法传统比较研究》，生活·读书·新知三联书店 1996 年版，第 38 页。

③ 分析哲学分为两个流派：逻辑分析学派和日常分析学派。逻辑分析学派认为：日常语言有严重缺陷，它的语法形式模糊或掩盖了反映语言本质的逻辑形式，形而上学命题就是由把表面语法形式误认为真正的逻辑形式引起的，哲学的任务是揭露这种混淆和遮蔽，可以用人工语言来改造或替代日常语言。日常分析学派认为：日常语言本身并无缺陷，形而上学问题的人们以一种奇怪的方式使用日常语言，他们认为日常语言是最基本的，因而是不应改造的，绝不存在一种高于它的逻辑语言，抛弃或否定日常语言是脱离生活、脱离实际的抽象。逻辑语言分析学派代表人物有弗雷格、罗素、前期维特根斯坦等，日常语言分析学派代表人物有奥斯汀、塞尔、利科等。

④ ［德］卡尔纳普：《通过语言的逻辑分析清除形而上学》，转引自洪谦主编《逻辑经验主义》（上卷），商务印书馆 1982 年版，第 23—30 页。

海德格尔："要研究的只是有［being］——再没有别的了；只是有，再就——没有了；唯独有，有以外——没有了。……这个'没有'怎么样？——这个'没有'本身没有着。"

卡尔纳普①：开始时，海德格尔是按照正常的用法在使用"没有"一词构成否定陈述。但接着他说到"没有的存在"，谈到"这个'没有'怎么样"，这就把"没有"当成了一个名词。到最后，他居然说"这个'没有'本身没有着"，这样，"没有"又被当作动词使用了。这是明显的语言乱用……像"存在"、"有"、"非存有"之类的词，常常被形而上学家们当作动词来使用，容易使人把它们当作谓词来看待，而实质上康德就已证明了存在并不是一种性质。因此，乱用语言是产生形而上学问题的根源。

从上述批评中可以看出，分析哲学认为，自古以来争论不休的哲学问题都可以归结为语言的问题，这种大量乱用语言而形成的命题，本质上都是无意义的虚假陈述，"语言哲学的任务就是对语言进行精细的分析，揭示语言使用中的错误，治疗哲学的种种'语言病'，从而在哲学领域彻底清除形而上学"②。因此，本体论、认识论的问题在语言这里将得到完满的解决，"语言的批判"将替代"理性的批判"来行使哲学的职责，通过对语言进行细致的分析，清除语句的混乱，以获得对语义的正确理解，从而达到正确使用语言的目的——这是语言转向的哲学研究的基本思路。石里克（M. Schlick）这样描述第二次转向后，现代哲学与近代哲学的不同：

"它使传统的'认识论'问题得到解决。思考表达和陈述的本质，即每一种可能的'语言'（最广义的）本质，代替了研究人类的认识能力，因为这种研究是不能交给心理学的。关于'认识的有限性和界限'的问题不存在了。凡是可以表达的，就是可以认识的，就能对它提出有意义的问题，因此，没有什么原则上不能回答的问题，没有什么原则上不能解决的问题，而是无意义的语词排列。

"过去时代最严重的错误之一，是认为哲学命题的真正意义和最

---

① 卡尔纳普（Rudolf Carnap），美国哲学家，逻辑实证主义的主要代表。
② 谢延龙：《在通往语言途中的教育：语言论教育论纲》，科学出版社 2011 年版，第 11 页。

后内容可以再用陈述来表述，即可以用知识来阐明，这就是'形而上学'的错误。形而上学者的努力一直集中在这一荒谬的目标上，要用知识来表达纯粹性质的内容（事物的'本质'），也就是要说那不可说的东西。"①

在石里克看来，哲学转向之后的核心问题是"意义"的问题，以往人们把哲学当作知识的体系来建构，而哲学乃是一个活动的体系，它的任务就是考察和发现那些具有命题意义的活动：科学用来证实命题，得出真理性；而哲学则在于澄清命题，发现其真正意义。在此基础上，语言的分析就成为哲学研究的重大命题，哲学的任务就是对哲学已有知识概念、逻辑体系的澄清（语言的逻辑分析）。因而，维特根斯坦更为明确地提出"全部哲学就是对语言的批判"的重要命题，罗素对此也持相同的观点，他认为历史哲学向语言分析哲学的转向实属必然：

> "这并非出于偶然，而是由于这个事实，即每一个哲学问题，当我们给以必要的分析和提炼时，就会发现，它或者根本不是哲学问题，或者在我们使用逻辑的意义上说是逻辑的问题。"②

在此推动下，哲学语言转向的结果是：哲学研究中的"思维""认识""主体"等词语消失了，取得代之的是"语言""逻辑""话语"等语言学词汇；另外，还出现了一种新的研究方式——"语义上行"（semantic ascent），使得争论双方都将研究对象的本体论问题"悬置"起来，例如，在认识论中，哲学家常常使自身陷入这样的争论之中："认识的本质以及在认识论视野中世界的本源究竟是经验还是理念？是理性的观念还是非理性的直觉或意志？当我们宣称自己有某种知识时，怎样才能证明我们是正确的？"因而，"他们在说明认识的本质和人所认识到的世界的本源时，已经受到他们自己的表述角度和表述方式的制约"③，此时，哲学

---

① ［德］石里克：《哲学的转变》，转引自洪谦主编《逻辑经验主义》（上卷），商务印书馆1982年版，第8—10页。

② ［英］罗素：《我们关于外间世界的知识》，陈启伟译，上海译文出版社1990年版，第24页。

③ 阳小华：《语言·意义·生活世界》，知识产权出版社2008年版，第199页。

研究向语言的转向，则较好地避免了此类的问题，他们只需在语词的意义、规定等方面达成共识即可，其中避免了许多无谓的争论。

哲学发展史的分析哲学转向唤醒了教育研究的语言意识。语言第一次以主导的方式成为教育研究关注的焦点，借助分析哲学的语言认识工具，教育研究开始关注教育的语言，并对教育理论中的概念、定义、命题进行逻辑的分析，力求找到由于逻辑混乱造成的推理谬误，并直接催生了以教育语言的"清思"活动为旨的"分析教育哲学"流派①——他们"直接借助于分析哲学的方法，把自己的任务规定为'概念分析和澄清'，认为教育理论与实践中相互争执的许多问题，往往是起因于概念不精确、概念的内涵与外延没有最低限度的一致性，以至于这些争执对解决问题帮助甚微。分析教育哲学就是要分析主要的教育概念和命题，为人们思考教育问题提供清晰、准确的思维工具，避免无谓的争执，从而促进教育理论科学化，提高教育活动的效率。"②

分析哲学反对形而上学，因而，他们并不主张去重建一套哲学的体系或理论，而是把揭示语言使用中的错误、阐释语言意义的活动作为它的哲学旨趣，即"哲学的任务不是继续搞哲学，而是治疗哲学的'语言病'。显然，这是一种否定和批判的态度，与以前的建构性态度成鲜明对照"③。在此基础上，分析教育哲学也因此关注于对"语言形式"的研究，它的根本目的不是要建立一个新的、独立的教育理论体系，而更类似于一种"运动"，即"清思"运动。在这个过程中，通过对于教育语言的逻辑分析，对教育的概念、命题进行澄清，从而推进教育研究的科学化。

然而，分析哲学当以"语言分析"为业的时候，教育研究的理论和实践问题就被转化为了"语言的问题"（语词、句法、逻辑等问题），教

---

①　分析教育哲学的代表人物有英国的哈迪（Charles D. Hardie），其代表作为《教育理论中的真理与谬误》（1942 年），这是第一部以分析哲学为工具分析教育学的著作；美国的谢弗勒（Scheffler），其代表作为《教育的语言》；另外还有英国的彼得斯（R. S. Peters）及奥康纳（D. J. Ocnnor）等。分析教育哲学根据分析哲学的两个学派，也具有逻辑语言学派和日常语言学派两种语言分析倾向，其区别可参见黄济《教育哲学通论》，山西教育出版社 1998 年版的描述（pp. 252 - 253）。

②　单中惠：《西方教育思想史》，山西人民出版社 1996 年版，第 898 页。

③　徐友渔等：《语言与哲学——当代英美与德法传统比较研究》，生活·读书·新知三联书店 1996 年版，第 42 页。

育研究成了"对于语言的研究",而这个语言,又是作为"工具"意义上的语言,这就直接导致了教育研究的形式化。这样做的结果,使得内置于人的极为丰富的生活世界的语言被科学的语言所遮蔽,语言之于人的全部的意义被简化为一种分析的工具——人们聚焦于这个技术和工具之中,将"语言"束缚在分析的框架之内,将"人"排斥在研究的视域之外。

作为哲学转向中分析哲学直接推动的"语言哲学"运动,教育的"分析哲学"转向可谓是教育语言转向中的第一次转向,无论从目的、方法或是内容、手段,都具有明显的分析哲学的意味,教育研究也被刻上了清晰的分析哲学的印记,成了一种历史的"文字游戏"。随着分析哲学逐渐走向没落,人们也从"分析"的阴影中看到了天空,此时,教育的语言并未走向终结,而是在更远方,出现了一抹斜阳。这一抹光亮是20世纪初在西方人文主义的倡导下出现的,他们所持的"本体论"的语言观,使得语言成为一种存在,被赋予了本体的意义。可以说,"20世纪在哲学中出现的语言学转向,就是要根据语言学的革命重新理解人文科学的根本处境。解释学、结构主义、后结构主义,甚至包括分析哲学都是让语言回到思想中的尝试"①。胡塞尔、海德格尔、伽达默尔等从现象学到解释学的语言哲学家,将语言从与人隔离的世界进行了还原和救赎,在人和语言相互"认识"的关联中,语法与思想达成了一致,语言成了本体意义和存在意义的语言,促使教育的语言实现了第二次重大的研究转向——语言本体论的转向。

语言的本质是对语言观的基本认识。在教育研究中,两次语言的转向反映出了两种不同的"语言观","语言与教育"的关联及其本质形成了两种根本的哲学取向:一是工具论视域的"语言工具说"(以分析哲学为理论依据),一是存在论视域的"语言本体说"(以现象学、解释学为理论依据)。工具论认为语言为教育研究带来了知识和技艺,语言作为一种符号的存在,研究者通过学习,更好地掌握语言学知识,而不断规范自身,在精致和严密的语言中诠释教育的科学世界。存在论认为语言具有人本体论的地位,语言赋予人以世界——生活世界,理论和科学的世界产生于生活世界,人生活在世界之中,就是生活在语言之中。何谓"生活世界"?"所谓的世界或者说现实存在的世界是人的世界,即由人说出、为

---

① 〔美〕J. 卡勒:《索绪尔》,张景智译,中国社会科学出版社1992年版,第11页。

人把握、人所感触到的世界，这样的世界只能是与人相关或对人发生意义的世界，是人生活于其中、与人发生千丝万缕的联系、和人内在同一的世界。"① 因此，教育的生活世界并不是指原始的"无人存在"的自然世界，而是需要"人"参与其中的世界；并不是主客二分的"科学世界"，而是主体间共荣共生、相互包容的世界；并不是文本符号的世界，而是真实的实践主体所体验之中、并赋予教育活动以意义的世界。在此，语言本身作为教育的存在，它不以符号为形式，语言自身就是存在的目的，而教育的目的就在教育的语言之中——教育研究通过语言切入教育的本质，从而理解、诠释和改变教育的生活世界。

在工具论和存在论两种语言哲学取向中，教育研究中的语言具有三个维度：知识维度、技术维度、人的维度。前两者是工具论的视角，他们一致认为：语言是人需要掌握的一种工具，它是教育活动发生的重要中介和手段，教育的任务就是帮助人具有"使用"语言的能力和方法。后者则是存在论视角，将语言视为一种存在——人的存在，赋予了语言以存在的意义，随着近代西方哲学的"转向"，语言被提到了人核心的位置，开启了"语言与教育"本质的关联，并构成了教育研究新的语言学转向。（见表 4 – 1）

表 4 – 1　　　　　　　　　教育研究语言的哲学取向和功能

| 哲学取向 | 认识维度 | 研究指向 | 语言路径 | 行为结果 |
| --- | --- | --- | --- | --- |
| 工具论视角（分析哲学） | 知识论倾向 | 语言知识 | 语言知识的学习 | 语言知识转化为教育知识 |
| | 技术论倾向 | 语言能力 | 语言技术的掌握 | 语言技术上升为语言艺术 |
| 存在论视角（现象学、解释学） | 本体论倾向 | 主体（人）自身 | 生命实践的体验 | 生命体验促使生命成长 |

（二）语言与教育研究关系的三个维度

在与教育研究的遭遇中，语言对于教育研究而言，或者意味着那些关于"语言的知识"，教育研究关注"教育的语言"，用"语言的知识"来衡量教育的概念和结构、逻辑和功能，在对言说者"话语分析"的基础上，澄清有关教育的概念、命题，以形成"教育的知识"。语言或者对教

---

① 李文格：《回归现实生活世界》，中国社会科学出版社 2002 年版，第 3—4 页。

育研究意味着能力———一种有关表达和解读、艺术和情感的"技术"。教育研究关注语言生成的技巧、能力、水平，关注语言表达的措辞、风格、形式，"表述是否准确、逻辑是否严密、文本是否规范"是技术性语言倾向教育研究的聚焦点，每种有关教育的措辞都需要是完整、生动的，教育者（教育研究者）的语言是一门技艺，是需要不断的学习、练习、改进而习得。语言主要用于交流，交流主要在于表达，因此，表述的准确、生动和富有感染力的语言是教育的基础。其中，"字斟句酌"是教育研究的基本要求，那种"平淡无味""平铺直叙"的生活语言和"波澜起伏""绘声绘色"的诗性语言在技术语言倾向的教育研究那里，是有着天壤之别的。语言或者对教育研究意味着主体（人）自身，在教育的世界，语言是教育者心灵的言说，它无论多么的优美或是平淡，都直接反映着生命主体的真实境遇。教育研究就是体验、探索教育世界的过程———通过语言，来完成经验、理解、解读自身生命实践的全过程。与其说主体在"用"语言言说心灵，不如说它是在通过语言来诠释生命，教育研究作为人生命实践的一种方式，通过倾听人内心的声音，使人的心灵得以碰撞，情感体验更加丰富，从而更好地叙述、理解和更新已有的教育世界，将它引向一个崭新的世界。

## 第二节　语言与教育研究的指向：工具论和存在论

从一般的意义上讲，教育研究中的语言问题可归结为工具论和存在论两种取向。工具论强调语言表达的精确性、准确性，是确保教育研究科学性的必要甚至是唯一前提；而存在论更多地关注语言背后的人的状态，是一种倾向于人文主义视角语言观，前者如奥康纳、彼得斯，后者如索尔蒂斯、弗莱雷。

### 一　知识论取向——教育语言的概念和命题

（一）语言知识在教育研究中的思维、存在与现实

在教育研究中，"语言知识"是人们认识世界、理解世界及相互交流的理论基础。语言知识涵盖两方面内容：一是语言学的相关理论，它归属于语言学学科及其分支学科的研究领域（如语音学、语用学、语义学等）；二是作为教育（教学）语言本身的"教育知识"。后者是以前者为

基础的。例如，我们阐述"教育"的概念、"教学"的概念，就需要运用语言学知识来描述和定义"什么是教育""教学是指哪些活动"等，从而合理解释教育概念的内涵和外延。因此，对教育概念的表达离不开"语词"，对教育概念的解释离不开"语用"，对教育概念的理解离不开"语义"，语言知识作为人与世界交流的规范性法则，是教育得以展开和与他者相互关联的基础——语言是教育的"物质外壳"，语言知识是教育（教育研究）的"精神内核"。对于教育学研究来说，"以语言学为教育学的语言清理和知识增长的工具，可以称得上是一个小小的'转向'。如果我们把传授知识和思想、培养能力和品德比喻成'过河'，那么语言就是'过河'的'船'，语言学就是'船桨'。在这种水乳交融的关系中，语言成为自己的主人，教育学也张开双臂欢迎语言学的到来"①。在这种认识论的转向中，"语言学取向的教育研究力图克服传统的经验认识论的不足，使其让位于文本的认识论，具有可嘉的勇气并表现出一定的创造性"，因此，它"突破了传统的经验认识论的局限，可以实现研究活动中主体与客观的统一。语言学取向的教育研究属于一种深度的研究方式，它不仅有助于提高研究者的洞察能力和思考能力，也有助于增强研究者对情境的感悟能力和理解能力，促成研究者意识的变化和教育能力的提高，所有这些体现出语言学取向的教育研究的合理性"。②

在知识论（分析哲学）的视角，教育研究关注教育的语言，关注教育语言中的概念、命题、逻辑和结构。教育语言的澄清对于教育研究来说，并不是某种概念的游戏，也不是纯粹的语言分析，而是通过语言来改造教育的现存状况。故而，对于教育语言的批判、反思，对教育概念和命题的重新厘定，以及用一种更合理的方式解释、更恰当的方式表述，对于教育理论来说，具有改造性的影响；对于教育实践，则具有颠覆性的作用——它促使教育理论具有规范性，教育实践更具有效性。因此，在教育理论和实践中，存在着诸多的概念、命题和逻辑体系，它们之间有的相互联系、互为补充，有的则相互矛盾、各执一词……问题的根源在哪里？我们如何进行区别和分辨？这就是以分析哲学为根基的知识论视角教育研究

① 杜丽娟：《"教育语言学"片论》，《华南师范大学学报》（社会科学版）2006 年第 8 期。

② 谢登斌：《语言学取向的教育研究》，《华东师范大学学报》（教育科学版）2005 年第 4 期。

的根本任务。

教育研究的语言在知识论层面可以归结为三个问题：其一，语言与思维的关系；其二，思维与存在的关系；其三，存在与现实的关系。在语言与思维的关系中，教育的语言是思维（教育思想）的直接反映，教育概念、命题和逻辑体系的建构都是教育研究者理性思考的结果，教育的语言直接反映了教育者对教育总体的认识和价值。因此，思维对教育语言具有导向和规范作用——语言控制了教育的思想和教育的状态，规定了教育的行为，反过来，人思维的超越性又不断纠正、更新和创造新的语言，从而完善和丰富教育语言。在思维与存在的关系中，教育语言间接的反映了教育存在，即通过思维反映存在，并通过语言反思存在。"语言是思想的直接现实"①，存在是思想的活动状态，以思想为中介，语言和存在相互关联，语言成为教育存在的真实体现。在此基础上，教育的概念、命题和体系的建构就是对教育存在自身的描述，它规范化和抽象性地解释了教育存在的理性状态，教育研究对教育存在合理性判定需要通过对教育语言的合理性、适切性和准确性的探寻、反思的途径来达成。在存在与现实的关系中，存在是一种可能的现实，而现实则是一种规范的存在。"现实高于存在和实存"②，因此，存在并不是现实，存在是现有的教育实在，它的运行是被当前教育法则所规定的，其自身具有极大的可变性和发展性。教育存在自身是实然和应然的对话，依托教育语言的"可能性"，在二者的相互碰撞中，寻求教育的"必然"，即"教育的现实"；而教育现实的展开则建立在对教育存在规范性和合理化的手段过程之中——教育研究的任务就是从教育存在中找到其自身的非合理性，重新审视教育语言的有效性和真实性，将教育存在引向一个"必然的""合理的"教育现实之中。

（二）语言知识的转化：教育研究中的语言现象

1. 语言学视阈的教育"语言现象"

教育首先是由"教育概念"组成的活动和认知，语言构成了教育的全部系统，并不断生成和改变着教育系统内部的功能结构和使用规则。语言学视阈的"语言现象"主要体现为"借用"和"翻译"两种，这两种

---

① 马克思、恩格斯：《马克思恩格斯全集》第3卷，人民出版社1972年版，第525页。

② 列宁：《黑格尔〈逻辑学〉一书摘要》，转引自《哲学笔记》，人民出版社1974年版，第165页。

语言现象无一不对教育学的产生和发展起到重要的影响。例如，中国教育学创立之初，是以"翻译"日本教育学著作起步的，中国教育学的诸多"概念""定义"和"解释"，都以日本的教育学认知和表述为蓝本，并逐渐形成了自身对于教育学的内部知识。并且，这种外来语言（观念）对于中国教育学的影响却是根深蒂固的，中国教育学在百年的知识谱系运行中，我们的"语言"，已经被深深地打上了关于他者（语言）的烙印。至今，这种对教育语言的"翻译"热潮仍未退去，许多教育研究者极大热衷于对外来教育著作、论文和观点的翻译、解读、诠释，似乎形成了某种"拿来主义"的思维方式——无论这些"成果"对于教育自身是否有益，对于中国的教育实践是否具有适宜性，都未经反思地被"直译"过来，甚至毫无自身的行为目的（翻译的动机）和它可能促成目标的内容解释。这种教育研究的"翻译"热潮，越来越成为一种对于知识目标的倾向性和教育研究"应有"的工作，甚至被作为重建中国教育理论自身、改革现有教育实践的制胜法宝。其次，是语言的"借用"。客观地说，教育学是诸多同类学科中最缺乏"独有"语言的学科，由于教育学缺少自身以区别于其他学科的"核心概念"和"特殊命题"，常常被外部学科频繁介入，甚至面临失去研究对象的重大危机。教育学学科下属的分支学科，大部分都是以相交叉学科的语言和视角来看待、分析和解释"教育问题"的。在此基础上产生的诸如"上层建筑""教育场域""教育存在""教育符号""教育规训"等关注度极高的热点词汇和概念命题，都不是在教育学学科知识和实践的发展中"内生"的，而是"借用"外来学科领域的知识进展和概念而产生的新的教育概念和命题。因此，"借用"的语言学现象在教育研究和实践中对教育自身具有本质的影响，它一方面丰富和更新了教育语言自身的概念、结构和教育意义，另一方面，它也直接派生出了新的"教育语言"，将教育带进了一个不同的世界。然而，"借用"也有其自身的限度，当有目标、有选择的"借用"变成了"任用""滥用"的时候，此概念中的教育问题或许已经不再是"教育的问题"，可能随之被转化成为哲学问题、社会学问题和心理学问题……教育学自身的研究阵地和学科的研究意识也将被"外侵"语言所取代和削弱——翻开教育著作、期刊和随笔，到处可见的"外来名词"在教育的文本中"随处乱飞"，我们已看不到教育本真的面貌，也捕捉不到真正的"教育语言"了，教育的世界被"异类"语言所占领，那些"不同的声音"任意对教育的世界指指点点，伴随着教育研究者的"附和"，这些"异语"几乎成了教育语言的"滥觞"，在此语境下的教育学学科——逐渐丧失了自身的"内发力"和"话语权"。

2. 语言（分析）哲学视阈的教育"语言现象"

教育在人类世界存在了几千年，而人们真正对于教育自身的关注、并赋予教育以独特的认知领域，则是近代才开始的事情。"如果把教育中各类争论的话题归类，再加以分析，便可发现其中一部分是'定义'问题，一部分是'陈述'问题，再一部分，应该是'修辞'问题，最后一部分则是'了解'或'诠释'问题。"① 当代哲学有两个转向："第一，语言分析，即所谓哲学由对认识论问题的关注转向对语言——逻辑问题的关注的转向；第二，方法论探究，传统认识论部分为现代方法论取代。两者都反映在'分析哲学'中。20 世纪的哲学发展常被描述为'语言学转向'。哲学讨论的问题、哲学领域里发生的'转向'也因此以某种方式进入教育学研究的领域。"② 在此基础上，1972 年，以色列语言学家斯波尔斯基首次提出"教育语言学"（Educational Linguistics）的概念，并在 1978 年出版的《教育语言学导论》一书中，将教育语言学定义为"美国应用语言学的一个分支，它关注的是语言与教育（学）的关系"。③ 教育语言是由基本的概念、命题和逻辑结构组成的，教育者对于"词汇"的理解程度决定了他对语言的使用方式，教育语言的构成和实施需要完成"词汇——语句——篇——文本理解——文本分析"的语言化过程。因此，语言学作为支撑教育学的内部规则，"教育语言学把语言学作为理论框架，分析教育学文本和教育活动中的语言现象，同时教育语言学也以教育学文本和教育学活动中的语言现象为对象，运用和改造某种（些）语言学的分析框架和理论视野，对其进行剖析和论述，拓开教育理论的研究范围，使其不囿于某一种或几种方法，从而真正达到理论研究的自由境界"④。

---

① ［美］谢弗勒：《教育的语言》，林逢祺译，桂冠图书股份有限公司 1994 年版，序言第 8 页。

② 杜丽娟：《"教育语言学"片论》，《华南师范大学学报》（社会科学版）2006 年第 8 期。

③ 参见杜丽娟《"教育语言学"片论》，《华南师范大学学报》（社会科学版）2006 年第 8 期。

④ 王涛：《追寻教育的语言基础：一种交际民族志学视野》，广东高等教育出版社 2011 年版，第 33 页。

教育研究者在语言学的维度对教育学的基本概念和命题进行语言学分析，从中找寻现有教育知识的"漏洞"和可能性生成路径，从而为教育学建构一个清晰化、合理化的语言基础。

在语言学的理论分析框架内，对于教育语言的辨别和分析一般是从澄清"教育概念"开始的。此时，教育问题被转化为语言问题，在对教育的语言现象真实性、合理性分析的过程中，将语言知识转化为教育知识，并重新解释和建立教育的概念。在此基础上，语言成为教育问题解决的突破口，通过对教育概念的语词、结构和意义的探讨，来分析教育语言的失范性，并找寻到教育问题的可能性出路——语词的规范和价值的重估。当人们在思维中形成了某种"教育概念"的时候，也就意味着在头脑中同时建构了对于教育目的、意义和本质的认识。可以说，教育活动在本质上是某种教育概念、教育思维的活动——教育，其实存在于对教育概念的不同认识之中。因此，人们对于教育概念的认识正如对教育概念的诠释一般，千差万别，教育语言本身，本来就是多样性和开放性的。谢弗勒在《教育的语言》中探讨了三种定义：规定性定义（the stipulative）、描述性定义（the descriptive）和纲领性定义（the programmatic）。[①] "规定性定义是创制的定义，说得更明白一点，就是作者自己所下的定义……比如，有人可能会说：'注意，我知道当前对教育有许多时尚的界说和看法，但为了顺利起见，我在整个探讨（演讲、论文、著作，等等）中，将把'教育'这个词只用来表示社会为了通过有目的的教和学来保存其文化的某些方面，而创造和维护的那种社会制度'。这就是一种规定。也就是说，'不管其他人所用的'教育'一词是什么意思，我所用的'教育'一词就是这个意思。"[②] 规定性定义的适用范围是有限的，具有"特指"的含义，即在说者（使用该语言的人）前后一致的概念表达中具有有效性。"描述性定义"较"规定性定义"更具有客观性，它需要对被描述的对象进行清晰的界定，并进一步说明此定义的可能情况及使用方法。描述性定义一般被作为唯一"科学的"定义方式，用于描述科学的教育事实和客观的教育现象。它不关注使用主体对该定义的独特认知，仅陈述定义的客观及

---

① Scheffle. I. , The Languge of Education. 1960, chap, 1.

② ［美］索尔蒂斯：《教育的定义》，沈剑平、唐晓杰译，转引自瞿葆奎主编《教育学文集·教育与教育学》，人民教育出版社 1993 年版，第 32 页。

可能事实，"实际上，词典就是试图罗列描述性定义；因此，一个词有若干种定义的情况并不鲜见，因为许多词有多种描述性定义。但是，词典不允许我们随意地选择某种定义；词典给我们提供在不同语境中某个词的不同用法"①。"纲领性定义"不关注对事物"事实"的描述，它关注的是这项事物背后所隐含的价值取向和目的内涵，即"它应该是怎样的"。正因为这样，当我们翻开诸多的论著、教科书，其中所描述的例如"教育"等的概念、定义，更多的并不是作为"事实"存在的教育，而是存于我们头脑中"教育"，或者说我们认为的"好的教育"，是一种对于"教育"应然的表述。纲领性定义表达了教育者对某种教育概念的理解和教育价值的追求，因为纯粹的教育事实并不能告诉我们"真正的教育"是什么，而是需要我们在诸多的对事实的描述中去判断、去选择。因此，对于"教育"的定义，单有事实或单有期许的表达都是不够充分的，"教育"这一特殊的活动必然是现实性和理想性的融合，因为教育的目的关注的是"人"，人的可能性和发展性才是"教育"的特殊性所在。

（三）话语分析——教育研究的理论分析工具

1. 话语分析的基本路向和功能价值

在语言学与教育学的交集下，语言学被作为教育学的一种理论分析工具来使用，它"以教育学文本和教育学活动中的语言现象为对象，运用和改造某种（些）语言学的分析框架和理论视野，把语言学的知识转化为教育学语言的分析工具。这是一条理清和增益教育学知识的新路"②。其中，"话语分析"作为一种重要的理论分析工具，日益成为教育研究一种新的运行思路。"话语分析"是指"通过对教育现象与问题的考察与提炼，生成教育话语主题，并按照教育研究主体的前提假设对之进行意义、规则、机制与策略的分析，从而探寻教育真理、指导教育实践的教育研究过程"③。在此基础上，话语分析具有了三个层次："文本层次——偏向语言学范畴，倾向于语法、句子、语篇等问题；话语实践——指文本的生产和消费，把话语分析当做研究社会宏观问题的工具；社会文化实践——解

---

① ［美］索尔蒂斯：《教育的定义》，沈剑平、唐晓杰译，转引自瞿葆奎主编《教育学文集·教育与教育学》，人民教育出版社 1993 年版，第 32—33 页。

② 杜丽娟：《"教育语言学"片论》，《华南师范大学学报》（社会科学版）2006 年第 8 期。

③ 刘茂军、孟凡杰：《教育话语分析：教育研究的新范式》，《教育学报》2013 年第 5 期。

释话语实践的基础，研究话语作为社会活动的有机组成部分及其过程的开展特点与规律。"[①] 教育话语分析一般遵循"提取研究对象"（"从一块较大的语料中取出一小块来处理"[②]）——"话语资料收集"——"确立话语主题"——"分析话语主题"——"建立新的话语方式"的思路展开教育话语分析，并依照某种规律性的程序，来形成教育话语的运行机制[③]。（"程序模型图"见图 4 - 1）

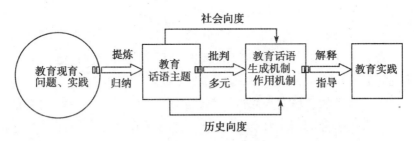

**图 4 - 1　教育话语分析程序模型[④]**

知识论视角的教育研究，将"话语分析"作为重要的理论工具，把"如何清晰地表达教育的概念及其意义"作为教育研究探讨的基本问题，对那些"导致教育概念的泛化与教育命题模糊不清"[⑤] 的普遍存在着的教育概念、命题进行澄清。语言之所以被作为"分析工具"，将教育的问题当作语言问题来处理，是因为作为教育语言的"话语"本身就是语言学范畴的关键概念。"话语"作为一种"动态的语言"，比文本的语言更具有某种过程性，即它是一种"讲话方式、阅读方式和写作方式，同时也是

---

① ［英］诺曼·菲尔克拉夫：《话语与社会变迁》，殷晓蓉译，华夏出版社 2003 年版，序言第 4 页。

② ［美］詹姆斯·保罗·吉：《话语分析导论：理论与方法》，杨炳钧译，重庆大学出版社 2011 年版，第 14 页。

③ 话语分析运行机制的程序和路径是："通过对教育话语形成机制和作用机制的分析，教育研究者可以较为顺利地对研究主题进行解释，并形成理论层面的研究规律；同时，通过对现实社会与历史现状的分析，分析教育发展过程中可能出现的教育现象和话语主题，并有针对性地指导现实的教育话语实践。"（参见《教育话语分析：教育研究的新范式》）

④ 刘茂军、孟凡杰：《教育话语分析：教育研究的新范式》，《教育学报》2013 年第 5 期。

⑤ 陈桂生：《教育原理》，华东师范大学出版社 2000 年版，第 183 页。

某一话语社区的行为方式、交际方式、思维方式和价值观念"①，语言不光与教育概念密不可分，而且与教育行为也密切相关。研究者通过对教育活动和现象的"话语分析"，从中提取重要的有关教育者的教育信息，通过对达成此活动和基本概念、命题的语言分析，提炼出具有合理性和价值性的教育思想、行动方式，从而揭示出教育中语言、行动和意义的关系，以更新教育理论，改进教育实践。

2. 教育研究中话语分析的取向和问题

当前，教育研究中使用"话语分析"的工具来阐述教育问题的尚不多见，教育研究者以"语言学"为理论工具来分析教育问题时，常常会出现几种倾向：第一，语言学倾向，即在使用"语言"这个分析工具的时候，将语言学的立场也一并带入教育研究，而忽视了教育学自身的目的和价值追求。这种倾向正如费尔巴哈"把孩子和洗澡水一同倒掉"的谬误一样，我们在汲取"语言学"营养的同时，也丧失了教育学的基本旨趣。然而，教育研究的工具可以是多样化的，但目的和立场却是唯一的——它只能是指向"教育学"的，这种取向则悄无声息地将教育研究沦为语言学的殖民地。第二，语言学知识的教条。语言学作为一种分析工具，它自身是规范的和严谨的，但教育的语言却可以是多样性和灵活性的。很多研究者在使用"语言学"这个分析工具的时候，常常会出现对于语言学知识的"照搬"和对"教育语言"的教条，将语言学的概念"生搬硬套"进入教育学的定义之中，混淆了二者之间的差异性（学科背景和特殊语境所指），从而遮蔽了教育概念的"本真"意义。第三，对教育的话语分析较为随意，在教育研究领域还未形成一个相对"确定"的价值导向和行为标准，因此，教育研究中的"话语分析"并不具有规范性。这是由于教育研究者对于语言学的认知并不系统，仅是一种较为笼统的看法和个体性的理解，这反映在对教育的"话语分析"中就是"仁者见仁、智者见智"，从中产生的"教育的概念"很多都是相互抵触和相互矛盾的。以上几种将语言学作为教育学分析工具的研究倾向在当前的教育研究中可谓屡见不鲜，问题的出现并不在于"语言学"本身，好的工具可能带给人极大的福祉，也可能为人带来毁灭性的灾难，正如"刀可以砍柴亦可以杀人"一样，工具本身并没有价值的取向，关键在于人的使用方

---

① 李悦娥、范宏雅：《话语分析》，上海外语教育出版社 2002 年版，第 4 页。

式，"语言学"作为一种新的教育研究的转向，它或许会带给教育研究一种极大的福祉，但这种新的方式该如何使用（及使用的效率），则取决于研究者自身。

3. 教育研究话语分析的文本批判——以两项分析样本为例

我们以教育研究中对"教育的概念"进行话语分析的文本为例，来说明这个问题。本研究选取两个"样本"来分析以"语言学"为分析工具的教育研究目前存在的问题，其中一个样本是《论教育学概念的精确性及表达建议——以"教育实践"在日常语用中的问题为例》（样本A），原载于《教育研究与实验》（2012年第4期）；另一个样本是《教育的概念与本质：一种语言学分析》（样本B），原载于《现代教育论丛》（2000年第1期），两个样本同样是用语言学为分析工具对"教育概念"的澄清，然而结论和旨趣却大相径庭，我们仅选取其中几个核心观点进行对比分析。

在样本A中，作者对"教育实践"的概念进行了分析和重构，批判了当前在教育学日常语用中所出现的"非精确性""非真实性"（虚拟性）和主体的"一元性"等的对于"教育实践"概念的误用。文中有几个核心的观点：

> 理论前提："教育实践"作为"教育理论语言"的批判
>
> 对于"教育实践"这一概念而言，最常运用这一术语的群体并非教育实践工作者，而是教育理论工作者。教育实践工作者往往不用"教育实践"来表达自己的某一观点，他们往往用"教育实践"的下位概念或更具体、更明确的实践概念来表达教育实践，比如他们常用课堂教学、班级管理工作或学校管理等术语代替"教育实践"，而这些活动正是理论研究者眼中的"教育实践"。所以，这里的教育实践日常用法分析主要指的是理论研究者的日常用法分析。教育理论语言是教育理论表达的媒介，借助它展现的是教育理论工作者的观点与思想，所以，"教育实践"在日常语用中存在的问题也只有在教育理论工作者的语言表述中去发现。①

---

① 魏宏聚：《论教育学概念的精确性及表达建议——以"教育实践"在日常语用中的问题为例》，《教育研究与实验》2012年第4期。

从以上表述可以看出，文章对"教育实践"这一概念的现象进行批判的对象是"教育理论研究者"，而非"教育实践工作者"，这种区分，将研究的立场定位在了"实践逻辑"的基础之上（文中也一再强调"实践的逻辑"），其中隐含的目标假设是：当前教育研究中出现的"教育实践"的概念是教育理论研究者眼中的"教育实践"，并不是真实的"教育实践者"眼中的"教育实践"，这是产生"教育实践"这个概念和相关命题的根本问题所在。因此，该论文就围绕这个前提假设而展开了全部的关于下列命题的分析和陈述。

**观点一：教育实践发生的真实性和理论描述的虚拟性**

论点 1：教育实践具有真实性。实践的真实性体现在实践是人类的现实性活动。实践的现实性最典型的特征或表现是实践一定是符合诸多实践逻辑的活动，违背或忽略了实践逻辑的"实践"是虚拟的实践，是不可能发生的实践。实践的真实性还体现在实践是实践主体的实践。实践的主体性是实践内涵的基本要求。现代哲学体系中，把实践定义为"人们能动地改造和探索现实世界的一切社会性的客观物质活动"。实践唯物主义者认为这个定义不够完善，因为它缺乏实践主体从事实践活动的动因和目的。实践唯物主义哲学家对实践的定义进行了完善，重新定义实践，认为"实践是人们为着满足一定的需要而进行的能动地改造和探索现实世界的一切社会性的客观物质活动，其目的在于创造价值"。或者，也可以简要地表述为：实践是人们为着满足自身的需要而进行的一切改造世界、创造世界的社会性的客观物质活动。这个实践定义，马克思主义学者认为它要优于现代哲学对实践的定义：第一，它表明了实践主体从事实践的动因，那就是为了满足自身的需要；第二，它表明了从事实践的目的，那就是创造价值，探索和改造现实世界；第三，它表明了凡是实践，它应是能动，也就是实践主体有意识、有目的而为之；第四，实践一定是实践主体的实践，是客观物质活动，也就是说，实践主体一定是真实存在而非虚拟的，是一个活生生的具体存在，而不是抽象的人与抽象的主体。对于教育实践而言，教育实践必定是教育实践主体的实践，它是活生生的教育活动，而不应是抽象的、虚拟的活动。

论点 2：教育实践在理论描述中的虚拟性。教育实践在理论描述中的虚拟性指的是理论研究者往往忽略教育实践的主体生存状态与诸多发生细节，把实践假定为纯粹理性的活动，忽略其感性与实践主体的真实性。教育实践不是一种纯粹理性活动的过程，它有其自身独特的逻辑。何为教育实践的逻辑，它指的是教育实践发生的一般原则，是各种教育实践样式得以可能并共同分享或遵循的内部法则。实践发生中的场域、权力因素是制约实践主体进行实践活动不可忽视的重要因素，忽视了制约实践主体的因素而谈论实践何以发生是不现实的。①

对于观点一，作者批判了当前理论研究中对于"教育实践"非真实性和虚拟性假设的现象，提出了教育实践必须是"真实的"以及理论研究者必须看到这种事实的论点。然而，在样本 B 中（即《教育的概念与本质：一种语言学分析》），作者则提出了相反的论点：

研究教育概念，我们通常有两个缄默的假设：一、教育实践是客观存在的，教育概念是对教育实践的抽象和概括；二、教育概念与教育实践之间有对应关系，即"教育"这个名称，必定对应人们的某种特定的活动。比如，"教育是有意识的以影响人的身心发展为直接目标的社会活动"，教育实践的客观存在是一个不言自明的前提，教育概念要找出被称为"教育"的活动的客观的基本的特征，对其进行抽象和概括，并努力使其与人们称为"教育"的活动相对应。这是使用认识论的方法研究教育概念，教育实践是认识对象，对这一对象的认识要与实践相一致。我们姑且称以这种方法获得的教育概念为"教育的认识论概念"。②

样本 B 指出了样本 A 的认识论标准：第一，教育实践"客观存在"，对教育实践的描述要反映出"真实的"客观实在。第二，对于教育实践的认知要与"真实的"教育活动所对应。在认识论的标准中，样本 A 仅提出了"真实性"的要求，但未对"真实性"的内涵进行进一步区分。这种所谓的"真实性"是教育实践（客观实在）自身表现出的真实性，即仅承认被作为"人类的现实性活动"的那一部分"实践"，而否认作为某种"观念"形式存在的实践方式（如"实践理性"）。然而，我们说，教育实践的"观念"也是一种"实在"，它是存于人头脑中的"主观实在"，这种主观实在也是真实存在的，它亦是教育实践的组成部分，因此，对于"教育实践"的认识不能仅承认某一种"实在"，而否认另一种

---

① 魏宏聚：《论教育学概念的精确性及表达建议——以"教育实践"在日常语用中的问题为例》，《教育研究与实验》2012 年第 4 期。

② 马凤岐：《教育的观念与本质：一种语言学分析》，《现代教育论丛》2000 年第 1 期。

实在。另外，样本 A 还强调"真实性"是体现在"实践主体"中的实践，这有两层含义：第一，只有符合"实践逻辑"的实践才是真实的实践；第二，面向"实践主体"的实践才构成"真实的实践"。因而，样本 A 在其"论点 2"中批判了教育实践在理论描述中的"虚拟性"，认为理论者研究的"实践"是一种纯粹理性的活动，首先，它不符合"实践的逻辑"，其次，它也并非是"实践者的实践"，而真实的实践必须是"客观物质的活动"，因此，他批判理论研究者口中的"教育实践"是一种"虚假的实践""虚拟的实践"，并没有和他臆想的"活生生的教育活动"所对应，而是被"抽象性"的教育实践。

通过对样本 A 的分析，我们能够深刻感受到，与其说该文是在澄清教育理论视野的"教育实践"的概念命题，不如说是站在"实践逻辑"的立场上"言说"——并且其"实践逻辑"在教育实践中具有绝对性，相对于"理论逻辑"具有优先性。在此论点基础上，他批判了理论视角的"教育实践"研究的非真实性，走入了与绝对的"理论逻辑"相一致的"非此即彼"的思维模式之中。而当我们绝对化的肯定一方而否定另一方的时候，按照教育实践的认识标准，教育理论者又如何具有话语权呢？唯有真实的"实践主体"才具有言说的权利，否则，教育实践只能是"抽象的实践"，而非"真实的实践"。然而，从另一角度言说，既然教育实践有自身的逻辑，教育理论也必然具有其独特的逻辑，很显然，二者的逻辑具有根本的不同，那么，理论的逻辑又如何能够真实地表达实践的逻辑呢？故而，从形式上说，我们无论如何批判或者修正理论的逻辑，它依然是按照自身逻辑的轨迹运行，因为在观念上，理论与实践的思维方式有着本质的区别，立场不同，逻辑不同，概念的产物也不同，那种试图将理论逻辑与实践逻辑合二为一的想法是不可能实现的。另外，从主体构成上说，教育实践也并非只有一个"实践主体"，那些作为"思考者"的理论研究者同样是教育实践的主体，只是二者思考实践的方式不同——理论研究者更多的会对"教育实践"作出一些"纲领性的定义"，对实践作出某种理想性的预设（例如"好的实践是怎样的"），更为关注实践的可能性价值，而实践者（真实参与活动的人）则更为认可使用"规定性"和"描述性"的定义来界定"实践"，关注那些已经发生或正在发生的"客观实在"，二者的标准不同，旨趣也不同。对此，样本 B 作出了很好的诠释：

教育的认识论概念是希望对教育实践有客观全面的概括，我们也经常把对教育实践的客观研究看作教育学的基本任务。但这种概念也面临一些困难：一、只注意教育实践，不注意人们对于教育的各种不同观念，而这些不同观念决定人们把哪些活动称为教育活动，不把哪些活动称为教育活动。例如，对于教育中的体罚，有人会认为它是教育实践的一部分，另一些人却不认为它是教育实践的一部分。显然，被不同人称为"教育"的实践和活动是极不相同的，对教育的"客观概括"要以哪一点为界限呢？如果它所确定的范围过窄，它的概括就不全面，范围过宽了，被称为"教育"的活动之间又会有根本的不同，在试图寻找其间共同点的时候，容易忽视这些根本的不同。况且，概念范围的确定是不是有主观性呢？怎样保证定义者不是在为他称之为"教育"的活动寻找定义呢？二、教育实践是人们的设计，教育思想是教育实践的一部分，教育实践包含了人们对教育概念的理解，教育思想的阐发也包含了人们对历史及现存的各种不同教育思想、教育实践的选择。把教育实践仅仅看作客观的认识对象，而对教育实践人为、主观方面注意不足，不利于对其进行全面的了解，这样的研究也不能很好地反映教育实践的真实情况。

教育实践虽是"实践主体"（真实的实践者）经验的实践，但并不是说"非实践主体"①（教育理论研究者）不能来讨论作为实践者的"实践"或理论视域下的"实践"概念。这是因为：

在对教育概念的使用中，我们会发现，每个人说"教育"，都是他理解的"教育"，这种教育是他认为教育应该是的样子。所以不可避免，"教育"对于每个人来说就是各不相同的。对"教育"概念的不同使用是事实，而且在很大程度上，"教育"一词的意义就在这些不同的使用中。人们（包括不同历史时期、不同阶级阶层）在使用"教育"这个概念时，总是从自己的生活经历、认识、情感、理想出发，表达自己对教育的理解和追求；人们的教育实践在一定程度上也

---

① 这里的"实践主体"和"非实践主体"是特指的定义，即"样本一"所界定和理解的"实践主体"。

是按照他们对教育的理解，实践自己的教育理想。①

因此，对于任何一个完整的教育概念，事实的描述和价值的判断同等重要。不同的语境，不同的逻辑视域会产生不同的概念，我们不能简单地判定某个概念是"真实的"，而另一个概念则是"虚拟的"，因为它们共同表达了同一概念的不同的方面（如特征、形式）。在此基础上，"样本A"完全对立了两种不同的"教育实践观"，即认为"教育实践"的概念只能是具有"唯一性"的，只存在于某种单一的实践中，而忽视了"教育实践"的广义特征。诚如索尔蒂斯所言："规定性定义，也是一种描述性定义，因为它提及我们用'教育'一词来表示社会为了通过有目的的教和学来传递某些文化而创立和维护的那种特殊制度。毫无疑问，这一定义描述了'教育'这一术语的一种广义的用法，但这只是教育的描述性定义之一。教育这一术语也可以非常贴切地用于那些不以有目的的教和学为特征的情境之一。比如，某个人对自己的'教育'的叙述，或更为普遍的，'在磨难中所受到的教育'（通过经验，而不是通过有目的的教和学来接受教育）。因为这两种用法都是对不同语境中我们所理解的教育一词的正确描述，所以，只认为第一种定义才是正确的定义就显得有点可笑了。规定在某一讨论中将自始至终采用第一种定义，这并不排斥第二种定义或其他合适的描述性定义的存在。这种规定，仅仅是为了探讨顺利而采用的一种策略或协定。"② 如此说来，尽管教育理论与教育实践的逻辑不同，或者教育理论研究者和真实实践者看到的虽是不同的"教育实践"，但它们却都可以用来指称"教育实践"，并描述他们眼中所理解的"教育实践"。样本B详细阐述了这种"实践"的同一性：

尽管活动各不相同，但人们还是把它们都称为"教育"。维特根斯坦把同一个词指示不同意义的情况称为"家族性相似"。在一个家族中，我们很容易发现其中很多成员有若干相似之处，如体型、步态、眼睛的颜色、表情等等，但总的情况是，若干人分享某个或某些

① 马凤岐：《教育的观念与本质：一种语言学分析》，《现代教育论丛》2000年第1期。
② ［美］索尔蒂斯：《教育的定义》，沈剑平、唐晓杰译，转引自瞿葆奎主编《教育学文集·教育与教育学》，人民教育出版社1993年版，第33—34页。

共同点，另一些人具有另一些共同点，各类具有共同点的人是交叉重合的，却找不出一个为所有成员所共具的特征。教育概念的不同意义类似于这样的情况。皮特斯（R. S. Peters）汲取了维特根斯坦的思想，他说，并非所有术语的意义都对应于特定对象，它认为"教育"就是这样的一个术语。当然，如果我们提到"教育实践"，那么确是意味着人们做了一些事情，如果我们说一个人是"受过教育"的人，也确是意味着他有一种经历。但这并不要求某种特殊的活动。按照皮特斯的说法，教育不是一个特殊过程或一种特殊活动的名称，而是一个规范性术语，"它规定某些活动或过程必须遵循的标准"，也就是说，只有某些活动或过程符合这些标准，才称得上是"教育"。

实践中存在的人们对教育的理解和追求是多样的，教育概念也是多样的。这种多样性应该被接受。从根本上说，这是人类教育思想丰富性和教育实践多样性的体现。如果试图以一个教育概念代替其他所有概念，就会有思想和学术专制的嫌疑。教育思想和教育实践的活力在一定程度上有赖于它们的丰富性和多样性。①

教育实践虽不是一种"纯粹理性的活动"，但其必然是在人"理性活动"的伴随下运行的某种活动的过程。因此，教育实践不仅要关注那些客观存在的"现实"，更应该关注"实践"背后那些决定了实践品质的目标和价值，否则，教育实践将是功利性的，而非具有引导性。样本 A 将教育理论不能指导教育实践的原因归结为"未按照实践的逻辑"运行，并以中学的课改为例，来论证"理论"对于真实性"实践"的无奈：

**观点二：在实践逻辑面前，教育理论假若遵循自身的逻辑规则，将永远找不到解决实践问题的真实途径，理论将永远无法指导实践。**

访谈老师 A：这次课改（当前正在进行的新课程改革）之前有过一次课改，那次课改，小学比中学改得彻底。刚开始的时候，老师们意见很大，有很大的抵触情绪，但是上面要求一定要搞愉快教学，没有办法，大家只好下功夫去做。过了些日子，情况有了很大的改观，老师们发现，学生在课堂上变得活泼了，爱发言、爱思考问题了，也

---

① 马凤岐：《教育的观念与本质：一种语言学分析》，《现代教育论丛》2000 年第 1 期。

喜欢上课了，大家真的很高兴。可就在这个时候，区教育局的领导来校检查，看了课以后扔下一句话就走了，"不管你们怎么搞，下次谁的班成绩排在最后谁就下课！"他人倒走了，我们怎么办？又改呀！虽然好不容易调动起了学生的学习积极性，但没办法，他一句话，我们老师也要吃饭呀！只好又回到原来的老办法，上课老师满堂灌，下课还要找学生补课，作业不做只有罚站，不补上就别吃饭别回家。你说谁想这样做呀？学生累、学生烦，我们老师也累、也烦呀！效果谁知道会是什么样子！

上述案例中，愉快教学理论最初主导了教师的课堂教学行为，在该理论被学校强行推广渐有起色之时，上级行政领导的一句"谁成绩不好就下课"的权力威胁下，教师们又回到了传统的课堂教学模式中去。毫无疑问，愉快教学理论已被学界公认具有先进性与合理性，教师也愿意并已在实践中进行了操作，但问题在于教师的课堂教学行为受到了外在环境行政因素的干扰，导致理论无法指导教师的实践。这一教育改革实践就在布迪厄所述的权力资本干预下停止了，在场域的制约下熄灭了。

理论人表述的教育实践很可能是符合理论逻辑而非实践逻辑的实践。"当'教育实践'作为一种研究对象，映入理论研究者眼帘的时候，他们首先看到的很可能不是实践本身，而是经过理论过滤后的教育实践，是理论人用理论的立场、视角、规则或标准，或者是用理论的逻辑看到的实践。"在上述案例中，当我们分析"理论为何指导不了实践"，如果着眼点放在理论的优越性或强调实践主体的素质或自觉意识层面，而忽视了实践主体的生存环境、实践主体的特性，也即忽视了实践发生的真实性，这样的分析是找不到真正的答案的，而这样的分析思路往往是"理论指导不了实践"传统的分析路径。在实践逻辑面前，在实践发生的真实性面前，绕过这一特征的任何探索都将是无意义的。①

上述"样本 A"的描述中，将"导致理论无法指导教师实践"的原

---

① 魏宏聚：《论教育学概念的精确性及表达建议——以"教育实践"在日常语用中的问题为例》，《教育研究与实验》2012 年第 4 期。

因归结为实践中突发的"权力资本"的制约。假若站在"实践逻辑"的视角，这确是理论工作者对于实践特殊性因素的忽视，然而，假若换位思之，则有待辩驳。教育理论是具有普遍性的实践法则（观念），教育理论者对于实践的认知具有"纲领性"，即告诉实践者"好的实践应该是怎样的"，是对于实践目标和价值的引导，而非过程性的引导。教育实践则具有"个别性"和"特殊性"，其中，对实践过程中突发因素的预测和处理，是参与实践者"实践智慧"运用的能力体现。因此，理论者的"成果"对于实践者而言并不是不假反思的"拿来即用"的，实践者对于理论的使用是经过了实践者"改造"的，其中，就包含着对理论自身所持的态度（信念）和理解——这恰恰体现了实践者的创造性。

　　上述案例中所描述的"教师"是被动的"实践主体"，它向我们展示的是一个毫无思想、毫无反思和变通能力的任人摆布的"玩偶"教师形象，这与我们当前提出的专业化教师、反思型和创新性教师的观念是背道而驰的。创造型的教师会巧妙地处理好观念与实践的矛盾，对矛盾的"变通"能力恰恰是他们"实践智慧"的体现。"反思性教师带着自己的一套价值观来面对各种问题。问题情境所提出的有关价值的问题，与它提出的关于采用适当手段达到给定目标的问题一样多。因此，使实践成为'教育'实践的，是实践中体现出来的一套价值，即实践活动自身的内在价值、有待提高的个人品质以及实现价值的恰当方式（给定这些价值以及给定活动的性质）。"① 从这个角度上说，教师的教学"实践"体现着一定的价值（如教育观念的重要性、教学过程的合理性），当教师把某一策略预付于实践的时候，他在检验策略或建议有效性的同时，也在检验着价值——即他们所信奉的价值是否合理、是否在实践中得以体现，其中就包含着对外在实践价值观念的批判。因此，教育价值一旦形成，便会主导和影响教师全部实践的过程，成为教师实践的行动法则。在此基础上，实践固然会受制于某种相互制约的客观法则（如权力因素），但这种客观的影响终究无法阻挡教师对于"好的标准"的认知和判断，无法阻挡教师对于追求"好的教育"的理想和信念。因此，客观世界所产生的干预在所难免，但人们对于价值的倾向性和心中的"道德律"则无法毁灭；外在

---

① ［英］理查德·普林：《教育研究的哲学》，李伟译，北京师范大学出版社 2008 年版，第128 页。

规则的客观法则可以"干扰"教师的实践，但绝不会"熄灭"教师主观的价值判断和观念信仰——毕竟课堂是教师自己的，以何种形式表达其自身"认为好的教育方式"及如何诠释对"教育概念"的理解也是教师自己的事情，在此意义上，"让课堂成为教师生命活动的一部分，让课堂焕发出生命的活力"（叶澜语）才是可能的，才能将"人"引向正确的、更好的发展路径。

因此，理论并非较实践具有某种"优越性"，只是理论与实践的逻辑根本不同，理论描述出的是一个"理想性"的实践，它必然源于实践，却又高于实践——这并不是说理论具有"优先性"，而是理论自身具有某种本质：它是对于教育价值的追求，并非是要揭示教育的"实然状态"，而是要思考教育的"应然状态"。在此语境下，"当'教育实践'作为一种研究对象映入理论研究者眼帘的时候，他们首先看到的很可能不是实践本身，而是经过理论过滤后的教育实践，是理论人用理论的立场、视角、规则或标准，或者是用理论的逻辑看到的实践"① 的命题才是客观的，才是对于教育理论研究真实性、正向的评判。因此，那些将理论的缺失归结为实践，或将实践的矛盾归结为理论的看法，都是有失偏颇的。站在理论角度的言说和站在实践角度的言说同样具有价值，站在任何一端来否认另一端的价值性（无意义的研究）都是主观和片面的。

### 观点三：要用描述性语言促使教育学语言的精确化

促使教育学语言精确化，德国的分析教育哲学家布列钦卡做出了重要贡献，他对如何在教育学语言表达中使用概念进行详细的解释。他认为，语言在日常使用中，有三种用法，分别为描述性用法、规定性用法、情感性用法。他认为，对于科学或教育科学而言，只有描述性语言是教育学语言走向精确化的最佳用法。情感性语言夹杂了作者太多的情感因素而不精确，规定性语言由于表达的是"教育应该怎么做"而不是"教育是什么"而缺乏科学性，而只有描述性语言尽可能准确地描述客观对象和事实，因此是科学的、精确的。布列钦卡的解释不无道理，它切合了教育研究的本质功能。众所周知，教育研究

---

① "样本A"所持的论据，语句出处：李政涛：《论教育实践的研究路径》，《教育科学研究》2008年第4期。

有两大功能，一是解释教育现象，二是解决教育问题。准确解释的前提就是需要客观、准确地描述教育事实，而不能夹杂个人因素或其他无关变量，这也是任何研究取得成功的前提。[①]

"样本 A"在文中强调的"精确化"实为对于教育学语言"科学化"的追寻，具有明显的"科学主义"倾向。"我们或许不难理解运用于教育的语言会如此丰富。每个人都有受教育的体验，教育深刻地影响着人们的生活。由于教育被认为是保持和实现群体对个体的理想的最重要手段，所以用来讨论教育的日常语言，必然充满了价值判断、规范及情感暗示。但科学教育理论的语言并不需要这种丰富性，任何华丽的、优雅的、情感的词语，只会增加教育科学理论达到既定教育目的的负担。"[②] 这正是"科学主义"教育研究的语言观所持的基本观点。在哲学的观念中，维特根斯坦主张要建立一种"科学的语言"（人工语言），将哲学的任务转变为"逻辑的澄清"或"语言的治疗"，即"哲学的任务就在于分析人工语言，以确保语言意义的精确性"，然而，"后期的维特根斯坦发现了自己犯了一个严重错误，这个错误就是语言的逻辑形式难以确保语义的精确性，即与外在事物一一对应。相反，语言的意义是由日常使用它的人所赋予的，语言的意义在于使用"。[③] 因此，后期维特根斯坦便将语言从科学世界转向生活世界（他称之为"生活形式"），将生活世界作为语言意义的来源，并强调："语言的真正意义只能呈现于丰富多彩的生活形式之中，使用语言就是采用一种生活形式，即'想象一种语言就是想象一种生活形式'。"[④] 因而，我们说教育研究的功能具有科学性和价值性的双重指向，科学性的语言指向教育的科学世界，日常性语言指向教育的生活世界，科学语言必然产生于生活世界之中，教育的真正意义也必然反映在复杂多样的教育生活和个体的体验之中。在此基础上，"精确性"的语言就无法揭示关于教育生活"意义"的问题，只能对教育的现实进行"客观事实描

---

[①] 魏宏聚：《论教育学概念的精确性及表达建议——以"教育实践"在日常语用中的问题为例》，《教育研究与实验》2012 年第 4 期。

[②] 唐莹：《元教育学》，人民教育出版社 2002 年版，第 223 页。

[③] 杨小华：《语言·意义·生活世界》，知识产权出版社 2008 年版，第 19 页。

[④] ［英］维特根斯坦：《哲学研究》，汤潮、范光棣译，生活·读书·新知三联书店 1992 年版，第 15 页。

述"，只解决了教育研究中"求真"的一个部分，而在"求解"和"引善"的功能上无能为力。

在教育研究的当前语境下，人们一般都认同教育研究具有四项基本功能：描述教育现象、解释教育行为、改变教育实践和批判教育事实。描述教育现象即回答教育"是什么"（be），解释教育行为即回答教育"应该是什么"（ought to）以及"何以如此"，改变教育实践则需要回答教育"应该做什么和怎么做"（how to do），批判教育事实则是在对实践的知识进行反思的过程中，对现有实践认识论的批判和重构。科学的教育事实仅能为教育研究提供某种"证据"，并不能告诉人们究竟该"怎样做"。因此，实现教育学语言精确化的前提是"合理化"，合理化的判断标准恰恰不在于"科学化"的语言之中，而在于对"教育"一词价值性的判断之中。对此，样本 B 作出了如下解释：

> 现实中人们对于教育那个真正定义的探索，"很可能就是要为教育寻找一种正确的或最佳的纲领的表达，而且这本身就是规定要在教育活动中寻找的某些有价值的手段"。（教育定义中）表达了（下定义者）[①] 对教育概念的理解和对教育价值的追求。人们表达一种教育思想，就包含一种对教育概念的纲领性表达，也同时宣称，教育在本质上应该是这样的。[②]

教育研究与其他研究不同之处就在于它所处的领域的对象是"人"，人是具有主观性"意向"的实践主体，因此，关乎人的命题根本无法绕过"价值"的命题而成为纯粹客观的研究工具，因而"要客观、准确地描述教育事实，而不能夹杂个人因素或其他无关变量，这也是任何研究取得成功的前提"[③] 的论断必然是伪命题。对于教育话语的研究，实际上是对话语背后隐藏的教育观念和行为目的的探究，话语分析，就是实现由符号到意义的研究过程和理论分析工具。话语，是教育外显的表层现象，更深层次，教育研究是要透过"现象"看本质，即通过教育话语的表露，

---

① 括号内文本为本研究作者所加。
② 马凤岐：《教育的观念与本质：一种语言学分析》，《现代教育论丛》2000 年第 1 期。
③ 见"样本 A"的论述。

从中我们看到了什么样的语言本质。

上述对于"样本 A"的列举、描述和分析，以及"样本 B"对此观念所持的反向态度，都说明了教育研究者在"观念"上对"教育"概念理解的不同和思维意向性对于教育语言的影响。尽管两个样本同样以语言学为分析工具探讨了同一问题，但探讨的思路和结论却背道而驰。这恰恰说明了一个问题：人的观念和对价值的判断是实践的前提，真实的实践首先反映出的并不是行为本身，而是实践者对于实践的认识（观念）。对于实践的观念（主观的价值判断）始终伴随着实践的过程，并全程参与和引导实践的发生、发展和结局；换句话说，我们看到的实践并不是实践（行为）本身，而是通过在实践中透露出的"实践观念"才捕捉到"实践"的本质，从而能够感受和理解眼前所发生的"实践"（动机和过程）。因此，维特根斯坦曾经在解释"词的使用与意义"的关系中指出："语言的意义在于语言的用法，语言的每一次不同使用，都会产生不同的意义，而意义的不同不仅仅是因为语境上的或说话者的不同，更重要的是在这个语境中说话者所意向的内容不同。语言的用法千差万别，这是由于不同使用者意向内容千差万别。我们只能分别地、具体地观察使用者在每次使用时的意向，而不能看到一般的、普遍的意义，正如生命对每个人都有不同的意义"。① 因此，面对教育研究的"语言学转向"，我们更应该理解语言，尊重语言的"独特性"，甚至"当个体性话语逐渐变成公共性话语时，依然保护个体性话语存在于个体性言说的可能性，使整个教育学话语充满开放性与活力，这同时也意味着教育学的开放性与活力"②。

在教育研究中，我们用语言学的方式为教育概念"下定义"的做法是需要持谨慎态度的，这是因为：

> "寻找教育的那个真正的定义，很可能就是要为教育寻找一种正确的或最佳的纲领的表述，而且这本身就是规定要在教育活动中寻求的某些有价值的手段或目的，这就是我们探讨所要想得出的结论……在教育方面必须作出价值判断，而且有些价值决断将是非常关键的，

---

① 参见蒋怡《维特根斯坦：一种后哲学的文化》，社会科学文献出版社 1996 年版，第 33—37 页。

② 刘铁芳：《教育学话语的现代性转向与生成》，《高等师范教育研究》1998 年第 5 期。

但通过下定义来作出判断，很难说是最理智的方法。对重要的价值问题，要有中肯而审慎的判断，是不能单靠下定义来解决的。"①

## 二 技术论取向——教育语言的使用和规范

在技术论的视角，语言从对自身架构的"显微镜"中脱离出来，转向了"实用"的问题，开始关注对语言"能力"的训练。至此，语言迅速成为提升人个性和修养的必要手段，成为人沟通和展示自我的平台：无论是激情四射的"讲演"还是鼓舞人心的"报告"，无论是抑扬顿挫的"声调"还是洋洋洒洒的"韵律"，无论是独特巧妙的"运思"还是风趣幽默的"表达"，语言都被作为"人"实现某种实践意义（社会功能、文化功能）的活动工具，人们通过使用语言来驾驭语言，从而用语言征服世界或者更准确地说是征服他人。此时，人们对于语言表达的欲望远远高于对语言逻辑探究的兴趣，因为，语言从人外部的世界已经进入了人内心的世界，并作为一种等待被认识、被理解、被发掘的工具，架起了人与世界或人与人沟通的桥梁。

在技术的应用层面，语言指向了两个群体：教育活动群体和教育研究群体，两者都作为以"语言"为生的人而与语言不断"遭遇"，在"使用"的途中，他们反复修饰、打磨、锤炼语言，像美化自身的形象一样去美化语言，使精细化的语言更加生动，意图使用语言的"技术"变为绘制语言的"艺术"，以提升语言的工具价值。在鲜明的目标导引下，语言"使用者将"丰富的语言技巧、个性的言语风格、纯熟的语言经验结合起来，作为联结生活世界和科学世界的中介，意图将这个世界"表达"得淋漓尽致。

（一）交往与对话方式——指向教育活动的语言

对于教育活动来说，语言既是一种教育媒介，又是一种基本能力，语言本身就是教育的目的之一。因此，语言在实践中往往不被看作静止的，而是一种活动的存在，它能在人与人的交往活动中发生变化。在实践的层面，语言带给教师的不光是技巧，还是通向彼此心灵的门窗——"能说会

---

① ［美］索尔蒂斯：《教育的定义》，沈剑平、唐晓杰译，转引自瞿葆奎主编《教育学文集·教育与教育学》，人民教育出版社1993年版，第36—37页。

道"成为教师职业的"门槛"，被作为教师职业的象征。面对学生，如何用富有激情的语言去描绘世界，用富有情感的语言去打动心灵，用富有智慧的语言去化解矛盾，是教师职业必修的素质和专业的话语。语言——常常与教师的智慧连接起来，体现了一个教师理解和倾听、灵活与机智、思想与智慧的能力和品质。教育活动中的语言，"构成了一个以口头语言为主、以书面语言和体态语言为辅的综合语言系统"①；借助语言，教师实现了完整生活的构建，语言成为教师职业生涯中感受美、聆听美和创造美的媒介。

1. 语言之于师生个体经验的意义

对教师个体来说，语言是教师职业的存在形式。尽管当前教育技术的发展日新月异，新的教育手段、教育媒介、教育方式突破了传统教学的根本束缚，然而，语言却始终伴随着教师职业的历史发展与进程。在教育的变迁中，语言由内容的变化转为形式的变化，从工具的变化转为技术的变化，在量变到质变的过程中，它无论以何种姿态进入教育，都被作为教师职业生活的基本依托和存在方式，深刻影响着教师个体专业成长的进程。"教师职业与语言一刻也不能分离，教师就处在语言的包围之中，教师就生活在语言的'所指'和'能指'当中，教师就是语言的使用者、受益者、创造者。作为语言的使用者，教师以语言进行教育和教学活动；作为语言的受益者，教育依靠语言使自身的存在得以显现；作为语言的创造者，教师以自己对语言的理解和解读建立起一套独特的话语系统，并使之与具体的教育情境相适合，在教育过程的变化中得以发展。"②

对学生主体来说，语言是形成个体经验的基本方式。在对世界的认识和理解中，一方面，学生依靠语言来感知和思考世界，运用语言去描绘和创造心灵。儿童的世界就是语言的世界，儿童的世界与语言的本质最为接近，语言包裹了他们对于外部和内部世界所有的认知、经验、目标和向往，"他们用学习讲话的方式长大成人，认识人类并最终认识他们自己"③。另一方面，语言还促成了儿童经验的生成。杜威指出，单纯的活

---

① 王枬：《教学语言艺术——课堂教学的主旋律》，广西师范大学出版社 1998 年版，第 5 页。

② 叶澜：《教师角色与发展新探》，教育科学出版社 2001 年版，第 150 页。

③ ［德］伽达默尔：《哲学解释学》，夏镇平、宋建平译，上海译文出版社 1994 年版，第 62 页。

动，并不构成经验，经验包含两部分：尝试和感受。"一个孩子仅仅把手指伸进火焰，这还不是经验；当这个行动和他遭受的疼痛联系起来时，才是经验。从此之后，他知道手指伸进火焰意味着灼伤。"① 因此，经验不仅包含着儿童用语言探寻世界的意向，同时还包含着世界对于儿童语言尝试的反馈。在与世界的交流之中，儿童发现了能够与世界沟通的工具，它在本能上具有了学习语言的兴趣和需要。然而，语言进入儿童的生活并不是一个直接的过程，它是语言与教育相互联结的过程——语言在教育的引导下，将儿童引向经验的准备。按照杜威的思路，语言进入儿童生活需要几个步骤："（1）使教育的语言返回儿童的生活；（2）语言自己不会返回生活，语言返回生活的有效途径是让儿童'使用'语言，使语言在被儿童'使用'的途中进入生活，获得生活的意义。（3）'使用'语言就是用语言'思考'生活中的种种问题，使语言转变成思维的工具。（4）为了让儿童有效地在语言中思考生活，教师最好引导儿童使用'科学的方法'，杜威称之为'五步思维法'。（5）儿童在语言中使用科学的方法来思考生活，自然会引起生活的改造，会创造新生活。这正是'教育即生活'的全部秘密。"② 杜威对于"教育生活"的理解并非人文主义的"生活"意义，而是一种"科学的生活"，因此，在儿童对语言经验的阐释中，他所持的正是"工具论"的立场，认为语言的介入，需要通过儿童经验的方式，以科学探究、发现和创造的形式回归。

2. 语言作为师生交往的活动本质

教育是重要的社会交往活动，它直接促成了人"个体社会化"的目标得以实现，因而，交往是教育活动（个体社会化）的根本方式。陈桂生先生在谈到交往与个体社会化的关系时曾说："由于每一个人，都不是孤立存在的个体，个体作为一定的社会成员，不仅不可避免地要与别人、社会组织发生或多或少的相互联系、相互影响，而且在社会联系中，还不可避免地成为不同的社会角色，参与共同活动。所以个人自然成长、成熟的过程，同时也是个体的社会交往过程，并在这个过程中显示出各个个体之间的差异，即'个性'，而实现'个性'大都是具有一定社会——文化

---

① ［美］杜威：《民主·经验·教育》，彭正梅译，上海人民出版社 2009 年版，第 109 页。
② 刘良华：《教育、语言与生活》，《华东师范大学学报》（教育科学版）2001 年第 1 期。

内涵的稳定的心理品质。这就是'个体社会化'的过程。"① 语言促成了师生交往的完成，是实现良好师生对话的必要条件。哈贝马斯认为，交往行为都是以"语言"为中介的，语言处于交往活动的中心位置。"通过语言，师生确认存在，从而使教育成为可能；通过语言，师生共享世界，从而使生命敞亮起来；通过语言，师生对话人生，从而引起师生同往。"② 语言在活动中，以主体间的交往为主要形式，语言是人交往的中介和基本方式，它直接促成了教育活动的发生。

苏霍姆林斯基曾言："在拟定教育性谈话的内容的时候，你时刻不要忘记你施加影响的主要手段是语言，你是通过语言去打动学生的理智与心灵。"③ 在语言的交往中，人和人之间是一种对话的关系，对话造就了人的精神世界，即"语言在具体情境中就是'对话'（das ges prach），就是作为'对话'的本质活动"④。因此，"语言只能存在于使用者之间的对话交际中。对话交际才是语言的生命真正所在之处。语言的整个生命，不论是在哪一个运用领域里（日常生活、公事交往、科学、文艺等），无不渗透着对话关系"⑤。以此为基础，我们说师生交往的本质在于"对话"，"对话"——意味着对相互内心世界的关注，意味着独立自由的平等精神，意味着彼此心灵世界的碰撞融合，"教育就是对话，是上一代人与下一代人的对话，是历史与现实的对话，是教师与学生的对话，是人类的历史经验与学生个体的对话"⑥。然而，师生对话与日常对话不同，师生对话是在一个特殊的场域（教室）进行的以预定目标为标准的语言行动，教师需要引导学生通过具有主题的交流，一步步达到教育（教学）的目标。社会学家梅汉（Mehan）用民族社会学方法论对教室言语进行"会话

---

① 陈桂生：《"个体社会化"辨析》，《思想理论教育》（上半月）2005 年第 1 期。

② 王枬：《语言：师生心灵之约》，《教育研究》2002 年第 2 期。

③ ［苏］苏霍姆林斯基：《给教师的建议》，杜殿坤译，教育科学出版社 1980 年版，第 57 页。

④ ［日］迟野正晴：《走向对话教育——论学校教育中引进"对话"视点的意义》，《全球教育展望》2008 年第 1 期。

⑤ ［俄］巴赫金：《陀思妥耶夫斯基诗学问题》，白春仁、顾亚铃译，上海三联出版社 1988 年版，第 252 页。

⑥ 王向华：《对话人类存在教育——对话教育研究之引论》，《山东师范大学学报》（人文社会科学版）2007 年第 3 期。

分析"，（H. Mehan，1979），他将"日常会话"与"教室会话"进行了比较：①

**日常会话：**
请问现在是几点钟？两点半。谢谢。
**教室会话：**
教师：请问现在是几点钟？学生：两点半。教师：正确。

很显然，在问和答的环节上，教室会话较日常对话多出一个环节——评价环节，"Mehan 总结了教室言语的会话构造特征，即教室言语由教师主导的提问与提示、学生回答及教师的评价三项要素构成。而发问与提示由谁来主导，评价由谁来进行，直接影响到教室内师生交流的程度、品质等各个方面"。② 教师对于学生的发问固然能引导对话进入预计目标的轨道，但主体一旦丧失了对等身份，则对话过程很可能成为一个权利的控制过程，学生丧失了主体权，对话本身也就失去了根本的交往意义。因此，师生交往要以语言的"有效性"为前提，哈贝马斯认为，"交往行为有三个有效性要求：真实性、真诚性和正确性。理论理性表达真实性，实践理性表达真诚性，审美理性表达正确性。在交往行为中，这三个同样原初的有效性要求体现了一致关联，哈贝马斯将其称为合理性。所以，所谓交往行为合理化是一种通过语言实现的、具有主体间性的、符合一定社会规范的、在对话中完成的、能在交往者之间达成协调一致与相互理解的理性化的行为"③。在此基础上，师生的交往作为一种言语行为，必需建立一个"理想的商谈环境"以形成良好的师生对话关系。因此，师生的交谈需要以"理解"为目标来构建一个真诚、融洽、平等、可领会的交流环境，"言说者必须选择一个可领会的表达，以便说者和听者能够相互理解；言说者必须有提供一个真实陈述的意向，以便听者能分享说者的知识；言说者必须选择一种本身是正确的话语，以便听者能够接受之，从而使言说者

---

① 李思纯：《论主体性教育课堂教学的时间、空间和言语特征》，《中国教育学刊》1999 年第 2 期。

② 同上。

③ 王凤才：《哈贝马斯交往行为理论述评》，《理论学刊》2003 年第 5 期。

和听者能够在公认的以规范为背景的话语中达到认同"①，而对话本身，则"永远是一个开放的、未完成的动态过程"②，师生在这个过程中，不断丰富自我、获取自由合作的精神。因此，"无视交往的类型，层次和属性的复杂性，直接将语言当作交往工具的做法，或者认为语言仅仅被动地听从人的调遣和使用、无视人是怎样被语言赋型的（人在语言的家里成长），或者以为人在语言面前可以为所欲为，即不承认我们的语言贫乏已经证明了我们渺小的事实，凡此种种，这都不足以显现语言的力量和语言的魅力"③。

（二）科学与艺术表达——指向研究活动的语言

当语言进入教育研究的视域，迅速激发了研究者对于"语言"的研究意识，正是依托这个工具，他们逐渐成为具有"话语"权威的人，并成为"备受瞩目"的人——语言实现了他们人生的最大价值。技术论语言在教育研究的层面，关注研究主体"如何使用语言"及语言存在的"合理性"问题。因为，语言与思维之间密切相关，"语言的准确性，反映了思维的明晰性；语言的连贯性，体现了思维的逻辑性；语言的条理性，表达了思维的周密性；语言的多样性，显示了思维的形象性"④。人的观察能力、认识能力和思维能力是语言能力的不同表征，语言与思维有着本质的关联。教育学科的发展不仅需要知识的积累，还需要解释教育发展中的困惑，解决教育的理论和实践疑难。因此，教育研究工作和教育工作本身相辅相成，与教育活动之于教育发展的意义异曲同工。在此基础上，对于价值的认同是教育研究者追求的共同目标，而获取价值认同的基本方式则主要是"语言的认同"，其中，不仅包括对基本语词的理解、语义的正确表述及语法的规范，还包括如何以恰当和易于接受的方式阐释、发掘教育的特殊意义，丰富和创新教育研究的成果（形式和内容）。在这一系列文本生成的过程中，教育研究语言表达就与教育研究过程、结果的创新密切相关，"探索教育科研成果表述的语言创新，就是期望教育科研

---

① 陈学明、吴松、远东：《通向理解之路——哈贝马斯论交往》，云南人民出版社1998年版，第23页。

② 王枬：《语言：师生心灵之约》，《教育研究》2002年第2期。

③ ［法］茨维坦·托多罗夫：《巴赫金，对话理论及其他》，蒋子华、张萍译，百花文艺出版社2001年版，第172页。

④ 马丽、张芃：《论教学语言》，《教书育人》2000年第10期。

工作者在面向科学表述科研成果的同时直接面向社会，既实现学术价值又实现社会价值，直接参与教育实践"①。

1. 科学语言：一种规范化的客观描述

作为知识生产的工具，语言在教育研究中具有规范性和科学性，科学的表达是人们对于教育研究的基本要求。因此，需要研究者在对教育问题的归纳和演绎中恰当地使用严谨规范、逻辑严密的语言来增强教育研究的科学性、精确性，以确保教育研究的有效性和可信度。这种语言被广泛运用于教育研究的语言之中，并得到研究者的广泛认同，被称为"科学语言"。科学语言（scientific language）是一种理性化的语言，它以概念、逻辑、语法的合理规范为基本规则，具有语言的客观性和抽象性等特点。对于学科的构建和发展来说，"一方面，专门科学语言的形成，是学科成熟的重要标志，可以说，科学的发展历史，也包含着科学语言的生成发展过程，科学语言与科学的演进本身同步进行；另一方面，科学语言是科学的重要知识单元，它的各个组成要素，诸如术语、符号、概念、文本等，共同构成了完整的知识结构，塑造了具体学科的知识框架，既是科学理论的表达载体，也是保证科学思想进行无障碍交流的必备条件"②。

在教育研究中，科学语言的形成有几个重要的标志：其一，具有该学科标准化和专业化的"科学术语"；其二，具有组成该学科知识领域重要的"核心概念"；其三，具有规范的适用于该学科理论与实践通用规范的"实用逻辑"。这三者共同构成了教育研究科学语言的表达体系。可以说，一个学科科学语言的形成与稳定，反映了该学科认识能力和知识生产的进步，直接推动了学科的知识变迁和发展进程。在教育研究中，科学语言是一种规范性的语言，要求遵循教育的客观性、真实反映教育的事实，解释教育的可能性规律。在对外部的教育事实的认识上，如何建立一个精确、稳定和规范的符号表达系统是科学语言的基本追求。因此，科学语言在形成和使用中，具有以下特征：首先是稳定性，它作为一种符号语言，不仅表达意义要相对稳定，而且每个科学术语要有相对应的教育概念，且概念必须单独指称某个定义或对象，生成某种理性的认识；其次，科学语言还要反映客观的认识结果，词汇表意要具有中立性，以概念的形式来描述客

① 蒋建华：《教育科研成果表述的语言创新》，《中国教育学刊》2013 年第 5 期。
② 殷杰：《科学语言的形成、特征和意义》，《自然辩证法研究》2007 年第 2 期。

观想象，揭示教育科学的思想本质，因此，科学的语言"既不能像文学创造中使用语言技巧，进行文学修饰，又不能在文体上表现出各种主观情感……诸如那些文学色彩浓厚的修饰语，考虑接受者感情的委婉表达语，以及迎合读者的口味而制造诙谐、幽默语，都易于引发读者联想，都应当在科学语言中排除掉"①。

科学语言的本质是理性的表达，对教育的科学认识是建立在概念、逻辑、结构系统之间的必然联系和相互关系基础上的有关客观知识的属性认知，具有严格的语言规范和语法逻辑以及语汇、构词和句式的规律性。因此，在科学语言的使用上，我们要"关注于'语词—世界'之间的符合性关联，'语词—规则'之间的形式性关联，'语词—现象'之间的经验性关联，'语词—实体'之间的本体性关联"②，需要避免对教育概念使用的模糊和逻辑的混乱，避免所谓的"教育学病"：即"（1）概念混乱：同一位论者在同一篇论文或研究报告中对同一个关键概念的使用前后不一致。（2）概念内涵模糊：概念所指涉的对象或所要表达的意义不清晰，充满歧义。（3）虚假概念：此类概念没有任何实际的、可观察的经验内容。（4）概念误用：机械地从其他学科借用来一些概念，不恰当地应用在教育论述中，经常令人不知所云"③。从哲学的意义上讲，"锤炼语言，也就是锤炼思想；追求表达的独特与精致，也就是追求思想的独特与精致。经验告诉我们：运思的严肃与措辞的精当是统一的。而只有概念的明晰和概念系统的逻辑自恰，才能保证运思的严谨。叔本华说过，只有不清晰的思想，才会用晦涩难明的语言来表达"④。

对于科学语言来说，它的形成过程反映了研究者通过自身对于客观世界的认识及逐渐创造教育自身的过程；反映了研究者通过概念逻辑系统重组来不断驾驭教育现实能力的过程；也反映出研究者通过语言意识的提升和对语言本质的认识形成一种科学的"语言观"的过程。科学语言，作为一种关于"认识的科学"，直接推动了教育研究科学化的进程和研究方向。"几百年来的科学史正是一部科学话语表达方式不断更新的历史；自

---

① 殷杰：《科学语言的形成、特征和意义》，《自然辩证法研究》2007年第2期。

② 同上。

③ 魏宏聚：《论教育学概念的精确性及表达建议——以"教育实践"在日常语用中的问题为例》，《教育研究与实验》2012年第4期。

④ 肖川：《教育的理想与信念》，岳麓书社2002年版，第19页。

然科学的进步从形式上即表现为语词准确性和系统性的不断增强。而不断创新的自然科学也是在新的语词概念系统中重新组织和构建自己思考方式和表达方式的。"① 因此，在方法论意义上，科学语言对于教育研究来说，并不只是与教育者之间相互交流、传递思想的工具，更重要的是它作为一种创造性的语言符号系统，建立了具有规范性和客观性的教育知识体系和逻辑，建构了一套特殊的教育表述、教育概念和解释方式，使教育知识作为一种教育公共规则，引导和规范了教育经验的存在形式和使用逻辑。在教育研究的成果中，"最有意义的不是直接观察到的东西的精确性质，而是对被观察到的东西（即理论事实）给出解释性的表述，因为正是因为这些事实的集合构成了科学知识的基础"②。

2. 艺术语言：一种个性化的审美诠释

科学语言以规范严密的概念和逻辑准确反映了人类的理性思维，丰富了人类的客观性知识系统。然而，教育一方面由知识结构构成，另一方面，还由人的情感、价值构成，这就是教育的特殊性。因此，那些以客观形式反映的教育的实在还不足以描绘教育的全貌，也不易于捕捉教育的真实情境，使人们在规范语言的同时，也一并过滤了关于教育深刻的意旨、思想、观念和价值的"隐喻"，使教育研究在面向生动的教育活动自身的时候，显得"书不尽言，言不尽意"③。

> "语言分析哲学无法揭示人类认识和审美活动以及整个人类文化的本质。因为分析哲学所满足的仅仅是逻辑形式的推理或经验证实，语言在分析哲学视域里仅是一种形式化的无内容的'空壳'，这种美丽的'外壳'，既不能促进人们之间充分的相互理解，也无法体现人类创造性的本质，语言实质上已成为一种技术化的工具而已。"④

此时，艺术语言作为以经验的情感表达和生活的意义揭示的形象化、个性化语言，实现了教育研究在认识维度的另一个功能取向——审美呈

---

① 李幼蒸：《理论符号学导论》，社会科学文献出版社 1999 年版，第 1 页。

② 郭贵春：《当代科学实在论》，科学出版社 1991 年版，第 205 页。

③ 王运熙、顾易生：《中国文学批评史新编》（上册），复旦大学出版社 2001 年版，第 19 页。

④ 谢延龙：《在通往语言途中的教育：语言论教育论纲》，科学出版社 2011 年版，第 25 页。

示。在美学范畴，对于语言的"审美"主要有两种途径：第一，语言"行为"的美学表达，即关于言语行动中"用语"的学问；第二，语言自身具有的审美属性，即把语言作为一种审美对象的考察。形式美学认为，"美是形式"，即美在线条、形体、色彩、声音、文字中的组合关系或艺术作品的结构，这种组合关系和结构就是美和艺术的本质。因此，语言的形式美是语言在对"美"经验层次的表达，也就是关注语言的声音、结构、情感等的艺术话语。在此基础上，科学语言遵循理性的逻辑，艺术语言遵循情感的逻辑，二者作为教育语言存在的两端，构架起教育理性和情感世界的桥梁。

　　教育活动的生活性要求教育研究在寻找某些规律性知识的同时，还要关注真实的教育生活世界，恰当、生动地描绘教育生活世界中丰富的和理想的教育追求、教育存在，"活化"和"再现"教育的生活世界。因而，"我们可以尽量让普通大众尽可能地自由谈话与表达，表达原汁原味以及日常生活中活生生的想法，因为，由情境和感受汇集而成的日常生活并不会听从实验、统计、比较和因果关系的安排，相反，任何一种人类生活情境都是独特的、多重意味的，包括冲突、意义与沟通。教育研究所要把握的正是这些意义与矛盾的核心内容"①。在此意义上，教育研究的语言不是一成不变的，而是根据交流对象和教育情境可选择、变动和调整的。同一个概念和现象，可以由通用的两种语言来表达，而语言之间也是可以相互转化的，具体采用何种语言方式，就需要依据研究主体和对象主体的需要，来将科学语言转化为艺术语言，抑或反之。例如，对于"教育"概念的表述：

　　　　科学语言：教育是在一定背景下发生的促使个体的社会化和社会的个性化的实践活动。②

　　　　艺术语言：教育就是当一个人把在学校所学全部忘光之后剩下的东西。③

---

　　①　丁钢：《声音与经验：教育叙事探究》，教育科学出版社 2008 年版，第 104 页。

　　②　全国十二所重点师范大学联合编写：《教育学基础》，教育科学出版社 2002 年版，第 4 页。

　　③　引自阿尔伯特·爱因斯坦格言。（英文表述：Education is what remains after one has forgotten everything he learned in school.）

上述例子中，两种表述都是对于"教育"概念的描述，而形式、内容、风格却截然不同。科学语言对"教育"一词的表述关注认识与客体之间的相符合，力求准确、全面地描述教育的基本特征、规律和实践法则，寻求教育的"规律性"认识；而艺术语言则从客观认识世界的另一端——人的情感世界出发，强调主体对于"教育"一词的生活经验和感受，用极为笼统的言语逻辑来启发人们对于"教育"一词的想象空间，以独特的句法形式传递一种潜在的语言信息，真实反映和超越教育的生活世界，形成一种对于教育的审美体验。因此，教育研究仅依靠科学语言来诠释教育的全部生活是片面的知识观，教育研究自身不仅需要科学性的表达，还需要个性化的表达。在此基础上，艺术语言较科学语言的严肃性、规范性，它具有了独特的言语价值——作为一种表情的符号，艺术语言超越了科学语言的现实性，使教育研究的表达更加丰满，并赋予了教育研究美学的性质和功能。一些生动的教育叙事、教育随笔、教育评论使教师跨越成为了研究者，极大丰富了教育研究的主体，增强了教育研究的真实性和文本的多样性，这种贴近教育生活、贴近教师情感的表达形式愈加受到人们的重视和喜爱，从而形成了教育理论与实践之间的张力，使教育存在从一种事理存在转换为艺术存在，实现了教育的审美价值。

## 三　存在论取向——语言存在和自我生成

### (一) 教育研究"工具论"语言观之批判

在工具论层面，"语言事实上是我们使用语言的人去体验和感受这个世界的工具，也就是说，对于世界的认知、对于世界的把握，甚至是对于世界的改造，语言是必不可少的中介性事物"[①]——这是语言工具说的根本认识。工具论的语言说实际上是一种"实证主义"取向的教育研究，它关注对语言认识论的功能，主张要用科学的方法和严密的结构以及精确的语言来描述教育现象，以获得规范化的教育知识。

"教育中的概念、术语、口号、命令、推理等只是语言的一部分，而这部分的本质是'语言逻辑'意义上的语言，分析教育哲学之所

---

以首先关注这种意义上的语言，是因为他们认为已有的教育理论'都是建立在误解我们语言的逻辑上的'，这是导致所有教育理论问题的根源。因此，分析教育哲学所要做的就是'为语言立法'，而这立法的'奥卡姆剃刀'就是'分析'，于是，分析教育哲学的工作就如同是司法官或警察的一种公务，通过分析传统教育理论形而上学的逻辑句法，指出其言说是违反'语言法律'的，从而是毫无意义的胡说。"①

　　工具论语言观在教育研究中出现了几个问题：第一，它致力于对教育概念、逻辑体系的语言分析，在对理性的追求中，借助"语言"这个工具，它在抽象化的符号世界里进行一种"文字的游戏"，与教育的生活世界相隔离，使得教育研究成为一种纯粹形而上学的"封闭式"的研究；第二，教育研究与儿童生活、个体（研究者）的生活体验相隔离，是一种"无主体"式的研究，使得教育研究脱离了以"主体"经验为主的重要的研究基础，成为纯理论和抽象化的研究。无论是知识论取向的以语言学为理论基础，通过剖析和澄清教育概念、命题、结构、关系等进行语言分析获取"教育知识"的过程，还是以掌握丰富的语言应用技巧，通过提炼、规范、打磨语言的驾驭能力，将语言从使用的"技术"上升为表达的"艺术"的方式、手段，都是将"语言"作为实现人某种意图的外部工具，人通过认识语言、掌握语言、驾驭语言来改造外部的教育世界，从而使语言"为我所'用'"，以获取关于生活的经验和知识。然而，在语言、世界（存在）、人（讲话者）的关系角度（见图4－2），语言哲学力图达到对讲话者、语言和世界三个因素的理解（研究这三个因素分别为心理学、意义和形而上学，而研究三者关系的则分别为意义理论、真理论和知识论）②，以分析哲学为代表的语言论都把语言当作自立、自足的领域，认为不谈主体的因素亦能揭示语言的意义，从而达到对语言的理解，人——成为一个被忽略不计的隐性存在。可事实上，语言的使用终究无法回避"人"这个使用者，"人"在与世界的关系结构中，是所有关系建立和全部语言使用的前提，忽略人，便失去了语言的"言说"权利。

---

① 谢延龙：《在通往语言途中的教育：语言论教育论纲》，科学出版社 2011 年版，第 21 页。
② S. Blackburn. *Spreading the Word*. Oxford：Clarendon Press，1986：3.

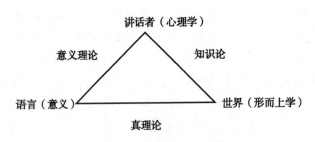

图 4 - 2　语言哲学的关系系统

　　"'语言工具说'在教育理论中似乎已经成型，他们无一例外地主张语言只是使教育具有生活意义的强有力的一种工具，虽然他们也承认使用这个工具的是人，但是，这个'人'还是若隐若现，若即若离，不可捉摸。"① 尽管"工具论"的语言观承认他们所主张的被作为"人"强大生活工具的"语言"最终是指向"人"的目的，亦承认发现、理解和使用"工具"的同样是"人"这个实践的主体，但是，在工具论那里，这个"人"是被边缘化的、被"悬置"的和"隐匿"在教育活动背后的"人"，主体（人）无论对于教育研究还是对于真实的教育活动而言，都是若隐若现、若即若离、模糊不清的。

　　"在他们那里，人不过只是语言承载者，就像水必然要装在杯中，物体必然要存在于空间中一样，空间的性质并没有影响物体。在他们那里，人是一个没有内部意识结构，没有意志，没有社会历史持续性的东西，人不以自己的特性影响语言，人是语言方程式中的常量，处处离不开它，但它不起作用，不是影响函数值的自变量。"②

　　基于对"工具论"的语言观的批判，本体论的语言观特别强调语言在人"存在"意义上的功能和价值，这正如海德格尔所说的"语言是存在的家"，它要求语言回归人真实的生活世界，切实反映生命成长的内在体验，使语言成为人的存在方式，将概念化、抽象化的语言转变为个体性

　　① 王涛：《追寻教育的语言基础：一种交际民族志学视野》，广东高等教育出版社 2011 年版，第 14 页。
　　② 徐友渔等：《语言与哲学——当代英美与德法传统比较研究》，生活·读书·新知三联书店 1996 年版，第 241—242 页。

的语言，深刻揭示教育存在的生命意义。在此基础上，教育研究的语言超越了"分析哲学"的限度，踏入对人"本体"问题的关注，开始了教育研究语言的"生命"（本体）转向。

（二）对人的关注：教育研究语言之"生命"转向

鲁洁先生曾说："教育的存在根据和基本使命就是要使人成为人。"① 在真实的教育世界里，我们一直强调要将"人"作为活动的主体，这不仅仅是说人在教育活动中具有主导性，更重要的是"人"作为一种生命的存在，他和"教育"具有本体性的关联，人和教育自身（"接受"教育的人）是重合的，换句话说，人在教育的世界里表现为一种"教育存在"，"教育存在"的状况反映了人"生命存在"的现状和生命的价值取向，它们之间是互证的。在语言学的角度，"如果说这种遗忘（对人的遗忘②）对于以纯粹的语言分析为业的人，是可以理解和原谅的话，那么，以'人的教育与发展'为业的教育研究者也同样如此，就让人难以接受了"③。语言被置于一个精致的玻璃房，人只能被隔离在外对其观赏、品鉴——人们可以细细雕琢它、修饰它，让它成为一个传世精品，也可以反复剖析它、解读它，对它任何的优缺点"品头论足"，但唯独无法进入它，让它成为自身生活实践的一个部分、一种深刻的生命体验，来诠释生命与教育的意义。然而，真实的情况是：人的"言说"不只呈现出的是"语言"（外在于人的"存在"），而是人自身（人的存在），在此，语言和人是重合的，语言反映出的不是符号的规则和形式，而是人的生存状态；人的"言说"反映的也不是静态的"语言"，而是生命的"言说"——一种人生命存在和发展的动态描述。因此，教育研究"如果不能寻找到一条把教育中人与语言扭结起来的路径，这样的研究仍不免会成为空谈，特别是教育中的人，如果不懂语言'何为'和'为何'的时候，危险将更甚"④。对人的忽视将成为教育研究致命的弱点，因为，离开人，语言将什么都不是。

以此为逻辑的起点，我们需要重新认识语言，重新认识教育研究之于

---

① 鲁洁：《教育的原点：育人》，《华东师范大学学报》（教育科学版）2008 年第 4 期。

② 括号内为本文作者所加。

③ 李政涛：《教育研究中的四种语言学取向——兼论通向语言的教育学之路》，《教育研究与实验》2006 年第 6 期。

④ 王涛：《追寻教育的语言基础：一种交际民族志学视野》，广东高等教育出版社 2011 年版，第 17 页。

"人"所开启的语言的意义。因此，"转向对生活体验的研究意味着通过再次唤醒世界的基本体验来重新认识这个世界"①，这种新的"生活体验"就是教育研究的新转向，一种指向生命本体的"语言转向"——"语言本体论"的转向。

## 第三节　语言与教育研究的本体论转向

"现代哲学回归现实生活世界的总体趋向导致了哲学思维范式的根本变革。其基本的致思的方向就是力图消解传统意识哲学主客二分的形而上学思维，转而关注现实的人和人的现实生活。"② 在此基础上，"教育的对象就是人类，从而教育学的对象便是人类的本质和生成"③。对教育研究来说，其自身向本体论语言的转向并不是只关注语言的存在本身，而是需要通过人在生命中的语言实践来体验语言的本体价值。因此，以存在论为视角，语言作为"个体"在生活中内在体验的过程，它反映了主体对于生命存在的感知、理解和自我意识的状态，而教育研究的任务，就是将其揭示出来，以探寻教育主体的生命体验，发掘教育在生活层面真实的存在意义和可能性价值。在此基础上，我们就需要探寻语言与教育在本质上的契合点，将语言的本质与教育的本质相互关联，从而完成赋予教育研究语言本体论转向的可能性。

### 一　语言本体论转向之于教育研究的可能性

海德格尔认为，语言与存在具有本质的关联，"语言就是存在之家，就是为存在所居有、并且由存在来贯通和安排的存在之家"④。存在是语言的精神实质，脱离了存在，语言便失去本真的意义，成为一具躯壳。我们在语言中去把握人生命的内涵，去体味人生命的意义，人是作为"语言存在"而进入的生命的存在，所有关乎人生命的起始和结束，统统需要在语言中得到显现，也需要通过语言得以澄明——因为只有作为"言说

---

① ［加］马克思·范梅南：《生活体验研究——人文科学视野中的教育学》，宋广文等译，教育科学出版社2003年版，第39—40页。

② 阳小华：《语言·意义·生活世界》，知识产权出版社2008年版，第2页。

③ 杨人缏：《现象学的教育思潮》，《教育杂志》1929年第8号。

④ ［德］海德格尔：《路标》，孙周兴译，商务印书馆2000年版，第392页。

者", 人才成为真正的人, 只有"语言才产生人, 才给出 (er–gibt) 人"。① 在此基础上, 语言赋予了人精神的实质和内涵, 把人带到了自己的本质之中。作为人的存在本质, 语言就是本体论意义上的"人"自身; 换句话说, "能被理解的存在就是语言"②, 存在只能是语言意义上的存在, 离开了语言, 人可能什么都不是。故而, 语言之于人存在的意义就是语言的本质, 亦是人存在的本质, 二者是同一的。

对于教育来说, "如果说人的本质问题, 还比较重在哲学思考的话, 而人的发展问题则主要是一个教育的问题"③。教育自身作为一种存在——"教育存在", 尽管它不是存在之"物", 但从人生命的完善和发展来说, 它确是一种"存在", 这种存在与其他存在的重要区别在于: 它是一种直接指向人生命内部与发展性的存在, 人全部的生命运动过程都被包裹在这个生命实践之中, 它真实反映了个体生成和发展的全貌。因此, 教育与人直接相关, 它直接指向人的生成和发展; 换句话说——教育给出了人, 它最终使人成为人"自身"。以此为前提, 人在教育中的存在状况, 就是人在生命实践中的体验历程, 而教育的本质就是人生命实践的本质, 教育在关注和帮助人提升实践品质的过程中, 把人带向自身生命的本质之中, 从而生成人、发展人、改变人。

在此基础上, 教育与语言就有了本质的契合点, 即它们都与人的本质直接相关, 都可以作为人的本质而存在——尽管它们外在反映的并不是同一种实在, 但在"人"这里, 无论是作为语言存在的"人", 还是作为教育存在的"人", 都以人本质的方式构成了一个完整的"人"的存在, 二者合而为一, 共同指向人自身生命存在之存在——人的"自在自为"④ 之

---

① 〔德〕海德格尔:《在通向语言的途中》, 孙兴周译, 商务印书馆 2004 年版, 第 5 页。

② 〔德〕伽达默尔:《真理与方法》 (下卷), 洪汉鼎译, 上海译文出版社 2004 年版, 第 588 页。

③ 黄济:《教育哲学通论》, 山西教育出版社 2001 年版, 第 377 页。

④ "自在自为"出自黑格尔《逻辑学》, 用来表述具体概念 (或绝对精神) 自身既是展开、区别, 又相互统一的关系, 具有自由、本质、统一、具体等含义。黑格尔将其体系分为三个阶段: 自在、自为、自在自为, 这是黑格尔的三段论命题, 这三个阶段包含自我设定自我、自我设定非我、自我和非我的统一。自在是人潜在的、未展开的状态, 自为是有了区别、分化的展开的状态, 而自在自为才反映人独立、自由、完整、统一的本质。这里借用黑格尔逻辑学的表述, 把"自在自为"的概念作为语言与教育在人的存在与本质、直接与间接、潜在与展开的全部统一。

中。因此，语言、教育和人共同构成了人生命的完整图景，以人为主体，教育和语言以不同的方式切入人的本质，使人具有了生命的"可能性"。

人的发展如何得以实现呢？凭借语言。语言赋予人"可能的"生命状态，将人带向他的本质之中——面对语言的"缺失"，人总显得不尽完善，"在语言面前，人总是不充分的"，而恰恰"人在语言面前的不充分性，就是人的可能性"。① 对于教育而言，个体生命成长之路赋予了人发展以可能性，人生命实践的过程就是人自我生成、完善和发展的过程，正是依靠"教育"，人的发展由可能性转化为现实。因此，在本体论层面，语言真正切入了教育的本质，人的未来呈现在语言的可能性之中，语言与教育相互扭结，依托语言与人发展的"可能性"，教育帮助其实现由"生物人"向"自由人"的转化。在教育研究向本体论语言的转向中，我们亦找到了教育理论与语言哲学的契合点，语言对于教育研究不再是以知识、技术或者符号、文本出现的外化于人的工具，而是关乎于人存在本质的生命构成，它们共同指向人的精神成长和内心世界，通过发掘人自身发展的可能性，最终将这种理想转化为现实。在此基础上，把"语言"置于存在的中心，凭借语言通往人的存在，"创造关于教育主体的体验的叙述，并完成赋予意义的解释过程"②，构建人生命发展的精神历程，就是语言之于教育研究的全部使命；同时，"面向人的可能性，力图将人的可能性转变为现实性，这恰恰就是教育学的追求"③。在此，教育研究便突破了教育理论研究的"瓶颈"，使教育基本理论问题有了新的认识和解决路径，为"教育何以有意义"的价值命题赋予了新的解题思路。

## 二　存在论取向的语言观对于教育研究的特殊价值

哈贝马斯认为："既没有一种不依赖于语言而存在的对象，也不存在一种先于语言的先验意识主体。"④ 存在论取向的语言观在把语言引向教

---

① 李政涛：《教育研究中的四种语言学取向——兼论通向语言的教育学之路》，《教育研究与实验》2006 年第 6 期。

② 谢登斌：《语言学取向的教育研究》，《华东师范大学学报》（教育科学版）2005 年第 4 期。

③ 李政涛：《教育研究中的四种语言学取向——兼论通向语言的教育学之路》，《教育研究与实验》2006 年第 6 期。

④ 方汉文：《后现代主义文化心理：拉康研究》，上海三联书店 2000 年版，第 81 页。

育研究的过程中，赋予了教育新的可能性，并促使教育研究实现了面向人自身的重大转向，满足了教育研究在语言存在论视域进行价值转换的三个条件：第一，教育凭借语言把自身引向人存在与发展的可能性之中，并将作为"语言存在"的人放置于"教育存在"的框架内来进行一种新的生命体验——对于教育经验（"思"语言）的反思和创造。教育，得以在"语言之思"中去描述、回忆和体验人的生命实践活动，从而实现人与人之间的对话（心灵的语言交流），并让对话作用于人本身（反思、体验），从中揭示教育的终极意义。第二，凭借语言，教育可以创造、描述一个新的世界，产生一个新的教育。通过完整叙述教育生命实践的全过程，从中获取关于生命完整的生活体验，在对生命意义多重的理解、发现和解释中，揭示教育深层次的存在价值，实现人在语言中的生命成长。第三，凭借语言，教育在对语言的创造中生成人，发展人，改变人，从而创造一个崭新的教育世界。语言与教育之于人的双重构建过程，将"人—语言—教育世界"联结起来，构成了人在"语言之思"中对于教育世界的生命反思活动，从而生成一个崭新的人和崭新的教育世界。因此，在存在论的视域，教育研究的全部使命在于："以教育学的方式抵达语言，通过语言实现对教育存在和教育者生存境遇的深刻洞察，进而把语言问题变成人的发展问题，变成生命实践的问题，最终抵达人的生命成长。"①

在具体的层面，教育研究需要关注教育主体的真实生活，通过对于教育生命实践的真实体验，从中获取重要的教育经验和反思，深层次挖掘教育的价值和意义，以对话（文本或言说）的方式来理解、解读教育生活的现实性及可能性存在。在此基础上，经验不是认识性的，而是创造性的。在语言向生活世界的转向中，教育研究的方式也随之转向一种"主体"言说的形式——"叙事研究"（典型意义）成为语言通往教育生活世界的一条可靠路径：

　　"教育叙事是表达人们在教育生活实践中所获得的教育经验、体验、知识和意义的有效方式，教育叙事研究就是探究如何才能准确表达和诠释教育经验、教育意义……我们一方面通过叙事来尽可能地展

---

① 李政涛：《教育研究中的四种语言学取向——兼论通向语言的教育学之路》，《教育研究与实验》2006 年第 6 期。

现教育的真实，以便使教育研究与真实的教育经验形成内在的关联；另一方面我们把叙事提升为教育经验的意义探索，叙事不是一种形式或者是为了表述人类经验而附加的东西，相反其关注的是生活世界中'究竟有些什么？'"①

新的语言观促成了教育研究之于本体意义的研究转向：第一，教育研究关注于对教育存在的精神世界的探求，关注于人生命的体验和心灵的对话，使语言与教育在生命的起点上连接起来。在此基础上，语言问题被转化为存在的问题，并进一步转化为"教育生命实践"的问题以及人自身生命成长的问题，最终将语言推向人的终极意义之上；而教育研究，则作为一种生命表达的方式，进一步把符号转化为声音和影像，真实呈现出人精神世界的变化和生命实践的过程。第二，教育研究从语言本体向自身切入，其外在显示为某种文字符号的意义，实则反映出的是人在教育中的生命存在状态；教育研究之于语言的分析，亦不单纯是对于某个概念、命题以逻辑的分析（即在语用、语法或语义层面的诠释），而是对于教育生存体验和生命状态的解读和阐释。在这个分析的过程中，语言通过对人生命实践问题的准确描述、再现和反思，从而预测主体存在与可能性发展的语言路径，在生成语言的途中实现对人自身的突破。

## 三　语言认识论关系及教育研究的立场

当语言作为一种重大的哲学转向进入教育研究的时候，随即产生了两个方面的问题：首先，本体论语言转向中工具论与存在论的关系；其次，教育研究在此转向中应持的立场。

### （一）工具论语言与本体论语言的关系

教育研究的语言在哲学层面有两种认识倾向，即工具论的语言说和本体论的语言说。当前，教育研究的发展要从工具论的视角转向本体论的视角，来完成教育的"生命实践"转向。然而，我们对于语言"本体论"的转向并不是要摒弃作为"工具论"存在的语言，因为人必须是在对语言的"使用中"才能够创造自身——恰恰我们需要强调的是"用"的目的，即"用"语言的"正当性"。这就需要将"用"的手段和目的联系起

---

① 丁钢：《教育叙事的理论探究》，《高等教育研究》2008 年第 1 期。

来，使人们在对语言之"思"中"用"，将工具论放置在本体论前提下来探讨其"合理性"，把"思"和"用"统一起来，以摆脱工具论语言的功利性，从而将作为知识和技术的语言"工具"融入人的生活体验之中，以"经验"的方式作为人生命实践的一部分，转化为人生命成长的动态结构。

另外，我们想要正确看待语言的"工具论"问题，还需要进一步澄清两个概念，即"工具论"和"工具化"的区别："工具论并不等于工具化，工具化是将语言仅仅看作工具使用，仅仅以工具来定义语言，而否定语言其他方面的丰富内涵；而工具论则是对语言的一种正常功能的客观陈述，当把这一种功能当作语言的全部时，就走向了工具化"①。因此，语言作为一种具有工具价值的本体，"使用"语言本身就是语言的一个重要内涵和功能，人只有在对语言的"使用"过程中，才能显现自身，形成主体关于生命的体验，并从中获取生活经验；换句话说，"用"本身没有意义，关键在于人赋予了"用"怎样的精神内涵和意义旨趣。

因此，我们说，工具论和本体论语言是教育研究语言的两个维度，本体论的语言规定了研究的目的和方向，工具论的语言则规范了研究的过程和手段。即使在以本体论语言观为视角的教育研究中，其"教育叙事"的方式也同样兼顾了两种语言的功能，即"教育'叙事研究'的基本诉求在于，它不只是关注教育中的'理'和'逻辑'，而且关注教育中的'事'和'情节'"②，使工具论和本体论的语言都在"存在"的起点上"用"和"思"，把指向应用层面的知识和技术内化为"思"的经验构成，以丰富知识和技术的内涵，从而改变和提升人的精神品质。

（二）语言转向中教育研究应持的学科"立场"

在"教育学的学科立场"之上，我们必然关注"看"和"用"，"看"是立场，"用"是方法，二者都以"思"为前提，使"看"（立场）在"思"中"完成存在对人的本质关联"，并使"存在在思中形成语言"，已达成"用"的功能和手段。然而，在教育研究向语言的转向中，无论是以分析哲学为理论基础的对于教育概念、命题的"语言分析"，还是以"语言学"知识为工具实现的教育知识的转化，甚至是我们提倡的教育研

---

① 谢延龙：《在通往语言途中的教育：语言论教育论纲》，科学出版社 2011 年版，第 29 页。
② 刘良华：《校本行动研究》，四川教育出版社 2001 年版，第 199—201 页。

究"本体论"的语言观,其推动力和视角要么是语言学的,要么是分析哲学、现象学或解释学的,而唯独不是教育学的。因此,教育研究需要审慎处理外学科引入对于教育学知识的转化和建构的问题。例如,在对教育研究的语言转向这一变化进行描述的时候,将其表述为:

> "教育研究者在从事教育研究活动时,始终把语言问题置于醒目的位置,提升语言的价值和解释力,注重发掘符号的潜能,通过语言而把教育主体的体验转化为符号形式,借助符号而建立各种对话关系"①。

——这种描述依然是基于语言学立场的视域和方法,并未体现教育研究在教育学立场上的独特性和适切性,也没有得出教育学的存在与发展在语言问题上的学科性认识和突破。故在类似的教育研究的结论中,我们得出的问题种种,常常是作为语言学、哲学、心理学、社会学等学科知识和逻辑的话语系统,而丧失了反思和建构教育学自身知识的使命和功能。因此,研究者需要重新审视语言进入教育研究的方式,从而建立一条通往教育学的语言之路。在此基础上,我们首先要深入反思和解决三个问题②:

第一,"方法与研究对象的关系"问题,这是教育研究在方法论层面所要思考和解决的问题。具体来说,是我们所借用的"语言学的方法"与教育研究对象(教育知识和教育实践)的适切性(即教育研究的特殊性)问题。对此,将语言学的方法引入教育研究的时候,要关注语言在教育知识和逻辑中的存在形式与表述方式,以教育的生命实践为基础,建构有关教育学的知识和逻辑,从而将其反作用于教育实践,以丰富和提升教育实践的生命品质,把教育存在引向新的发展。

第二,"语言与人的关系"问题。在语言学和哲学的视域,人或者是语言的"承载者""使用者",或者是语言的"存在者""思考者",而此意义上的"人",要么是被"搁置"的人,要么是被"抽象"的人,他们

---

① 谢登斌:《语言学取向的教育研究》,《华东师范大学学报》(教育科学版)2005 年第 4 期。

② 教育研究语言建构的三组关系参见李政涛《教育研究中的四种语言学取向——兼论通向语言的教育学之路》,本研究对此进行了延伸和论述,其中"着重号"为文章作者原观点。

都不是在真实世界里存在的、具有独特性的、一个个"具体的人"。然而，在教育的特殊场域里，以语言方式存在的"人"则是具体的、个性化的和正在发展中的人（生命主体），他们不是固化的"生命符号"，而是需要在真实的生命实践中不断认识自我、发展自我和完善自我的、有待语言去发掘和显身的"人"，这里的"人"就具有了动态的生命结构特征。因此，教育研究要将大写的"人"聚焦在"教育"这个特殊的场域，去关注和体验教育活动中的一个个"个性化"的人的真实的生命实践，从而描绘人在教育生活世界里的真实存在状态，将人引向新的生命成长之路。

第三，"语言与人的相互转化"问题。由于教育世界所面对的"人"是一个个具体的人、个性化的人，因而，教育中"语言向人的转化"就体现为：将社会的"公共知识"（社会性语言）转化为个体的"实践知识"（个体性语言）。这个过程既是语言与世界相互联结的过程，也是人生命成长与个体发展的过程，在此基础上，语言生成人、改变人、创造人。反之，"人向语言的转化"则是通过人使用语言、思考语言、创造语言，使语言的经验融入人的生活体验的过程——人在面向自身的过程中提升语言的存在价值和使命，使人作为"语言的存在"，进而挖掘语言之于人的本体意义，从而丰富语言、提升语言和创造语言。在语言和人的相互转化中，"语言"与"人"同时具有了"可能性"，使"人"面对"语言"的"不充分性"和语言对人结构的"生成性"合而为一，共同聚合在"教育的生命实践"之中，以此实现"人——语言"的相互转化；而教育研究的功能在于："试图揭示教育是如何实现语言与人的双向转化的。"

在以上命题和分析的基础上，教育研究的"语言"可以被描述为：

> "语言是人存在与发展的一种根本方式，它以沟通、交流、表达等方式关联人的思想、感情和灵魂，开显人的生命、自由的本质，是人全面自由发展的直接现实。"[①]

——这种描述才是教育学意义上对于语言本体的认识和解读，因为它

---

① 谢延龙：《在通往语言途中的教育：语言论教育论纲》，科学出版社 2011 年版，第 52 页。

将语言与人的生命实践联系起来，打通了语言自身与人的生命本质之间的桥梁，它体现了语言对于教育研究完整的意义、功能与价值，为建立一条崭新的语言论教育学之路奠定了理论与实践的基石。对此概念，研究者作出如下解释①：

> 首先，它兼顾了语言的功能和属性两个方面。在功能层面强调的是其沟通、交流、表达等功能；在属性方面，强调的是其属人性，属人的生命性和发展性。这就避免了以往理解中大多从功能或属性一方面解读的弊端。
>
> 其次，将语言定位于人之存在与发展的一种根本方式，从而将语言提高到人本位的地位。语言是人存在与发展的根本方式，而不是其他无关紧要的方式，也不是一种重要的方式，而是根本方式，"根本"强调了语言与人须臾不可分离的状态。
>
> 再次，语言是以沟通、交流、表达等方式与人的思想、感情和灵魂相互关联，这种关联直指人的内在方面，它不是一种独立于人的纯粹客观存在，它的存在仅且作为与人的内在精神关联才有可能。
>
> 最后，语言是人的生命、自由及本质的开显，是人的全面自由发展的直接现实。这意味着，语言不是一个实体存在，也不是一种抽象存在，而是一种在人的生存发展中不断"显身"的存在，只有在人的存在与发展过程中它才会出场，在人的全面自由发展不断实现中成为一种直接现实。

这种解释正是语言在向本体论的转向中，对于教育研究发展的可能性的功能和属性：即如何以人的生命发展为指向，以人"根本的方式"而存在，与人的内在精神相关联，从而揭示人的生命、自由及其本质。这是教育学立场上语言对于教育研究在"本体论"转向中的根本目的、方式和价值指向，也是语言之于教育研究的根本使命。

---

① 谢延龙：《在通往语言途中的教育：语言论教育论纲》，科学出版社 2011 年版，第 52—53 页。

## 第四节　语言与教育研究的表达

从西方教育研究史来考察，迄今为止，教育研究主要有两种表达方式：人文性表达和科学性表达。前者以"诗性"语言为主要方式，关注对教育生活体验的描述，其中隐含着丰富的人文意蕴；后者则以"理性"和"精确化"的语言为主要方式，关注于教育理论知识结构的建立和对客观教育事实的说明，其中体现着追求真理的科学精神。两种表达方式在教育研究发展史的不同阶段分别占据了主流地位，可以说，19世纪以前，西方教育研究以人文性表达为主要方式，丰富的教育思想在诗歌、对话集、传记当中得到了深刻的体现，赋予了教育浓厚的人文价值意蕴；19世纪以来，随着自然科学的兴起和教育学学科的独立，教育研究逐渐将诗性的语言转换成以特定的语法和逻辑规则来记录和描述教育理论的语言系统，科学语言作为唯一理性的表达方式，以科学化为标准，为教育研究建立了一套完整的具有规范性、严密性和精确性的表达范式。

### 一　人文性表达：诗性语言与教育的精神品质

从教育发展史来看，以近代自然科学的建立为标志，之前的语言可概括为"诗性"的语言。诗性并非指古典语言所具有的"自然"的品质，更重要的是强调诗性语言所流露出的创造性品质，即它是人类对于世界的想象和创造的智慧的语言。在此基础上，诗性语言关注于主体感觉和情感的体验，以形象化的方式反映人的"自我意识"，将语言赋予了丰富的精神内涵和人文意蕴，并以此为基础，形成了一种固有的表达方式——人文性表达。

"不同的语言蕴含的是不同的世界'观'，负载的是不同的历史，表达的是不同的价值和意义"，因而，"古典诗性语言和古典语言文学艺术，营造出浓郁的古典人文意味，这构成古典人文教育之人文性的基础与根源"。① 教育的人文性表达以诗性语言为基础，通常以个体的生活经验和意义的阐释为目标，它摆脱了思维的束缚，以人的生命为根基，给人极大的想象和精神空间。从历史的维度，近代以前（柏拉图时代至文艺复兴）

---

① 刘铁芳：《语言与教育》，《河北师范大学学报》（教育科学版）2001年第2期。

的教育论述，一般以人文性表达为主，此时的教育文本反映在小说、诗歌、传记和对话体之中，与哲学研究浑然一体，将教育的价值、目标和方法隐含在对"智慧"问题的揭示中，用"诗化"的形式表达人们对于教育的认知。在此基础之上，诗性语言向人们揭示了纷繁复杂的教育的生活世界，使人通过对"存在"的真实体验，去感知人与生活世界的联系，通过人对于世界之"事"与"物"（如教育）的思考，来阐释人生（教育）的意义和行动（教育实践）的价值。因此，在古代的教育中，"诗"与"思"是相互联系与和谐一致的，"诗"反映了教育的品质，"思"反映了教育目的的理性追求，以此为旨趣，将人引向具有丰富内涵的精神世界和理想人生。

教育人文性表达与古典的人文教育情怀是相互对应的，在此基础上形成的诗性语言表达的是一种人性之美，一种对于完美智慧的追求和高尚道德的宣扬。苏格拉底认为，教育的目的并不是要人们掌握知识，而是需要形成道德和智慧。在他的启发之下，古典的教育思想都以人文的价值为基本指向，培养具有良好德性与智慧品性的人。例如，昆体良对"教育的目的"作出如下表述："我们要造就完美的雄辩家，他必须是一个善良人，否则就不能生存；因此，我们要求雄辩家不仅要有尽善尽美的语言表达能力，而且要有美好的心灵。"① 由于诗性语言更为贴切地表达了人的丰富情感和教育的理想追求，因此诗性语言本身亦作为教育内容，来帮助人们形成良好的精神与道德品质。例如，西方以"七艺"为主的教育内容，就是为了唤起人们对永恒知识的思考和真理价值的探寻，从而通往人灵魂的精神世界；中国古代的"四书五经"，以诗、书、礼、乐等为主的教育内容，更体现了古代教育诗性语言的特征和人文性情。在此基础之上生成的教育文本，在表达上便极为生动和形象，多以"言说"的形式（如对话、语录、散文、诗歌）来描述教育的生活，从中揭示深刻的教育意义和内涵，体现出浓重的人文气质和生活旨趣。

---

① ［美］E. P. 克伯雷：《外国教育史料》，华中师范大学教育系等译，华中师范大学出版社1991 年版，第 43 页。

**教育是国家的事业**（柏拉图：《理想国》）①

苏②：我的好阿得曼托斯，我们责成我国当政者做的这些事并不像或许有人认为的那样，是很多的困难的使命，它们都是容易做得到的，只要当政者注意一件大家常说的所谓大事就行了。（我不喜欢称之为"大事"，而宁愿称之为"能解决问题的事"。）

阿③：这是什么事呢？

苏：教育和培养。因为，如果人们受了良好的教育就能成为事理通达的人，那么他们就很容易明白，处理所有这些事情还有我此刻没有谈及的别的一些事情，例如婚姻嫁娶以及生儿育女——处理所有这一切都应当本着一个原则，即如俗话所说的，"朋友之间不分彼此"。

阿：这大概是最好的办法了。

苏：而且，国家一旦很好地动起来，就会像轮子转动一般，以越来越快的速度前进。因为良好的培养和教育造成良好的身体素质，良好的身体素质再接受良好的教育，产生出比前代更好的体质，这除了有利于别的目的外，也有利于人种的进步，像其他动物一样。

在这段文字中，柏拉图首先提出一个观点，即"教育和培养"是国家统治者要关注的大事，阐明了教育对于国家的重要作用。从其对话式的表达方式能够体现出最早的诗性语言所蕴含出的教育丰富的内涵和理念导向。在故事内容的选择上，古代的对话文体主要以对"真善美"的表述为主旨，在对假恶丑的批判和痛斥中，揭示教育的正向功能和理想境界，以确保带给儿童的必然是优美和高尚的语言和心灵——这是古代诗性教育语言所表达的基本内容。正如苏格拉底所言，"绝不能让年轻人听到诸神之间明争暗斗的事情。如果我们希望将来的保卫者，把彼此勾心斗角、耍弄阴谋诡计当作奇耻大辱的话。……先入为主，早年接受的见解总是根深蒂固不容易改变的。因此我们要特别注意，为了培养美德，儿童们最初听

---

① 选自［古希腊］柏拉图《理想国》，郭斌和、张竹明译，商务印书馆1986年版，第70页。

② 即苏格拉底（公元前469—前399年），古希腊哲学家。

③ 即阿得曼托斯，希腊传说中色萨利地方菲里国王斐瑞斯之子。

到的应该是最优美高尚的故事"①。因此，在古代的教育表达方式中，类似于对话体、教育语录等形式讲述的教育观点往往是十分形象的，它体现的是一个个具体的、真实的教育场景和生活体验，诗性语言赋予了教育研究以生动的、形象的话语追求，其人文性的表述风格，影响了整个古代的教育思想和教育方式。这种教育文本的表达，体现着浓重的古典浪漫主义的语言特征，将教育引入一个极为丰富的人文世界之中，造就了具有个性的人的生命气质和教育理想。

**通过教育去形成一个人**（夸美纽斯：《大教学论》）②

一、我们已经知道，知识、德行与虔信的种子是天生在我们身上的；但是实际的知识、德行与虔信却没有这样给我们。这是我们应该从祈祷，从教育，从行动去取得的。有人说，人是一个"可教的动物"，这是一个不坏的定义。实际上，只有受过恰当教育之后，人才能成为一个人。

二、因为，假如我们考虑一下知识，我们就可以知道，只有上帝才有一种特性，能借一份简单的直觉去知万物，没有原始、没有进程，没有终结。这在人与天使是不可能的，因为他们没有无穷与永生，就是说，没有神性。他们只需有充分的智力，能够领悟上帝的作品，并从中收聚丰富的知识就够了。

从文艺复兴至 19 世纪初期，教育研究的表达方式有了一个小的转向，即从夸美纽斯的《大教学论》开始，此后的一些教育著作，如洛克的《教育漫话》、卢梭的《爱弥儿》、裴斯泰洛奇的《林哈德与葛笃德》等，其文本表述中"议论"的成分逐渐增多，人们开始有意识地反思教育的问题，开始了在经验和思维层面对于教育的解读——直至赫尔巴特教育学的建立，教育研究的理论形态有了彻底的转变，其中越来越多的科学话语成为教育研究的主体语言，教育学借助心理学、生理学等相对成熟学科的语言系统，试图对教育进行客观的、科学性的描述，以学科化的方式来探

---

① 节选自［古希腊］柏拉图《理想国》，郭斌和、张竹明译，商务印书馆 1986 年版，第 70 页。

② 节选自［捷］夸美纽斯《大教学论》，傅任敢译，人民教育出版社 1984 年版，第 39 页。

索教育的普遍性规律和原则。

## 二　科学性表达：科学语言与教育的理性品质

19世纪初，《普通教育学》作为教育学学科建立的标志，科学的教育学从此诞生。至此，教育研究出现了另一种新的表达方式——科学性表达。所谓科学性表达，"是指研究者利用伦理学、生物学、生理学、心理学、统计学等学科理论资源，通过总结与归纳教育现象背后的普遍性、一般性的规律，用科学的一套话语与概念，来表达教育研究的成果"，在此意义上，"科学性表达又有两种方式：借鉴哲学话语的理性思辨与借鉴自然科学话语的精确量化"。[①] 1806年，《普通教育学》的出版标志着教育学学科的建立，该书以心理学和伦理学为理论基础来尝试建立系统化和理论化的教育学，因此，哲学和科学是支撑教育学学科发展的奠基性知识理论。在此基础上，科学的教育学在表达上同样具有了两种指向：第一，以理性思辨为主的哲学话语方式的表达和以精确量化为标准的自然科学话语方式的表达。哲学话语方式的表达脱离了经验的层面，追求教育现象与本质的关系，试图建立关于教育学一般性、普遍性和原理性的教育理论知识，以《普通教育学》为始，之后的两百年时间里（19世纪初至20世纪末），出现了大量的以建构教育学学科理论基础为旨要的教育学著作，如杜威的《民主主义与教育》、斯宾塞的《教育论》、福禄培尔的《人的教育》、蒙台梭利的《童年的秘密》、马卡连柯的《普通学校的苏维埃教育问题》、泰勒的《课程与教学的基本原理》、布鲁纳的《教育过程》、朗格朗的《终身教育引论》、赞科夫的《教学与发展》、加德纳的《多元智能》等，这些教育著作都是经典的以理性思辨为主的科学性表达的典范，为教育学由经验转向科学铺设了重要的哲学理论基石，将教育学由一种自由的、松散的"经验叙事"转变为一门学科性较强的"科学学问"，教育研究也逐渐成为对于教育学的研究，为教育学的学科发展奠定了坚实的理论基础。

教育研究科学语言的第二种指向是以科学的量化为标准而建立的自然科学式的表达方式，此种方式最早来源于实验教育学，德国心理学家冯特为此做出了突出的贡献。心理学的科学化道路为实验教育学指明了方向，

---

① 熊和平：《教育研究的表达方式》，《教育研究》2012年第4期。

以此为方法论指引，实验教育学以科学的观察、统计和实验为主要方式，运用自然科学的表述形式，来反映教育研究的客观行为和结果。实验教育学的代表人物梅伊曼和拉伊，主张教育学要以精确的数据说话，用量化的方式统计、分析和展示教育研究的成果，从而找寻教育的因果性规律，建立一套普遍适用的、客观的教育规则。

**教育者应该懂得教育科学**（赫尔巴特：《普通教育学》）[1]

教育者的第一门科学——虽然远非其科学的全部——也许就是心理学。应当说心理学首先记述了人类活动的全部可能性。我相信认识这样一门科学的可能性与困难：我们了解它需要很长时间；而我们要求教育者了解它，将需要更长时间。但这门科学决不能替代对儿童的观察，因为个性只能被发现，而不能由心理学推断出来。所以事先对一个学生做出构想，这本身就是一种错误的说法，而且就现在而言，它是教育学远远还不能采纳的一种空洞的观念。教育学是教育者自身所需要的一门科学，但他们还应当掌握传授知识的科学。而在这里，我得立刻承认，不存在"无教学的教育"这个概念，正如反过来，我不承认有任何"无教育的教学"一样，至少在本书中如此。……

**实验教育学的研究方法与性质**（拉伊《实验教育学》）[2]

对任何一种"时髦的或流行的"教学方法，我们都可以凭借心理学和哲学来确定其价值。实验教育学要求摒弃陈规，进行可靠的研究，反对各种盲目的"尝试"，因此，实验教育学能增强我们判别教育学上是非曲直的意识。新旧教育学的主要区别，在于他们积累经验的方式和研究的方法。

旧教育学依靠知觉、内省观察和观察别人进行研究，可是这些方法本身是不完善的。因此，实验教育学通过全面的观察、统计和实验来补充和完善旧的研究方法，实验教育学是对旧教育学的补充和完善，因而是一种完整的教育学。实验教育学并不只是实验心理学或教

---

① 节选自〔德〕赫尔巴特《普通教育学·教育学讲授纲要》，李其龙译，浙江教育出版社2002年版，第12页。

② 节选自〔德〕W. A. 拉伊《实验教育学》，人民教育出版社2004年版，第15—16页。

育心理学，因为实验教育学通过观察、统计和实验，不仅要探究学生的心理的，而且要探究学生的生物的、人类的、卫生的、经济的、逻辑的、伦理的、审美的和宗教的经验，以及探究学生的社会环境。

以赫尔巴特为代表的理性表达体系和以梅伊曼、拉伊为代表的精确量化的科学表达以不同的方式作为理想教育学知识建构的系统，成为科学教育学建立的判断标准。赫尔巴特的教育科学表达系统追求的是系统化、逻辑化的教育知识体系，由概念、逻辑等基本要素构成，"所展现出的是一种意义精确、措辞严格、逻辑严密的语言体系，是一种以基本概念的清晰、准确、有意义为根本要求的语言系统"①；而梅伊曼、拉伊创建的实验教育学式的表达系统，则借助自然科学的基本方式，通过观察、统计、实验等程序，经过假设——验证来证明的教育知识的准确性，从而建立一个科学的教育学体系。其中，描述、记录和分析被作为实验教育学主要的表达程式，以确保教育语言的精确性及客观性。在理性观念的指导下，无论是以理性思辨为主的科学性表达还是以客观量化为主的科学性表达，都是以工具理性为依托的将教育知识作为某种科学理论而建立的符号系统。在此基础之上，科学语言作为一种工具意义的语言，将教育语言的丰富性转化为精确性，将作为背景的语言（不可言说性）移至语言的前景表达之中，从而，自然科学的语言标准成了唯一正确和可靠的知识来源及永恒性真理，一种实用性的语言规则（如定义、逻辑、公式等）充斥了整个教育语言的系统，科学语言被作为精确化和概念化的表述形式，体现了教育研究的真实性和准确性。因而，科学语言以其精确性、思辨性、逻辑性和抽象性等的理性特征得到理论研究者的认可，教育研究的语言从一种形象化、诗化的表达转向理性的表达，这种变化也引起了教育科学时代的整体变革，将教育从理想化、诗意化的生活世界拉入一个理性化和抽象化的符号世界，从而把古代教育的诗性理想和智慧转化为改造世界的能量，教育的价值理性在功利性的驱使下，成为一种符号化的工具系统。

## 三　科学与人文：教育表达方法论层面的融合

在工具理性的关照下，教育作为满足人改造自然和征服世界的实践需

---

① 谢延龙：《在通往语言途中的教育：语言论教育论纲》，科学出版社 2011 年版，第103 页。

要，以实现人对于外部世界的客观改造。这种彻底的"功利化"教育，丧失了对人精神世界的探寻，也失去了对于人类崇高理想和价值的追求，理性——作为一种最高的标准，它驾驭着人的思想和行动，成为人存在的客观法则。科学的语言最终引起了教育的异化，那种由生命内部迸发出的激情与创造、情感与体验，被一个个抽象化的概念、语词所替代，人们在这其中找寻不到自身对于外部世界的直观感受，"那种过分依赖思辨的宏大叙述与实证哲学，不同程度地造成了教育研究的叙述危机，即教育研究越是精确，其与人类经验的联系则越少"①，因此，科学化语言泛滥，成为一种社会的"病态"。语言被禁锢在人的工具理性之中，它表达的并非人的意志和感受，而是一种逻辑的符号和不同组合的方程式，在这其中，人的自由与向往、道德与责任、伦理与价值这些深入体现人本质的东西被精确的语言剔除掉，将人变为一种纯粹物质的存在，剥离了人的精神性实质，教育的功利化、实用化、利益化被作为教育的根本——人性化的教育逐渐利益化，个性化的教育逐渐功利化，教育变为人类物质生存和消费的产物，无目的的价值追求和无信仰的精神导向将工具理性奉为真理，行使着理性化的客观指令。

这种对于科学的极端崇尚把语言带入一个满目荒凉的世界，在这个世界里，人的语言"生病了"。正如尼采所言："语言到处都生病了，而且在整个人性发展中留下了这可怕的痕迹……现在它再也不能独立做到这一点：使受需求支配的人彼此通报最简单的生命冲动。人在其需求中再也不能靠语言来自我介绍，因而再也不能真正地自我传达。"② 当语言变成了改造世界的工具，人赋予语言的经验、意义、价值与创造便被符号的世界所隐匿，教育研究由一种"事理"性的逻辑变为"学理"性的逻辑或"数理"性的逻辑，将经验的问题转化为概念的问题，将意义的问题转化为规范的问题，将假设的问题转化为验证的问题，教育研究以概念的表达和事实的验证作为运行的基本逻辑和规则，在类似的文字或符号中，无人存在，使研究成果变成一份"说明书"或"研究报告"，它虽真实反映了教育外部的状况，却也对实践自身的限度无能为力。

"语言是一枚两面硬币，一面向外望着世界，一面向里望着存在与语

---

① 丁钢：《教育经验的理论方式》，《教育研究》2003 年第 2 期。

② 转引自周国平《周国平文集》（第 3 卷），山西人民出版社 2002 年版，第 358 页。

言的关联结构中的世界映像。"① 因而，语言本身具有双重性，它一头连接着理性的世界，一头又关联着生活的世界。理性的世界是一个科学的世界，在此世界里，语言是主体改造世界的工具，凭借语言，人去认识、更新和改造处于人外部的客观实在。生活的世界则是一个经验的世界，这种对于世界的经验并不存于人的外部，而存于人的内心之中，因而，在生活世界的语言，反映的是人内心的生存状态：经验感受、情感体验和精神创造。在这个精神世界里，人用自己的心灵去言说、去表达内心的情绪和想象，为客观的世界涂抹上人的痕迹和生活的色彩。以此为基础，诗性的语言与科学的语言进入人的本真存在之中，合二为一构成了一种对人自身的完整性表达，在人类的经验和理性之间，架构起一座天然的桥梁，最终把教育引向物质性与精神性共存的、以经验为主的客观真实存在。

"教育研究的表达方式，不仅是研究者处理话语方式与文体形式的表层此问题，也是一个涉及方法论选择的深层次问题。"② 我们从历史的角度对两种形式的语言进行考察，将教育研究放置到历史的文化背景之中，通过还原教育语言发展和变迁的"过去"，来深刻洞察教育研究的现状和未来，并找寻一条有效的路径来指引教育语言的生成机制。20 世纪以来，人文主义教育与科学主义教育在方法论路向上趋于融合，以世界观为认识基础，教育的语言在本体论与认识论上也达成了统一，将诗性的内在表达与理性的客观认识关联起来，避免了语言在知识结构和生命结构中的扭曲和异化，使得教育研究在表达方式上亦呈现出多元的趋向：一方面，人们用科学的语言来阐释教育的客观规律与实在；另一方面，也将人文性的语言（如教育叙事、教育传记、教育反思、网络博客等）融入对教育者个体的经验与反思之中，使主体作为一种文本性存在，来获取知识在实践中的意义与价值。

在以上分析基础上，笔者主张，当代的教育语言，必然显示出的是科学性与人文性的融合，在表达方式上，树立的也必然是工具理性与诗意精神并存的、相互融通的语言观。在此基础上，两种表达方式在科学主义与人文主义的方法论路径中相互融合，体现为一种"科学人文主义"，即"以科学主义为基础和手段，以人文主义为方向和目的的人的发展观和社

---

① 李醒民：《论科学语言》，《北京行政学院学报》2006 年第 2 期。
② 熊和平：《教育研究的表达方式》，《教育研究》2012 年第 4 期。

会发展观；它的最高目的是要在科学和人道的相互协调和补充中促进人和社会在物质与精神方面的均衡发展，并在此基础上实现人自身的解放"①。科学主义与人文主义互为补充、协调一致，一个作为目的和取向，另一个作为手段和依托，共同作用于以人为根本的教育研究，生成一种在人文关照下的科学的语言系统，以更为全面和完整的方式表述和诠释教育中正在发展中的人和正在发生着的具有存在意义的教育实践。

---

① 扈中平、刘朝晖：《挑战与应答——20 世纪的教育目的观》，山东教育出版社 1995 年版，第 423 页。

# 第五章

# 观念与信仰：教育研究的
# 价值追寻

我们的时代需要有一种全新的哲学。仅仅堆积事实，已经不能再使我们满足了；这个世界已经厌倦了毫不追问其意义，而仅是从发现到发现的凯旋般前进的架势。在这种全新的、赋予生活和现实以意义的哲学中，价值问题一定是这一探究的中心。"什么是有价值的"这一问题的意义，必将决定我们对世界的看法。

——闵斯特伯格：《永恒的价值》①

"价值"作为人类最高的理想与现实相互关联的目的性抉择，决定着人们对世界的认识和理解，并深刻影响人的行为。从哲学层面看，价值问题是教育研究的核心问题。在价值论②的视角，我们对于"什么是有价值"的教育研究的追问和辨别，其目的是引导人们正确看待教育的价值属性，重新审视其"价值观"和"价值维度"，在对教育研究的多重价值悖论的反思与判断中，准确找到客体在研究主体对象性的关系中的真实存在意义，从而对"价值"进行筛选和判断，使教育研究朝向理想的、正向的价值目标迈进。因此，教育研究的价值立场就是引导人们进行一种理想的教育生活，以此作为教育知识和教育实践的理论向导，为解决教育理论

---

① Munsterberg, Hugo. *The Eternal Value*. Boston and New York: Houghton Mifflin Company, 1909: pp. 4 – 5.

② 价值论（Axiology），又称为"价值学"或"价值哲学"，是19世纪中期兴起的一个专门的哲学流派，作为一个哲学流派即狭义的价值哲学，其创始人是洛采（Hermann Lotze, 1817—1881）；而作为广义的价值哲学，即将其作为哲学的立场和理念是文德尔班，他甚至主张哲学就是研究价值的学科。马克思在价值问题研究上做出了巨大的贡献，他创建了以实践为基础的人类价值认识路径和以唯物史观为基础的人的价值学说系统。

与教育实践的根本矛盾提供正确的（合适的）价值观念。在此基础上，教育研究的目的就"不仅仅是描述生活，不仅仅是揭示'是'（包括外部世界与人的思维）之规律，不仅仅是为了使思维清晰、使思维方式更经济有效，而且是要为它所处的时代创造出具有根本性的、能引导好生活（well being）的价值理念……它的研究取向是人类生活的'未来'和'应然'"[①]。

从我们今天所处的时代仔细考量当前的教育研究，我们会发现，教育研究正面临着一些价值的悖论。例如，"研究者在渴求学术发展的同时却滞留于只（或多）'说'（教育）不（或少）'做'（研究）的怪圈；分支学科在各自分路掘进的同时却忽视了相互之间的协和共济；教育学研究在借鉴'他者'的同时却隐现'自我'迷失的危机"[②]等。在此基础上，同时也产生了一些根本性的关系矛盾。例如，西化教育学引入与教育研究的本土化、中国化问题，交叉学科渗入与教育学学科发展的关系问题，中国教育研究与西方教育学、分支学科相互对话而生成的中国原创研究成果（即教育研究的原创性）问题……这些问题在本质上反映了一个共同的主题——教育研究中的价值问题或教育研究的价值取向问题。由于价值的客观存在，人们在将其"主体化"的过程中，都希望通过对"价值"本体及意义的探寻，找到符合研究主体所追求的目的的合理的（正当的）价值取向，并能引导教育实践向人类理想的教育目标靠近，使教育研究能够真实反映日益丰富和变化着的教育实践，以满足社会及人自身发展的需求。因此，我们需要在对教育研究价值的理论探讨中，找到教育研究历史与现实、逻辑与范畴、形式与内容、目标与结果、事实与可能性之间的矛盾解决的根本路径，全面把握教育之于人发展的共同要素，从而对教育研究的目标与行为结果作出合理的价值分析与价值判断，促使教育活动向人类理想的教育目标前进。

## 第一节　价值研究的理论建构：概念、关系及范畴

尽管在中西哲学史上，关乎"价值"的命题古已有之。例如，中国

---

① 冯平：《重建价值哲学》，《哲学研究》2002 年第 5 期。

② 程天君、吴康宁：《当前教育学研究的三个悖论》，《教育研究》2006 年第 8 期。

古代的孔子，将"仁"作为人最高的伦理道德要求和价值核心，主张以"善"为目的的价值追求，反映了中国古代思想家对于文化思想的价值选择。在西方，从古希腊的苏格拉底开始，就把"美德"作为人生的最高价值，并将"美德"与人生的"幸福"联系起来，"美德"体现了最高的"善"，在此基础上，人就获取了"幸福"；柏拉图继承了苏格拉底的"善"的观念，认为人灵魂的"善"是幸福的最高表现，并将人类最终的幸福和最高的目的引向"理念"的世界，赋予了"理念"以绝对的价值；随后，从亚里士多德的"至善"原则，到伊壁鸠鲁的"最大幸福原则"（即"身体无痛苦""灵魂无干扰"），都体现了古代的价值理想和价值追求。然而，古代对于"价值"的认识和思考，都限于对于价值"功能"的认识以及对于"什么是有价值"等问题的追问，并未在"价值"本体的层面，对"价值到底是什么"，以及对于它的本质、分类、意义作出更进一步的探讨和说明。直到近代，英国哲学家休谟对事实认识和价值认识进行了明确区分，才使价值研究成为一个独立的研究领域，此后，康德、黑格尔等都对价值问题研究有所涉及。真正对"价值"的概念进行深入探讨并形成系统的价值理论，是在 19 世纪中后期。此时，西方的一大批哲学家（以德国为主）对"价值"问题进行了较深入的理论探讨和系统分析，逐渐形成了在广泛意义上理解"价值"概念并作为一般哲学范畴的"价值哲学"的研究领域。"价值哲学"同时被作为一种基本的哲学立场，将价值理论拓展到经济学、伦理学、美学、教育学等研究领域，并形成了一个巨大的价值哲学研究的场域。

## 一　价值哲学的"价值"争论

（一）"价值"本质的思考：从形而上学向实践的回归

在价值哲学的视角，人们对于价值本质的理解有两个向度：理论的（形而上学的）价值哲学和实践的价值哲学。

理论的价值哲学指的是唯主体论或唯客体论的以建构价值的形而上学理论为基础的价值哲学。其中，唯主体论的价值论自身也包含两种认识：主观主义的价值论和主体论的价值论。

主观主义价值论认为，价值是人主观的情绪、情感、兴趣、欲望等需要的满足。例如，"主张自由意志论的艾伦费斯认为，价值是愿望的满足；享乐主义者认为，价值是快乐；主张价值兴趣说的佩里认为，价值是引起兴趣的任何对象；主张情感价值说的刘易斯认为，价值是以某种方式被享受或可享受的质；J. 罗伊斯认为，价值是纯粹理性的意志；尼采认为，价值是有助于提高生活的任何经验；G. 桑塔亚那认为，价值是第三本质（一种难以下定义的自然质，是人们所愿望或享受的对象）的理解……"① 总之，主观价值论强调"价值是人的主观因素的反映"，以此为依据，凡是"能够按照主体尺度满足主体需要，即为正价值，反之则是负价值"。② 在此意义上，我们需要思考：如果价值仅仅是主体的某种需要，诸如"善的本质，简单来说就是满足需要"③ （詹姆士《信仰的意志》）、"每种价值首先意味着满足某种需要或引起某种快感的东西"④ （文德尔班《哲学概论》）等，假若将这些主观"欲求"理解为价值本身，那么价值就具有了目的与结果的"不确定性"，即人"主观的需要"并非都是合理的（或者合理或者不合理）——这是因为人自身具有"趋乐避苦"的木性，人的需要常常与人的欲望相互关联，而将价值界定为主体的偏好，很可能导致价值的负向性（反向性），例如由人非合理的欲望追求而引起的社会秩序的混乱、"物欲横流"引发的群体道德的沦丧及人与人关系的紧张等，这些"价值"都会对人的社会生活产生威胁。因此，主观主义的价值论就是一种单向的价值论思维，它不仅否认了价值的客观性，也对人类的社会道德实践产生了负面的影响，使价值丧失了善恶、好坏之分，进而引起了人类的道德冲突。

唯主体价值论的第二种认识是将主体的"人"作为价值本身来看待，可称为"主体价值论"。例如，"人既是价值的设定者，又是价值本身"⑤，或者直接将价值定义为"人"，即"价值是人"⑥ 的论断。在此基础上，"人"是否能作为某个"实体"存在就成为一个值得探讨的问题。唯主体

---

① 朱爱军：《关于"价值"的哲学思考》，《沈阳师范学院学报》（社会科学版）1997 年第 2 期。

② 李德顺：《价值论》，中国人民大学出版社 1987 年版，第 79 页。

③ ［美］詹姆士：《信仰的意志》（1987），转引自杜任之主编《现代西方注明哲学家述评（续集）》，三联书店 1983 年版，第 35 页。

④ ［德］文德尔班：《哲学概论》，转引自张岱年《论价值的层次》，《中国社会科学》1990 年第 3 期。

⑤ 赖金良：《哲学价值论研究的人学基础》，《哲学研究》2004 年第 5 期。

⑥ 韩东屏：《"价值是人"及其意蕴》，《哲学研究》1993 年第 11 期。

论认为，人既是主体（相对于物）又是实体，然而，人作为"事实"的存在，它不同于"价值"，因为"事实"不能等同于"价值"，否则，"事实"与"价值"二者在思维认识的矛盾中会引起混乱；另外，将人作为价值的本身，在逻辑上也是存有矛盾的，因为这里的价值是作为"实体的人"（"现实的人"），并非指的是"抽象的人""理想的人"，而"现实的人"作为一个完整的、客观的生命体，其自身不仅存有"善"的、"好"的一面，同时也存有"恶"的、"丑"的一面，这是"现实的人"的基本表征。然而，"价值"往往强调的是人"超越性"的一面，即对于"美好事物"的追求、对"善"的向往等，在此基础上，将"人"自身等同于"价值"，"价值"就被混淆为某种"事实"（人的"现实存在"），如此，"价值是人"的命题与人自身对于价值的追求本身就是自相矛盾的。故而，在对价值的认识上，无论是主观主义的"价值需要论"，还是将"人"等同于价值的"人是价值"的论断，都是"唯主体论"对于价值本质和价值功能片面、单向的一种认识，他们无限夸大了价值之于人的"主体性"和"主观性"，否认价值的客观存在和独立于人的客观意义，这些都阻碍了价值哲学的进一步深入与进展。西方长期将主观主义的认识论作为"价值"的认识论基础，对全面、深刻理解价值的本质产生了负面的影响。

在西方价值理论发展中，与上述唯主体价值论之相对立的是 20 世纪初西方一度兴起的"唯客体论"价值论的观念。它站在"主体价值论"的另一端，强调"客体"对于价值的意义，或将价值直接等同于客体，例如摩尔认为"许多的不同的东西本身就是善的或者恶的"[1]，罗尔斯顿认为"自然物的这些属性被观赏者的知觉记录下来，并被翻译成了实实在在的价值"[2] 等客观主义的价值论调……他们在另一个极端上否认了价值的主体性，忽视了价值在不同主体内的差异性，这仍采取的是一种非此即彼的和片面的认识论思维，与"唯主体论"的极端性价值主张一样，难以避免地陷入价值绝对主义的泥沼。

对价值哲学进行理性的认识，必须避免唯主体或唯客体的片面的价值认识论，需要在"关系"的结构层面将"主体"与"客体"进行融合，

---

① ［英］摩尔：《伦理学原理》，商务印书馆 1983 年版，第 3 页。

② ［美］罗尔斯顿：《环境伦理学》，中国社会科学出版社 2002 年版，第 157 页。

将价值置于"关系"的范畴来讨论与理解——这是避免价值主观主义或客观主义单向认识思维矛盾的根本方式。在此基础上，价值的"关系说"认为，价值不是单向的，它既不是主体任意预设的，亦不是客体自然存在的，而是在主体与客体的相互作用中产生的，是客体在主体的作用下，对主体自身的完善、发展所起到的"正向"的、积极的影响。因此，"我们讲价值，总是指'什么'对'什么'的价值。前一个'什么'指价值客体或价值载体，后一个'什么'指价值主体或价值受体。孤立的一件事物，无所谓价值，也无法确定其价值。所以，价值是关系范畴，这就决定了我们必须用关系思维去研究价值"①。从主客体相互作用的关系层面来理解价值，是一种辩证的、实事求是的价值哲学观。它在目的上并非是建构一种基于理论的、形而上学的价值概念与逻辑系统，而是将理论的价值引向实践，在客观事实的基础上认识主客体价值的相互作用及相互关系。因此，价值作为一种"功能"性的存在（即客体对于主体的"效用"），主体与客体在相互的作用中（实践中）形成一种正向的、积极的影响，使价值在主观与客观辩证统一的关系视域通过"实践"而产生"价值"——这种基于实践的"价值"理解就避免了单从理论层面探讨价值的纯思辨的认识论过程，避免了形而上学的价值思维与价值导向，最终把"实践"作为联结"价值"与"主客体关系"的认识桥梁，架起了价值的理想世界与现实世界、主体与客体之间相互融合的关系结构。

价值哲学研究立场的转向，使"价值"逐步向实践、生活领域回归。在将"实践"引入价值论范畴的过程中，马克思做出了极为突出的贡献，他将人类全部的活动特征都归结为实践，而"价值"帮助人们实现了从理想到现实的转化。

马克思认为，人的社会生活都是以实践为基础的，同时，"人的思维是否具有客观的真理性，这不是一个理论的问题，而是一个实践的问题"，"人应该在实践中证明自己思维的真理性"②。"马克思创建了他以实践为基石的唯物史观，确立了他社会批判和社会改造理论的逻辑前提"，在此基础上，"实践是人类根据自己的价值理想对现有状态的改造。'实践'范畴，内在地包含了人的目的性与价值选择。人的需要和对未来的期

---

① 王玉梁：《关于价值本质的几个问题》，《学术研究》2008 年第 8 期。

② 《马克思恩格斯选集》（第 1 卷），人民出版社 1995 年版，第 55 页。

望与理想、改变现有状态的渴望，或者创造价值和享用价值，是实践的动力和目的"，换句话说，"人类活动的特点是实践，而实践的特点就是将人的价值理想转化为现实"。① 因此，马克思的实践价值论的观点体现为一种实践的价值哲学观，它对于以往经院哲学中那些虚空的、形而上学的关系争论给予了现实的抨击，将价值放置到实践的现实效果上去认识主体与客体的相互作用，去衡量客体对于主体的真实价值，并将一种理想性的社会作为价值的目的，通过价值的改造或创造来实现某种根本性的价值。

在马克思看来，主客体的价值关系中的人是价值的直接承载者。人作为主体，其价值就包含着目的价值和手段（工具）价值两种形态。目的价值是人终极意义上的价值。例如，人生命中存在的"自由"的价值，它对于每个人来说都是平等的，因为人人都有追求自由的权利，人自身生命成长所存有的永恒性的价值是作为"目的"存在的价值；而工具价值则是人在劳动中所创造的价值，在此基础上，人在工具价值的层面又是不平等的，因为人对于社会的贡献是分大小的，人所创造的客体价值体现了劳动主体的生活态度、奉献精神以及创造力，这是作为工具性手段而存在的"价值"。以此为基础，价值就是包含着主体的目的价值与工具价值在内的、通过实践的过程和结果验证的客体对于主体发展所产生的积极效用，是目的价值与工具价值在实践中的统一。

我们认为，只有通过马克思所讲的"实践"路径才能更深刻地理解"价值"的本质，即"价值的实质在于它的有效性，而不在于它的实际的事实性"②。价值在关系的范畴，体现为某种"功效性"，即它在哪种情况下是"合理有效的"，其中，合理性（正当性）是价值有效性的前提。恩格斯在谈论未来社会时曾预言："使社会生产力及其所制成的产品增长到能够保证每个人的一切合理的需要日益得到满足的程度"③，在此，一切需要满足的前提就是"合理性"，并不是任意的（一切的）需要都必须得到满足，因为人的主体需要既存在合理的需要，又存有不合理的需要，而只有那些"合理"的需要的满足才产生了"价值"——这是价值在功能层面对于"价值"本质的判定。

---

① 冯平：《重建价值哲学》，《哲学研究》2002 年第 5 期。

② ［德］李凯尔特：《文化科学和自然科学》，商务印书馆 1996 年版，第 78 页。

③ 《马克思恩格斯选集》（第 19 卷），人民出版社 1995 年版，第 124 页。

在"关系"的价值视域，主客体的相互关系就包含三种基本形式，即实践、认识和价值。"主客体实践关系是主体改造客体和自身的感性物质活动和对象性关系；主客体认识关系是主体对客体信息的反映与被反映的关系；主客体价值关系则是主客体之间的功能关系或功效关系，这是价值关系不同于实践关系和认识关系的本质特点。"① 在三种关系中，主客体的"实践关系"是认识关系和价值关系得以实现的根基及路径，它体现为一种双向的物质活动；"认识关系"是主客体相互作用的方式；而"价值关系"则表现为主体与客体双向的互动中，客体对主体所产生的积极、正向的"效用"，它最终反映了二者相互作用的程度和结果。因此，价值的本质只有在"实践"的基础上才能将主客体相互统一，也只有在实践的结果中（客体对主体的积极效应）才能明确事物是否具有"价值"（合理性）。这是我们理解"价值"本质的重要前提。

（二）对"价值"的认识：事实与价值的区分

若要正确理解价值概念，我们有必要从哲学角度对所谓事实认识与价值认识进行辨析。在西方哲学史上，最早将"价值认识"与"事实认识"加以区分的是英国哲学家休谟。他认为，人们关于世界的认识可划分为两大领域，即"事实的认识"和"价值的认识"，首次在认识论上确立了价值理论的地位。② 从功能上说，事实认识是对事物"是什么"（what is it)）的认识，揭示的是事物本来的面貌或事物的存在状态；价值认识是对事物"应如何"（ought to)）的认识，追问的是事物的理想状态或应该如何。因而，价值是对事物更本质、更深层次的认识。我们对于真理的认识（如教育研究，作为一种对"真理"的认识），其自身就包含"事实"和"价值"两种成分，事实体现了研究（真理）的"真实性"（实然），而价值则体现了研究（真理）的"合理性"（应然），因此，研究本身（作为一种对真理的呈现）是事实与价值的统一。在实践的维度，一种研究是否体现了认识的"真理性"（对于研究效果的判定），一方面看它是否具有"真实性"（反映"事实"），另一方面，还要看它是否具有合理性（合乎"价值"的目标）。在研究过程中，若追求"事实"的认识，那么，

---

① 王玉梁：《关于价值本质的几个问题》，《学术研究》2008 年第 8 期。

② 王坤庆：《教育哲学——一种哲学价值论视角的研究》，华中师范大学出版社 2006 年版，第 165 页。

它所要解决的问题是：哪些因素制约着研究的认识活动？研究的过程（认识过程）是怎样一个过程？其关注的是"是"的问题；如果追求的是"价值"的认识，则要回答好的研究应该是怎样的？哪些是有价值的研究？这些有价值的研究之于教育实践的意义在哪里？等等，讨论的是"应该"的问题。在一般意义上理解，我们也可以这样说，事实判断更多指向"当下"，而价值判断则更多指向"未来"。"'应该'问题的发生总是直接源于对现实生活的不满，'人应该具有什么样的本质'的提问直接对应的就是对人的实际生活状态的否定性评价。"① 例如，马克思对于社会实践的批判和改造，就源于他对人现实生活方式的不满，故而提出了他的标准和尺度（"应该"）——"人是人的最高本质"②。我们应该可以理解，马克思提出的"人是人的最高本质"这一价值判断是基于人是"自由自觉的活动"③ 这一事实判断提出来的，没有人的自觉自由的活动这个前提（事实）就不可能有人的最高本质（价值）的表述，人不过沦为动物一般。不过，马克思并没有满足于对人的属性的简单认识，而是进一步提出了"人的属性在于他的丰富性及其全面发展之中"④ 这一论断，将人的发展概念引入马克思主义哲学，从而开创了马克思主义关于人的全面发展的一种新的境界和新的学说，从哲学高度架起了一座由事实认识到价值认识的桥梁：人的最高本质的实现须经人的全面发展的过渡。由此我们可知，"价值"体现的是对现实的"超越性"本质，是人在现实世界中对于"可能世界"的设想和期望，"价值"在"实然"向"应然"迈进的过程中产生。

我们认为，"价值"并不是业已形成的某种事物。例如，科学主义将"事实"归结为"价值"的认识，都不是"价值"本身，而是对"事实"的描述。价值必定是对于事实的超越，如主体是否感到幸福、快乐或者痛苦，客观事物是否满足了人的某种需要，人对事物的感知、认识等都是事

---

① 徐长福：《人的价值本质与事实本质的辩证整合》，《中山大学学报》（社会科学版）2003年第5期。

② 《马克思恩格斯选集》（第1卷），人民出版社1995年版，第9页。

③ 马克思：《1844年经济学哲学手稿》，转引自《马克思恩格斯全集》（第42卷），人民出版社1979年版，第96页。

④ 马克思：《关于费尔巴哈的提纲》，转引自《马克思恩格斯全集》（第1卷），人民出版社1995年版，第123页。

实，并非价值。价值是超越了"现实"层面的理想性存在，因此，"事实"所反映出的本质可能是"善"的，亦可能是"恶"的，而"事实"本身并不对此作出区分，对此进行判断的是"价值"，它在"应然"的层面对于"事实"作出积极或者消极的效果判断——因为"价值"必然是"善"的，它是人们对于"理想"世界的期许，对纯粹、美好事物的追求。以此为基础，人们从"事实"通向"价值"，就是以"善"为目的的"价值"追求。价值隐含着人的目的性——即人在创造"事实"的过程中，其自身是否得到了完善和发展、客体是否对主体产生了积极的效用等。因此，"价值"并不是孤立于"事实"而存在的，"事实"内在于"价值"之中，"价值"体现为对于"事实"的不断超越和理想性创造。"实用主义认为事实与价值间存在差别，但不是本体论意义上的差异。价值不是绝对的、静止的，也不是独立于人类兴趣和欲望之外的。价值的渗透性既体现在我们对各项科学研究目标的选择中，也表现在我们面对相互矛盾的理论诠释时的抉择中。"① 这就是"价值"相对于"事实"的超越性本质。

人对于认识的进一步区分，使"价值"作为一种目标从对"事实"的存在中独立出来，实现了人"认识论"的重大突破。价值成为一切哲学的中心问题，它改变了人们以往研究中仅仅"堆积事实"的"科学主义"的简单模式，将人类认识中那些永恒的、积极的、对实践行之有效的看法筛选出来，把人的理想世界植入现实世界之中，来考察、引导现实世界的行动目标和行为准则，并将其作为一切具有合理价值的生活的组织原则，把"事实"进一步转化为"规范"，使人从现实的存在转向可能性的发展之中，将人从单纯的事实世界带入一个不同于以往的价值的世界，人的"超越性"本质便得到了很好的诠释和显现。因此，"关于价值，人们不能说它实际上存在着还是不存在着，而只能说它是有意义的还是无意义的。但可以断定，价值绝不是现实，既不是物理现实，也不是心理现实。价值的实质在于它的有效性，而不在于它的事实性"②。

---

① 《教育研究中的哲学与价值问题——第二期"复旦—伊利诺伊教育哲学高级研讨班"综述》，《复旦教育论坛》2009 年第 4 期。

② 王坤庆：《教育哲学——一种哲学价值论视角的研究》，华中师范大学出版社 2006 年版，第 168 页。

在学科的立场上，"可以说，'价值'是将所有人文学科从其目前悲哀的处境中（说得好听一点，是无用的状态中）解救出来的关键"①。"独立存在的自然界属于科学而不属于哲学。'世界'在科学的视野里与在哲学的视野中是不同的，就像世界在眼中与在耳中是不同的一样。价值哲学绝不否认自然界在人类存在之前就已经存在这个事实，也不否认人类是宇宙演化的产物，但却不认为这是哲学最后的结论。"② 价值世界与事实世界在人的存在中同属于一个世界，但在人的观念反映中则是不同的世界，因为人在自然界的生存中需要依照自然（科学）客观的法则（规律）来生存，而人在对现实世界的改造中同样也需要遵循主观的理想性法则来生存，从而过一种有意义的生活，这是人存在的客观与主观相互矛盾统一的存在法则，也是事实与价值的矛盾生存的法则。只是人们在处理事实与价值的冲突中，所采取的先后顺序不同。在事实先于价值的角度，"应该"的尺度是以客观事物的客观法则为处事原则（即以"是"为前提），根据客观法则来确定价值的标准；而在价值先于事实的角度，价值理想是一切现实的目的，"是"需要在"应然"的尺度中不断调整其自身的合理性。在价值哲学的视域，我们通常所采取的"价值"的态度是第二种，即我们更为看重价值的"应然"性，在人"应该"如何的角度来探讨"事实"的限度，并以此检验事实与人可能性发展之间的差距，提升作为事实存在的效果，以超越事实，达成人对于完满生活的追求。在此基础上，事实的本质融入价值本质之中，"将价值理想客观化到物质生产的历史过程之中，让物质生产的客观规律内在地包含人的价值本质，从而达到物质生产的规律性和人的价值的目的性的辩证统一"③。

## 二 "价值"概念及教育研究的价值生成

（一）"价值"概念的界定：不同层次与质的规定性

"价值"作为一个广义的概念，人们主要从三个层次来理解它的内涵：第一，从价值的"效果"来判定，主要看客体对于主体发展需要之

① Lzird, J. *The Idea of Value*. Cambridge. 1929：. XIX. .

② 冯平：《重建价值哲学》，《哲学研究》2002 年第 5 期。

③ 徐长福：《人的价值本质与事实本质的辩证整合》，《中山大学学报》（社会科学版）2003 年第 5 期。

满足，它是否达成了主体目标的实现，并将其引向一种超越现实的"善"的、"好"的理想的境界。第二，不同学科视野中对于"价值"概念的多学科界定。例如，经济学中，将价值界定为"凝结在商品中的无差别的人类劳动"，马克思在《资本论》中的两个关键词"使用价值"和"交换价值"就是基于经济学"价值"概念的理解，它将人类的劳动作为一种"创价"的活动，用以区分价值的效果；在社会学中，价值被定义为"通过选择过程，社会成员后天习得的关于什么是理想状态的观念"①，社会学视野的价值是被后天赋予的，并不是先天自在的，人在社会文化中生成价值，并依据社会的核心价值尺度，进一步来判断价值的内涵；在伦理学中，价值体现为一种崇高的德性（目的性），是人类对于最高的"善"的目的的追求，价值的达成亦只有在道德目的实现中才具有意义——价值被作为一种绝对的伦理规范（永恒的价值），其价值判断的基础也体现为人自身的目的性，目的性价值是人存在的最高价值。由此可见，在不同的学科视域，"价值"的概念具有不同的内涵，但它们之间天然的存有某种内在的联系，在不同境遇体现了价值的共有本质及特殊功能。第三，在普遍的意义上对于"价值"的抽象（如价值哲学中对"价值"的理解），它反映为一般性的、普遍的价值理论，在价值哲学的认识论范畴关于"价值"的学说被称为"价值论"（Axiology），是最广义的价值认识与价值哲学的总称。以上三种对于价值的理解，都需要在价值哲学的基础上，依照具体的（学科的）价值实践，从而建构不同领域的价值论域。

在一般意义上，以价值哲学为指导，统合学科意义上的价值概念和价值活动的共同属性（目的性），我们可以将"价值"定义为"价值是通过创价活动生成、存在于需求与满足这种价值关系之中的主体需要和客体功能相互作用进而达到统一而形成的新质"，从功能上说，"这种新质一方面体现出客体的存在、功能、作用以及它们的变化对于一定主体需要及其发展的某种适合、接近或一致；另一方面体现出主体需要者通过创价活动对客体存在、功能、作用的选择、接受——使客体'为我而存在'"。② 在此基础上，价值是主体与客体、目的与手段在实践中的统一。对此概念的认识，我们有如下的理解：

---

① ［日］作田启一：《价值社会学》，商务印书馆 2004 年版，第 23 页。

② 朱爱军：《关于"价值"的哲学思考》，《沈阳师范学院学报》1997 年第 2 期。

第一，价值生成于"关系"系统之中，单独的主体或客体无法形成价值，价值的发生必然与"人"（主体）在其中的世界相互关联，离开主体的自然世界并不存在价值，而客体则是主体与外部发生联系的物质世界，它并非指外部存在的一切事物，只有被人经验的事物（事实）才能够作为主体对象化的"客体"——即"有效事实"的存在。在实践的过程中，客体对主体产生积极的作用或影响，"价值"就是指在这种影响下所起到的好的、积极的效用。

第二，价值的产生由三个条件构成：主体、客体和创价活动。仅有主体或客体的需要，而无创价活动（在社会实践中按照人的价值目标对客观现实的改造和改变活动）就不可能产生"有效事实"，因此，创价活动是反映价值关系中的主客体关系特殊性的核心要素。

第三，主客体相互的关系包含三种："（主体）反映和（客体）被反映的认识关系；（主体）改造和（客体）被改造的实践关系；（主体）需要和（客体）满足的价值关系。"① 在主客体的关系中，只有"需要和满足"的关系才构成"价值"关系，单纯地反映关系、改造关系都不能构成"价值"，价值关系的特殊性就在于"需要"和"被索取"之间，这种关系构成了人的创价活动。因此，价值是在主客体"需要"和"满足"的特殊的价值关系上建立起来的某种"新质"，对于"新质"的产生不仅反映在客体对于主体的"功效性"上，更重要的要对主体产生积极的、正向的、好的影响，而非负向的作用。因此，"价值"与"功效"并不是完全等同的概念，只有正向的那一部分"功效"才能被称为"价值"。在此基础上，价值关系中产生的"新质"指的是客体对于主体起到的具有发展性的正向功能及意义，它是主客体需要和满足关系在价值创造活动（实践）中的辩证统一。

第四，价值与价值观的区别。我们通常将"价值"等同于"价值观"。例如，"社会主义核心价值观""青少年价值观"等，这些将"价值观"作为"价值"本身来理解和使用的做法，是一种对于价值和价值观的"误用"。"价值观"是价值主体存有的在以往的价值活动的经验中获得的某种信息，通过对于价值信息的判断和选择，在主观头脑中形成的一种价值取向，是从事价值创造活动的指导性观念和行动标准。而"价值"

---

① 朱爱军：《关于"价值"的哲学思考》，《沈阳师范学院学报》1997 年第 2 期。

则是价值主体和客体双向的活动，它反映为一种客观存在的价值"关系"，是主客体在创价活动中形成的主体之需要和客体之满足之间的特殊关系。因此，价值观是价值关系的引导，创价活动必然依靠主体的理想性认识和倾向来实行价值创造活动，价值关系内在地反映了主体的价值观，价值是在价值观指引下的创价活动。在此基础上，价值观是价值生成的导向，它全程参与了人对于价值创造活动的选择、方向和进程，并对其进行观念的调控，以引导价值活动朝向人理想的方向发展。

（二）教育研究的价值要义：关系范畴及价值生成

对照"价值"一般性的概念与范畴，我们必须将"价值"的概念特殊化、具体化（教育学化），在学科的范畴来探讨其内部构成和意义，进而建立教育研究（教育学科领域）的价值体系和价值规范，以引导教育研究的正向发展。

在学科的层面，教育研究的价值指的是"研究主体"（研究者）与"研究客体"（成果）之间的需要与满足的关系，即在教育研究的创价活动中，研究主体与研究客体（研究成果）通过相互作用，客体促使主体在目的、手段、功能等层面产生了某种"新质"——研究成果正确反映了研究主体（含个体和群体）的理想的价值目标和价值观念，从而以"有效的事实"引导教育实践获得了积极的、好的发展，对教育实践的质量产生了正向的功能，这是"价值"的概念具体化到教育研究中的特殊关系及质的规定性。对此概念，我们也需要有如下认识：

第一，教育研究所反映的"价值"亦体现为一种"关系"，并非是某种实体。教育研究中的主客体关系指的是研究者（主体）和研究成果（客体）之间的关系。在这个特殊的关系中，研究者与研究成果的相互作用也有三种：认识关系、实践关系和价值关系。认识关系是研究主体对客体有目的的对象性活动的过程及其结果，它反映为研究者对客观研究成果的主观性理解和把握，是主客体关系相互作用的前提和基础；实践关系是研究主体对于客体（研究成果）的主体化过程和改造过程，是依照主体的需要对研究成果进行批判或改造的"事实"，它是主体与客体相互关系达成的有效途径；价值关系是研究主体的需要在研究成果中得到满足的过程，这种满足可以表现为客体（成果）在教育目标引导下，通过创价活动，促使教育知识更加丰富、教育实践得以改善，并以"有效的"教育事实为前提，实现研究主体理想性目标的达成。三种关系之中，主客体只有在价值的关系中，目的与手段才达到了统一，它是主客体关系相互作用的最高层次。因而，在教育研究中，主体对客体的认识、主体对客体的改造都构不成价值，只有主体的需要在客体那里得到满足（被索取）时才生成了"价值"——这种相互作用的关系构成研究中的价值关系，这个过程才被作为一种"创价活动"。

第二，教育研究价值的构成有三个条件：一是主体的需要，二是能够满足主体需要的研究成果，三是成果的有效性，即与教育目的（善）的方向一致、将教育实践引向"好的"过程和结果。在此基础之上，教育研究的价值首先是作为一种教育目的的存在，是研究主体对于"好的"研究成果的期许，对教育研究目的与结果关系的理想性表达，即"为我们完满的生活做准备，是教育应尽的职责"①。其次，教育研究的价值是研究主体在"创价活动"中生成的，教育活动的事实本身并不存有价值，价值是主体在尝试解答和解决教育实践问题的途中产生的，它体现了教育研究者主观的意愿和"好的"教育理想，即为了提升教育实践的整体质量以及为了人的发展、为了推进人类社会的知识进步而进行的创价活动。因此，价值是被主体赋予的，并非是客体自身就存有的（如既定的教育事实）。再次，教育研究并不创造能直接推动人类社会进步与发展的物质价值（如经济价值等），它所创造的是人类精神财富的"精神价值"，即通过促使"人的发展"来间接地推动人类社会的进步和文化发展的历史进程。

第三，在对价值主体的认识上，我们需要明确其价值主体包含的不仅仅是作为个体的"人"（每一个研究者），更重要的是作为"类主体"存在的"研究共同体"。因而，价值的生成就存在一个普遍的"价值共识"的问题，即作为"有价值"的（好的）教育研究的标准是什么。这就包含了目的和手段的双重规定性：在目的的层面，教育研究是否在主观上体现了"人之生成"的教育目标，在客观上是否推进了教育发展的历史进程，在实践中是否改善或提高了教育的质量，在人的维度是否促进了人的发展，在对已有教育经验的形成和批判中是否具有了对现实的超越性。总之，是否将教育引向了一个终极的、自由向善的发展目标，是教育研究的价值追求。在手段（工具）的层面，"价值"体现为一个个具体的人（研

---

① 罗炳之主编：《外国教育史》（上），江苏教育出版社 1984 年版，第 281 页。

究主体）对于教育研究的独特性的价值创造，即每个研究主体对于教育发展所做出的贡献。在此基础上，教育研究的价值就包含了作为终极意义上的"目的价值"和作为实现目的的过程中的"手段价值"（或工具价值），它是目的价值与手段价值的统一。以此为标准，教育研究中价值的生成（达成某种价值的共识）就包含三个条件：第一，是否反映了终极的教育目标；第二，是否依照主体的价值观念进行了研究者独特的精神创造（创价活动）；第三，是否在"有效的"的创价活动中达成了研究共同体对于"好的"教育实践的共同愿望。于是，教育研究在价值生成中客体对主体需要的满足既是对个体需要的满足，还包括对其他主体（共同体）需要的满足。从某种意义上说，价值对主体需要满足的程度和范围决定了作为工具价值的价值贡献的大小；换句话说，价值并不单纯是某个价值主体的主观需要，而是研究共同体对于人类知识进步和实践发展的共同需要。

以此认识为基础，教育研究作为一种与知识和实践直接相关的"价值"创造的活动，它的生成包含了研究主体与知识建构、实践问题之发现与解决（研究结论）之间的主客体相互作用的关系。主客体在现有认识和可能性发展的矛盾中相互转化，从而在研究者和研究成果的互动中生成价值。不过，教育研究在价值的范畴并不是一味地去说明"××是什么"，这种追问方式产生的是"事实"并不是"价值"，价值的追问的方式是"××应该是什么"，教育研究从"是"到"应该"的过程中，"价值"由此生成。这样，"价值"的生成过程便体现为一个尚未完成的过程，它"此在"于通往理想目标的途中。

以往，我们的教育研究更多的面向过去，把现实存在的教育事实作为"真"的标准（事实标准）来对研究结果施行"有效性"判断，缺乏对于"好的"标准（价值）的探索和追求。在此基础上，以"事实"为依据的"真"被作为人们真理性的认识和有效的结论，那些不符合事实或与事实的相悖的观念及结论被判定为"假"或者"无效"，将研究中指向未来的超越性和理想性的"价值"本质排除在主观的需要之外。在此认识框架上，教育研究的可能性发展在实然的世界被遮蔽和圈禁，人们丧失了对实然世界的批判继而超越现实的本能；在事实的世界里，只存有"真"和"假"的区别，不存有"对"或"错"的判断，人们内心的向往（对于"善"和"美"的追求）和人的存在本质（自由、向善）在"真理"面前显得无能为力。

在现实与发展的关系上，"应然"总是相对于"实然"的"应然"，价值的生成是以事实为依据和参照的，并不存有脱离事实的价值和脱离价值的事实之说，二者是相互联结、辩证统一的——一个反映了过去，一个映衬了未来，价值就在由过去到未来的"可能性"发展之中促使主体愿望和需要得以满足和实现。教育研究的世界是事实与价值并存的世界，教育研究的问题也不仅仅需要在"是什么"的追问中获取真知，同时也需要在"应该是什么"的追问中将事实的真相引向可能的解决路径之中，以超越现实的"瓶颈"，打通现实世界与未来世界的实践之门。在此基础上，价值是指向未来的，教育亦是指向未来的，人自身的超越性本质是价值生成的基础和可能性前提。教育研究需要把教育从实然的世界引向应然的世界，将理想性的现实带入研究的视域，把目的和手段在价值的层面统一起来——既面向过去，又憧憬未来，在对事实的客观性把握中，按照主体的愿望（对好的教育未来的期许）改造教育现实，使教育现实在主体的创价活动中不断完善和发展，从而在根本上提升教育研究的质量以及解决实践中各种问题的能力。

## 第二节　教育研究的价值危机：立场、改造与判断

从历史上看，中国的教育学在学科创立之初就存有某种学科意识上的恐慌，它"在异域理论的'驱动'下，在其他学科的'挤压'下，在意识形态的'控制'中艰难行进，努力挣脱依附的生存处境，谋求自主的发展空间"[①]。这种恐慌本质上源于对价值的迷茫——学科知识（价值客体）是否能够很好地满足价值主体（学科共同体：理论者和实践者）的期望和要求，能否真实反映教育存在的本质和教育的终极目标，能否帮助日益复杂的教育实践得到实际的改善，等等。这些教育事实与理想价值之间的矛盾让我们"恐慌"。正是因为教育是面向人类未来的、指向人自身发展的特殊实践，因而"超越性"本质是教育的独特属性，在此基础上，"我们的现实是怎样的"和"我们的未来应该是怎样的"这两个关键的问题都包含在对于研究"价值"的关系和判断之中，教育研究的"价值"作为对美好教育未来之"可能"路径与必要追问，将我们带入未来的教

---

① 瞿葆奎、郑金洲、程亮：《中国教育学科的百年求索》，《教育学报》2006 年第 3 期。

育世界与教育的发展之维。

在追求教育学价值的过程中，面对诸多价值的悖论（矛盾关系），我们需要重新摆明教育学科的立场；对学科的独立性建设，也需要我们重新认识教育学的学科性质、与相关学科的关系及中外教育学的互通、互融等问题。在此基础上，将作为"事实"的教育现象（过程）和作为"价值"的教育理想（目标）结合起来，作出合理的价值判断，形成教育学"应然"的价值取向，在科学的（成事）态度和人文的（成人）关怀中，实现教育研究中的客体（结果）对主体（人的需要）愿望的满足，从而在价值层面构成教育研究的合理选择。

## 一　价值立场——学科交叉与教育学立场

从历史上看，19 世纪末 20 世纪初，西方的"教育科学化"运动直接催生了教育学与其他学科（心理学、社会学、经济学等）的双向渗透，大量社会学科（也包括部分自然学科）应用于教育领域，进而衍生出一批交叉性或边缘性的教育学科分支，构成了现代教育的学科系统——即"复数教育科学"（educational sciences）。① 从客观上讲，中国教育学从产生之日起的"先天不足"走到今天相对繁荣的景象，与其他学科的"扶持"也是密不可分的，教育学科始终在与其他学科的交互与融合中迈向新的层次，从而在"科际整合"中走向"综合性"的学科发展路径。在此基础上，"不同的人从不同的学科视角出发，用不同的话语来分析教育现象背后的价值问题，来讲述对教育问题的不同理解，教育学的发展由此正在呈现出某种多元化的特点"②。从这一点来看，我们需要充分肯定其他学科对于教育学科所做出的贡献，它们对于丰富教育知识、发现新的教育问题起到了十分重要的牵引作用，对教育学科视域的拓展也起到了积极的影响。然而，从反向来说，这种引领与导向也逐渐以"知识输送"的形式对教育学的领地进行了学科扩张，使教育学逐渐沦为其他学科的"殖民地"，转向为其他学科生产知识和传递效能，这极大弱化了本学科对"原创性"知识的诉求与发掘的创价能力；同时，"不同分支学科也往往是过

---

① 瞿葆奎、郑金洲、程亮：《中国教育学科的百年求索》，《教育学报》2006 年第 3 期。

② 劳凯声：《中国教育学研究的问题转向——20 世纪 80 年代以来教育学发展的新生长点》，《教育研究》2004 年第 4 期。

于强调独立，忽视相互支撑；过于强调独特，忽视相互关联；过于强调独自，忽视相互协作。其结果是，分支学科的自我封闭色彩较浓，不同分支学科之间实际上横亘着一条僵直的边界，严重缺乏相互的对话、交流、理解与借鉴"①。在这样矛盾与复杂的关系结构中，我们需要重新找寻学科的立场，厘清与其他学科的相互关系，以教育学科主动、自觉的内部知识循环与发展为目的，协调内外学科发展中的矛盾，以实现学科共荣和共促。

（一）殖民地与宗主国：教育学科与其他学科的关系探讨

我们讨论教育学科与其他学科的关系，首先要明确"教育学科"是指什么。我们所说的教育学科指的是教育学与相关学科（如人文和社会科学领域）相交叉后产生的新的教育学的分支学科，如教育哲学、教育社会学、教育人类学、教育经济学、教育法学等；而与教育学科相对应的相关学科指的是哲学、社会学、人类学、经济学、法学等与教育学相并列的一级学科。在教育学与相关学科交叉融合之后产生的"复数教育学"，其理论基础是以其他学科的知识背景为蓝本的，因而，教育学科本能的对与之交叉的学科存有极大的依赖性，教育学科与其他学科是依附与控制（支配）的关系。因而，我们在讨论教育学科自身的性质的时候，首先需要解释两个问题：第一，教育学与其他学科的知识是如何交叉的？第二，教育学科在多大程度上受到其他学科的影响？——这两个问题是我们探讨教育学科与其他学科关系的前提与基础。

在第一个问题上，教育学从最初的"移植""模仿"到分支学科的建立，其学科"发育史"可谓是在与其他学科"交往"的基础上建立起来的。然而，这种"交往"是怎样的一种形式？哪些知识将不同的学科联系了起来？换句话说，教育学科是怎样进行"知识转换"的？这是我们理解交叉学科知识来源与性质的前提。（见案例一）

## 案例一：教育学科与其他学科相互交叉的方式②

教育学与哲学——在20世纪最后20年进行了至少三轮对话：与马克

---

① 程天君、吴康宁：《当前教育学研究的三个悖论》，《教育研究》2006年第8期。

② 参见杨小微《中国教育学：在于相关学科的对话中成长》，《2008年上海市社会科学界第六届学术年会文集》（年度主题卷），第498—499页。

思主义哲学；与人本主义或人道主义哲学；与语言学、现象学、解释学和后现代哲学。如果说，第一轮对话完成了复制式的体系搭建，第二轮引起教育学"目中无人"问题的反思，那么，第三轮对话则以"反诘"的方式，启开了教育学自主、多元建构的道路。

教育学与科学——教育学与科学的对话，使教育学"元问题研究"探讨中的提问方式发生了转变；在关于教育学性质与结构的讨论中，区分出不同类型的教育学，从而至少给科学的教育学"一席之地"；为改进实践同时也为充实和发展教育学而进行的教育实验研究也突出地张扬着实证精神，使教育研究一时间以注重调查、强调研究和评价的量化分析为圭臬，尤为突出的是将观察与实验方法引入教育研究。

教育学与心理学——心理学带给教育学最大的影响主要来自发展心理学和教育心理学领域，较为人们熟知的学派有：以维果斯基为代表的历史文化心理学派（其"最近发展区"理论尤其被教育学界关注），以皮亚杰为代表的认知心理学派，还有后来出现的建构主义学习理论。内容上受重视的主题有："影响人发展的因素（如遗传素质、主观能动性等）"，"人类心理发展的一般特点（年龄特征）和规律"，"学习的心理条件及影响因素"，"道德发展的阶段理论"，等等。在方法上影响较大的是心理学实验方法，80 年代以来如踏破门槛般的势头引进的大量教育实验或与实验相关的教育理论、方法及原则，如布鲁纳、赞可夫、洛扎诺夫、布鲁姆、罗杰斯等。

教育学与管理学——"驭人之术"是古典组织理论引入科学管理思想以来一直秉承的价值核心，这一取向也深刻地影响着教育管理学研究；"成人之道"则是从当代学校领导与管理变革理论与实践相互作用过程中生成、提炼和概括出来的新的核心价值追求。在学校教育变革和发展的进程中，正在显现从"驭人之术"到"成人之道"的演化脉络。

从上述教育学与相关学科交叉的知识范畴我们可以进一步推论，教育学与相关学科交叉可以产生两种不同性质的问题：（以教育社会学为例）第一种呈现的是教育中的社会问题（如青少年暴力问题、留守儿童的心理健康问题等）；第二种呈现的是"教育与社会的关系"问题，即分析教育的社会因素及存在背景（如教育与和谐社会的关系、教育对加快现代化进程的影响等）。从两个问题的性质上来分析，第一种交叉所产生的问题是以"教育"为核心的问题，相关学科的进入是以帮助阐明或解决教育问题所引出的"知识"，其研究结论是服务于教育、帮助改善教育现状的；而第二种交叉所得出的结论则属于应用性理论，即"教育"并不是作为问题的核心要素所呈现的"关键词"，其所得出的"知识"结论最终是服务其他学科的，为其他学科的知识范畴增添了"教育"的因素。因此，倘若对学科交叉所产生的知识性质作进一步区分的话，上述的第一种知识类型属于"教育知识"，而第二种知识从严格意义上来讲，不属于"教育知识"，起码它不是以"教育"为目的的知识。

事实上，教育学科与其他学科进行知识交叉的过程中，并没有严格地去区分这两种交叉的产物——即所得出的结论是否是"教育知识"，而只是在广泛的意义上得出了所谓的与"教育"相关的知识结论，至于这种知识有多少"教育"的成分，并未去细细考量，也未去有意识地加以"区别"，而是将交叉后所有的知识产物都归为"教育知识"的范畴——尽管它们似乎与教育问题并不相关。这就是在目前分支学科领域的知识系统中，看不到教育知识的独特形态、找不到教育的特殊视角以及缺乏教育学科的根本立场的症结所在。当前，我们看到的分支学科的知识范畴更多的是以上述第二种知识呈现方式而构成的教育分支学科的知识结构、语言逻辑与研究传统。例如，"教育文化学，只讲教育所依附的文化背景，而不分析教育中形形色色的文化问题，如学生文化、教师文化、课程文化；教育哲学，只谈教育受一般哲学或哲学流派的羁绊，而忽视了教育中一系列的价值观、学生观等问题"[1]。在此基础上，属于教育自身的问题就被遮蔽或被弱化了，起码有一点可以肯定的是，如此知识交叉的结果是：教育问题逐渐消解或弱化，教育学不再是教育问题首席的发现者、主导者、引领者，而退位于其他学科，作为了其他领域问题在教育问题上的参与者、从属者、附和者。（这种学科视角与立场的转换可以通过下面的"案例二"来具体呈现。）

在第二个问题上，即教育学科在多大程度上受到其他学科的影响？这个问题较第一个问题而言，则更为关乎教育学科自身存在与发展的命运。在学科创建之初，教育学科的"教育学"根基就一直"维而不稳"，在学科的兼并与竞争中逐渐处于劣势，其所属的教育交叉学科的性质也因此产

---

① 郑金洲：《教育理论研究的缺失——世纪末我国教育理论的反思》，《教育发展研究》1999 年第 10 期。

生巨大争议：由学科交叉而产生的教育学科（教育经济学、教育社会学、教育法学等）的学科归属权到底是教育学还是与之交叉的相关学科？其讨论的知识论域到底是教育问题还是其他问题（社会问题、文化问题、经济问题等）？很显然，教育学在这场阵地之争当中是处于劣势的。在知识成分上，我们也需要进一步考察其"教育学"含量，此结果就足以反映教育学科在多大程度上受到其他学科的制约与影响。（见案例二）

## 案例二　社会学对于教育社会学知识建构的影响①

### 一、社会学的视角

任何学科欲赢得其地位并对人类生活与思想产生影响，最根本的一个方面在于它以什么样的视角去观察、思考解释并行动。这里的"视角"是广义的，包括社会学所关注的问题、研究方式和基本假设。它们共同构成了社会学的精髓。

——社会学的问题：社会学关注的是社会行为，即所有影响社会利益的行为。社会学的终极目标是追求"社会效益"，而社会效益的核心问题就是社会公平或社会公正。这样，实现社会公平或公正，即以什么样的方式去争取尽可能多的社会公平，就成为社会学追求的核心目标，也是它力图解决的核心问题。

**社会学的"问题"**

| 问题名称 | 子问题名称 |
| --- | --- |
| 社会组织与个体 | 1. 文化<br>2. 社会与社会结构<br>3. 社会互动与社会网络<br>4. 社会化<br>5. 群体与组织<br>6. 越轨、犯罪和社会控制 |
| 社会不平等 | 1. 社会分层<br>2. 美国的社会阶级与贫困问题<br>3. 民族、种族与少数民族<br>4. 社会中的年龄和健康<br>5. 性别 |

① 参见李政涛《教育科学与相关学科的"对话"：从知识、科学、信仰与人的角度》，上海教育出版社 2001 年版，第 104—115 页。

续表

| 问题名称 | 子问题名称 |
|---|---|
| 社会设置 | 1. 家庭<br>2. 教育<br>3. 宗教<br>4. 权利、政治和政府<br>5. 经济与劳动 |
| 社会环境与社会变迁 | 1. 人口与生态<br>2. 城市、城市化和社区变迁<br>3. 集合行动和社会运动<br>4. 社会和文化变迁 |

——社会学的研究方式：社会学声称其为一门"科学"，它拒绝将自己的研究建立在"依赖直觉、洞察力、无确凿根据或无法验证的信念和道听途说"等的基础之上。社会学家坚持依赖科学的证据来理解和解释社会，而这些证据是通过对人类生活的系统研究获得的。社会学的最终目标是发展出一种完善的科学知识体系，以解释并在某些情况下预测社会事件。

——社会学的基本假设：大多数社会学家都是以关于人类行为的基本假设（即人类行为由社会和社会环境所塑造）为前提和基础展开研究的。经典的研究，如涂尔干对人类自杀现象的研究，否认"自杀是纯粹个人行为"的流行观点，通过一系列富有说服力的论据，表明自杀是一种社会模式，受到自杀者周围社会环境的强烈影响。于是，得出的结论是，人类行为的一部分是由社会环境塑造的。这一社会环境将家庭、组织、社区、种族、社团和历史时代囊括其中。同样以人类行为为研究对象，经济学家对此的假设是，行为者的目的是用他拥有的手段获得这种较大限度的满足，这种满足也最大限度地改变和塑造了人类行为。

——社会学的理论视角：社会学的视角因流派不同而不同，大致可以分为功能论的视角、冲突论的视角和解释论的视角。每种视角名下都有多种复杂多变的学术思潮。如解释论的视角，是由现象学、知识社会学、符号互动论、民俗方法论、拟剧论等理论共同构筑而成的。

## 二、社会学对于教育社会学建构的影响

早在 20 世纪二三十年代，教育社会学就确立了其作为一门学科的地位，但是，这一地位很快便受到来自各方面的质疑和排挤。于是，教育社

会学走出低谷的关键是密切与社会学的关系：一是由具备社会学专业背景的学者来从事教育社会学研究；二是充分引入社会学的概念与方法。这样，社会学就成了教育社会学的拯救者，重建了教育社会学的体系，重塑了教育社会学的形象。

——从"社会学的问题"到"教育社会学"的问题：布鲁克弗曾将扩展时期的教育社会学主要归纳为七个问题：（1）教育如何引导社会进步；（2）如何促成理想社会的教育目标；（3）社会学原理在教育上的应用；（4）人的社会化；（5）教育人员的社会地位、应具备的条件及培养；（6）教育在整个社会或区域中的地位；（7）学校内部及学校与社区间的交互作用。这些问题远远不是教育社会学问题的全部，但从中大致可以看出，问题的来源有着明显的社会学倾向。首先，这些问题不是教育学者从教育学传统问题中提出的，而是由社会学问题引发的；其次，这些问题都可在社会学的问题网络里找到原生点。社会学的"问题"决定了教育社会学问题的广度和深度，影响和限定了教育社会学的学科框架。

| 社会学问题 | 教育社会学问题 |
|---|---|
| 文化及其整合变迁 | 1. 学校的文化使命<br>2. 学校文化的结构与功能<br>3. 学校教育如何影响并推动文化变迁 |
| 社会群体与组织 | 1. 学校群体的性质及结构<br>2. 学校组织的结构与特征 |
| 社会互动 | 1. 学校内部人与人、群体与群体之间的互动<br>2. 学校与社区间的互动 |
| 社会分层与社会地位 | 1. 教师的社会地位<br>2. 学生的社会地位<br>3. 教育在整个社会中的地位 |

——以社会学的方式提问和以社会学的视角观察并解答问题：教育社会学的提问方式是典型的社会学式的，而不是教育学式的，这首先意味着我们将不再单纯地问（在教育学家眼里）教育是什么，而是转向社会学家寻问：社会学视野中的教育是什么？将教育视为社会学问题，社会学家们以纯粹社会学的方式对教育提问：教育的社会本质是什么，它有哪些社会功能（涂尔干）？通过"机会均等"和"成就"这样的价值观念和意识形态的传播，教育如何促进现代社会的稳定和秩序（帕森斯）？教育如何成为传播知识与观念的一种制度（布迪厄）？……以社会学的方式提问，

就注定了教育社会学将采用社会学的视角观察问题和解决问题。社会学的功能论视角首先作为传统教育社会学观察和分析教育的内容、方法和类型的基本视角，教育机构及教育过程最重要的目的是发挥协助个人社会化，以符合社会期望的功能；社会学视角从功能论到冲突论的转换直接导致了教育社会学视角的转变：从冲突论的视角观察、分析教育制度的社会功能、学校内部的社会过程等教育问题的做法风行一时，出现了颇有影响的"社会再生产论""文化再生产论"等，还导致了教育社会学对"文化变迁""社会变迁"等问题的强烈关注；解释论对教育社会学影响的明显表征，是它所运用的概念术语，如符号、自我概念、情境定义和社会互动等，被直接运用于教育社会学对课堂现实的阐释之中。

　　——置身于社会学研究传统中的教育社会学：首先，社会学的基本假设也是教育社会学的基本假设，教育社会学的所有研究都是以"人类行为由社会和社会环境所塑造"这一基本假设为前提的，这种影响成为教育社会学研究传统的核心所在。其次，社会学的整个理论谱系，包括功能主义、冲突论、互动论、结构论等一系列相互关联又相互矛盾的理论，都构成了社会学的研究传统，他们通过理论假设、概念体系、分析模式、解释框架和研究方法等具体形式表现出来。总之，教育社会学置身于并融入社会学的研究传统之中，对于这样的融合和归属，教育社会学无法改变，也无力改变。从某种意义上说，教育社会学就是对与教育有关问题的社会学分析，概言之，就是"教育的社会学分析"。

　　以上案例一和案例二的结论同时表明：教育学科与其他学科相交叉的背景往往是其他学科的知识变革引起的教育学科的知识转换；而从其他学科对于教育学科的知识影响程度来说，教育交叉学科的母体并不是教育学，而是其他学科。具体到案例二中，教育社会学的知识体系的母体是社会学，反映的是社会学视角下的"教育问题"，其知识架构也不是由教育学的理论提供的。此类情况也同样发生在教育经济学、教育人类学等交叉学科中。例如，教育经济学，有的教材就明确将其归属为"部门经济学"的范畴。[①] 教育学之所以会产生如此窘况的原因在于：首先，大部分与教育学相交叉的学科无论从概念体系、逻辑范畴还是提问方式都有赖于相关学科的知识供给，教育学自身缺乏能触动其学科内部血液循环与置换的动

---

　　① 　参见靳希斌《教育经济学》，人民教育出版社1997年版，第3页。

因及能量；其次，交叉学科的学术权威持有者并非是教育研究者，而是相关领域的研究专家，如杜威（教育哲学）、涂尔干、布迪厄（教育社会学）、冯特（教育心理学）等，这些我们熟知的教育学分支学科中举足轻重的人物其首席身份都不是教育学家，而是哲学家、社会学家或心理学家等。因此，教育学科在这些主导人物的牵制下，其理论视角、提问方式、知识框架等必定是属于其他学科的。

对此结论，有些教育学者可能认为"理所当然"，自然表现得"无动于衷"；另有些学者在"价值"的尺度认为"不应如此"，因而表现得"愤愤不平"。然而，无论我们采取何种态度，都需要从反面"叩问自身"，即教育学做了什么？我们为它们（相关学科）做了什么？我们为分支学科提供了哪些支持与帮助？这种提问的方式或许一下子会令教育者震惊——似乎除了这块儿"领地"，相对于其他学科丰富的知识资源而言，我们什么也给不了！这或许就是问题的根源所在。因此，尽管我们清醒地认识到这是一场殖民的战争，尽管我们也感受到这是一个不平等的交易，但却是处于情理之中的——因为从知识的输出和输入的"等价交换"原则来看，这种知识的贡献本身就是不平等的，教育学相对于其他学科来说，无论在知识基础还是知识效度上，都未曾付出多少有价值的知识或使教育实践得以实质性改善的有效办法。于是，这场"阵地"之争的结果必然是："在这场殖民式的联姻中，教育学主动或被迫交出了教育这块领地，由社会学、心理学和人类学等相关学科去耕耘，从种子（知识）到工具（思维方法、分析模式），主要都是由它们提供，最后结出的果实被它们笑纳。教育学科唯一的荣耀是教育××学，而不是××教育学"①。

从形式上看，教育学的独特术语、视角、方法甚至知识结论统统被外部的学科所侵占。在性质上，教育交叉学科的立场是外学科的，归属权也是外学科的；在方法上，其主导方式也来源于外部，例如教育社会学的研究方法遵循社会学的研究传统，强调实证研究，教育人类学的研究方法也将人类学典型的"人种志"作为其基础方法，教育心理学、教育经济学更是全面依托其"母体"学科的研究方法来开展学科的研究；在措辞方式（学术术语）上，教育研究随处可见关于哲学的、社会学的、经济学

---

① 李政涛：《教育科学与相关学科的"对话"：从知识、科学、信仰与人的角度》，上海教育出版社 2001 年版，第 86 页。

的、心理学的专门术语，它们用特定的"措辞"主导着教育学科的概念体系和提问方式。在此基础上，我们反观交叉学科中的"教育学"成分会发现：如将教育学科所有外部的知识资源都除去，该学科最后可称得上"有价值"的知识竟所剩无几。以此造成的事实是："许多学科，不管诞生于教育学前（如哲学）还是教育学后（如经济学、社会学），在形成与教育学科的交叉学科时，都将该交叉学科认定为是本学科的应用学科。如教育经济学是经济学的应用学科，教育社会学是社会学的应用学科。而在教育学科群中，则从未把教育社会学、教育经济学视为教育学的应用学科。"① 面对这个普遍的事实，我们从价值的角度来分析和判断，教育研究的价值客体（研究结论）在事实上已经深深打上了其他学科的"价值"烙印，教育学的研究成果仅仅是在封皮上贴着"教育学"的标签而已，从"皮相"到"内瓤"都是他者的，这就造成了：似乎不借助其他学科的知识论域来解释和发现教育问题，所得出的研究结论往往就是空洞的、乏味的和不可信的，其价值就会大打折扣甚至备受怀疑。在此基础上，难怪我们的教育学科的地位至今都处于底层，难怪我们在学术研究的领域需要对"别人"抬头仰望，难怪我们教育学的研究者都缺乏自信、必须通过投靠他者以借助力量来找到自觉——教育学是一副"空皮囊"！

教育学自身缺乏应有的问题意识，亦无力有效解决理论和实践的疑难，在此境况下，其他学科却根据自身的知识扩张，不断地向教育学抛出"问题"，并依据自己的解题思路对教育问题相继作出了合理的解答（解释），为教育实践输出了知识的能量，并源源不断提供"给养"——这种巨大的知识需求与产入、产出之间的矛盾使得教育学在与外部学科相较之中越来越感到力不从心，越来越感到其自身知识水平和能力的限度。因此，从价值生成的角度来看，价值客体（相关学科研究成果）满足了教育发展（教育理论与实践）所提出的问题要求，促使了教育学科自身的多维发展，这已构成了"价值"的关系——尽管，这种假设的前提是广泛意义上的"教育研究者"，即泛指"所有关注教育问题的人"（包括相关学科领域的研究者）。而在狭义上，假若我们将教育研究的"价值主体"限定为"教育学者"，即特指教育学领域的研究人员，此结论（价值客体）是否还能构成"价值"一说，就是值得商榷的。在此，我们发现，

---

① 叶澜：《中国教育学发展世纪问题的审视》，《教育研究》2004 年第 7 期。

价值主体作为价值自身的创建者、引导者，其重要性和主体性的发挥是创价活动的关键，对于教育研究的价值主体来说，建立学科自信是一个方面，建立学科的"自觉"乃是更重要的方面，教育研究者自身的知识水平和创造性的发挥对于教育学科发展的内部回归具有绝对的价值。因此，教育学要想守住这块儿阵地，从表面上看是如何建立自信或者如何引导回归的问题，但更深层的问题是：在这副"空皮囊"中如何塞入真正属于我们的东西——核心的概念、特定的知识范畴、稳定的逻辑结构以及从教育学的视角来发现问题、分析问题和解决问题的能力。这是教育学"价值"回归的根本问题。

（二）自信与自觉："教育学"思维的创建与教育学科的回归

以"教育学"为立场的教育学科需要主体意识与身份的转变：即由"传递—接受"式转为"选择—构造"式，由"知识复制""知识借用"转向"知识再造"或"知识原创"，由"知识依赖"转向"知识自觉"，由"学科控制"转向"学科对话"。当前，我们的研究视角常常表现为"向相关学科那样思考"，但在价值判断上，我们却需要"向教育学那样思考"：即以特定的研究对象为本位，以教育学的问题为基本命题，以教育学的理论假设为前提，以教育学的语言系统为表达方式，最终解决的是教育学理论与实践的难题，推动的是教育学自身的发展进程——这是"教育学式"的学科研究的基本逻辑和"向教育学一样思考"的研究方式。以"教育"为核心，"教育"是研究的起点和归宿，它最终指向的不是社会、不是经济、不是文化，而是"教育自身"。

在这个价值预设的标准上，教育学科要想回归"教育"自身，摆脱被殖民和严重依附生存的现状，我们需要有如下的转变：

第一，将"教育实践"作为教育学科得以安身立命的根本"尺度"，以此与其他学科相区别。从学科的独特性知识范畴来说，教育学保持其学科独立性、与其他学科相区别的一个重要的标志就是"教育实践"。尽管其他学科亦可以讨论关于教育实践的问题，但唯独教育学的讨论才是真正意义上的学科角度的审视，教育学赋予了"教育实践"独特的思维视角与研究价值，因为"每一门学科，即使在它关注教育实践时，也都有它自己的概念，并用这些概念提出它自己独特的理论问题，这些问题基本上可以说具有哲学的、心理学的或历史学的性质，而不是实践性的"，"每门学科都从复杂的实践中进行适合于它自身有限的抽象。这类学科不探讨任何种类的共同的问题，每门学科的成果都不足以恰当地制定出教育实践的原则"①，唯有教育学对于教育实践的探讨是直面教育实践的和真正以教育实践为旨归的，即"为了解决教育实践的难题，改善教育实践的质量"而专门的理论探讨。因而，教育实践在"教育学科"的视角里是具有绝对价值的"根本性"命题，这种实践性的意义，在其他学科的眼中是不存在的。从另一角度说，其他学科所建构的"教育学知识"必须经过"教育实践"的检验（即"有效性"）方可产生其价值，而其价值的取向也必然是"教育学"意义上的，而非其他视域的（如社会学意义、经济学意义等），因此，"对于教育实践而言，来自其他学科的知识都不是确定不移的，而是未定的、不完全的；他们是否能成为教育学的知识，还必须在教育实践中接受检验。惟有在教育实践中得到验证或辩护的知识才是'教育的'，才是'实践的'。这便是教育学的特有立场，即一种基于教育实践的'综合'立场"，在此基础上，"教育学不再将其他学科的知识看作是不证自明的，或看作是依赖的对象，相反却可以理直气壮地从教育实践的角度对这些学科的知识提出质疑，做出修正，进行综合"②。因此，教育学价值的生成必然是以"教育实践"为基础的，离开了"教育实践"，教育学知识的价值将成为纯粹主观或纯粹客观的产物，外部（其他学科）便可以"指手画脚""随意捏造"，在内部（教育学科自身）也将没有着力点，面对外部的知识挤压，丧失可以与之对话的切入口和参照物。在此基础上，教育学科对于相关学科的知识资源并不是无条件地接受，而是选择接受、检验判断的过程，选择的标准就在于经得起"教育实践"的检验，符合教育学的研究传统和逻辑规范，能够在"实践"的知识层面与教育学的知识体系与话语结构相容，并能够引发教育学领域新一轮的知识的变革。故此说，教育学科独立性的根本标志是"教育实践"，教育实践并非仅仅只是引人"做事"，更是让人在"行事"之中"成人"，因而，教育实践之于教育研究的价值是根本性和独特性的，教育学科的知识具有特殊的实践意义与价值。

第二，要提升教育学的"问题意识"及学会转变"提问方式"。问题

① ［英］赫斯特：《教育理论》，转引自瞿葆奎主编《教育学文集·教育与教育学》，人民教育出版社1993年版，第444页。

② 瞿葆奎、郑金洲、程亮：《中国教育学科的百年求索》，《教育学报》2006年第3期。

是学科理论建立的基础，没有问题就没有理论。教育知识的生产必须依靠教育学的"原创性"问题，而不是"复制"和"再生产"的问题；这种问题亦不能仅限于"经验"的认识，而是要提升到理性的自觉。在问题的性质上，问题的产生不是教育研究者主观的臆想，而是来源于教育实践的真实问题，对问题的解答也不仅是为了诠释一种理论，而是为了帮助解决实践的问题，使价值主体创造的客体能够满足教育现实发展的需要——这是问题发现与解答的价值标准。教育学与其他学科不同，它有其独特的知识视角和价值使命，"教育学并不是一门建立在确定性意义上的科学，教育学的意义远不是一些公式和数据所能表达的。因为教育学不仅仅是一种关于职业的知识或技艺，不仅仅是一堆结论或者一组定量的数据，不仅仅是一种逻辑或分析的方法，更重要的是，它影响到了人的道德、意志和信念。就社会和人的问题的思考而言，它应当关注的是人的现实，人的命运与发展，人的心灵世界，为理解我们自身及我们生活于其中的世界贡献智慧。因此，对于教育学而言，更重要的问题并不是所谓的确定性问题，而是事实与价值的关系问题"①。换句话说，教育学是直接指向"人"的一门学科，而其他学科可能同样探讨人的问题，但以"人"为目的（直接指向）的却只有"教育学"，这就是教育学的"人学"立场以及"关乎于人的成长与未来发展"的独特学科视角。问题的第二个方面，即从问题的发现与提出上来看，其他学科（如心理学、社会学、经济学等）每一次研究成果的重大进展同时也为教育学科带来一场科学的革命，这种"知识的革命"为教育知识和领域的拓展提供了丰富的"观念"和"技术"的养分，将教育学科引入一个新的存在境地。何以如此？这是由于教育学知识的提问方式发生了转变，即不同的视角引发了一种新的可能路径。在此基础上，教育学知识自身的限度可以通过提问方式的转变来寻求解题的思路，从而促使教育学研究产生质的变化。例如，教育学在自身的学科范畴，其关注的基本问题是"教育是什么""教育主体是谁""教育客体是谁""教和学的关系及方式是什么"等，而人类学同样面对这几个问题，它的追问是"人是什么""人能认识和做些什么""人需要做什么"等，这就将"教育"（教和学）转换成了"认识"（人的发现和认识能力），

① 劳凯声：《中国教育学研究的问题转向——20 世纪 80 年代以来教育学发展的新生长点》，《教育研究》2004 年第 4 期。

并赋予了教育活动存在论的认识基础。由此来看，转变问题的"提问方式"也是解决教育学疑难的可能路径之一，其他学科的问题方式为教育学的解题思路提供了重要启示。因此，对于教育学来说，我们要打破以往的提问方式，突破那种以往教育学所关注的"或是立足于教，或是立足于学，或是给出'主导'与'主体'的关系模式来解释，而没有从双方交互作用、相互锁定、动态转换、共同生成等这样一些思维方式，把教学作为一个复杂的活动整体去认识和研究"的思维定式。① 另外，在知识转换的视角，还要创建教育学自身的学术规范与价值核心——基于"教育知识"的特殊呈现方式：一套特殊的概念与逻辑体系，一种特有的语言表达方式和术语。这些学科独特性标志的建立，是教育学作为一门独立的学科存在的全部依据，缺乏自身独特的语言系统与核心概念也就意味着丧失了基本的发言权，就只能在其他学科的强势话语中随声附和、人云亦云。

第三，要建立"复杂性思维"，在系统科学的思维革命中，实现教育理论的突破。复杂科学被引入研究领域，作为一种方法论的导引，不仅是相对于教育研究对象——教育活动及教育知识自身的丰富性、复杂性而言的，而是以科学革命为背景的人类思维方式的重大转向。由于教育活动在整个的社会系统中的存在方式表现极为复杂，我们以往对教育问题的认识都是采用单向的、简单的思维方式，面对一个如此庞大的系统，并未在一个多维的、层次性的系统性结构中将教育置于一个复杂的网络来整体性、全面性地看待其所处的位置、意义和相互之间（内外部结构）的关系。因此，在传统教育学的标准下建构出的"教育事实"往往是被局限或被禁锢的趋于僵化的"教育学"，在巨大的、纷繁复杂的学科网络的聚集中，根本找不到"教育学"适合的位置，其特殊的功能与价值也被湮没在这个相互交叉、融合的科学系统之中———种简单的对象观，一种线性的活动认识过程，一种缺乏立场的知识构建，这些简单化的思维模式足以让教育学在多学科的竞争中消失得无影无踪。当我们看不到教育学有哪些独特的知识、特殊的视角与特有的语言系统时，必将会得出教育学已经趋于"终结"的结论。在此困境中，教育学要想"复活"，依靠的是教育对象的特殊性，即在对主体的"人"的观念把握上，将其看作一个丰富的

---

① 叶澜：《世纪初中国教育理论发展的断想》，《华东师范大学学报》（教育科学版）2001年第 1 期。

整体，而不是"单向度的人"，突破对象性的思维限制，把教育中的"人"视作能够在"各种生命实践活动中实现价值选择和生命意义的复杂体来对待"。以往，我们对"整体性"的人认识的缺失，导致了"在我们的眼中，教育世界和教育活动是苍白的、清晰而刻板的，是不会有意外与惊喜的、是无所谓创造和发现的。用以描述这种世界和活动的语言，也只能是冷静而无色彩的，干枯而令人无奈的"①，在此简单性的思维程式中，教育学也必将是"符号化"的，而不是具有丰富"血肉"的"人"。因而，从价值的角度，面对具有如此丰富内涵的对象，教育学这个客体（成果）如无法满足人们对学科自身的期待，且仅在有限性知识的层面构成某些"教育事实"（教育学的知识），而在主体（人）的层面、在教育目的的层面，在人主观的愿望层面，都无法体现教育学"价值"的话，教育学终将无法摆脱自身被沦为殖民地的危机。故此，我们需要用"复杂性思维"来重新认识与建构学科的科学性使命，以"复杂性"思维为突破口，重构教育知识的"再生"系统，从整体实践活动的角度，对思维进行复杂性改造——即"从线性思维转化到非线性思维，从还原性思维转化到整体性思维，从实体性思维转化到关系性思维，从静态性思维转化到过程性思维"②，从而在理论上实现方法论的重大突破，以重新呈现和改造教育知识，提升教育学科自主创造的能力。

## 二　价值引导——西化与本土化改造

"中国教育学研究是在'异域教育理论'的引进下'驱动'的，那种借鉴、追随国外教育理论的现象和相应养成的'崇外'的研究心态，使中国教育学研究的自立意识淡薄，从而使教育学研究如何面对异域教育理论仍有研讨的必要，换言之，在学习、借鉴异域教育理论时，教育学研究共同体该袒露何种心态、持有何种研究姿态？"③ 等，这一系列问题都取决于我们对于本土研究的价值所持的观念和信仰。

---

① 叶澜：《世纪初中国教育理论发展的断想》，《华东师范大学学报》（教育科学版）2001年第1期。

② 郑金洲：《改革开放30年的教育学研究》，《教育研究》2009年第3期。

③ 李润洲：《教育学研究的价值生成》，山西教育出版社2010年版，第15页。

（一）历史审视："全盘引进—中国化—中国教育学"的学科发展路径考察

中国的教育，从思想史的角度，可以追溯到 2000 年以前的古代教育思想史，以孔子为代表的中国古代哲学前驱，将一个博大精深的"中国古文化"奉献给了世界，其中所包含的"教育思想"（如"学记""论语"等）亦深深影响着中国古代的文化观、教育观的形成，构成了中国传统文化的精髓。而与此不相匹配的是，中国的教育学史，即作为一门学科形式出现的"教育学"，则是近代以来才兴始于中国的，它在中国的"出生"状态，有学者称为"降临"而非"诞生"①，就十分贴切地描述了"教育学"在中国本土的起始过程和存在状态。从文化自身的延续规律来讲，中国的教育学理论应该是与中国的传统文化（教育观念）一脉相承的，然而，事实却是中国的"教育学"与中国的传统教育思想之间是完全断裂的、毫无关联的——在中国，"教育思想史与教育学科史，不是两个'等价'的概念"②，教育学在中国不是由本土创生或经过本土改造的，而是直接"引进"并被"全盘吸收"的学科发展始末。

在此过程中，中国的"教育学"就经历了极为独特的发展历程和存在方式：在目的上，中国教育学的产生并非是自身知识系统与理论发展的"内驱"，而是当时（19 世纪末 20 世纪初）新办师范教育的"外需"，即不是为了知识的丰富、完善自然而然地形成知识的系统（由知识发展规律而生成"学科"），而是为了解现实的"燃眉之急"——以"用"为直接目的。这个特殊的"目的"驱动，就使得中国的教育学自然选择"急功近利""全盘接受"式的"引进"方式，其结果必然存在着"先天不足"的历史基因。从发展过程上看，中国教育学的发展历史有着十分"戏剧性"的情节，即在传统与现实、外来与本土、学科内部与外部异常繁杂的关系碰撞下，走出了一条曲折与复杂的演进历程——"几度兴废、几番沉浮"③，经历"多次的'整体式转向'或'推倒（或抛弃）重来式'的'发展'。并且，几乎每一次的'推倒重来'都循着基本相同的路线：中

---

① 参见叶澜《中国教育学发展世纪问题的审视》，《教育研究》2004 年第 7 期。
② 瞿葆奎、郑金洲、程亮：《中国教育学科的百年求索》，《教育学报》2006 年第 3 期。
③ 同上。

断历史——重新启动——简单模仿（或演绎）——初级综合——建立体系"。① 在这个复杂的学科发展进程中，学科在意识形态上经历了"政治本位"与"学术本位"的意识互换；在知识结构上出现了三次"知识的中断"；在知识的导向上沿袭"先抄日本""继袭美国""再搬苏联"② 的"东投西望""狗熊掰玉米"式的学习历程。

从思维路径上说，20 世纪上半叶，教育学科发展呈现出急功近利、非此即彼的思维方式；新中国建立之后的近 30 年，又进入了本末倒置、政治意识形态控制的新的思维陷阱；直至改革开放以来，才在趋于理性的冷静分析之下，重新开始了学科的建设。可以说，教育学的学科发展从殖民化到独立性追求的一百年里，走完了极为复杂、曲折的道路，并在"复兴"之中迎来了新世纪创造性发展的未来使命。综上所述，学科的生成和演进的路径可以分为六个主要阶段（见图 5－1）：

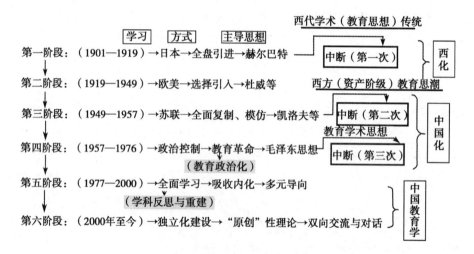

**图 5－1　中国教育学学科发展路径**

从上图可以看到，中国的教育学发展经历了六个基本阶段：

第一阶段从 1901 年到 1919 年，是教育学"西学东渐"的起始阶段。此阶段的教育学，在哲学思想上沿袭的是德国康德的唯心主义教育观，特点是"全盘引进""全面颠覆"，应新办师范学堂之需，从"日本"取

① 叶澜：《中国教育学发展世纪问题的审视》，《教育研究》2004 年第 7 期。

② 瞿葆奎、郑金洲、程亮：《中国教育学科的百年求索》，《教育学报》2006 年第 3 期。

"西洋之法"（即赫尔巴特的教育理论）①，由王国维先生译介立花铣三郎讲述的《教育学》② ——这是我国近代"教育学"作为一门学科出现的开端。由于其最初引介的目的是"应急"，故采取了彻底的"拿来主义"的态度：从数量上，"20 世纪上半叶共约引进 245 本，而这一阶段（1901—1915 年）就引进了约 118 本，占整个引进数的 48.2%"；从引进的取向来看，在"至游学之国，西洋不如东洋"③ 的学习取向下，此阶段被引介的118 本著作中，绝大部分求借于日本，其中"日译本约 84 本，占总数的71.2%"；从引进的方式来看，此阶段"在引进时存在着盲目认同，无组织、无选择地引进，本末不具，派别不明，惟以多为贵"的基本特征④；在结果上，造成了中国近代以来教育学科发展史上的第一次思想中断——即古代学术传统（古代教育思想）与近代学科思想的断裂。

第二阶段从 1919 年至 1949 年，此阶段的教育学在哲学上奉行的是美国杜威的实用主义教育思想。在经历了辛亥革命、五四新文化运动之后，中国教育学的学习方向由日本转向欧洲，此时西方正在进行着另一场教育学的"科学化"运动，此运动的结果是：以赫尔巴特为代表的"传统教育学"在经受西方"经验科学"的冲击下被彻底瓦解，从而形成了以美国杜威为代表的实用主义教育的新思潮。在此阶段，教育学的体系逐渐发生变化，各分支学科迅速衍生，同时，"引进"的态度也由从前的全盘接收逐渐趋于理性，"引入"逐渐具有了"选择性"，即能够自觉地对照中国的教育实践，理论与实践相结合，从"西体中用"（西学为体，学为中用）转向"中体西用"（以中为体，以西为用），有选择的"引进"，并能根据中国的实际在内容上进行删减和变通，从完全"西化"的学科存在朝着"中国化"的思路一步步靠近。在数量上，此阶段共引进著作约120 本，学习对象以欧美（主要是美国）为主，并呈现出多元的趋向，例如加入了部分苏联著作的引介。从总体上看，第一阶段到第二阶段的 50

---

① 日本教育学深受西方教育学影响，从 19 世纪 80 年代用以"教育学"的概念，此教育学可以算作德国教育学的翻版，即以赫尔巴特为代表的德国传统教育学思想。

② 此著作连载于罗振玉创办的第一本教育专业杂志《教育世界》的第 9、10、11 号（1901年 9—10 月）。

③ 张之洞：《劝学篇·外篇·游学第二》，中州古籍出版社 1998 年版。

④ 参见侯怀银《20 世纪上半叶教育学在中国引进的回顾与反思》，《教育研究》2001 年第12 期。

年时间里，中国教育学最初走的是一条捷径，共引进学科约 26 门，将西方百余年的教育学科发展史压缩在 50 年时间里完成，以"速成"的方式初步建立起了对于中国来说一个崭新的、陌生的"教育学科框架和体系"。

第三阶段从 1949 年到 1957 年，这一阶段的教育学在哲学上完全是照搬苏联的所谓马克思列宁主义的辩证唯物主义和历史唯物主义的思想。新中国成立以后，中国的教育学在"阶级斗争"的政治意识形态的影响下，全面接受了社会主义的改造，开始了批判资产阶级思想、全面投向苏联的学科意识与发展的转向。在此阶段，由于"极端化"意识形态的影响，中国教育学又重复了"推倒重来"式的思维轨迹，全面否定之前好不容易舶来的"西化产品"，以"非此即彼"的方式转向对苏联思想的"迷信"之中，又开始了新的"全面引进""模仿复制"的路径，向苏联引介著作并改编成册（教材）。此时段，以马克思主义思想为指导，中国的教育学科建设引进了凯洛夫主编的《教育学》、奥哥洛德尼柯夫和申比廖夫著的《教育学》、叶希波夫和冈察洛夫著的《教育学》，等等①，在此基础上，以苏联教育学框架为蓝本，亦自主编著了一些教材和讲义，但无论从形式还是内容，此改造都可看作苏联教育学的"翻版"，并未出现原创意义上的"教育学"著作。从知识进程和结构来看，此阶段的教育学完全切断了新中国成立前全面学习西方的教育经验和初步形成的教育学体系，在思想上造成了中国学科发展史上的第二次思维断裂。

第四阶段从 1957 年到 1976 年，此阶段在哲学上以批判苏联的所谓马克思的辩证唯物主义和历史唯物主义的同时，坚持毛泽东的所谓"马克思主义毛泽东思想"的教育观念。此阶段可划分为两个历史时期：1957 年到 1966 年，主要是以毛泽东思想为主导，以"语录式"为学科表达的形式，将教育学科的发展与政治化路径混同起来，造成了严重"学术政治化"倾向；进而，1966 年至 1976 年"文化大革命"爆发，教育学科发展被湮没在激烈的政治斗争之中，学科出现了严重倒退的历史状况。这两个时期的学科状况有一个共同点，就是教育学科从"学术性"的知识存在转向"政治意识形态"存在，教育革命与阶级斗争相互映衬，政策语录与教育内容相互关联，产生了教育学科发展史上由知识性、学术性转向政

---

① 参见瞿葆奎、郑金洲、程亮《中国教育学科的百年求索》，《教育学报》2006 年第 3 期。

治性的第三次思想中断。

第五阶段从 1977 年到 2000 年，此阶段在哲学上经过质疑苏联的所谓马克思辩证唯物主义和历史唯物主义的同时，提出了马克思实践唯物主义的思想，并在教育观上逐渐确立了马克思的人学理念。此时的中国在经历了复杂的历史变迁后，无论从经济还是文化的建设上，都处于百废待兴的状态，中国的教育学也在此文化复苏中开始了学科的重建。根据中国教育学科的发展实际，在学习方向上，避免了曾经"非此即彼"的思维方式，不再局限于向欧美、苏联（俄国）或日本某一个国家（或某一个地域）进行学习，而是将目光投向全球（各个国家），在全面学习中取其所长，建构了多元的知识体系；在对外关系上，一方面更为加强与世界的学术联系，另一方面学科的"自我意识"也不断加强，具有了初步的反思与批判能力，随着元教育学等学科理论的建立，教育学学科体系不断趋于成熟，在吸收（引进）与内化（思想转化）的过程中，逐步走向独立化的发展阶段。

第六阶段从 2000 年至今，在哲学思想上，此阶段一方面致力于恢复博大精深的中国儒家传统文化的教育之根，另一方面则以各色后现代理念以及新马克思流派的理论争论为焦点，在学术争鸣中推动中国教育学的繁荣发展。历经了百年求索，中国的教育学科发展进入了一个新的历史时期。从学科建立之初的全盘"西化"的教育学到"中国意识"的觉醒，再到基于"本土"的改造，进入 21 世纪以来，学科的建设进入了一个"中国教育学"的"原创性"导向阶段。在此阶段，我们需要处理好中国教育学与西方教育学的"创造性"并存的关系，进一步明确"西方的教育理论植根于西方的教育土壤，况且它们也不是不证自明的、完美无缺的，因而不能简单地移诸中土，相反我们必须立足中国教育情势，对它们进行必要改造"。① 在全球化的今天，"本土化"作为世界的民族性与地域划分的概念，其"中国化"的视域则更为广阔，它可视为在中国语境下的"教育学本土化"，将中国的教育学植入世界的范围内以推向新的高潮。在此基础上，我们呼吁要创建一个"中国的教育学"，即以中国文化传统为依托，能深刻反映中国本土文化与教育传统的、扎根于中国教育实践的、具有自主性、独立性和开放性的教育学科。在此基础上，"原创

---

① 参见瞿葆奎、郑金洲、程亮《中国教育学科的百年求索》，《教育学报》2006 年第 3 期。

性"是"中国教育学"建立的根本标志,"其内涵不只是指教育学要从本国的文化传统中找到自己的根、开发其当代价值,也不只是指教育学要以本国的教育实践和教育问题作为发展教育理论之不可或缺之源,而是指中国学者应为教育学发展做出世界性的贡献。教育学的世界宝库中应该也有中国的原创性成果,中国教育学人为此也要为中国教育学界与世界其他国家教育学界交流时能平等对话、交互影响做努力"[①],——这是这一阶段,中国教育学科建设与发展的根本任务和强大动力。

(二) 引进与创生:扎根本土与"中国教育学"的生成

从教育学科发展的历程看,中国教育学的创立是"外生的"而非"内发的",因此,其在根源上缺乏一种内在的学科存在根基——即以中国传统文化为"本土"之根的"中国教育学"发展的内部根基。这种文化本源的缺失使得中国教育学科在发展中"先天不足",缺乏"自我意识",对外来知识具有本能的"依附性",对于本土文化与教育资源缺乏自信,故而丧失了对中国教育学"应然"层面的理性思考以及对学科性质及关系(中西关系、学科内外部关系)的分析、选择和判断力,最终由价值的缺失导致学科发展中极为尴尬的事实:学科性质不明、关系不清、面对问题不置可否。从问题的根源上看,教育学科的引进,最初"在学习、借鉴异域教育理论的目的上,是为了解决中国的教育问题,还是验证异域教育理论的正确性?如果说,在 20 世纪之初,简单地引进、介绍、评述异域教育理论以补我国教育理论之缺还情有可原的话,那么,百年之后,我国教育理论的发展若是还没有找到创造性地转化异域教育理论之道,无论如何也有点说不过去"[②]。故此,在价值判断的层面,我们需要重新明确性质、摆清关系,以中国的教育实践为起点,来解决中国教育学科在发展中的"应该"问题。

1. 存在根基——教育学学科性质的价值追问

在学科性质的判断上,我们需要厘清中国教育学的"性质"能够作为一个问题存在的原因,即什么因素导致教育学科出现了性质不明的状况。可以说,教育学学科性质的判断在于它是一门怎样的学科——理论性学科抑或应用性学科?人文学科抑或社会学科?对于教育学的人文性及社

① 叶澜:《中国教育学发展世纪问题的审视》,《教育研究》2004 年第 7 期。

② 李润洲:《教育研究的价值生成》,山西教育出版社 2010 年版,第 77 页。

会性的问题，本研究已在第一章详细论述，这里主要谈学科的理论性及应用性的归属问题。

对于中国的教育学学科，其性质的判定极为复杂，既有外部对于学科性质的干扰（因中国教育学科属"引进"的概念），又有自身特殊的学科发展背景（我国国情），因此，在性质的判定上，就愈加难以辨别真伪，需要分层次来论述。

（1）以"用"为体：中国教育学引进的特殊背景

中国的"教育学科"在存在事实上，是指向"用"的，根据特殊的历史背景，我们可将这个"用"字概括为三个层面：一是作为"目的"的"用"；二是作为功能的"用"；三是作为性质的"用"。在目的上，"用"可以追溯到教育学"引进"的源头，即最初教育学科引进的背景——"创办师范学堂之课程"急需，因此，教育学科被"引进"的目的是"直接使用"（拿来即用），其性质定位在"用"。在功能上，"西学东渐"的核心是"西体中用"，即以西方"引进"的知识作为中国教育实践之"用"，解决中国教育实践的问题，因此，在功能的角度，教育学是指向"教育实践"之学；换句话说，教育学科的功能在于改变中国教育实践的状况，此处的"用"可理解为"作用"（实用性）。第三个"用"是作为学科性质的"用"，即"应用性学科"，这个"规定"并非源于本土的解释，而是学科"引进"之时，西方教育学（尤其是欧美教育学）对于学科性质的定位——即教育学是一门"应用性"的学科。（见表5-1）

表5-1 中国教育学科性质定位的特殊背景

| 层次 | 基本指向 | 内涵 | 背景 | 性质来源 |
|------|----------|------|------|----------|
| 目的 | "用" | 使用（拿来即用） | 解"兴办师范学堂"之需 | 中国内需 |
| 功能 | "用" | 作用（实用性） | "西体中用"，解决教育实践问题 | |
| 性质 | "用" | 应用（应用类学科） | 教育学是一门"应用性"学科 | 西方"引进"之规定性 |

我们一直以来将教育学科的性质指向"用"，在观念的形成上，既受"西方"的影响，亦有自身特殊的背景，可谓是中西结合的思想产物。在此基础之上，中国的"教育学"在知识源头上缺乏理论的根基，较为关注教育学的"直接功能"，以"实用的"心态，"把作为人类知识总体中

的一门学科的教育学，与作为师范学校课程之一的教育学混为一谈"①，把作为教育学理论发展规律与系统之学，与作为解决实践的"问题"之学（有效"良方"）混为一谈，降低了"教育学"作为一门普遍性知识的层次与价值，使教育学沦为一门功用性的"技术"学科。这种"实用"的心态对教育学发展所带来的影响一直延续至今，站在新世纪的起点上，亦有大量的教育学者以"科学主义"的技术心态看待教育理论，将自己所从事的领域看作"应用学科"的分支，"在他们看来，只要应用本学科研究的结论与方法，就足以解决教育理论中的相关问题，教育理论的整体就是各类相关学科应用研究结果的'总和'，并没有什么独立的教育理论可言。一些从教育理论研究领域走到教育交叉学科研究系列的人员，也有人因此自豪，甚至还有人不再认为教育理论有存在的必要，宣称纯粹的教育理论已经消亡"。② 这种"实用"的心态在当前的教育学领域普遍存在，我们仍能不时听到一些教育分支学科甚至从事教育理论研究自身的人高谈阔论"教育学没有理论"，那些对于教育学理论存有信仰的人，对此论调尽管"不服"，也只能忍气吞声，因为对于中国的教育学来说，确实还未出现令理论界扬眉吐气、昂首阔步的"教育事实"（理论成果），教育理论研究也并未出现"质的"突破，在很大程度上理论的发展依旧循着"外部"（外来理论）的影响在被动地"接受与延续"，而非"创生"；理论界依旧在努力找寻自己可能"立足"的支点与突破口。这是作为理论的教育学滞后于快速发展的"应用性"教育学科的突出表现，亦是教育理论在日益丰富与繁杂的教育学科领域的深层次的生存困境。

（2）回归原点：指向普遍性规律与复杂性科学的"教育学"

在"应然"的层面，我们还需要进一步阐明教育学"应该"是一门怎样的学科。在历史的事实上，教育学是以"用"为目的而"引进"的学科，而在"价值"的层面，我们就需要去追问教育学真正的存在根据，探寻其真实的"目的性"，即它"应该"是怎样一个存在的状态。这种探寻只能从"源头"上去找，即回到教育学的"原点"，从其创立之初的历史现实与目标假设中去找寻教育学的存在根基。在此基础上，我们需要重

---

① 叶澜：《中国教育学发展世纪问题的审视》，《教书育人》（上旬）2005 年第 6 期。

② 叶澜：《世纪初中国教育理论发展的断想》，《华东师范大学学报》（教育科学版）2001 年第 1 期。

新回到"赫尔巴特"（原点），从其创立"教育学"之初的目的性与性质的规定性上来发掘教育学的实质，找到其学科的归属。

在教育学创立之初，赫尔巴特致力于建立一个"具有普遍性规律和原理的"教育学，可见，教育学建立的目的是"探索教育的事实与方法的普遍理论"①。在此基础上，教育学的学科定位并非是指向"应用性"的，而是具有普遍意义的"理论学科"。然而，在学科建立的过程与方法上，赫尔巴特又避免了纯粹思辨和形而上学式的理论呈式，而是在"科学化"的手段下将其作为某种"事实"进行探讨和研究。在此基础上，以心理学和伦理学作为学科的支点，教育学采用科学的"观察""实验"等方法来提升学科知识的客观性，以避免主观"经验"层面对于学科知识存在基础的困扰。尽管教育学的建立并非依靠纯粹"自我"的力量，而是借助于外界学科的理论支撑（心理学和伦理学），然而，赫尔巴特一开始就意识到作为一门独立的学科，一方面要借助与外界的力量，另一方面还要具有自身独立存在的条件，即需要创建教育学自身"独特的"概念和理论体系，探寻教育学知识的普遍原理。因而，作为一门学科的标志性著作（《普通教育学》）所诠释及解决的基本问题就是学科独立存在可能之立足点和特殊理论——这是作为一门独立学科的教育学在创立之初的价值预设和性质定位。然而，在教育学纷繁复杂与快速发展的历史进程中，当受到"实验教育学"（纯粹"科学主义"的倾向）和"精神科学"（人文、历史的规定性）的双重挤压，教育学对于创立之初的目标——"普遍教育原理"的探寻几乎荡然无存，随之而来的就是各种"实用性"的标准和分支学科对于教育学"技术性"的要求。在此基础上，教育学从对"普遍性真理"的追求降低为某种"技术性"应用的手段，丧失了其"存在"之根，被沦为"工具性"的存在；另一方面，学科的"普遍性理论"由于不能满足以"实用性"为标准的现实需求，因而遭遇到了激烈的"指责"，并进一步作出理论"无效"的事实判断。

教育学科自身的复杂性决定了其功能和表现的多样性，事实上，并未有一个学科似教育学般能与如此之多的学科取得联系与交叉，可以说，"在从某一角度分析教育的某一方面或某一组成部分的层面上，有多少涉及'人'的学科；在教育研究的层面上，有多少可用于研究'人'的问

---

① 叶澜：《中国教育学发展世纪问题的审视》，《教育研究》2004 年第 7 期。

题和方法，便有可能产生多少分支学科；在把教育作为一个整体，从多种角度同时进行综合研究的层面上，教育领域内有多少种具有现实作用和影响的实际问题，就有可能产生多少分支学科"。① 这是由于教育学自身对象的复杂性所决定的。因此，从本质上说，"教育学所有的复杂性，均根源于人的复杂性以及与人活动的综合性和动态生成性，这些特性赋予教育学实践品性，使理论研究对实践的关注成为基本立场，也使教育学成为一门研究复杂事理的学问。它以'成长中的人'为关注对象，又以'人的成长'为旨归，是在情境中整体地把握对象、在关系中综合地理解事物特性、在过程中动态地生成思想的一门学问"。② 因而，教育学的性质并不能简单的判定，必须是建立在事实与价值双重角度上的认知与判断。在这一点上，"以教育活动这一实践形态为对象的教育学科，不外乎'教育哲学'和'教育科学'两类"，"教育学乃是教育科学与教育哲学的结合体，因而也是众多教育学科分支学科的整合体"。③ 以此为判断，教育事实的部分需要借助"科学"（或技术）的手段来发现，反映真实的"教育事实"及其"应用"规则；而教育综合（普遍）的部分，则需要以哲学为参考的"价值"理解和判断，这是教育学朝向真理与可能性发展的必然之路。在此基础上，表面上被"分化"的教育学，在深层次上必然具有"趋于综合"的实质性旨归，作为应用性知识的教育学与作为普遍性知识的教育学是"根与茎"的相互依存关系，任何学科的知识供给都不可能构成教育学的理论根基，真正的根基还在于"教育学"的内部，即作为一门"独立性知识"而存在的"教育知识系统"，只不过以往人们过于追求其实用价值，而忽视了对于教育学自身"存在"特殊性的普遍知识的探寻，使教育学被沦为了一门"应用性"学科存在的"知识"假象。因此，我们需要在深刻理解教育学科"复杂性"的基础上，重新建构关于教育学普遍性存在根基的"学问"，即重新找寻教育学的理论根基，在基本理论的知识层面，与应用研究相区别，在理论与实践的交互中，使教育学科避免"单向度"发展的局限性，以"人的可能性"为前提，构建一

---

① 瞿葆奎、唐莹：《教育科学分类：问题与框架》（教育科学分支学科丛书·代序），转引自吴康宁《教育社会学》，人民教育出版社 1998 年版，第 22 页。

② 杨小微：《中国教育学：在于相关学科的对话中成长》，《2008 年上海市社会科学界第六届学术年会文集》（年度主题卷），第 497 页。

③ 瞿葆奎、郑金洲、程亮：《中国教育学科的百年求索》，《教育学报》2006 年第 3 期。

个独特的理论视域与知识系统——这是教育学科面向实践、指向理论的复杂性科学性质与存在的根基。

2. 扎根本土——"中国教育学"的价值探寻

在学科性质趋于明晰的前提下，我们需要进一步澄明中外教育学的相互关系，正确处理"引进"与"接受""改造"与"创生"的矛盾化问题。面对教育学科在中国长期被西方思想"殖民"的事实，我们首先应区分的是教育知识中"中国性"① 的成分，即在中国教育学学科独立性建设中，其"中国性"的成分由少到多可划分为三个阶段：教育学中国化阶段（中西教育学在交互中的存在形态）、中国特色的教育学阶段（与中国现实意识形态相互关联的学术存在形态）和中国的教育学阶段（以本土文化为根基的中国原创性知识成果）。（见图 5 - 2）

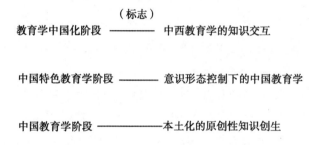

（标志）

教育学中国化阶段 ———— 中西教育学的知识交互

中国特色教育学阶段 ———— 意识形态控制下的中国教育学

中国教育学阶段 ———————本土化的原创性知识创生

图 5 - 2　中国教育育学学科发展的独立性阶段

在第一个阶段，我们需要处理好"引进"与"本土改造"的关系，不能盲目"引进"，而是有选择、有目的地引进，避免"崇洋媚外"的心态——即外来的教育理论都是好的，外来的教育理论都能解决好中国教育实践的"用"途，而是以中国教育实践的真实问题为抓手，解决好外来理论与中国实践的"适切性"关系和矛盾，扎根本土，从外来理论中获取"精神"养分，以启发中国教育实践的创造性理论的价值生成。

在第二个阶段，"中国特色的教育学"是与中国社会发展的意识形态相互联系的，其在"中国性"的成分上虽多于"中国化"阶段，但从其意识形态上讲是趋于僵化的、仍具有政治倾向性色彩的"学术"建构。

————————

① 在这里，之所以不说"中国化"，是因为"化"必然包含"西方"与"中国"知识融合的关系，而中国教育学自身亦有"原创性"的知识成分，并可供外界（西方）所借鉴，因此，"中国性"指的是中国教育学知识成分中"独有的"那一部分。

此阶段典型的表现就是将"马克思主义"的思想意识与中国的教育学发展"牵强附会"联系在一起,将教育学在中国的建设表述为"以马克思主义思想为指导的、具有中国特色的社会主义的教育学",这种"中国特色追求中教条化地运用马克思主义、体系情结、对相关学科的依附等问题,制造了中国教育学研究表面繁荣背后的贫困"。① 我们说,一门学科独立性的标志不仅仅在于知识与范畴的独特性,而且在其学术"自由"之意义上的"独立性",学科的知识不依附于其他(如政治、经济、社会意识形态等),而是遵循知识演进逻辑而"独立"存在的学科形态。因此,在中国特色的教育学阶段,尽管教育学被赋予了"中国"的某种特质(如将教育学进行唯物辩证法的意识改造),但在学科"独立性"的意义上,此"教育学"仍然是被外部所"派生"的,而非具有自主、独立和自由的本质。

从前两个阶段来看,中国的教育学要想摆脱被外部"殖民化"和被内部"异化"的困扰,需要建立一个真正属于自身的、具有独立意义和本质自由的学术知识形态。因此,我们要建立一个"中国的教育学",即以本土为立场、以中国的教育实践为立场、以教育学自身为立场的"原创性"的教育学。以此为目标,处理好三组关系:即传统与现代的关系、中国与西方的关系以及改革与创新的关系。在传统与现代的关系上,建立"中国教育学"的根本在于找寻中国传统文化之根,认识到中国教育学之所以具有"本土的价值",必然是在对传统文化继承与创新的基础上而建构的"中国式"的教育学,曾经走过的对于中国传统文化的极端批判和"全盘否定"所带来的中国文化贫瘠的现象,应该使我们作出重大的文化反思,让我们充分认识到:"文化自卑"并不是中国教育学应有的"情节",而是"非此即彼"的思维方式造成的"结果","文化虽然永远在不断的变动中,但是事实上却没有任何一个民族可以一旦尽弃其文化传统而重新开始"。② 假如在中国教育学的现实发展中看不到"传统文化"对于学科存在的本体性构造,教育学在中国就不可能找到自身的理论根基,也不可能形成自身的"原创性成果",它们之间不是"选择"的关系,而是

① 杨小微、叶澜:《在实践变革与理论创新的互动中发展中国教育学》,《华东师范大学学报》(教育科学版)2006 年第 4 期。

② 余英时:《文史传统与文化重建》,生活·读书·新知三联书店 2004 年版,第 439 页。

"因果"的关系。在此基础上，"中国的未来将是中国古典传统的现代化……中国现代化运动是一庄严神圣的运动，它不只忠于中国的过去，更忠于中国的将来。它不只解救中国历史文化的危亡，更在把中国的历史文化推向一更成熟的境地"。① 传统文化是中国教育学生长之魂，中国的教育学一旦脱离了文化的原型，其在存在形态上"要么变成了意识形态的附庸，完全依托于政治，以政治的逻辑和运作方式来代替精神世界的生产；要么就是回绝了实质性的（教育）内容和文化精髓，而一味沉沦于（逻辑）教条的传输和思维能力的训练"②，而最终必定面临"异化"的生存危机。因此，对于传统文化与传统教育之间的"价值同构"、对于教育改革中"文化自觉"的思考、对于文化传承与时代创新中的知识改造，是中国教育学存在与生长的"价值"之维。

在找到中国教育学存在根基的基础上，我们才能理性地看待与处理中国教育学与西方教育学的相互关系。有了文化背景与理论支撑的教育学，在面对全球化影响为中国造成的"本土"反应之时，才不至于使中国沦为强势文化的"殖民地"，才能克服曾经"文化侵略"的历史，摆脱"先天不足"的影响，继而避免一种反文化的现象——"很少、甚至完全不去顾及语言的文化可融性要求，而是一味搬用西方教育学者在其自身文化土壤中所创构出的整套话语系统，包括思想的逻辑与展开、模式框架的构成与呈现、概念的内涵与表达、关系的确定与处理等，完全用这些话语系统来解释我国教育实践的现象与问题，阐述应循取向"③。因此，在引进与创生的关系维度，"本土理论"的催生必然是来自本土教育的理论或实践的问题。例如，民国时期，蔡元培、张伯苓的高校改革，梁漱溟的乡村教育，陶行知的生活教育以及黄炎培的职业教育改革等，都是扎根于本土的教育实践以及在此基础上蕴生的教育理论，它为我们提供了宝贵的本土经验。只有如此，中国的教育学才可能具有与异域文化对话的前提和底气，才能为丰富世界的文化资源贡献出中国的学术力量。在太长的时间里，"中国的教育界接受了教育学的普遍主义，养成了对自身经验的忽视甚至卑视，对规律的坚信甚至迷信的态度。同时还因此而产生一种错觉，

---

① 金耀基：《从传统到现代》，中国人民大学出版社1999年版，第13页。

② 参见戚万学《当前中国道德教育的文化困惑与文化选择》，《教育研究》2009年第10期。

③ 吴康宁：《我们究竟需要什么样的教育取向的研究》，《教育研究》2000年第9期。

似乎教育学理论是可以直接由国外译出，快捷地为我所用，它不受本国基础的影响，也可与本民族的文化传统无关"①，这种简单的逻辑思维和实用性的研究心态使中国的教育学至今未找到与传统的断裂之根，至今未建立起属于中国教育学的原创性成果，未使中国教育学摆脱"西方中心论"和沦为"寄生虫"式的学科生存危机。因而，在"中国教育学"建立的阶段，我们需要重新找回文化的根基，树立文化的自觉，用自身体系的建立来实现学科的独立性，使中国的教育学具有与异域文化对话的前提和底气，并为丰富世界的文化资源贡献中国的学术力量。

以上三个阶段（中国化阶段、中国特色阶段和中国教育学阶段）尽管在不同的历史时期其主导价值不同，但在当前的学科发展中，三种形态仍然是并存的，只是不同的阶段其价值的导向性不同而已。在经过事实与价值的理性判断之后，我们需要对未来教育学的方向进行价值选择，以预设教育学科的可能性之路径。回顾历史、面对事实、展望未来，"教育学在一个世纪的发展中走过的曲折和付出的'学费'，换来的最重要的启示就是：要提升教育学科的独立学术品格和力量，教育学界要为此做出持续和艰苦的学术努力。教育学在新世纪发展的方向不应再是以西方为本作前提的'中国化'，而是要创建'中国教育学'"②，即进行扎根本土的中国教育学原创性研究。这种扎根本土的教育研究必然存有三个基本特征："研究的课题必须是关怀本土教育实践的问题意识的产物，必须是审查本国教育需求及其实施条件的结果；研究的'语言'必须具有'本土可读性'与'本土可言性'，必须成为沟通研究者与实践者的桥梁，而不是阻隔研究者与实践者的障碍；研究的结果必对于本国教育的改造具有圆满的解释力与强劲的导引力，必须成为本国教育理论的有效组成部分"③ ——这是教育学在中国本土的"中国式"发展的重大历史判断与价值追求。

## 三　价值判断——价值偏好与价值中立

社会科学研究中的"价值中立"原则是以实证主义的盛行为背景而提出的，其提倡者是法国社会学家孔德，孔德在其社会观的论述中尽管并

---

① 叶澜：《中国教育学发展世纪问题的审视》，《教育研究》2004 年第 7 期。

② 同上。

③ 吴康宁：《我们究竟需要什么样的教育取向的研究》，《教育研究》2000 年第 9 期。

未直接使用"价值中立"这一术语，但他对于实证主义的传统进行全面描述的过程中，其社会学研究的前提和基本原则是要保持"价值中立"，指出了社会科学要遵照自然科学的研究方式去开展研究。对"价值中立"原则进行详尽阐述的是德国社会学家马克斯·韦伯（Max Weber，1864—1920），他将实证主义的"客观性"原则用"价值中立"一词来表述，目的并非是遵从实证主义的思维路径用自然科学的方式研究社会科学，而是试图建立一种"规范性"的原则，在事实与价值之间找寻平衡点，因而，它提出了"价值中立"一词，用以调和研究中的事实与价值的矛盾。

（一）"价值中立"对于社会科学研究的真实内涵

韦伯将知识划分为两类："'既存知识'即关于实然（what 'is'）的知识；'规范知识'，即关于应然（what 'should be'）的知识"，他同时强调，"一门经验科学不能告诉他人他应该做什么，而只能告诉人们他能够做什么，以及在特定的情况下，他希望去做什么。"[①] 在概念上，人们常常将"价值中立"理解为：社会科学作为一门经验科学，以研究"实然"现象为基本任务，不应涉及"应然"的价值判断。然而，韦伯真正的想法是："应然"（价值判断）作为"实然"的行动规范，不应以带有强烈主观色彩的"应然"（价值偏好）来排斥"事实"的证据。纯粹的经验科学只讲"事实"不谈"价值"，"价值"是需要在"事实"的研究中被"悬置"的，因此产生了社会科学研究的"价值中立"的立场。然而，韦伯并不是此立场的拥护者，恰恰相反，他却在试图调和经验科学与价值判断二者之间互不相容的逻辑与行动方式。事实上，任何一种研究（包括自然科学研究）都不可能回避"价值"的问题，任何的事实证据都是为了说明一种观点，而恰恰观点的存在就证明了价值的存在。为此，韦伯还提出了另外一个概念——"价值关联"，以进一步说明价值与事实之间相互依赖的关系，即研究者作为一个有思想的存在者，必将以其自身的价值设定来履行其科学活动，而在科学活动之前，就已掺进了科学家对于科学意义、科学真理和科学手段的选择及判定，这是进行科学研究的前提，这种价值的影响并不仅仅反映在研究的过程和结果上，而早已隐含在整个科学研究活动之前，以"价值预设"的方式指导着科学研究的方向及各种

---

① Weber，M. *The Methodology of the Social Sciences*，New York：The Free Press，1949，pp. 51 - 54.

事实的选择。这种"规范性"的原则与"价值中立"所保持的"客观性"原则是如影随形的，事实的揭示不仅不可能排除价值的因素，而恰恰是价值的"规范性"产物。在这里，"韦伯接受了新康德主义李凯尔特和文德尔班的观点，认为对现实的完全彻底的科学描述是不存在的。现实由无限可分的复杂事物构成，即使我们可以关注构成现实的某一个特殊部分，也会发现它只是参与了这种无限性。任何形式的科学分析，任何科学知识，无论是自然科学还是社会科学，都包含着对无限现实的选择"。① "价值关联"是价值选择的结果，并不存有纯粹客观的事实，而存有经过价值选择的事实。

在此基础上，客观真理并不是外在于人的想象与情感的，它并不能等待"观察"而去发现其预先的存在，社会科学的研究不存有绝对的真理性，对于社会现象的揭示与说明都需要以一定的社会准则（规范）为标准，这个规范的预定就是价值的选择。因而，社会科学的"真理"可以验证，但"事实"的发生却不能重复，它只能依靠人的解释和想象使每个可能发生（或正在发生）的"事实"得以"复活"，即所谓的"客观事实"是人创造的事实，人预设的真理，是对于人理想生活的价值判断，事实的真理所存的正是一种"价值的立场"。在此基础上，社会科学具有突出的价值特征，但却需要避免纯粹价值的主观倾向，即"价值中立"是作为社会科学中"价值"的合法性所提出的价值原则，价值中立不是没有价值，而是具有价值的关联性，要以客观性的准则作为价值判断的基本要求，为经验事实与价值判断之间划出界线，避免纯粹主观或纯粹客观的研究结论。因此，社会科学的研究本质其实所规定的是：研究立场是价值的，而研究的过程则是忠于事实的。事实的反映不来自人主观的捏造、想象的创造，而依靠客观的观察来保证研究的客观性、规范性。

（二）"价值中立"原则在教育研究中运行的可能性

在教育研究中，唯科学主义的观点以"价值中立"作为旗帜，拒绝价值判断，消解研究立场，这恰恰是对事实的逃避，并非如其所说的"悬置价值，得出的便是客观的事实"——这是一种虚假的真理，是另外一种"价值"的偏见，即对于事实的"主观主义"态度。人在对事实的观察、分析和描述中必然带有其自身的价值和文化假设，研究中对于事实的发现

---

① Giddens, A. *Capitalism and Modern Social Theory*, Oxford University Press, 1971, p. 138.

与揭示也正是为了表明其价值的判断，验证价值的观点，研究中使用的最基本的单位"语言"本身就是"一种难以排出文化或价值因素的认知载体或工具"①，语言塑造了基于价值的事实，揭示了事实的价值，任何一种研究都不能只用材料、文本、数字来"说话"，事实本身不会显示自身，必须依靠人的描述与解释，其中就不可避免地在揭示事实之中描述"价值"，事实在价值的规范下得以澄明自身。因此，"价值因素穿插在现实以及对现实的超越之间，是教育学必须面对的客观存在"②。教育研究中的"经验事实"绝不是纯粹客观的事实，而是一种价值的事实，事实的呈现体现了研究者的价值取向，事实的结论也反映了研究者的价值判断。在此基础上，我们需要在目的与手段的判定中来区分事实与价值：教育研究的目的永远是价值性的，它的价值在于"通过可验证、有根据的研究结论推动人类知识的进步，从而改善人类的生活"③，而要达到这个目的，必须在研究过程中以客观的事实为基础，尊重事实而不是创造事实，避免"从价值到价值"的形而上学的研究，而是要"从事实到价值"的基于客观事实而得出的理性的价值判断，避免以往纯粹价值研究的"不确定性"，将事实作为价值判定的前提，这是"价值中立"对于教育研究的新的内涵与规范。

价值中立在教育研究中的基本内涵是"教育研究能在给出价值判断的同时，再给出有说服力的事实判断，那这种教育研究就是一种价值中立的研究"④。价值中立在教育研究中不仅表明了对待事实的"客观性"原则，也表明了对于教育事实的"规范性"原则，因此，客观性是事实的要求，规范性是价值的要求，这两个原则都包含在"价值中立"的研究中。价值中立不是要回避价值，也不是要脱离事实，而是要在客观的前提下规范事实——这就是从目的到过程，从价值到事实的"价值关联"。"价值中立"的教育研究要回避的是"价值"的偏见，即纯粹主观（从价值到价值）的价值判断，因为在价值对价值的认识上，任何一种价值都不具有某种优越性，其得出的价值结论也必然是具有偏见的价值结论，而价值中立就要求从事实的客观性出发，循着从事实到价值的判断，这样，一方面事

---

① 周晓虹：《再论"价值中立"及其应用限度》，《学术月刊》2005 年第 8 期。

② 劳凯声：《中国教育学研究的问题转向——20 世纪 80 年代以来教育学发展的新生长点》，《教育研究》2004 年第 4 期。

③ 任仕君：《教育研究的价值中立困境及其解决路径》，《现代教育管理》2011 年第 12 期。

④ 薛晓阳：《价值中立与教育研究的学术立场》，《教育科学》2003 年第 4 期。

实与价值关联起来，共同作用于研究的过程；另一方面，亦避免了研究的主观性，将价值的主体和客体作为一种"关系"的反映呈现出来，不以个人的兴趣、偏好为价值，而是以事实的根据作为判断，这是教育研究"科学性"的前提。因此，教育研究的"价值中立"是一种对待价值的态度，即教育研究的价值要以事实为依据，"以何种态度和方式面对事实从而揭示价值"是价值中立的研究的根本要义。

在此基础上，教育研究中的一些价值判断，如"不以人生命成长为目的的教育便不是教育""灌输不是一种教育"等具有明显价值成分的判断同样是"价值中立"的，因为它的客观性是以这些"教育现象"阻碍了人的成长的"事实"为前提的，这并不是一种纯粹的价值判断，而是基于事实经验与教训、实践与验证的真理性的价值判断。此结论是排除了价值主体个人喜好的、基于事实的价值，教育研究者由此"完全可以申明自己的社会理想和个人的价值倾向，但不能用它们取代、混同甚至歪曲科学研究所得出的结论"①——这是"价值中立"原则在教育研究中的使用限度。研究者可以根据兴趣选择研究的方向、主题，建立自己的观察视角和关注点，体现自身的研究取向，这并不违反价值中立的原则；相反，不阐明自己的研究立场、不对事实作出价值判断的研究恰恰反映了某种强烈的主观取向——要么为了逃避事实（价值的无能），要么其事实所具有的价值本身并不具有"正当性"。因为对于教育活动而言，它"总与人的需要和目的相关，这些需要和目的可以各式各样，甚至相互抵触，也可以因人、因时、因地而变化，但教育事实是在一定价值导向下人为形成的事实这一点不会变，所以，无论什么人，如果他标榜自己研究的只是不含价值的教育事实，也不对它作价值分析，那么，如果他不是在撒谎，那就是有意隐藏他想要肯定或宣扬的那种包含某类价值的教育事实的真实，就是根本不懂或忘记了教育活动最基本的特征"②。故而，在教育研究中，价值中立原则的应用在于"正当性"价值的确立，即面对"事实"，不依照个人的喜好而歪曲事实、篡改经验、逃避价值的追问，也不是为了证明其主观的判断（倾向性）而去找寻事实的根据，事实在目的与结论上是与价值关联的，但在手段与过程之中，却需要与价值（倾向性）保持一定的距离。以此为

---

① 李金：《为"价值中立"辩护》，《社会科学研究》1994 年第 4 期。

② 叶澜：《教育研究方法论初探》，上海教育出版社 1999 年版，第 314 页。

结论的教育研究才是客观的、可信的，其所反映出的事实与价值才不是矛盾和对立的，而是相互关联、目标与结果在过程中相互统一的。

综上所述，我们认为，教育研究中的所谓"价值中立"是根本不存在的，这不仅因为教育学科从来都不属于纯粹的自然科学，也不仅仅因为教育学科具有的社会科学的性质，更因为教育学科是关涉人的成长与发展的价值选择与价值导向。在这个意义上理解教育研究，我们就不能不说，离开了对教育价值作出判断与选择，任何的教育研究都不可能取得令人信服的结论。也正是基于这样的认识，将教育学或教育学科视为人文学科并不过分，甚至恰恰是教育学的学科性质的基本定位。

## 第三节　教育研究的价值取向：问题导引与原创诉求

从当前中国教育学科发展的现状看，一个极为重要的问题是教育研究如何选择自身的学科发展价值取向，这不仅关涉教育研究成果如何能成为教育实践的行动指南，更关涉教育研究者自身如何建构自己的知识结构与研究逻辑，以便更有效或更有针对性地追求教育研究成果的原创性，以实现教育学理论的本土化，更有利于当代中国教育学研究走向世界，甚至创建具有中国气派和中国风格的教育学理论，是在世界教育理论格局中赢得中国话语权的关键环节。

### 一　研究转向——从"学科体系"到"问题导向"

在价值哲学的视域，对于"价值"问题的建构有两种思路："第一，形而上学的思路，即试图通过形而上学的方式，建立一套永恒的关于价值问题的普遍性知识框架，从而一劳永逸地解决人类所面临的'意义'问题；第二，历史的态度，它并不对人类做乌托邦式的许诺，而是从现实出发，直面人类生存的问题，从而在对问题的本质把握和解决中探寻人类前进的道路。"① 这两种不同的哲学思路，反映了两种不同的知识立场、认识逻辑及行为方式，其结论亦具有很大差别。第一种认识思路将人思维的理性作为哲学的最高品质，其任务是探讨人类关于"意义"的命题，从

---

① 程金生：《从知识逻辑到问题意识——论价值哲学的视野转向》，《学术研究》2003年第12期。

而在意义的找寻中，建立一个基本的逻辑和思维的框架，获得对事物普遍性的认识，这是体系思维与知识逻辑的价值建构的方式；第二种认识思路直面人类的现实，在历史与现实矛盾的认识维度来衡量人与人之间的关系，以行动的理性为认识法则，面对现实的人类危机，以"问题"为起点，将其放入社会历史所特有的文化基因的范畴来解决现实的矛盾。在此基础上，两种不同的价值哲学反映了两种不同的认识思路：前者是"知识学"的价值路径，后者是面向"问题"的价值进路。而两种哲学思维的差异，在教育研究中亦反映了两种不同的价值哲学立场：以"学科体系"建构为取向的研究和以"问题"为取向的研究，两种不同取向的教育研究既反映了不同时代的研究立场，同时也反映了研究者对于"教育研究"价值认识与建构的截然不同的两种方式。

（一）学理与事理：教育研究是建构"知识"还是解决"问题"

教育研究的目的是"建构体系"还是"解决问题"？这是一直以来教育理论界争论的焦点之一。这个问题的矛盾不是教育研究表面应该追求"知识"还是直面"实践"那么简单，而是隐含了两种不同的哲学观念和哲学立场的尖锐对立。以知识逻辑为指引的形而上学的价值哲学和以问题为参照的价值生存哲学，以不同的目的、逻辑思路和行动方式将人们带入了两种不同的研究境遇，并指向了两种不同的研究结论：一种追求永恒的、普遍的知识，一种追求现实的、特殊的命题；一种追求对教育自身的"意义系统"的探寻，一种认为只有现实发生的真实的情境才是"有意义"的，即只有在"问题"中，教育才能显现自身。在两种价值哲学的争论中，教育研究产生了两种不同的价值取向：第一，以构建"学科体系"为旨的知识逻辑取向；第二，以现实"问题"为参照的问题取向。

所谓"学科体系"取向，是指"在学科研究中，更多地关注概念、范畴本身的确定性，更多地关注概念与概念、范畴与范畴之间的逻辑关系，更多地关注学科体系的严谨、完整和包容性。具体言之，就是在研究工作中，无论是研究课题的确定还是课题研究所要达到的目的，都主要是以学科本身的需要为出发点，都主要是为了学科自身的建设"。① 在"学科体系"的取向中，"学科"是一个立足点，"知识"是一个核心的概念，

---

① 张斌贤：《从"学科体系时代"到"问题取向时代"——试论我国教育科学研究发展的趋势》，《教育科学》1997 年第 1 期。

在从知识到学科的递进中，"学理"性是教育研究的知识定位，即以学科的逻辑为参照的系统性、普遍性的知识结构和体系建立是教育研究的根本目的和基本内容。在此基础上，研究者关注每一个教育概念的形成、范畴的确定、逻辑的命题和体系的构建，以教育知识的"增进"为目的，对业已形成的教育理论进行反思和重构。在教育学体系研究的层面，"学科"取向的研究一方面关注学科体系建立的前提性问题，例如教育学的研究对象、教育理论的形态、教育学科的性质、教育理论与实践的关系等与学科建设紧密相关的理论疑难；另一方面，还关注教育知识体系本身的改造及建构等构成教育研究方法论的命题，如教育学的逻辑起点、教育学学科立场、教育学的研究范式等。在对学科及知识命题的拷问中，"学科"取向的教育研究致力于建构一个相对独立的、系统性的教育学知识体系与思维框架，将教育的活动和教育中的各种关系放置于这个普遍的框架之中来进行认识和思维的分析。

在"体系思维"的框架下，人们更为关注的是教育学知识的积累和概念、逻辑、范畴和体系的建立，而那些在教育活动中一个个具体的、活生生的教育形态被理论形态的"知识"所忽视，那些在教育实践中处于"缄默性"的语言和知识系统被普遍性的语言"符号"所替代，在教育知识的系统中几乎找不到它们独特的"自身"及鲜活的"生命"律动，这种动态的、丰富的教育语言和知识被固定的、僵化的静态逻辑（体系）所遮蔽，教育研究关注的并不是以人的"生命"为关照的对"人"生活意义的追问，而是以"知识"追求为目的的对于纯粹理性的追求。在此基础上的教育研究和以人为直接目的存在的"教育"，都无法在真实的实践滋养中认识自身、了解自身，也不能很好地诠释自身，其所获取的教育知识是以概念和逻辑命题为依托的"死知识"，并不是在鲜活的"生命"活动中获取灵感、开启生命智慧与生命创造的"活知识"——这就是体系框架下教育研究思维模式的"短路"和以"知识逻辑"建构为旨归的学科体系取向的教育研究的实质性问题。在此基础上，有人提出教育研究的性质在本质上是一种对"事理"的研究，而非是纯粹"学理"的研究性质。在"事理"的层面，教育研究所面临的不是纯粹的"教育知识"，其着眼点也不是"逻辑体系"构建，而是对于"教育问题"的解释，即"面对现实的教育，我们该怎么做"。

"一个时代所提出的问题，和任何在内容上是正当的因而也是合理的问题，有着共同的命运：主要的困难不是答案，而是问题。因此，真正的批判要分析的不是答案，而是问题。"① 从"学科体系"向"问题"的逻辑转向让教育研究从"学理"性研究转向"事理性"研究，从对"知识"的关注转向对"问题"的关注，从"学科取向"转入"问题取向"，形成以问题为主的研究模式，直面教育存在的现实，开启了学科发展的另一扇门。

从历史的发展角度来讲，"问题"取向是基于社会矛盾发展的现实背景中提炼出来的，社会发展的巨大变革产生了一个无论从知识还是观念都极为动荡的历史时期，在这个阶段，社会的新问题、新矛盾层出不穷，社会的矛盾亦深刻影响到教育自身的逻辑和变革，尤其是以社会为背景的一些社会现实在教育中的集中反映，例如教育公平问题、教育文化危机等，这些都深入影响了教育最为根本的价值观念、价值取向和行为方式。当普遍性的理论无法合理解释多变的教育现实，亦无法为教育现实提供适合的解决方案时，这种滞后性的理论与超前发展的现实便成为一对根本的矛盾，人们对于"体系"的信仰也随即打破，继而转向对教育现实性"问题"的研究取向，以缓解现实存在与发展之间的矛盾。

根据以上分析，笔者认为，"问题取向"的教育研究是以现实为参照，以发现问题、解决问题为旨归的研究思路，它与所谓"学科取向"的基本区分点在于，前者从先验的逻辑框架出发选择所要研究的内容，后者从现实的处境出发选择所要解决的问题。在哲学思路上，前者是形而上学的假定和猜想，后者是实事求是的探索与发现。这种以问题（而不是以学科）为核心的研究模式，"其目的主要不是学科的知识积累或学科体系的完善，也不是建立新的学科，而是为增进、更新、深化和拓展对特定问题的认识，从而有助于人们对该问题的了解、评价，并有助于对该问题的解决"②。这是以"问题"为目的的教育研究的基本思路。因而，问题取向的教育研究遵循的是"具体—抽象""特殊——一般"的逻辑思维路径，从具体的问题出发，为普遍性知识的建立提供事实的依据，来解决复杂的社会矛盾背景下的理论困境和现实悖论。问题取向的教育研究在知识的建

---

① 唐安奎：《略论高等教育中的问题研究》，《高等教育研究》2005 年第 5 期。

② 张斌贤：《从"学科体系时代"到"问题取向时代"——试论我国教育科学研究发展的趋势》，《教育科学》1997 年第 1 期。

构中是"生成性"的，其问题的角度也是特殊性的，它是在"情境"中产生的具体的教育问题，这种思维的逻辑和方式对于教育学科自身的建设具有特殊的意义。从历史时态上看，一个学科最初的建立并不是以"学科"自身为目的的，而是现实出现了种种矛盾和问题，人们在对问题的解决和提炼中逐渐形成了一种规律性的认识，这种规律性认识需要在一个更为广阔的系统结构中得以确立，这才产生了"学科"。因而，学科建立的起点并不是知识框架和体系，而是问题，一切研究均始于问题。因此，在学科发展的结论上，也应该需要回到原点，不仅能很好地揭示问题，更重要的是能很好地解决问题——这才是学科建设的根本目的。

从这个角度上说，教育研究以往的"体系"取向实际上走了一条"本末倒置"的思维路径，即把"体系"作为学科建立的根本目的，恰恰忽视了"问题"的发现和形成的过程，进而忽视了教育学要以"问题"为根本的思维路径。"学科和学科体系的形成并不是进行该学科知识探讨的原动力和所要达到的最终目的，而是作为一个过程的知识探讨的结果。一些教育科学分支学科目前的状况之所以不尽如人意，一个内在的基本原因，似乎正在混淆了学科建设的原因、过程与结果之间的逻辑关系，因而把学科、学科体系当成了研究的出发点和研究工作的目的。这是'体系意识'发展到极端时所必然造成的结果。"[1] 因此，我们要搞清楚教育研究的目的与结果之间的逻辑关系，在"真"问题情境中去探讨教育的问题，而不是对教育进行理论的假想，套用外国的一些理论模式，生搬硬套入本土的教育实践，进而演绎出一种看似"博大精深"实则"水土不服"的理论体系，这种理论是不可能很好地应对本土的教育实践的。在此基础上，我们认为，不面对真正问题的教育理论所建构的一定是一套趋于僵化的学科体系，正如"教学"这项特殊的教育活动一样，那种不面向课堂的理论所建构出的一定是一套空洞的理论，因为我们无法想象一个从来不进学校、不研究课堂的教学理论工作者是怎样建构自己的教育论体系的。当前，我国教育理论研究者一味地致力于学科体系的建设，试图建立一种普适化的、能解释一切场域中存在的教学问题的理论，对教学实践中的问题，或者搪塞过去，或者避而不谈，"从而出现了'理论工作者在天空自

---

① 张斌贤：《从"学科体系时代"到"问题取向时代"——试论我国教育科学研究发展的趋势》，《教育科学》1997 年第 1 期。

由翱翔，实践工作者在地上艰难蠕动'的荒唐局面"①。因而，不面对现实问题的教育研究是很难找寻到其知识的"活水源头"的，学科的发展在于知识的积累和体系的建构，但知识的找寻必定是在教育实践中以"问题"为指引的知识逻辑和问题体系，脱离了教育实践的知识是没有生命力的知识，它不能为学科发展提供强大的现实支撑和发展动力。当前学科建设的突破口恰恰在"问题"发现之上，学科体系的建构有赖于对于"教育问题"的研究，这是学科得以稳定和持续性发展的"生长点"和知识的"活水源头"。

（二）体系逻辑与问题取向：从"学科本位"向"问题意识"的转向

在学科的立场对教育知识进行逻辑的建构，这种教育研究的取向是以"形而上学"逻辑为起点的价值建构，它对建立一个系统的教育学科，形成教育学科独特的知识概念和逻辑范畴起到了奠基性的作用，并通过学科"方法论"层面的反思和修正，使教育学科不断趋于成熟，为教育实践提供了理论与方法的指导。从理论与实践的关系层面来看，没有科学理论，就没有对复杂性实践问题的理性认识，实践理性的形成首先取决于理论理性的认知，从这个角度上说，没有理论的实践必定是盲目的实践，永远处于"经验"的层面而无法上升为"实践理性"。当前，教育学科之所以"理论"的效果不尽如人意，不能很好地对实践产生效能，基本处于"无用"的状况，其根本原因并不是"理论不具有引导实践的功能"，而是目前我们的学科体系建设在过程上并未形成一个完整的"思维路径"，换句话说，我们只走了"体系"路径的"一半"，"另一半"还没有走。

从人类思维发展的路径上说，一个完整的思维体系的图景包含两个阶段："从感性认识上升为理性认识"是思维的第一次飞跃，"从理性认识再回归实践"是其第二次飞跃。也就是说，思维体系的构建不仅仅是建立一个逻辑框架那么简单，这并不是体系构建的终点，还必须将思维的逻辑运用于实践，能够在实践中实施且运行的"通"，这才能够为体系建立画上句点。因而，教育研究的知识体系构建必须是遵循着"感性→理性（抽象化产物）→具体（行动层面）"的思维路径才是一个完整的体系构建的路径。然而，目前我们所做的仍处在"感性—理性"的过程中，我

①　安富海：《我国教学论研究——构建体系抑或关注问题》，《教育理论与实践》2011年第1期。

们的体系框架还没有搭好，知识还未成型，正处于知识积累和体系建设的途中。因此，在"抽象化"的阶段，我们所建构的知识框架并不具有充分解释与改进实践问题的能力，体系建设还有更加艰巨的路要走。明确了这个基本的认识，当前教育学发展的提问方式就应该发生改变，即把"要不要进行体系建设"转换为"如何进行体系建设"的问题以及"如何将不断形成的知识框架在教育实践中更好地运行、使之相互作用"的问题。

在此基础上，以"问题"为导向的教育研究是解决学科体系建设的突破口。"问题意识"（即"人们在教育研究和实践活动中，以专门的教育知识和经验为基础，逐步形成的认识教育问题的实质和类型、发现并提出需要研究解决的教育问题的意向和能力"[1]）是以解决教育现实或教育实践中出现的知识和实践的矛盾、历史和现实的困惑以及学科与发展的理论疑难的前提。在此，我们强调"问题"导向的教育研究，并不是否定学科的体系建设，而是明确二者之间的逻辑关系——体系建设（或知识建构）要以"问题"为基点，建立体系不是学科发展追求的目的，学科的完善需以服务教育实践为根本旨归。由此可见，学科体系发展与问题取向研究并不是对立的一组矛盾，而是相互促进、相互依存的条件关系——"问题研究有助于体系建构；建构体系有助于对问题的深入认识、理解和解决；体系建构与问题研究这两者不是自发的，它们之间也不是同步的，它需要人们进行自觉的、有目的有意识的加工和创造；在教育研究目标取向上应该二者并重，然而在归根到底的意义上是为了更好地服务于教育实践，解决教育实际问题"[2]。因而，教育研究在新的历史时期的价值转向是要从"体系"的价值逻辑中跳出来，转向对"问题"研究的意识和提升解决问题的能力。

从当前中国教育理论的发展角度看，我们以为，以"问题"为导向的教育学科理论构建，是将"教育问题"作为学科建设与发展的逻辑起点，其目的与归宿都是以"教育问题"为根本取向与行动方式。这里的"教育问题"指的是"反映到人们大脑中的、需要探明和解决的教育实际

---

① 黄浦全：《关于教育研究中的问题意识》，《华南师范大学学报》（社会科学版）2003年第4期。

② 刘振天：《"研究问题"还是"构造体系"？——关于教育学研究的一点思考》，《中国教育学刊》1998年第4期。

矛盾和理论疑难。教育问题可以产生于教育实践，也可以产生于教育实践同理论的差异或对立，还可以产生于一种教育理论的内部和两种或多种教育理论之间的差异或对立"①。因而，关注"问题"，就是关注"教育"在理论或实践中的矛盾、缺陷或疑难，是为了促使其不断朝向理想目标的"完善"过程中的措施或路径。学科建设的根本并不是为了建构哪一种体系，获得哪些固定的"一劳永逸"的知识逻辑，而是以怎样恰当的方式获取知识的"活水源头"，找到学科体系建设的突破口，寻求一种"开放性"的学科体系建设与发展的内在逻辑和思维模式——恰恰这种"问题"的视角为学科的发展提供了多层次和多学科相互融合、交叉的解题思路，为教育研究提供了丰富的"资源"，促使教育研究始终处于一个开放的知识环境和系统之中，打破了学科体系框架中知识的"固有"思维程式，以方法论为指引，将知识的资源不断进行整合和重组，促使教育学科在对"教育问题"的反思中永远具有"不竭的"发展动力，将"体系时代"的困境拉入"问题时代"矛盾与疑难的解决之中，将教育研究引向新的层次和新的价值取向的存在与发展。以此（问题）为根基建立的教育学科体系才是一个能够面向历史与未来的、外来与本土的、传统与现实的"开放性"的学科体系，它能够在现实的知识系统更新中不断找寻到教育知识的"活水源头"，并在实践的检验中不断更新其自身知识的构成和逻辑的结构，描绘出一个人类完整的认识逻辑的知识构架和体系建构的教育学图景。

## 二　价值追求——教育研究"原创性"的源生点

一个时期以来，我国教育学界有关教育学研究成果的原创性问题的讨论非常热烈，但在笔者看来，所有这些讨论虽然对促进中国教育学发展有一定意义，但却忽视了一个重要或基本的问题——对教育研究的价值取向的追问。由此看来，回避抑或忽视教育研究的价值取向问题，具有原创性的中国教育学理论永远无法产生。

（一）何谓"原创"——教育研究原创性的内涵、条件及其判断

对于"原创"的定义，目前还未有一个十分确定性的答案。从时序

---

① 黄浦全：《关于教育研究中的问题意识》，《华南师范大学学报》（社会科学版）2003 年第 4 期。

上说，它是指"最初"或"最先"的研究，"是相对于'继发性'或'跟踪性'研究相对的概念"①；而从研究的性质来说，则强调"首位"或"第一手"的材料（或素材），是一种"原始"的知识"原型"。从词汇构成上讲，"原创"既是一种"创新"，又强调材料的"初始性"——"首创"的价值和"初始化"意义，它是"原"和"创"的分项结合。故此，"原创性"在内涵上一般包含几个特征：第一，从性质上来讲，它是一种"基础性研究"，其自身具有理论变革的性质，它很可能导致一个理论体系在概念、逻辑和行为方式上的本体性革新，因此，它指向变革的整体，而非部分的变革。第二，从时间的维度，与原创研究产生关联的时间坐标不是"过去"，而是"未来"，即它不是对于过去成果的创造与更新，而是与未来研究（后续）产生"始末"的关联，是对未来研究的思想"奠基"。第三，在空间范畴上，原创性研究通常将地域限定在"本土"，是对特殊（特定）时域的特定实践问题的研究，例如，中国的原创性成果必然是指向中国实践的，因此，与创新性研究的"开放性"地域特征不同，原创指的是"本土创生"，即扎根本土的原始性创造；而在领域范畴上，"原创性"研究必须反映的是本学科领域的创新性成果，是以本学科视角和言说方式建构的学科理论。

在此基础上，教育研究的"原创性"就包含了两种限定：第一，它必须是"立足中国本土的、相对于西方教育理论的、以追求自己本国特色的教育或教育领域里的民族独立性为目的的原创教育理论，'原创'可以理解为'中国的''本土的'或'民族特色的'"；第二，它必须是"立足于学科建设的、相对于其他相关学科的（如社会学、人类学、文化学等）、以追求学科独立性为目的的教育理论原创，'原创'应理解为教育学'独有的'、其他学科'不能替代的'"②。从以上的"原创性"的两个特征可以看出，原创性作品的研究价值极为珍贵，它"是推动人类文明和科学发展的最初、最直接和最具拓展力量的人类思维和实践活动。在经济、科技、教育发展迅速的时代或社会转型时期，原创性研究的力量和价值凸显得更加突出"③。因而，原创性研究是创新性成果的最高形式，也

---

①　程亮：《教育研究原创性缺乏：现象与原因》，《教育理论与实践》2004 年第 8 期。

②　吴黛舒：《教育理论原创的应有之意》，《教育研究》2002 年第 7 期。

③　傅维利：《教育研究原创性探析》，《教育研究》2003 年第 7 期。

是研究性思维创造的最高表现。

原创性成果产生背景是什么？换句话说，什么时期最需要产生具有原创性的研究成果呢？第一，某一学科在认识论的层面陷入了长久的历史矛盾和现实困境之中，出现了长期难以解决的重大的理论与实践的疑难，即思维进入了一个逻辑的"死角"，出现了过去与未来连接处的"思维断裂"，此时，就迫切需要一种具有"颠覆性"和"首因效应"的"原创性"理论，对断裂的思维实施"修补"或"重塑"，在一个新的逻辑起点上，将过去、现在与未来以一种新的方式进行重组。第二，学科体系或知识结构长期处于一个固守的状态，思维出现了某种"停滞"，长久未有重大的理论突破，急需方法论层面的整体性变革，此时，为了激活学科的知识活力和内部知识循环的动力，也需要"原创性"成果的带动和对重点问题的突破，以推动理论体系和学科建设不断向前推进。第三，当教育实践遇到了新的难以解决的问题，且已有理论与新进问题之间产生了"适切性"的问题，理论的实践与实践的理论之间出现了思维的断裂，在此基础上，亦迫切需要一种新的"原创性"理论，来弥合理论与实践的观念性冲突，使教育实践在观念、过程、方法与行动上出现根本性的变革，改变已有实践的方向或行为方式——这种促使新问题、新矛盾解决的"首创式"变革也属于"原创性"的研究范畴，也是亟待原创性成果出现的现实契机。

原创性的产生不仅需要某种条件性限制，同时还需要具有一些标准，换句话说，一个作品是否够得上"原创"，并不是看它起到了多大的现实效应或解决了多少理论的疑难，而是它在"原初意义"或"创造性"价值上具有多少"原汁原味"的成分。因此，我们判定一个研究是否是原创的研究，还需要从两个维度进行判定：理论的维度和实践的维度。在理论的维度，"原"体现在：以自己特殊的研究视域、思维方式和逻辑起点构建了一个理论框架，这个理论框架是作为同类研究的"起点"，为后续研究提供了原始（第一手）的材料或初始的理论依据（理论雏形）；"创"则意味着发现了新的问题（或以往的思维漏洞），拓展了该研究领域，并为此提供了新的视域、思维方式以及理论基础，形成了自己特殊的理论表达呈式：概念、范畴、逻辑及思维框架。

理论维度的原创性具有重大的理论创新价值，它颠覆了一个理论范畴的研究方式，并建立起了新的研究视域、提问方式与解题思路，作为某研究的"起点"，它"为这一起点预设了一个'问题域'，使紧随其后的研究都不得不从这一点出发，或者不得不在'原创者'所设定的'问题域'内发问。虽然这个新的框架的范式可能会存在诸多问题，因而受到后继者的批判，但即便这些批评者也不得不承认，这些框架的范式是他们绕不过去的"。① 正如卢梭在《爱弥儿》中所言："我要叙述的，不是别人的思想，而是我自己的思想。我和别人的看法毫不相同；很久以来，人们就指摘（责）我这一点。难道要我采取别人的看法，受别人的思想影响吗？不行。只能要求我不要固执己见，不要以为惟有我这个人比其他的人都明智；可以要求于我的，不是改变我的意见，而是敢于怀疑我的意见：我能够做的就是这些，而我已经是做了。"② 因而，教育研究原创性在理论的维度，是方法论层面的"理论变革"，是范式层面的"科学革命"。

　　另外，考察教育研究是否具有原创性的标准还来源于"实践"的维度，在此维度上，教育研究便具有了特殊的语境、特定的范畴和验证标准，这就是"教育实践"。"倘若把异域教育理论中国化定位为不再'照着讲'，而是'接着说'，不再是编译式的'转述'，而是生成新颖的思想，不再是'无我'式地言'他人之思'，而是'有我'式的切己性表达，那么在学习、借鉴异域教育理论时，就需要确立一种中国立场，拥有一种主体意识，就需要教育学研究从知识陈述转换为实践探求"③。在特殊的语境上，教育研究的"原创性"必须是源自教育实践中的"真问题"，而非臆想和从别的学科领域"迁移"过来的问题，而它又必须是能够较好地阐释教育实践的疑问，能够直接或间接帮助改善实践的现状；在特定的范畴，其"原创性"必然是指称本土的教育实践，其可能普及的范围也是中国的实践范畴，不可能以他国的实践来对应本国的原创理论（抑或反之）；在验证标准上，其"原创性"的程度及效果必将受到教育实践检验和判定的"合理"或"非合理"的价值判断，其后继的改进（理论的修正）也必将是在与实践"适切性"的比照中所找寻的理论的方向。因此，在实践标准上，教育研究的原创性必须是能够进入教育实践中去的理论或观点，它在实践中的作用是能够激发教育实践从根本上（观

---

① 李政涛：《教育研究的原创性探询》，《教育评论》2001 年第 1 期。
② ［法］卢梭：《爱弥儿》，李平沤译，人民教育出版社 2001 年版，序言第 3 页。
③ 李润洲：《教育研究的价值生成》，山西教育出版社 2010 年版，第 71 页。

念、思维方式、过程及方法）进行变革（或产生了强烈的变革欲望），颠覆了以往教育实践的基本模式和运行轨迹，将教育实践中的根本矛盾引向一种新的思维路径或解题方式，恰当而有效地指引（或解决）了实践应该运行的方向，深刻影响了教育实践的深层次的思维变革。在此基础上，从理论与实践的双重视角可以看出，原创性的教育研究不仅需要建立一种新的理论存在方式，对人的思维进行科学的革命，还同样需要作为适用于实践的理论法则（或观念引领），引导教育实践走向深层次的思想与行动的变革。

在对原创性标准的判定中我们深刻感到目前教育研究原创性成果的缺乏。纵览当代中国的教育研究，从理论的维度，要么是"照着说"，要么是"接着说"，以外来理论作为解释教育状况的基本依据，或者直接以翻译、介绍外来理论为研究目的及任务，似乎谁最早发现了（或最先翻译了）一部外来的教育著作（或教育问题范畴），谁就是中国教育领域在该问题中的最早探讨者，这种发现就被视为一种"原创"；在此基础上，我们的教育研究是否具有原创性更多的以"新"为标准，"没见过"即为"新"，"没人发现"即为"新"，完全扭曲了创造和挖掘自身"原创"问题的价值标准，混淆了"原创"的事实，无论"从形式和内容方面看，原创一般表现为形式和内容的新异，但'标新立异'并不都是原创，甚至都不是创造"①，从而对原创的研究作出了错误的价值判断。

从学科的独立性角度上来说，我们的原创缺乏"教育学"的视角和独特的言说方式，在此基础上产生的"原创性"成果很可能不是"教育研究"的果实，而是心理学、社会学或其他学科的研究果实——因为我们的研究者已经习惯了"照着心理学的方式说""照着社会学的方式说"，而唯独不会"按照自己的方式说"，似乎也不清楚"教育学到底应该怎么说"，在此基础上，教育研究的"原创"是不可能体现自身的独特概念、逻辑和思维方式的。因此，我们强调教育研究的"教育学"立场，并不是对其他学科的排斥和否定，而是在与其他学科思想碰撞的时候，不至于丢失我们"本有"的东西——哪怕我们的学科仅剩下一副"皮囊"，但前仆后继的研究者或许依靠这一点点的勇气和自尊，也能改变现实，创造出一个不一样的学科未来。以此为指向，我们要坚守的教育学立场就是"在各个相关学科的参与

---

① 吴黛舒：《教育理论原创的应有之意》，《教育研究》2002 年第 7 期。

下提供人的发展的全面丰富的可能性理论"①，以学科特殊的研究对象为依托，学会用自己的方式言说，促使教育研究的原创性成果的出现。

基于教育实践的立场来观察我国教育学理论的"原创性"，其现状或许更为糟糕，从"理论的重大创新也必须同时对实践产生变革性的影响"这一点来说，"原创性"理论与实践的双重指标似乎更难以达成。长期以来，理论与实践的脱离使得理论研究与实践研究在两个不同的逻辑轨道上运行，理论研究并非是以实践为目的的，他们只负责生产"知识"，其知识是否能运用于实践也是依靠实践的选择性，因此，多数具有"原创性"（或创新性）的理论并不能在实践中生成新的实践知识，也不能影响到实践的思维变革，更无法在实践中检验其知识的效度，这就产生了"理论"与"实践"的价值悖论。因此，在"原创性"标准的视角，我们必须将理论与实践从"关系式"思维中跳出来，将理论与实践视为一个研究的整体，认识到"人类存在的实践性，是人类存在的全部矛盾的根源。因此，对人类存在的矛盾性认识，必须诉诸于对人类存在的实践性理解；以理论的方式反思人类存在的矛盾性，必须升华为对人类存在的实践性的反思——这是理论创新的认识论路线"②。在此基础上，才能更好地凸显教育研究的"原创性"价值，将其从理论理性转换为实践理性。

（二）"原创"何以可能——教育研究原创性的品格、存在及其价值

教育研究的"原创性"，首先是作为"思想"的原创性，其次才表现为"作品"的原创性。在此基础上，原创性的成果仅仅是原创性思想的载体，而我们所探讨的原创性恰恰是以"思想的原创"为旨归的。在现代社会中，"原创性"缺失的原因有很多，有哲学家曾尖锐地指出，"原创性"作为学术研究的"本义"——"学，是指学理，讲究渊源、继承、发展、创新，自成严密的体系；术，是指方术，探究方法、技术、应用、具有实践性……无一例外，都是创造性劳动的过程"③，"原创性"本应是学术研究的基本准则，假如需要把这个"应有之意"拿出来强调，就说明事情的发展已经很"失态了"。曾经，人们都认为"创造性"是好的、

---

①　柳海民、孙阳春：《再论教育理论的原创性》，《东北师大学报》（哲学社会科学版）2004年第 5 期。

②　同上。

③　陆敏、胡梅娜：《原创性——学术研究的基本准则》，《政法论坛》2002 年第 1 期。

是具有价值的，而今为什么丧失了这个基本的学术信仰？问题的症结"一是现代性导致的平等、民主、个人主义之类观念的夸张发展使得许多人只以自我为标准，而不再超越自我去尊重作为'别人'的伟大人物和伟大思想；另一个原因是现代社会所允许的太过容易的创造与涂鸦分不清楚"，因而，人们丧失了对于古朴的学术创造性的赞美和敬意，"在中国，由于失去自信，还产生了一种'贵耳贱目'的文化仆从心态，即不相信今天中国人自己会有创造，创造都在西方"。① 因此，在国内的学术期刊上，随处可见的学术研究是对××国外学者的思想引介和访谈，近乎过半的硕博论文都是以××外国理论（或教育家）为基础的实践研究。例如，布迪厄"场域"视域下的课堂互动研究、伽达默尔解释学理论的课堂对话研究……这种思维的逻辑通常是："陈述美国怎样、英国怎样、日本怎样，等等，然后便是西方的教育理论和实践对我国的'启示''启迪'或'借鉴价值'；甚至在这些研究的背后，潜藏着十分霸道的论证方式：因为西方如此，所以我们如此；西方都已如此，我们更应该如此。"② 中国的理论和实践研究几乎完全被国外的各种理论所占领，好像缺少了国外理论（或教育家）的基础，中国的理论和实践研究就会"没根儿"，就会缺少学术的深度和研究的价值，似乎国外学者的一言就能够唤醒和预测中国已经发生或正在发生的所有学术困惑和问题。与之产生强烈反差的是：面对一大批本土的教育家（蔡元培、陶行知、陈鹤琴等），其著作与学术思想我们却很少去深入地研究其价值，也未发现这些"本土"的理论与中国教育实践之间特殊的关系以及对当前教育的重大启示。这种对于本土的忽视就是对教育存在自身的忽视，当我们大肆宣扬外来理论的优越性的时候，我们自身的学术地位与处境就岌岌可危了；当我们充分信奉外界理论的"真理性"的时候，我们自身的创造性就趋于沉寂了。

在另一角度，面对当前教育研究"原创性"的危机，我们要想具有一种"原创"的意识，进行某种思想的原创，还需要去进一步明确"原创性"的基本内涵和行动标准，对"原创"进行深层次的理解：

第一，在价值创造的层面，价值对于个体而言是有差别的，也就是说，同样是具有价值的产品，创造观念和传播（或复制）观念所创造的

---

① 赵汀阳：《思想的原创性要求》，《学术月刊》2000 年第 1 期。

② 程亮：《教育研究原创性缺乏：现象与原因》，《教育理论与实践》2004 年第 8 期。

价值成分是不同的：或许我们临摹一幅"蒙娜丽莎"的画像可能比自己想象所描绘的任何的人物形象都更为逼真或精致，尽管我们去解释"亚里士多德"的言论会比其著作自身更使人清晰，但在"价值"的角度，"创造"的价值却远远高于"模仿"的价值——这是因为创造本身就是价值的最高表现和核心品质，创造是人类得以生存和发展的源泉和动力，也是推动人类社会进步的根本标志。因此，简单地创造与复杂地模仿之间并不是等价的概念。

第二，创造赋予了人类"有意义"的经验和思考，是人生命体验的初始状态，任何重复性的经验都无法激发人智慧的开启和对于"意义"生活的追寻，只有"创造性"的思维才具有对于经验的超越和理性建构的能力。在此意义上，"创造性"是人们面对经验，使其超越现实存在本质的根本思维路径。故此，在任何"有意义"的创造的层面上，我们可以适度降低"原创"的标准，借助一些"经验"的支持。在原创的初期，最重要的并不是出于标准化的原创成果，而是先激发一种原创的意识，建立原创性的思维，无论是"立足于传统的现代转型也好，中西文化的整合也好，都不应拘泥于即有的文化之'型'；教育学科的原创，关键还是在思想的'原'和'创'，也不能让某种'型'成为约束学科建设的教条，而且，在没有找到适合的'型'之前，最好不急于求成地'造型'；不妨把这些未定的问题本身，也作为开放的领域，作为一种'原始性素材'或'原发性问题'，争取更多的关注和探讨"①。这是不教条的理解原创要求和原创成果的必要认识。

第三，在"原发"的层面，研究的"原创性"意味着我们所提出的问题是"自己的"问题，而不是"别人的"问题，这些问题既不是外来语境下的产物，亦不是借用其他学科的言说方式进行的理论解释，而是"自我的言说"——"扎根本土的、以教育学的方式说话和思考的新一轮的教育问题"。在此基础上，这个问题是指向学科"未来的"，而不是"就事论事"、没有方向和引导的。因此，仅仅摆事实、讲道理，告诉人们"我们目前的现状是什么"的研究即使再有现实的意义，但它反映的也是教育的"事实"而非"价值"；换句话说，它并没有为未来的教育"预设价值"。故而，原创性的研究一定不是回首过去、着眼于现在的，

---

① 吴黛舒：《教育理论原创的应有之意》，《教育研究》2002 年第 7 期。

而是面向未来的，它为未来提供了一个新的问题和思维的起点，继而的研究只有在这个起点上才能将思路引向不同的蹊径。

在"原创性"内涵的基础上，我们还需要对"原创"进行某种思维的规定，需要进一步了解"原创"的获得是一个怎样的过程；换句话说，在价值的存在层面，"原创"是怎样获取某种价值的"新质"的。对此问题的阐释，首先，在价值生成的层面，价值的产生意味着一种"新质"的获得，这种价值的"新质"所强调的是"质变"而非"量变"，例如，我们当前教育研究出现了某种"繁荣"，研究对象之多、方向之多、内容之多、成果之多……这些都令我们觉得教育研究正处在蓬勃的发展之中。然而，从价值的角度，这种反映在"量"上的"多"并不意味着教育研究自身的"繁荣"，至多体现为一种繁荣的"假象"，真正的繁荣必将反映为某种"质的"规定性，即获得了某种"新质"，这种"新质"推动了教育研究整体性的思维变革。从形式上说，该变革可以是思维结构的"重组"、认识元素的重序、理论基础的重构等，但在实质上，它必须促成了教育理论的根本变革，撼动了业已形成的观念，并对实践的方式产生了方法论层面的指导——此意义上的繁荣，才可称为"新质"，以此为基础出现的繁荣，才是真正意义的繁荣。其次，原创性的研究必须以一种"批判性还原"的方式存在，批判面对的是过去，而原创面向的是未来，因此，这种批判性知识的性质不是"经验的批判"，而是"先验的批判"，即颠覆性地改变以"经验"为思维的认识路径，而开创一种以超越经验（经验之上或经验起点）的批判，在对经验批判进行"还原"的基础上，寻找新的思维起点，打通已有经验与未来发展之间的"堵塞"，在一个新的逻辑起点上实施"原创"。再次，原创思维的"还原"亦必须是对于"教育"自身的还原，即回归于"人"的起点，以"人的生成和发展"为根本性目标的逻辑，而不是将原创性回归到"政治""经济""文化""社会"等的问题根源上。在此基础上的"原创"，其获得的是"人之为人"的某种"新质"，即"为人的发展提供某种先验的可能性"，因此，在生成性的"人"的起点上，教育的原创性思维也必将是"生成性"的，而非"计划性"的。原创的品质是一种智慧的生成，它"不可能在先由具体实现原创智慧之外的一般心智来盲目地预言或否定，而只能抱怀疑式的开放态度，让将来开口作答。原创按其本质就排斥他人关于原创人、原创领域、原创方式的规划。搞计划原创必然是瞎指挥"①。

由以上分析我们可以深刻认识到，"中国教育的未来发展和重大教育问题的解决，必须依赖一大批原创性研究成果，依赖于由这批原创性研究提供的新理论体系和解决问题的新的思路和方案"②。在此基础上，我们需要建立一个新的理论体系，这里的"新"，可以是找寻已有理论的"空白"，以自己的方式填补知识的空缺；也可以是对已有的知识结构进行逻辑或基因的重组，以一种新的方式颠覆已有理论的观念和运行方式，进行一种思维的革命；还可以是以一种新的话语逻辑和话语方式来激发人们创造性思维的激情，转换人们的提问方式和思维模式，以一种新的话语方式转变人们对问题的固有认识，从而形成一种新的认识。基于此，我们就需要建立一个新的解题思路，面对教育实践的"新矛盾""新问题"，从理论起始上作出某种质的规定性，引导教育实践按照新思维、新路径实施，进而突破理论与实践关系的历史性疑难。

以此为起点的原创性研究，必然遵循的是"本土的"（中国的）和"本源的"（教育学）的逻辑：在价值上，突出"首创性"；在时间上，指向中国教育的"未来"；在空间上，以本土实践为依托，以构建教育学的知识为基础，指向人生命的成长，突出实践的关怀。"这些直面实践的研究不仅促使教育改革的进一步深化，而且会为教育学在中国的发展，由'教育学中国化'转向'中国教育学'建设，即由'引进式加工'向'原创性发展'转换，提供丰富的经验、思想、理论、实践的源泉，使中国教育学研究在新时期发生'扎根本土'的变化。"③

---

① 崔平：《原创法度：哲学原创本质、方法和规范的逻辑分析（续）》，《江汉学刊》2003年第 3 期。

② 傅维利：《教育研究原创性探析》，《教育研究》2003 年第 7 期。

③ 叶澜：《中国教育学发展世纪问题的审视》，《教育研究》2004 年第 7 期。

# 第六章

## 伦理与法则：教育研究的
## 道德律法规约

当我说道德态度是我们人性的一部分时，我是指诉诸合理的正当和正义原则来解释的那些态度。基础的伦理观念的恰当性是一个必要条件；因而，道德情操对于我们的本性的恰当性取决于人们在原初状态会同意的那些原则。

——罗尔斯：《正义论》①

对于教育研究自身的"审思"，在目的上，需要明确"教育"之于人的最大可能性；在过程中，需要关注"人之成人"的各种要素及其关系；在结果上，则需要考察教育研究质量多大程度地推进了前两者的进程，使研究从事实向价值靠近的途中，知道自己"正在干什么"。然而，面对教育研究的特殊性，我们还需要从另外一个重要的维度去衡量它的目标、过程和结果的行动，这就是对教育研究的"伦理学审视"，即对"人们的价值追求与现实可能性之间的价值选择与道德判断"的问题进行道德判断。因而，可以说整个的教育研究从起始到终结，都不可避免地要接受某种道德的"审查"，研究者无一不经历着从道德他律向道德自律的伦理规则的转化，建立着基于主观和客观相互碰撞、抵触、妥协的"探索规则"（search for rules）。因此，在教育研究中，充斥着知识与人、人与人之间的矛盾，即"我能发现什么"和"我应该去做什么"以及"我能怎样去做"之间的关系维度；更进一步说，是"可以继续"或"必须停下"之间所依据的判断标准和行动规则——尽管研究的可能性本身或许已接近了"真理"，尽管真理的表达需要研究者"诚实""客观"的态度，然而，这

---

① ［美］罗尔斯：《正义论》，中国社会科学出版社 2009 年版，第 387 页。

些都还不是结果的最终结论，有关教育的思考必然还面临着一些"禁令"，即某种"道德律法"——先天的"善"以及人类共同生活的基本准则。

## 第一节　教育研究伦理的基本范畴：价值维度及其道德的论域

教育研究的伦理指的是有关研究价值的认识（善恶）、价值行动的方式（对错、应否）及其行动规范（正义与非正义）的探索规则。在这里，我们进行的是基于研究基础的道德考察——价值、意义及其正当性。因此，在伦理与道德的概念区分上，"伦理"指向社会规范的范畴，而"道德"指向存在论的范畴；伦理反映的是客观世界的"法"，维持的是生活世界的秩序，是人类"理性"与"德性"相统一的客观法则，而道德则是主观世界对客观世界法则的"得"（体认），它体现为生活世界本身，是一个特殊的存在论概念。因此，黑格尔将伦理称为客观的法，即社会道德的指向；而道德则为主观的法，它指向个体的德性。在此基础上，伦理具有普遍性和共通性，道德具有个体性和独特性，它更依赖于个体的品德。因而，无论是伦理抑或道德，在面向"科学"的态度上都指向了某种共同的东西——"作为人性的临在，科学就是'Ethos'（伦理）本义上所意味的东西：人的驻留地、赋予人以人性的生存。进一步说，在这里，责任不是负担，而是快乐，而且是无法从别人处得到也无法被人剥夺的快乐"。① 在此意义上，对一个研究者来说，"自我立法"（品德的形成）具有了特殊的内涵与行动力；恰恰也只有在"道德自律"的基础上，才能够表示人类社会的伦理规范已经成为人们自己所需的（或选择）内在的生存法则。

### 一　伦理的命题形式——价值原则与其行动规则的建立

在教育研究范畴，由伦理的概念可以引出其道德的两大主题（道德问题是伦理学的根本问题），即获得真理的存在方式，以及获得真理存在方

---

① ［德］奥特弗利德·赫费：《作为现代化之代价的道德》，邓安庆、朱更生译，上海译文出版社 2005 年版，第 39 页。

式而必须澄清建立的道德规范。这就需要研究者去反思研究中各种要素所构成的价值关系以及价值实现的行为，不仅为"教育研究"这种创价活动提供可靠的证据，还要为这些证据的具体化方式找到正当的理由。在此基础上，教育研究的"行动原则"与研究者的"个性品德"形成了一对张力，"如何获得真理的有效方式"这一根本性的价值命题被"什么是获得真理的有效方式"的道德追问（前置性命题）所解构，从而将研究目的与实现目的"应该"采取的行动联系在一起。在此过程中，有关知识获得的"真假""对错"及其合理性判断必须与其过程中所采取行动的"善恶"有关的道德判断相互协调，从而获得教育研究"道德"的指令，使研究者在有关教育行为的任何思考中，都贯穿着"探索规则"的伦理尺度，进而建立一套在教育研究中特殊运行的价值标准和原则，将"正确性"的提问方式引向"正当性"的实践性表达。在此基础上，研究者"对真理的态度"和"对人本身的态度"这一对关系命题被置于道德的核心位置，同时，赋予了教育研究更高的价值标准和要求——人们对真理的追求同时蕴含着重大的"人道"使命，知识本身不仅要体现崇高的科学价值，还应体现深刻的人文关怀。

以此为基础，我们需要区分三种价值的标准，即"好的研究""好的研究者"和"好人"所存有的特殊的道德界限。区分的目的，是澄清不同伦理维度的教育研究应该持有的道德规范，从而将其放置在一个更大的关系框架内，对研究行动的目的和过程进行检视，为行动找寻正当的理由。在此基础上，伦理的命题方式就需要借助某些"原则"（principles）的表达，来约束其结果的必然性。例如，在研究中"你应该尊重事实"或者"你不应该给被访问者带来伤害"等行为规范，其依据的正是那些具有普遍性的价值"原则"——"尊重真理"以及"平等""不伤害"原则。反过来说，价值"原则"一旦建立，即成为一种普遍的道德规范，它规定了研究共同体在同样的情况下都必须以"被规定"的方式来开展研究活动。同时，教育研究的伦理还需要在普遍性"原则"的基础上，进一步指出"原则"具体化的方式，即建立相应的"行动规则"或"行为准则"（rules），从而将一般性"原则"指向个体的"品德"，用以解决人们在遭遇"特殊"的情况下——"我可以怎样做"。例如，"每个研究者都应该讲真话"这个行为规则是基于这样一项原则——"教育研究应该真实地反映教育的现实和问题"；而"尊重研究参与者隐私权"这项规定的背后则潜藏着"教育研究应该获得每个当事人（参与者）的知情同意""研究者应该为他人保守秘密"乃至"信任是建立在承诺不背叛的基础上"的价值原则和道德信条。

可以说每一个具体的规则都有其依据的价值，哪怕这些价值之间会面临道德两难的艰难抉择。可能在某种场合下，"讲真话"会为别人带来灾难，在这个时候，"追求真理"的原则就和我们现实中的交往原则"不对别人造成伤害"相互冲突，在此基础上，就需要依据价值的最高标准（道德判断），告诉人们"为什么选择这个而不选择那个"。换句话说，整个的伦理学历史，解答的就是不同的时代、不同的研究者对于价值原则态度和偏好的问题，伦理学体现的是一部价值选择的历史。基于这个判断标准，伦理学研究有两种不同的认识：一种注重的是"行为的结果"，以"功利主义"为代表，他们把"最多数人的最大幸福"作为衡量善恶的标准。例如，一项成果对于多数人有利，哪怕它违背了自身的道德准则，也被认定为是正确的。这种注重行为结果的认识方式在哲学上被称为"后果论"，即"只管结果好坏，不论过程对错"。以此为基础的教育研究，只面向研究的"结论"，至于那些原本"应当"或"正当"的问题被结果的最大余额"合理化"，关于"正义"的解答是根据结果来"计算"的（利益值）。另外一种认识与"后果论"相反，它关注的是"行为"本身，即坚持道德判断的标准并不能仅关注行为的结果，而需要从行动本身去理解。换句话说，正义和公平作为一个普遍的道德准则，它其中隐含了一个基本的价值原则——"人是目的"。这种将"人"作为价值核心的道德判断，充分体现了人的自主性，使作为"目的"的人和作为"手段"的人在价值判断上有了本质的区别。这种认识被称为"道义论"，它坚持的是尊重他人的利益，以及平等、不伤害等的价值原则。可以说，道义论将人的道德要求又提升到了一个更高的层次，它不仅关注研究行动可能具有的效力，而且关注研究行动中人与人交往的方式及其与道德主体的关系，进而要求研究者尽可能地处理好"诚实与公正""坦诚与尊重""自主与正义""平等与利益"之间的矛盾冲突。同时，任何一项研究都必须在这些基本原则的框架内得以展开——教育研究的合理性标准不仅在于"是否能够增进教育知识"，还在于"是否尊重了他人的利益和权力"。

从教育研究的伦理倾向上看，上述两种价值伦理原则在不同的研究处境下都有其特殊意义。不追求某种意义上的效果的教育研究实际上丧失了研究的本体意义——哪怕就是纯粹的理论研究或思辨性质的研究，都必须以追求某种效果或目标为研究目的，如建构相应的理论模型和思维结构以推动教育理论的发展。否则，教育研究就成为没有必要的"徒劳无功"。而以关注人的价值为前提的教育研究实际上也是必须倡导的——我们不应该在违背基本伦理规范的情境下进行所谓的纯客观的研究，毕竟教育研究的最终目的是使教育更好地促进人的发展进而提升人的自身价值。这样一来，人们在教育研究中遵循相应伦理规范甚至法律法规就是必需的。

## 二　规范伦理体系的建立——价值论、义务论及德性论范畴

在教育研究中，涉及研究者的伦理规范主要体现在价值论、义务论及德性论方面，本章试图对这几个方面进行探讨，以明晰教育研究的基本伦理规范和研究者应遵循的相应伦理原则。

### （一）价值原则的互认与消解：理性与德性的冲突

在对"好的研究""好的研究者"和"好人"三种价值标准进行区分的过程中，我们还需要从伦理学的角度对三者的理论范畴进行分析。从规范伦理学（normative ethics）① 的角度，三种价值标准（即"好的研究""好的研究者"和"好人"）分别对应了教育研究者三个方面的价值问题："我能发现什么"（价值认识）"我应该干什么"（价值判断）和"我可以怎么做"（价值选择）。在规范伦理学的范畴，"我能发现什么"主要探讨的是道德价值及其标准的问题，此类问题被称为"价值论"。在此基础上，教育研究"道德认识"的原则是"追求真理"，"学术自由"作为第一要义，要求研究者应具备"自主""正义"等与"爱智""明智"相关的品德。"我应该干什么"主要探讨的是研究者道

---

① 规范伦理学（normative ethics）是伦理学的一个分支，研究道德规范的学说。从其内容和体系上看，它是用来区分和介绍某种道德价值的一系列判断的集合。从狭义上说，它是一种侧重于研究道德规范体系的学说。规范伦理学把阐释和论证一定的道德原则和规范作为自己的主要任务，集中体现了伦理学作为一门规范科学的基本特征。从广义上说，规范伦理学不一定非要提出和阐释各种具体的行为规范，凡是运用理论研究、论证人的行为和相互关系应当怎样、不应当怎样，提出人们行为的基本原则的伦理学说，都属于规范伦理学（《伦理学大辞典》，吉林人民出版社 1989 年版）。本研究取的是广义意义上的"规范伦理学"。

德义务（或道德规范）的问题，此类问题在伦理学中被称为"义务论"。义务论主要从道德判断的角度，对研究者"知识的品质"进行了规定——"效度"和"信度"作为教育研究最高的价值标准，关注的是研究的质量问题。在此基础上，"义务论"要求研究者自身要严格恪守"学术规范"，"讲真话"作为此基本原则，需要他们具备诸如"诚实""公正"等与学术质量保证相关的品德。"我可以怎么做"主要阐释的是"做人的标准"——人自身应该具有什么样的秉性（道德品质或品格），即人的道德品质的问题，伦理学将其称为"德性论"。德性指向人的精神实践，"它要通过扬弃现存外在世界的规定性来实现自己，是从理论到实践活动的过渡"①。在教育研究的范畴，"德性论"主要帮助人们进一步区分"好的研究者"与"好人"之间的界限，从"研究立场"的角度，将人的"德性"作为第一性的要求，对已有的价值认识（"我发现了什么"）和基于研究任务（"我应该干什么"）的价值判断进行价值选择（"我可以怎样做"——继续，或者必须停下）。德性论在道德观念上秉持了"道义论"的基本认识，从"人是目的"的层面对教育研究的整个活动进行了严格的"审思"，对于"真理"与"人"二者的价值取舍上，将"人"作为真理本身，即"尊重人就是研究者应该追求的真理性认识"。进而可以说：面向真理，我或许能够发现什么，或许知道自己该怎么做，但当"真理"面向"人"自身的时候，或许什么都做不了——这就是德性论的教育研究在处理真理与人矛盾时的基本态度。在此基础上，教育研究的价值原则一方面聚焦于研究对象（发起者、参与者、受益者等），需要尊重他们的"隐私权与知情权"（学会保密与知情同意），使研究者具备"坦诚""责任""不伤害""尊重""平等""利益"等相关的品德。另一方面，在研究者对自身的拷问中，一个"好人"必然是"在一切场合都是善的，它是绝对的、无条件的善"。② 这就说明研究者作为一个"人"，其内心存有一种"自在的善"，它不因为所促成的事物而善，也不因为所期望的意图而善，它自身没有目的、没有欲望，仅仅就是"人"内在的需要或意愿。在此基础

---

① 陈根法：《德性论》，上海人民出版社2004年版，第79页。
② ［德］康德：《道德形而上学原理》，苗力田译，上海人民出版社1982年版，第126页。

上，一个"好的研究者"能否成为"好人"的另一个道德标准就在于——他是否在一切场合都符合其作为一个"好人"的全部的"善"的判断标准。换句话说，作为"文本存在"的"人"与作为生活世界里的"人"是同一个人，人对于真理的认识与先天"自在的善"是同一种"善"，它们同时指向研究者（人）的"内心"——道德良心。因此，一个研究者假如仅仅只是真理的崇拜者，热衷于对于"智善"的追求，在研究语言中处处表达着对于善的愿望，而在真实的生活实践里则忘却了"善"的本身（自在的善），将"善"变为一种相对的、有条件的、仅仅在文本中的"存在"，此时，当自身的行动背离了自然的禀赋，文本的"善"与灵魂的"恶"就会将"至善"的意图变为一种知识的表象，研究者也并不会通过表象而达到认识自己的目的。

作为一个完整的伦理学体系内部，教育研究的价值论、义务论及德性论并非总是相互矛盾的，三者常常是作为有机的整体，引导研究者作出"是否合适"或"正当与否"的价值判断。"如果说价值论和义务论侧重于行为或原则的善恶，那么德性论则更为重视那些具有动机的，遵循原则的行为者本身；如果说道德义务是道德善恶一般标准的具体化，那么道德品质则是道德价值标准和义务规范在行为个体身上的内化和凝结。"① 在此基础上，作为"理性"存在的价值论、义务论必然要与每个研究者个体的"品德"相一致，一项"好的研究"也必然赋予一个根本性的前提——"他是好人"。同理，假如一个"好的研究者"自身并不是"好人"，那么他所进行的任何研究也必然不能被称为"好的研究"。因此，任何的原则、标准都让位于研究行为的"动机"；换句话说，研究行为的"好坏""善恶""对错"的判断依据并不在于"研究活动"本身，而在于"做人的标准"，即"一个好的研究者"首先必须是"一个好人"。由此来看，德性的终极价值体现在，它提升个体在生活实践中对道德规范的认同能力和对善的生活的追求。这样一来，"人如果获得或实现了自己所追求的德性，他也就相应地获得了以德性为内容的幸福"②。

---

① 魏英敏：《新伦理学教程》，北京大学出版社 2007 年版，第 29 页。

② 俞世伟、白燕：《规范·德性·德行——动态伦理道德体系的实践性研究》，商务印书馆 2009 年版，第 93 页。

（二）伦理维度的道德界限：本质的揭示与价值的转换

有了这个基本的认识，我们可以得出一个阶段性的结论：一项"好的研究"在标准上需要经历"理性＋德性"双重原则的检视。好的研究不仅仅要体现研究者的"智力品质"（与探索真理的素质有关），如自主、正义、诚实、公正等；还应该体现研究者的"道德品质"（个体德性与道德素质），如坦诚、责任、仁慈、慷慨、平等、利益等。这样，一个研究者除了要追求学术自由、遵守学术规范，努力提高研究的效益、质量之外，还应该具备良好的德性（道德品质），自然地调和"知识与人"在教育研究中可能产生的观念冲突，在面向"人"的进一步的规则中，使自己的研究结论不仅经得起"知识"的检验，同时还经得起"人"自身的检验，从而将"好的研究""好的研究者"和"好人"融为一体。基于此标准，教育研究在伦理层面的责任应该更为关注研究者个体道德品质的养成，使他们同时具备智力品质和道德品质的双重尺度——它更深层次地揭示了教育研究者在行动中的素质，从根本上影响了他们"审思"的品质。

有了上述的认识，教育研究这项"伦理活动"就具有了新的内涵：教育研究同时面对"知识"与"人"的双重维度，研究者需要深层次处理"知识"与"人"的复杂关系。

在"知识——人"的关系维度，教育研究追求的是学术自由，维护的是研究结论的效度和信度，每个研究者都应该为了提升教育研究的质量而不断提升自身的"智力品质"，遵守学术规范，具有一种"获得真理的最高品质"的素质；在"人——人"关系的维度，研究者需要明确自身的研究立场，努力提升个体的"道德品质"，学会维护自身与相关他者（参与者、委托者、学术共同体）的责任和利益关系，将"做人的标准"贯穿于研究的行为规范之中，能够对"是否继续"或"何时停下"作出准确的价值判断。在此基础上，教育研究无论从目的、过程抑或结果，其"求知"的欲望就不再被视为某种精神的主旨，"追求真理"也不再被作为研究者"目的性"的存在，"知识"具有了自身的限度——即"人"本身存在的界限。"人是目的"这个基本的价值认识就成了教育研究一个"先验性"的价值命题，从而完成了研究行为动机的转换——研究的过程在于"求真"，而研究的目的在于"向善"。（见表6－1）

表 6 - 1　　　　　　　教育研究的伦理维度与道德标准

| 伦理范畴 | 价值标准 | 关系范畴 | 研究维度 | 价值问题 | 价值原则 | 道德品质 | 品德类型 |
|---|---|---|---|---|---|---|---|
| 价值论 | 好的研究 | 知识人 | 学术自由（研究基础） | 我能发现什么（价值认识） | 追求真理 | 自主正义 | 智力品质 |
| 义务论 | 好的研究者 | | 学术规范（研究质量） | 我应该干什么（价值判断） | 讲真话；追求质量；提高效度和信度 | 诚实公正 | |
| 德性论 | 好人 | 人人 | 德性（研究立场） | 我可以怎么做：继续或停下（价值选择） | 尊重隐私；知情权 | 坦诚责任尊重不伤害平等利益 | 道德品质 |

## 第二节　教育研究的伦理原则：主体道德共识形成的哲学依据

### 一　发现真理——自主权与学术自由

在教育研究伦理的三个维度中，"知识"的最高原则应该是"追求真理"的原则。研究活动本身就是对于"教育知识"的整合、更新和创造的过程，知识促使教育研究得以改进教育实践，为教育学科提供了赖以生存的理论基础，同时也为教育政策提供了可靠的思想保障。可以说，教育研究就是一种对于教育新知识的生产活动。在这个命题上，"我能够发现什么"就显得尤为重要，它作为一项基本的价值认识，研究者被赋予了最高的"自主权"。因而，自主权包含了两层含义："行动的自由和选择的自由，前者指的是只要不影响到他人的权利，个人有权决定自己的生活，后者指的是个人有权自己做出决定。"① 在此基础上，"学术自由"就被作为最高的道德标准，任何研究机构（尤其是大学）都应该秉持、支持和

---

① 李荷：《社会研究的伦理规范：历史、哲学与实践》，《人文杂志》2011 年第 3 期。

维护基本的"学术自由"的原则，因为它体现了整个社会对于"真理"所持的态度、对于知识的正义和人本能的"求知"欲望。以此为论点，"好的研究"必然是人在面向真理时的"冲动"，必然是在接近真理时同"勇敢""无畏"和"自由"相关的道德品质。在真理面前，体现了人的自主和正义，尊重了人对于知识所应有的权利。

## 二　追求真理——讲真话与学术规范

在追求真理的同时，与发现真理的品质相关，一个"好的研究"需要一个"好的研究者"有目的地引导和规范研究行为本身。在此基础上，遵守"学术规范"，提升研究的质量，就成了一个"好的研究者"的基本原则。"有人认为学术规范和研究伦理应该分开，但事实上两者紧密相连"，因为"低质量的研究必然是不道德的"。[①] 教育研究的准确性、真实性决定了其"效度"和"信度"，重复研究的课题、逻辑混乱的表达、毫无立场的结论，等等，这些"残次品"本身就是缺失了"学术道德"的行为。因而，"好的研究者"是"好的研究"的价值主体，"知识伦理"本身就是知识构成的要素，对于研究者学术规范的约束正是在维护真理的正当性。因此，"好的研究者"的一个普遍的道德准则应该是基于"数据真实、禁绝造假、杜撰和剽窃；遵守人类受试者研究的伦理准则；团队精神与合作精神；公开利益冲突；出版与署名遵守《著作权法》等知识产权法律；尊重同行评议"[②] 等基础上的"学术自由"与"学术规范"——这体现了人对于真理的态度和知识自在的素质。在此基础上，严谨的态度、严密的逻辑、规范的文本，体现了教育研究的最大价值，使教育研究这项"真理探究"的行动具有了"确定性"和"真实性"。故而，以"诚实"的态度，真实地揭示教育问题的根本成为教育研究者另一个面对真理的品质和态度，它体现了"好的研究者"另一个重要的价值原则——"讲真话"。"讲真话"即在研究活动中，研究者能够诚实、公正地描述、解释和评价教育现象、不受外力（如政治、社会舆论压力）影响地开展研究。在此基础上，研究的"客观性"和"公正性"就作为了与"准确性"（学术规范）一并影响教育研究质量的重要道德品质，从而

---

① 李荷：《社会研究的伦理规范：历史、哲学与实践》，《人文杂志》2011 年第 3 期。

② 孙君恒：《研究伦理学在西方的兴起》，《自然辩证法研究》2004 年第 10 期。

体现研究者对于真理负责的基本态度和学术素养。

　　无论是"发现真理"抑或"追求真理"，都是在"知识——人"的框架内所建立的与真理的品质相关的人的价值"原则"和道德品质，在此基础上，"我能发现什么"的人的自主权与"我应该怎样做"的知识质量观紧密联系，促使"好的研究"在"好的研究者"的智力品质中得以提升和完善。

## 三　人的禁忌——知情权与尊重隐私

　　合乎伦理的教育研究不仅需要有"好的研究者"来促成"好的研究"，同时还需要附加一个根本性的伦理前提，即"好的研究者"首先必须是"好人"。在此基础上，教育研究就不单单是面向知识或真理的认识论概念，还是面向"人"的存在论概念，即教育研究应该成为一种"人与人"和谐共处的道德生活。一项好的研究，既需要"公正性"，也需要"公开性"，换句话说，"知情权"作为对于"人"来说一项基本的权利，它同时也是教育研究在"人"的价值层面重要的伦理原则。"知情权"维护了两方面"主体"的利益：对研究者来说，研究资料的获取和信息的公开是"发现真理"的前提，研究者无一不是在对已有知识的批判和反思中生产新的知识。因此，知识的"公开性"就显得尤为重要——尽管"知识的公开"可能会影响到所研究的人或团体的利益（保密性），但这仍然是作为研究行为得以开展的充分条件；另外，对被研究者来说，研究者的研究行为获得被研究者的"知情同意"也是"知情权"在同一层面的具体体现。尊重被研究者的"知情权"往往是同"尊重隐私"联系在一起的。因为道德的复杂性远远高于结论的确定性，换句话说，"无论你觉得照着做的原则多么正当，你绝不能全然忘记行动的后果。研究结论发表以后，会对学校或者教师产生各种影响。研究者有必要在知情权和研究可能带来的损害之间进行平衡吗？这些损害包括研究实施和研究结果传播可能导致教师队伍士气低落或者学校招生剧减等。被研究者通常是处于弱势易受伤害的人群，研究工作者有责任尊重他们"。[①] 在此基础上，尊重被研究者的"隐私"，"不伤害"他们的利益，严格保守承诺（保密原

---

　　① ［英］理查德·普林：《教育研究的哲学》，李伟译，北京师范大学出版社2008年版，第140页。

则），是解决研究过程中人与人矛盾冲突的基本原则。

对此，研究伦理的基本态度是："人权高于一切科学研究的兴趣；科学家的目的是要探索真理，但不能因此就可以无所顾忌地对待被研究的客体；科学的事业是崇高的，但不能因此就可以违背行为主体最基本的消极义务，不能违背普遍的道德约束力。总之，道德与法律禁止一切为了科学的目的而损害他人的事情。"① 在此基础上，"不伤害"原则可以说构成了社会最核心的价值原则，是研究者最基本、最底线的道德。因为所有复杂的道德规范与伦理体系（如"自主""公正""平等""利益"等一切原则）都可以简化为一个道德的内核——"不伤害"，这是所有道德规则的前提，亦是道德的核心。正是有了这个"内核"，当人类面对各种价值的碰撞，理性与道德各执一词的时候，所有人的道德认识才有可能达成共识。在这个尺度，假如研究者私自公开了被访谈者的某些信息资料，就可以被认为是研究者对于他们之间建立起来的平等、信任和责任关系的背叛，被研究者就有理由认为自己已经受到了"伤害"。因此，"知情权"内部对于公正、公开的道德原则与尊重隐私、平等、不伤害的原则之间需要进行一种价值的权衡——尽管"通过更加深入的研究和对教育系统和教育实践的评价来行使知情权，这一点看来是确凿无疑的"，但"当研究和研究的发现损害研究的人和所研究机构的利益的时候"②，我们还需要以"人"的利益为准则为问题的解决寻找一个"出口"。在此基础上，"协商准入"（negotiating access）或许能够较好地解决分歧，因为它体现了民主社会中人与人交往的基本态度和方式；同时，"协商准入"亦是基于"人是目的"的某种价值选择，将教育研究置于一个更高的价值体系之中，即赋予了教育研究以"民主"价值。作为研究者，"协商"主要基于以下几点来讨论和展开③：第一，学校和教师在什么程度上必须匿名，这不是一个简单的问题；第二，收集资料的方式应该是合理（合法）的；第三，与相关人员有关的信息应该清晰，具有可接受性；第四，所有相关人员都有机会质疑研究者对资料所作的解释；第五，相关人员有权对证据作出另

① 甘绍平：《应用伦理学前沿问题研究》，江西人民出版社 2002 年版，第 107 页。

② ［英］理查德·普林：《教育研究的哲学》，李伟译，北京师范大学出版社 2008 年版，第 139 页。

③ 同上书，第 140 页。

外的解释。

以此为基础，知情权在"知识公开"与"尊重隐私"二者矛盾之间通过"民主协商"的方式，在"知识"与"人"的抉择中起到了道德调和的作用，将研究者与被研究者从"权利"关系转变为"对话"关系，促进了研究过程中的"平等"，同时被研究者还获得了某种对他们来说更为重要的权利——"解释权"，即对研究者的研究结论进行"补充说明"或者"批评检验"的权利。这样，既增进了知识增长的可能性，同时又保持了研究者"谦逊"的研究和交往态度，进而形成了尊重、平等、利益、不伤害等以"人"为目的的道德规范与行为准则。

然而，在"好的研究""好的研究者"和"好人"之间，亦存在不同维度原则的互通性，例如，"发现真理"原则本身就意味着要"讲真话"；而尊重他人本身，亦是尊重他人的"选择权"；"学术自由"其实就意味着研究者已经承载着某种重大的责任——为结论负责、对每个利益相关者负责（尊重、平等、不伤害）。因此，在不同的原则之间，"结果的原则"和"过程的原则"都在不断地找寻二者得以"沟通"的平衡点，依据"人是目的"的价值取向，"讲真话"同时意味着"坦诚"和"平等"，而"追求真理"则同时意味着"责任"与"正义"——在真理到达的途中，每个参与者都是真理的诉求者，尊重他们，就是对于真理本身的尊重。

## 第三节　教育研究的伦理自觉："人"的立场和<br>　　　　个体品德建构

### 一　生命实践的伦理——教育研究的特殊价值指向

在"知识"与"人"的关系结构中，研究伦理在价值选择上，始终将"人"作为根本目的，任何研究伦理都应将"人"作为研究的"第一要素"。"按照现在通行的研究伦理的规定，研究目的必须对研究对象有直接或间接的助益，研究的进行必须无条件地尊重研究对象的尊严。"①

---

① 转引自文雯《英国教育研究伦理的规范和实践及对我国教育研究的启示》，《外国教育研究》2011 年第 8 期。

研究伦理规范的是"人"行为本身，即任何研究都是为了"改善人自身的生活"而进行的努力，其知识的受益者也终究是人。因此，"人是目的"并非对立了"知识"与"人"的关系，而是进一步理顺了人和知识在"存在论"角度的基本的问题——存在目的及其相互融合的方式。

这种存在论的规定对于教育研究来说尤为重要，教育研究的特殊性就在于其对象的独特性——教育实践的对象是"人的集合"，教育中充斥着教师与学生的交往活动，教育的目的也是直接指向"人"的，其根本任务就是"使人成人"。因此，教育研究具有强烈的实践导向——赋予个体生命实践以价值。在此基础上，面对一个个具体的人和真实的教育情境，教育研究者与研究的参与者只有建立"平等""信赖""责任"的相互关系，才能真实反映教育研究的"生命实践"本真。而"人"作为教育研究的价值核心，研究者必然要以"生命"的视角、人的根本立场来看待和处理教育问题，使教育研究始终在"求真"的过程中"向善"——"关注生命的培育，关怀人生的终极意义，弘扬道德价值和审美价值，必须寻求合乎新时代人性思想的、能赋予人生命意义和价值、能激发人的创造力、引导人自我完善的道德规范，从而保证研究者对'真、善、美'的追求，使教育朝着符合人类追求进步的教育理想的方向发展，进而有利于社会的发展"。[1]

## 二　多元主体的冲突——与对象的适切关系问题

在"人与人"的关系框架中，教育研究者至少与四类"人"建立或维持多元主体的关系：研究对象（参与者）——尊重隐私，知情同意、无伤害与受益；研究发起者（或委托者）——审慎、责权关系；研究共同体——维护教育研究的名誉；自身（研究者个人）——学术立场、学术规范、自主权、善行与平等。在此基础上，"研究道德规范不仅包含研究者'本身应具有的道德'，而且包含研究者与其研究对象以及其他有关人员彼此之间应维持的'适切关系'和应遵守的'行为规范'"[2]。

---

① 吴定初、王梅：《教育研究道德规范的涵义、功能与作用》，《高等师范教育研究》2002年第 5 期。

② 刘力：《论教育科学研究中的道德问题》，《教育研究》1996 年第 6 期。

（一）适可而止：欺骗与保密的难题

对被研究者（研究对象），首先要尊重参与者的"知情权"，即向他们解释研究什么、为什么研究以及采取何种方式进行，更重要的是要阐释研究结果会以何种方式来呈现，尽量避免研究中（尤其是研究目的）可能产生的"欺骗""隐瞒"等行为。在此基础上，获得被研究者的"知情同意"包含两层含义："一，参与者要充分了解情况；二，他们的参与应出于自愿，并可以选择随时退出。"① 然而，在教育研究中，还可能出现一些特殊的情况，必须隐瞒研究的意图，典型的就是"质性研究"（如教育行动研究、叙事研究、人种志研究等），想要做到完全的"公开"是较为困难的。质性研究采取"知情同意"的方式并不意味着一开始就告知参与者研究的目的及观察对象，乃至研究者的身份，而是在研究的一系列严密的进程与规定动作中使他们慢慢知晓"研究的意图"及研究者可能在意的结论。例如，研究者深入课堂想要了解"师生关系"的状况，被研究者（教师）假如一开始就知晓研究的目的，或者面对权威专家的身份，很可能为了"不犯错"而临时改变对学生的态度，进而采取一种"迎合"的方式朝着研究者可能预设的好的方向去做。在此基础上，我们对于研究身份（或研究目的）的隐瞒，判断其是否违背伦理规则的依据主要在于两个方面：其一，是否为研究对象造成了实际的伤害（即"不伤害"原则）？其二，欺骗或隐瞒本身是如何影响研究过程的交往事实，并以此影响到研究质量的（即"提高效度和信度"原则）？因此，在某种"特殊"的情况下，以"不伤害"（或无利益纠纷）为前提，研究者如必须采取某种"善意"欺瞒的方式，则需要进一步地去判断"欺瞒"自身的道德尺度，同时，需要在研究报告中对此"欺骗"或"隐瞒"的原因进行详细的解释和说明。然而，反之，从整个社会伦理规范的框架来看，"当情景的特殊性消解了规范的普遍性时，一切越轨或反常行为便都可以获得合法的依据并得到辩护，后者无疑将使社会的有序进程面临危机"②。对此，我们还应该采取"审慎"的态度，毕竟任何以迁就道德主体特殊性来消解整个社会的伦理规范的行为在客观上，都并非是绝对正当的或合理的"借口"。

---

① 李荷：《社会研究的伦理规范：历史、哲学与实践》，《人文杂志》2011 年第 3 期。

② 杨国荣：《伦理与存在》，上海人民出版社 2002 年版，第 43 页。

　　另外，在研究者与被研究者之间，还需要建立一种"保密"的关系，即以平等和尊重为前提的对于他们"隐私"的保护，其中，研究者通常采用的一种方式就是"匿名"。匿名指的是研究组成员不能泄露有关研究参与者的各种信息（姓名、单位、观点等），同时，也不能简单地采用"化名"的方式，能够使他人根据研究的语境及其情况描述而间接地推断出参与者的某些身份信息。在此基础上，"匿名"的方式主要包括："使用符号代码替代研究参与者的真实姓名；在研究完成之后，尽快毁掉原始资料的对照表；如使用问卷调查的方式，则应附回邮信封由填答者个人自行寄回，而不要通过他人或集体寄回。"① "保密"原则作为教育研究者"道德品质"中一项重要的原则，它直接影响到研究者与参与者之间所建立的"信任"关系，同时，也影响到研究过程中整体的人际关系（愉快或是抵触）。（研究对象保护伦理的主要观点见表6－2）

表6－2　　　　　国外学者对于研究对象保护伦理的若干规定②

| 代表人物、著作 | 关于研究对象保护方面的主要观点 |
| --- | --- |
| Babbie：《社会科学研究方法实务》，（1992） | 1. 尊重参与者的意愿：尽量避免强迫研究对象参与研究，尤其要注意学生因为害怕影响成绩而被迫参与等情形。2. 不能伤害研究对象的身心。3. 匿名与保密：匿名指的是让读者无法通过资料获取个人身份信息；保密是指研究者被试的身份不能泄露。教育研究中采用访谈方法可能无法匿名，但可以保密。4. 避免隐瞒与欺骗 |
| Tuckman：《教育科学研究方法导论》（1994） | 研究者必须注意研究对象四种权利：1. 隐私或不参与的权利；2. 维持匿名的权利；3. 要求保密的权利；4. 期望负责的权利：指的是研究对象期盼研究者注重人性尊严，避免伤害。如果研究者对研究对象造成伤害，研究者要及时采取补救措施 |
| Fraenkel & Wallen：《怎样设计与评估教育研究》（1996） | 1. 保护研究对象免受伤害。2. 确保研究资料的隐秘性：除了研究者和少数助手之外，收集来的个别资料不得让其他人知晓。3. 避免对研究对象隐瞒。4. 对儿童作为研究对象特别注意：包括获得家长或监护人的书面同意，研究结果不可用作他途 |

---

　　① 文雯：《英国教育研究伦理的规范和实践及对我国教育研究的启示》，《外国教育研究》2011年第8期。

　　② 转引自丁锦宏《教育科学研究中"研究对象"的保护伦理》，《南通大学学报》（教育科学版）2008年第3期。

续表

| 代表人物、著作 | 关于研究对象保护方面的主要观点 |
|---|---|
| Meredith Gall：《教育研究方法导论》(1996) | 1. 公平选择研究对象；2. 获得被研究人员的认可通知；3. 保护个人隐私，信守诺言；4. 评估风险—效益比值；5. 对欺瞒行为提供防范措施 |
| Creswell：《教育科学研究：质化和量化研究中的计划、实施与评估》(2002) | 1. 尊重研究对象的权利：研究对象有权了解研究目的、预期结果与社会价值；有权拒绝参与或中途退出；个人消息必须保密；研究对象有权要求从研究中获得学术或其他回报。2. 避免伤害研究对象的身心…… |

　　然而，在复杂的"人与人"的关系维度，往往同时面对不同的"人"，研究者想要准确地作出"无异议"的决策是极为困难的。例如，"在一项教育研究中，作为守门人的校领导要求了解课堂观察情况以掌握教师的教学表现，研究者应该回答还是拒绝？研究者此时该如何考虑利益相关人的不同要求？如果参与者提供极其有用的信息，却又要求不能公开，研究者该如何平衡隐私保护、读者的知情权和作者的需要？"[1] 等等。因而，教育研究的伦理原则在进行道德判断的时候可能会面临道德两难的问题，在自主选择的时候，研究者并非总是遵循某种普遍性的原则，更多的则是出于他们某种价值的偏好，即面对道德的困境，选择尊重哪一类群体的利益都是根据研究者自身的理性或情感凭借直觉进行判断的。因此，道德在真实的研究情境中所表现出的形式是多样的，从整体上看，"伦理学的历史，就是哲学家喜欢某些原则而不喜欢另外一些原则的历史"，此时，行为的"正当性"就具有了不确定的答案——"为了尊重当事人，在有些情况下，就应该告诉当事人有关事情的真相，尽管这些真相是令人不愉快的，但是在另外一些情况下，可能就应该隐瞒真相。"[2]

　　（二）权力危机：责任与自由的冲突

　　对研究发起者来说，研究者需要对他们采取"负责"的态度，以"利益"为最高准则，维护发起人的基本权益，以"审慎"的态度去开展研究。与"发起者"发生价值关系的情况时常是复杂的：通常研究者与他们之间存在着一种"权利"的关系。康德认为，"权力分为自然权利和

---

① 李荷：《社会研究的伦理规范：历史、哲学与实践》，《人文杂志》2011 年第 3 期。

② ［英］理查德·普林：《教育研究的哲学》，李伟译，北京师范大学出版社 2008 年版，第 136 页。

实在（法定）权利。前者仅仅以超验原理为根据；后者来源于立法者的意志"，在此基础上，权力可进一步表述为"天赋权利和获得权"①。人的天赋权利指的是"自由"的意志，而获得权则是社会给予每个人自由的权利。然而，教育研究时常处于一种"被约束"之下，在实在权利中丧失了普遍义务范畴的自然权利（学术自由）。在此基础上，教育研究在其活动性质本身可能成为一种以"真理"为借口的权利"交易"行为——"它威胁到了教育研究质量本身，进而威胁到教育研究为改善知识生产，教育政策和教育实践可能做出的贡献"，以此为利益关系而采取的研究行动，很可能意味着"与研究者或者评价者'协商'订立的合同，可以看作是政治权利的一种'交易'，交易的结果是知识分配方面的变化。"②

这种变化违背了基于"好的研究"的根本价值标准，在研究者"自主"和"正义"的道德要求中，背叛了"追求真理"的原则，与"学术自由"产生了根本冲突。在那些被限定的选题中，教育研究对于知识创新的价值被限定在了"当下"，面向教育事实的问题与对策研究被等同于价值本身，教育研究成为应对现实问题的"行动指南"，而研究者则成为行动自身的"活化石"。在越来越多的类似的研究操控和研究倾向中，由于研究者与"发起人"之间的责权关系，很多要求研究者"隐藏"事实真相的要求逐渐使研究者丧失了"发言权"，研究者同时需要面临为委托者"知情保密"还是向使真实的研究结论受益的人群"坦诚"的两难道德选择。然而，"道德之所以为道德，根本上乃是指人的行为发自内心，而非消溺于物欲，屈从于环境，沉湎于虚名"③。因此，"越是难以在一种平等的关系下获得贴近主体'真实'表述的研究，对于研究伦理的要求也就越高"④。在难以平衡的、不对等的"权利"约束之下，研究更多的决定权似乎不仅仅在研究者自身了，而在于"权利"的掌控方——发起者或委托者，他们对于研究行动者或研究行为本身的态度。在此基础上，教育研究这种活动已不仅仅是基于个人的某种价值选择或行动取向，而是整个

---

①　转引自李蜀人《道德王国的重建》，中国社会科学出版社 2005 年版，第 229 页。

②　[英] 理查德·普林：《教育研究的哲学》，李伟译，北京师范大学出版社 2008 年版，第146 页。

③　陈根法：《心灵的秩序》，复旦大学出版社 1998 年版，第 17—18 页。

④　黄莹莹、潘绥铭：《中国社会调查中的研究伦理：方法论层次的反思》，《中国社会科学》2009 年第 2 期。

社会价值的某种共同的态度或取向。由此看，"公正必须被高于公正的事物来保证"①，我们所期望的"民主社会"的价值应该被作为一种普遍的价值导向，以"行动纲领"的方式对教育研究行动的目的、过程和结论展开"辩护"，从而为教育知识和教育实践做出可能性的贡献。例如，英国教育研究协会（the British Educational Research Association，1992）在对于教育研究的实施指南中，为获得一个民主、自由的研究事实提供了较为"合理的"政策框架，对教育研究者作出了如下规定："教育研究工作者不应该实施与学术自由相冲突的研究，也不应该向政府或者其他资助机构施加的过分或者可疑的影响屈服。举例来说，他们施加的不当影响包括：企图干扰研究的进行、干扰研究结果的分析或研究结果的报告。如果研究的发起人或者资助机构试图施加任何可疑的影响，研究工作者应该向英国教育研究协会（BERA）报告。"② 该规定表明，做一个诚实的、有责任感和使命感的研究者比研究结论本身更为重要。

民主社会的价值理想就是对于人自身的"开放"——"向批评开放，获取相关资料机会的开放，重大公共事务向公众辩论的开放，这些看来都应该是民主社会的品德"，尽管"研究的独特价值和它所要求的研究者的品德，与不断增加研究经费和加强对研究控制的非民主官僚机构的价值和品德，仍然处于十分紧张的关系之中，这种教育研究传统通过接受批评，它向我们保证我们至少可以不断地接近真理"。③ 这或许是人类伦理界限不断澄清与建立的实践基石。

（三）集体利益：名誉与规范的共识

与研究者相关的另外一个群体就是同研究者一起承担着重大研究职责的"学术共同体"。研究伦理不仅仅是指向个体的道德概念，同时也是指向道德群体的集体概念。在此基础上，学术共同体的职责就在于维护他们共同的学术标准和行动规则，而研究本身则被作为共同体内所有研究者共有的存在方式，即"所有的教育研究者都有责任通过高质量的研究来维护教育研究的名誉，研究的目的是为了改进实践、增进知识。因而不得伪造

---

① ［美］莱因霍尔德·尼布尔：《道德的人与不道德的社会》，董世瑞等译，贵州人民出版社 1998 年版，第 201—202 页。

② ［英］理查德·普林：《教育研究的哲学》，李伟译，北京师范大学出版社 2008 年版，第147 页。

③ 同上。

或者夸大研究证据或者结果；不得有选择性地发表研究成果；不得以非专业或者诽谤的方式批评其他研究者；不得承担自己不能胜任的研究；不得独自使用合作科研成果；不得为欺诈的或非法目的进行研究"。① 这些伦理规定，不仅规范了基于研究群体的个人应把持的道德界限，同时将研究者放置在共同体价值的框架之内，研究行为被作为一种有关真理的"事业"，从而将伦理的维度提升至了集体利益的高度，对研究者共同的生活方式进行了规范。

在人与人的相互关系中，面对不同的"人"，其目的与道德的尺度亦不相同。从"责任"的伦理视角来看，"恪守学术道德，保证研究质量，这是研究者对社会的责任。保护被研究者不受伤害，甚至给他们和该群体带来益处，这是研究者与被研究者的责任。严谨治学以保证学术界名声不受损害，善待被研究者以给后来的研究留有余地，则是研究者对学术群体的责任。这些都构成了研究伦理的基本要素"②。因此，在处理研究者和相关群体的道德行为中，道德的主体决定了其价值的认识、判断和选择的"自主权"，在此基础上，教育研究者自身所具有的"品德"对于整个教育研究的价值活动来说，就起到特殊的决定性作用。换句话说，建立教育研究者的伦理自觉，促使他们良好品德的形成，是教育研究者提高自我认识及自我反思能力的核心。

## 三 品德图景——不可亵渎的道德信仰

### （一）从"你应当"到"我应该"：教育研究道德语言的转换

在教育研究采取行动的过程中，研究者面临的最大难题很多时候并不反映为"该如何选择"或执行某种伦理的原则，恰恰是"该具有或承担何种道德"的责任。因为"伦理原则"在某种程度上并不能够保证人的德性，我们在伦理意义上对研究行为"原则性"的思考，仅仅是作为价值选择的依据，而价值判断真正依赖的则是研究者个体的德性修养——"好的研究"与"好人"之间的道德分歧。因此，社会伦理规范对于个体来说，常常表现为"你应当"的道德命题；而相对于道德主体来说，"我

---

① 文雯：《英国教育研究伦理的规范和实践及对我国教育研究的启示》，《外国教育研究》2011 年第 8 期。

② 李荷：《社会研究的伦理规范：历史、哲学与实践》，《人文杂志》2011 年第 3 期。

应该"却是其自身道德命令的方式。在此基础上，"如果说伦理学的语言分为鼓励、允许和禁止三种"①，那么转化为个体道德范畴，"我能"或"不能"就成为个体道德语言的行动表述。因而，在研究者的视域，研究伦理所反映出的道德律法对人们的约束方式并不在于"你应当"，而在于"我应该"，即在于研究者自身的伦理自觉。明确了伦理的行为方式，"你应当"的命题就需要转化为研究者自身存有的、深入影响到"我应该"的某种素质——研究者智力或道德的品德，从而将道德"他律"的客观要求内化为道德主体的主观诉求（即道德"自律"）。

一项面向"真理"的研究，复杂的研究技巧和过程，在事实上可能具有了某种效度和信度，但在个体德性的审视上，却可能违背了"好人"的标准，或许就会在人与人的交往行动中为"可持续性"的深入研究产生障碍（如尊重、平等、诚信）。因而，教育研究伦理规范的建立应该更加关注研究者个体"品德"的培育，使研究者具备较完善的"德性"，使他们在面临相互冲突的道德原则的时候，能够作出"合适"的判断——哪怕在处于"道德两难"困境的时候，也能够提出"正当"的理由，为道德的倾向性进行合理的辩护。

（二）智力品质：抵制诱惑的真理素质

对研究者自身来说，需要一种特殊的品德——"智力品质"和"道德品质"，并且能够恰当地把握好二者的张力。智力品质与对"真理"所保持的态度直接相关，在与受压抑的或相互竞争的"权利资本"之间，智力品质能够在严格的约束下，仍然保持一种"为改善知识或实践"等能够提升研究质量的行为可能性中争取着某种努力或进行着某种思想的斗争，从而争取获得与"知识分配"相关的权利，以"公正"和"开放"的态度维持知识本身的"正当性"。尽管一味地追求真理可能获得的利益甚少，甚至会面临对于知识操纵者（委托者）的"背叛"，但为了"个人私利"而放弃研究的真实性（讲真话原则），从而迎合发起者的"语调"，在这种境况下，一个真正的研究者在面对"智力品质"的拷问时，通常是会感到"不安"的。同时，当他们面临整个社会的功利性倾向而放弃自己的研究兴趣或进行有价值的教育知识的生产——学术自由得到限制的时候，尽管他们可能会基于社会压力而去更改教育知识生产的方式，然

---

① 甘绍平：《应用伦理学前沿问题研究》，江西人民出版社 2002 年版，第 19 页。

而，这种行为对一个"好的研究者"来说，往往是会被拒绝的——因为这种行为的动机或选择本身，是违背了他们对于质量追求（即"应该怎样做"）等一些基本的职业道德标准的。

"追求真理"作为研究者"义务"的范畴，它自身并不具有道德的价值，而只有当人们对"知识的欲望"是"出于义务"而不是"合乎义务"的时候，它才被赋予了道德的内容。换句话说，假如人们对于"知识的欲望"是出于"爱好"（兴趣）或利己之心（利益的需要），尽管它也体现了"义务"（合乎义务），但我们并不能说它在道德上是善良的。因此，对于真理的追求只有在人们身处逆境——无利可图或所有人都丧失品格的时候，仍然以坚忍的意志去寻求，即道德行为的动机是"出于义务"的时候，这种"追求真理"的行动才真正具有了道德的内涵，才摆脱了某种权利或利益的束缚，进而成为人的一种美德。

道德活动为人类文明描绘出一个摹本（Vor – und Gegenbild）："在一个表现为普遍功利网的社会中，对于把任何生存活动——忽而明显、忽而微妙——都工具化的趋势，它都反抗。"[①]"智力品质"作为一种与职业道德相关的"品德"，深层次反映了研究者探索真理所具有的素质，因为"理论思辨本身就已经具有这样一种道德价值，而不只是由于它做出了补充性的成就才具有"。[②] 在这种面向真理的素质中，研究者的"智力品质"不仅在于维护"知识"的正当性和开放性方面所做出的努力，同时，在相互竞争的"权利"之间做出恰当的选择，面对各种"学术不端"的行为做出积极反应，这均体现了一个"好的研究者"应该具有的基本的智力品质和关乎整个学术名誉的德性修养。

（三）道德品质：唤起"良心"的善良意志

在第二个层面，智力品质又与"做人的标准"紧密相关，研究者所具有的"智力品质"受制于人与人共同生活的道德框架之内。因此，道德品质是人与人交往过程中、与对"人"的态度相关的、指向人精神品质的核心——"道德良心"的某种品德。在此基础上，"在伦理上有重要性的并不是主体间一致的纯粹事实，而是其理性的论证。只有这样的共识

---

① ［德］奥特弗利德·赫费：《作为现代化之代价的道德》，邓安庆、朱更生译，上海译文出版社 2005 年版，第 39 页。

② 同上书，第 38 页。

才有权拥有道德权威，即它是一种旨在达到主体间的理解与公正的利益均衡的交往过程的结果"。①"尊重""平等""信任""不伤害"等伦理规则，在研究行动中被赋予了绝对价值，好的研究必然是建立在"信任"与"责任"基础上的"交往"行为，而"人的因素"作为道德品质应该考虑的一个重要的伦理维度，如何以"协商"的态度和方式去争取参与者的拥护和支持，以"民主"的风格在尊重他人选择和利益中，赋予他人"解释权"和进一步说明的权利，以向"批评开放"的民主态度靠近，不断反思、修正研究过程的行为，是民主社会的研究者应该维持和遵循的道德品质。

另外，在人面向自身的检视中，还有一个重要的维度——善良意志（Good Will），它是构成人们普遍道德的基础。在研究者的道德生活里，"如果没有一个善良意志去正确地指导它们对心灵的影响，并使行动原则和普遍目的相符合的话，那么，财富、权利、荣誉甚至健康、美满的生活等等因幸运所致的使人幸福的东西，也就容易使人自满，甚至傲慢"②。因此，善良意志是决定一个人是否具有道德美德的根本判断标准。在对研究者的道德审视中，我们需要借用康德的"现象"与"自在之物"的概念，去区分"好的研究者"与"好人"之间的区别。在知识的维度，人的认识仅仅是作为对象的表象，而真理本身是什么我们并无法去通过认识而获得。因此，我们所追求的真理仅仅是作为知识表象存在的"现象"，而"自在之物"则是来自人先验的"内心"——"良心"的表达。在此基础上，一个真正的研究者就需要通过"善良意志"去拷问自己的"良心"：我是否在任何的情况下都维持着一种先天的"善"，无论在面对他人或在面对自己的时候，都在用同一个"善"的标准去认识和自我存在。换句话说，"一个人通过由内部感受得来的知识，是不能够知道他自己是什么样子的。因为既然他的确并未创造自己，且并未先天地而是经验地得到关于他自己的概念。很自然，他只能通过内在感觉，通过自己本性的想象，通过自己意识的被作用的方式而认识自己"③。因此，当一个研究者

---

① ［德］奥特弗利德·赫费：《作为现代化之代价的道德》，邓安庆、朱更生译，上海译文出版社 2005 年版，第 38 页。

② 李蜀人：《道德王国的重建》，中国社会科学出版社 2005 年版，第 99—100 页。

③ Kant Werke, *Akademie Textausgabe*, *Band IV*, Walter de Gruyter & Co. Berlin, 1968. p. 452. p. 106.

在面对真理时的对于"善"的冲动，如若不是同他自身做人的标准相一致的话，那么，他追求的就是虚伪的、表象的"善"，他所获得的"真理"同样只能是一种虚假的表达，因为它经不起"道德良心"的检验，也并非出自研究者的"善良意志"。倘若这种先天的、自在的"善"不能作为一个人行为的动机，不能言行一致，他所尊崇的道德律与行动法则本身就是自相矛盾的。

在西方哲学史上，叔本华就曾被罗素尖锐地批评为这样一种二律背反的人。叔本华面对真理，他同"禁欲的神秘主义达到完全一致"，认为"善人会实行完全守贞、自愿清贫、斋戒和苦行"，并将其作为美德；同时，"他所引据的神秘主义者们是信仰冥想的；在'至福直观'①中可以达到最深奥的一种认识，这种认识便是至高的善"。②然而，罗素尖锐地指出："叔本华的知命忍从主义不大前后一贯，也不大真诚"，而这种学术上的不一致主要是源于生活标准的不一致，他进一步追溯道："假若我们可以根据叔本华的生活来判断，可知他的论调也不是真诚的。他素常在上等菜馆里吃得很好；他有过多次色情而不热情的琐屑的恋爱事件；他格外爱争吵，而且异常贪婪。有一回一个上了年纪的女裁缝在他的房间门外对朋友讲话，惹得他动火，把她扔下楼去，给她造成终身伤残……除对动物的仁慈外，在他一生中很难找到任何美德的痕迹，而他对动物的仁慈已经做到反对为科学而作活体解剖的程度。在其他各方面，他完全是自私的。很难相信，一个深信禁欲主义和知命忍从是美德的人，会从来也不曾打算在实践中体现自己的信念"③。这就是问题的本质——一个在学术上追求完美主义、追求"至善"的研究者，他所提出的有关"善"的观念，假如它自身并不打算在行动的维度上去实现这种知识信念的话，那么，他所获得的知识本身，也就同叔本华《作为意志和表象的世界》中强调的"意志"一样，"无论是时间还是空间，以及最后的表现形式——主体与客体"，就一切废除了，"它在我们面前的确只有虚无"④。在这种存在于知识与人性之间的二律背反的矛盾体，在康德看来，主要是基于"物自

---

① "至福直观"指神学中所讲的圣徒在天国直接目睹上帝。

② ［英］罗素：《西方哲学史》（下卷），商务印书馆2005年版，第308—309页。

③ 同上书，第309—310页。

④ 参见［德］叔本华《作为意志和表象的世界》，董建编译，北京出版社2008年版，第49页。

体"的差别，即好人与坏人的差别主要来源于现象背后的道德律的判断。也就是说，一个"好的研究者"与"好人"都以一个先验的命题为前提，这个绝对的命题直接指向了人的内心——道德良心。"良心是一种绝对观念在最终的本质上的体现"，"它是人体里的上帝之声"。① 一个在行动上放荡不羁的研究者，他尽管通过认识的表象创造了知识，但他却不能获得知识本身——因为他在面对自身的时候，并不知道自己是什么样子，并未获得关于自己的任何观念，在此基础上，他获得的知识的表象并未通过自我作用的方式反射到自身，而恰恰"人的认识只有通过认识自己来获得并真正得以实践"。从这个角度来说，道德的标准不具有两重性，它服从于道德的绝对命令，遵从着先天的自然法则，它必然要以"自在的善"为尺度，并且在一切的场合下都无条件地遵从于这种绝对的"善"的观念——在此基础上的"道德品质"，才是一种天然合理的道德美德；而以此为前提的认识行动，才是接近于真理本质的一种认识，因为知识透过表象贴近了人的本真。

因此，从道德品质自身来说，一个"好人"的标准总是能够唤起研究者的"道德良心"，从一个人"良知"的角度去完成道德主体对于研究行为的"自我检验"过程，在道德自律的层面促使客观的道德法则转化为个体主观的意愿，在一种指向人先天的"善"的行动中去完成道德品质的养成。——这是基于"人"的道德标准视域下的道德品质形成的动力和内化的标准，因为"人"的道德品质总是具备着一种自律的功能，即"它总是不失时机地唤起教育研究者的道德良心、强化其道德信念，诱导其研究行为全面关注研究对象的发展需要，关注其精神生活，激发其主体精神，不断提升其生命价值，进而使其生动活泼、主动和谐地发展，使研究者的研究行为始终朝着有利于促进研究对象身心发展的方向前进"②。

（四）道德抉择：职业道德与公民道德的异议

在研究者的智力品质与道德品质之间，往往充斥着某种对抗的力量，即面对多变的研究事实，研究者"究竟该承担何种责任"这个命题就显得难以判断和选择。"由于道德生活有两个集中点，故而使这一冲突不可

---

① ［德］罗伯特·施佩曼：《道德的基本概念》，上海译文出版社 2007 年版，第 56—57 页。

② 吴定初、王梅：《教育研究道德规范的涵义、功能与作用》，《高等师范教育研究》2002 年第 5 期。

避免。一个集中点存在于个人的生活中，另一个集中点存在于维持人类社会生活的必要性中。从社会角度看，最高的道德理想是公正；从个人角度看，最高的道德理想是无私。"① 当面临职业道德与公民道德之间的价值冲突，一方面，研究者是"人"，因此，人的基本准则是他们首先应该具备的伦理规则；另一方面，研究活动本身还要求研究者同时也要将职业伦理的规则放在极其重要的位置上，否则将有悖于研究伦理。在这两难的抉择中，研究者常常是不知所措的，因为"某些行为并不一定违背伦理，但是，有一些问题如果挑战了人的某些基本准则，或者说你的被研究者严重违背了他人的意志，则是相当棘手的"②。因而，当研究者的职业道德与个体道德在研究过程中产生激烈争论的时候，我们甚至进一步设想或期望"是否存在一个具有普适性的、优先于一切其他伦理准则（包括职业道德）的元准则？"③ 用以作为"先验"的道德标准而帮助人们进一步裁定二者之间道德的规范尺度——这是我们在对于教育研究伦理进行哲学探讨的过程中，需要进一步澄清和努力找寻的伦理研究的方向。

从总体上说，研究者应该遵守的伦理要求，往往更加取决于研究者的某种信仰。因为道德本身就是作为信仰的存在，而研究者应该采取何种伦理尺度去正当地处理价值的问题，正是研究者在面临相互冲突的道德困境时建立"信仰"的过程。因而，道德的问题从深层次来说，并非是关乎科学或者哲学的问题，它似乎更接近于"宗教"的某种品质。尽管它本身与宗教无关，却使之具有了宗教的感召力，因为"德育的目的就在于使人相信人的身上有着一种不可亵渎的东西，它也许是灵魂、境界、激情、创造，或是人之为人的所有精神要素的总和，人毫无选择地遵从于它的绝对命令、忠实于它的自然法则，这就是德育的真实效力"④。因而，德育的实质使那些普遍的、必然的道德法则进入人心，成为人的行为准则，进而使人深信："灿烂星空在我头顶，道德律在我心中"（康德语）。从这个

---

① ［美］莱因霍尔德·尼布尔：《道德的人与不道德的社会》，转引自唐凯麟主编《西方伦理学名著提要》，江西人民出版社 2000 年版，第 477 页。

② 黄莹莹、潘绥铭：《中国社会调查中的研究伦理：方法论层次的反思》，《中国社会科学》2009 年第 2 期。

③ 同上。

④ 赵志毅：《德育的"意志"转向——兼论走向"实践理性"的学校德育》，《教育研究》2012 年第 2 期。

角度，人或许"只能在自己面前为了自己而承担责任。从社会出发来看，人们也可以先验地作出合理说明，因为人们过一种美好的和成功的生活是不言而喻的"①。

---

① ［德］奥特弗利德·赫费：《作为现代化之代价的道德》，邓安庆、朱更生译，上海译文出版社 2005 年版，第 39 页。

# 参考文献

（一）著作

[1]［法］埃德加·莫兰：《复杂性理论与教育问题》，陈一壮译，北京大学出版社 2004 年版。

[2]［德］奥特弗利德·赫费：《作为现代化之代价的道德》，邓安庆、朱更生译，上海译文出版社 2005 年版。

[3]［瑞士］鲍亨斯基：《当代思维方法》，童世骏等译，上海人民出版社 1987 年版。

[4]［德］布列钦卡：《教育知识的哲学》，杨明全、宋时春译，华东师范大学出版社 2006 年版。

[5]［美］布鲁巴克：《教育问题史》，吴元训译，安徽教育出版社 1991 年版。

[6] 陈根法：《德性论》，上海人民出版社 2004 年版。

[7] 陈桂生：《教育学的建构》，华东师范大学出版社 2008 年版。

[8] 陈桂生：《中国教育学问题》，华东师范大学出版社 2006 年版。

[9] 陈桂生：《常用教育概念辨析》，华东师范大学出版社 2008 年版。

[10] 陈桂生：《普通教育学纲要》，华东师范大学出版社 2008 年版。

[11] 陈桂生：《回望教育基础理论——教育的再认识》，北京师范大学出版社 2007 年版。

[12] 陈向明：《质的研究方法与社会科学研究》，教育科学出版社 2001 年版。

[13] 陈元晖：《中国教育学史遗稿》，北京师范大学出版社 2001 年版。

[14] 程亮：《教育学的"理论——实践"观》，福建教育出版社 2009 年版。

［15］［日］大河内一男：《教育学的理论问题》，教育科学出版社 1984 年版。

［16］［英］迪尔登：《教育领域中的理论与实践》，唐莹、沈剑平译，人民教育出版社 1993 年版。

［17］［德］底特利希·本纳：《普通教育学》，彭正梅、徐小青等译，华东师范大学出版社 2003 年版。

［18］［法］迪尔凯姆：《社会学研究方法论》，胡伟译，华夏出版社 1988 年版。

［19］［美］杜威：《民主主义与教育》，王承绪译，人民教育出版社 2001 年版。

［20］杜祖贻：《社会科学的科学本质》，上海辞书出版社 2012 年版。

［21］范国睿、瞿葆奎：《西方教育学史略》，浙江教育出版社 1999 年版。

［22］［西］费尔南多·萨瓦特尔：《教育的价值》，李丽、孙颖屏译，北京大学出版社 2012 年版。

［23］冯建军等：《现代教育原理》，南京师范大学出版社 2003 年版。

［24］冯建军：《教育基本理论研究 20 年（1990—2010）》，福建教育出版社 2012 年版。

［25］甘绍平：《应用伦理学前沿问题研究》，江西人民出版社 2002 年版。

［26］高明凯：《语言论》，商务印书馆 1999 年版。

［27］郭元祥：《教育的立场》，安徽教育出版社 2009 年版。

［28］［德］海德格尔：《诗·语言·思》，彭富春译，文化艺术出版社 1991 年版。

［29］［德］海德格尔：《在通向语言的途中》，孙兴周译，商务印书馆 2004 年版。

［30］何钟秀：《科学学纲要》，天津科学技术出版社 1982 年版。

［31］［德］赫尔巴特：《普通教育学》，李其龙译，人民教育出版社 1989 年版。

［32］［英］赫斯特：《教育理论》，人民教育出版社 1993 年版。

［33］黄铭译：《教育的价值》，大象出版社 2010 年版。

［34］洪宝书：《教育本质与规律》，成都科技大学出版社 1992 年版。

［35］胡海波、魏书胜、庞立生：《哲学导论》，吉林文史出版社 2005 年版。

［36］扈中平、刘朝晖：《挑战与应答——20 世纪的教育目的观》，山东教育出版社 1995 年版。

［37］［美］华勒斯坦：《学科·知识·权利》，刘健芝等译，生活·读书·新知三联书店 1999 年版。

［38］黄济：《教育哲学通论》，山西教育出版社 2001 年版。

［39］［德］伽达默尔：《哲学解释学》，夏镇平、宋建平译，上海译文出版社 1994 年版。

［40］［法］加斯东·米亚拉雷等：《世界教育史（1945 年至今）》，张人杰等译，上海译文出版社 1991 年版。

［41］［德］康德：《论教育学》，上海世纪出版集团 2004 年版。

［42］［英］卡尔·波普尔：《猜想与反驳——科学知识的增长》，傅季重、纪树立等译，上海译文出版社 1986 年版。

［43］［德］康德：《道德形而上学原理》，苗力田译，上海人民出版社 2002 年版。

［44］［德］康德：《实践理性批判》，商务印书馆 1999 年版。

［45］克罗齐：《美学或艺术和语言哲学》，黄文捷译，中国社会科学出版社 1992 年版。

［46］［美］拉格曼：《一门捉摸不定的科学：困扰不断的教育研究的历史》，花海燕译，教育科学出版社 2006 年版。

［47］［美］莱因霍尔德·尼布尔：《道德的人与不道德的社会》，江西人民出版社 2000 年版。

［48］［德］赖欣巴哈：《科学哲学的兴起》，伯尼译，商务印书馆 2004 年版。

［49］［美］劳伦斯·纽曼：《社会研究方法》，郝大海译，中国人民大学出版社 2007 年版。

［50］雷通群：《教育社会学（例言）》，商务印书馆 1933 年版。

［51］李润洲：《教育学研究的价值生成》，山西教育出版社 2010 年版。

［52］李文格：《回归现实生活世界》，中国社会科学出版社 2002 年版。

［53］李泽厚：《批判哲学的批判》，天津社会科学院出版社 2003 年版。

［54］李政涛、李云星：《百年中国基础教育改革的方法论探析》，教育科学出版社 2011 年版。

［55］李克建：《追寻教育研究之道——结构主义、后结构主义与教育研

究方法论》，光明日报出版社 2011 年版。

[56] 李太平：《科学教育与人文教育》，人民出版社 2010 年版。

[57] 李政涛、李正：《为"生命·实践"而思》，广西师范大学出版社 2011 年版。

[58] 李政涛：《教育科学的世界》，华东师范大学出版社 2010 年版。

[59] ［美］理查德·罗蒂：《后哲学文化》，黄勇译，上海译文出版社 2004 年版。

[60] ［英］理查德·普林：《教育研究的哲学》，李伟译，北京师范大学出版社 2008 年版。

[61] 刘放桐：《新编现代西方哲学》，人民出版社 2000 年版。

[62] 刘永富：《哲学概论》，西安交通大学出版社 2008 年版。

[63] 刘义兵、段俊霞：《教学研究范式论：内涵与变革》，人民教育出版社 2011 年版。

[64] 柳海民：《教育学原理》，高等教育出版社 2011 年版。

[65] ［匈］卢卡奇：《理性的毁灭》，王玖兴等译，山东人民出版社 1988 年版。

[66] 鲁洁：《超越与创新》，人民教育出版社 2000 年版。

[67] 鲁苓：《语言·言语·交往》，社会科学文献出版社 2004 年版。

[68] 陆有铨：《躁动的百年：20 世纪的教育历程》，山东教育出版社 1997 年版。

[69] 罗伯特·施佩曼：《道德的基本概念》，上海译文出版社 2007 年版。

[70] 罗国杰、宋希仁：《西方伦理思想史》（下卷），中国人民大学出版社 1985 年版。

[71] ［英］罗素：《我们关于外间世界的知识》，陈启伟译，上海译文出版社 1990 年版。

[72] ［加］马克思·范梅南：《生活体验研究——人文科学视野中的教育学》，宋广文等译，教育科学出版社 2003 年版。

[73] ［加］麦克·富兰：《变革的力量——透视教育改革》，教育科学出版社 2004 年版。

[74] 么加利：《走向复杂——教育视角的转换》，西南师范大学出版社 2002 年版。

[75] ［法］米歇尔·福柯：《规训与惩罚》，刘北在、杨远婴译，生活·

读书·新知三联书店 1999 年版。

[76] ［英］摩尔：《伦理学原理》，商务印书馆 1983 年版。

[77] ［美］穆尼茨：《当代分析哲学》，吴牟人等译，复旦大学出版社 1986 年版。

[78] 宁虹：《教师成为研究者：国际运动、理论、路径、实践》，首都师范大学出版社 2002 年版。

[79] ［英］诺曼·菲尔克拉夫：《话语与社会变迁》，殷晓蓉译，华夏出版社 2003 年版。

[80] 裴娣娜：《教育研究方法导论》，安徽教育出版社 1993 年版。

[81] ［法］彭加勒：《科学的价值》，李醒民译，光明日报出版社 1998 年版。

[82] 彭新武：《复杂性思维与社会发展》，中国人民大学出版社 2003 年版。

[83] 彭正梅：《解放和教育——德国批判教育学研究》，华东师范大学出版社 2007 年版。

[84] ［美］Phil Francis Carspecken：《教育研究的批判民俗志——理论与实务指南》，华东师范大学出版社 2004 年版。

[85] 齐梅、马林：《学科制度下的中国教育学学科发展研究》，人民出版社 2012 年版。

[86] 钱连冠：《美学语言学：语言美和言语美》，高等教育出版社 2004 年版。

[87] 瞿葆奎：《元教育学研究》，浙江教育出版社 1999 年版。

[88] 瞿葆奎：《教育学的探究》，人民教育出版社 2004 年版。

[89] ［法］让-弗朗索瓦·利奥塔：《后现代状态：关于知识的报告》，车槿山译，生活·读书·新知三联书店 1997 年版。

[90] ［美］Richard Kahn 著，张亦默、李博译：《批判教育学、生态扫盲与全球危机：生态教育学运动》，高等教育出版社 2013 年版。

[91] 日本筑波大学教育学研究会：《现代教育学基础》，钟启全译，上海教育出版社 1986 年版。

[92] 盛宁：《人文困惑与反思：西方后现代主义思潮批判》，生活·读书·新知三联书店 1997 年版。

[93] 石里克：《哲学的转变》，转引自洪谦主编《逻辑经验主义》（上

卷），商务印书馆 1982 年版。

［94］石佩臣：《教育学基础理论》，东北师范大学出版社 1996 年版。

［95］石中英：《教育学的文化性格》，陕西教育出版社 2007 年版。

［96］［美］舒斯特曼：《哲学实践》，彭锋等译，北京大学出版社 2002 年版。

［97］［挪威］斯坦因·U. 拉尔森主编：《社会科学理论与方法》，任晓等译，上海人民出版社 2002 年版。

［98］宋希仁：《当代外国伦理思想》，中国人民大学出版社 2000 年版。

［99］孙培青：《中国教育史》，华东师范大学出版社 2000 年版。

［100］孙喜亭：《教育学问题研究》，天津教育出版社 1989 年版。

［101］孙喜亭：《教育原理（修订版）》，北京师范大学出版社 2003 年版。

［102］孙正聿：《理论思维的前提批判》，辽宁人民出版社 1997 年版。

［103］孙正聿：《哲学通论》，辽宁人民出版社 1998 年版。

［104］孙振东：《教育研究方法论变革》，重庆大学出版社 2008 年版。

［105］唐钺、朱经农、高觉敷：《教育大辞书》，商务印书馆 1933 年版。

［106］唐莹：《元教育学》，人民教育出版社 2002 年版。

［107］陶行知：《中国教育改造》，东方出版社 1996 年版。

［108］［法］涂尔干：《道德教育》，陈光金等译，上海人民出版社 2001 年版。

［109］涂艳国：《走向自由——教育与人的发展问题研究》，华中师范大学出版社 1999 年版。

［110］［美］托马斯·库恩：《科学革命的结构》，金吾伦、胡新和译，北京大学出版社 2003 年版。

［111］汪民安：《后现代性的哲学话语》，浙江人民出版社 2000 年版。

［112］王逢贤：《优教与忧思》，人民教育出版社 2004 年版。

［113］王坤庆：《精神与教育——一种教育哲学视角的当代教育反思与建构》，华中师范大学出版社 2009 年版。

［114］王坤庆：《教育哲学——一种哲学价值论视角的研究》，华中师范大学出版社 2006 年版。

［115］王涛：《追寻教育的语言基础：一种交际民族志学视野》，广东高等教育出版社 2011 年版。

［116］王绪琨：《科学研究方法学与科学方法论》，求实出版社 1983

年版。

［117］王文静：《创新的教育研究范式》，华东师范大学出版社 2010 年版。

［118］［意］维柯：《新科学》，朱光潜译，人民文学出版社 1986 年版。

［119］［英］维特根斯坦：《逻辑哲学论》，郭英译，商务印书馆 1985 年版。

［120］［英］维特根斯坦：《哲学研究》，汤潮、范光棣译，生活·读书·新知三联书店 1992 年版。

［121］卫道治、沈煜峰：《人·关系·文化：教育社会学观略》，湖南教育出版社 1988 年版。

［122］魏英敏：《新伦理学教程》，北京大学出版社 2007 年版。

［123］吴黛舒：《生成中的中国教育学研究》，中国社会科学出版社 2012 年版。

［124］文费良：《话语与生存》，上海书店出版社 2007 年版。

［125］［德］沃尔夫冈·布列钦卡：《教育科学的基本概念——分析、批判与建议》，华东师范大学出版社 2001 年版。

［126］［德］沃尔夫网·布列钦卡：《教育知识的哲学》，华东师范大学出版社 2003 年版。

［127］［德］Wolfgung Brezinka 著，彭正梅译：《教育目的、教育手段和教育成功：教育科学体系引论》，华东师范大学出版社 2006 年版。

［128］吴清山：《教育概论》，五南图书出版公司 2004 年版。

［129］吴元梁：《科学方法论基础》，中国社会科学出版社 1984 年版。

［130］肖川：《教育的理想与信念》，岳麓书社 2002 年版。

［131］肖川：《教育与文化》，湖南教育出版社 1990 年版。

［132］薛忠祥：《教育存在论——教育科学的形而上学基础研究》，武汉大学出版社 2013 年版。

［133］［美］谢弗勒：《教育的语言》，林逢祺译，桂冠图书股份有限公司 1994 年版。

［134］谢延龙：《在通往语言途中的教育：语言论教育论纲》，科学出版社 2011 年版。

［135］徐友渔等：《语言与哲学——当代英美与德法传统比较研究》，生活·读书·新知三联书店 1996 年版。

［136］［古希腊］亚里士多德：《形而上学》，吴寿彭译，商务印书馆
1983 年版。

［137］阳小华：《语言·意义·生活世界》，知识产权出版社 2008 年版。

［138］杨国荣：《伦理与存在：道德哲学研究》，上海人民出版社 2002
年版。

［139］杨晓薇：《教育研究的原理与方法》，华东师范大学出版社 2002
年版。

［140］叶志坚：《中国近代教育学原理的知识演进——以文本为线索》，
浙江大学出版社 2012 年版。

［141］叶澜：《教育概论》，人民教育出版社 1999 年版。

［142］叶澜：《教育研究方法论初探》，上海教育出版社 1999 年版。

［143］叶澜：《立场》，广西师范大学出版社 2008 年版。

［144］于伟：《现代性与教育》，北京师范大学出版社 2006 年版。

［145］俞建章、叶舒宪：《符号：语言与艺术》，上海人民出版社 1988
年版。

［146］俞世伟、白燕：《规范·德性·德行——动态伦理道德体系的实践
性研究》，商务印书馆 2009 年版。

［147］郑金洲：《中国教育学 60 年（1949—2009）》，华东师范大学出版
社 2009 年版。

［148］詹栋梁：《后现代主义教育思潮》，渤海棠文化公司 2002 年版。

［149］［美］詹姆斯·保罗·吉：《话语分析导论：理论与方法》，杨炳钧
译，重庆大学出版社 2011 年版。

［150］张胜勇：《反思与建构——20 世纪的教育科学研究方法论》，山东
教育出版社 1995 年版。

［151］赵凯荣：《复杂性哲学》，中国社会科学出版社 2001 年版。

［152］赵汀阳：《论可能生活》，中国人民大学出版社 2004 年版。

［153］郑金洲、瞿葆奎等：《中国教育学百年》，教育科学出版社 2002
年版。

［154］钟启全、高文、赵中建：《多维视角下的教育理论与思潮》，教育
科学出版社 2004 年版。

［155］周作宇：《问题之源与方法之境——元教育理论探索》，教育科学
出版社 2000 年版。

［156］［日］作田启一：《价值社会学》，商务印书馆 2004 年版。

（二）期刊论文

［1］巴战龙：《简论人类学视野中的教育研究》，《湖北民族学院学报》（哲学社会科学版）2005 年第 1 期。

［2］巴战龙：《教育学的尴尬》，《读书》2003 年第 10 期。

［3］白明亮：《理论的话语与实践的视域——教育理论与实践脱节关系的本原性思考》，《教育理论与实践》2008 年第 3 期。

［4］白世国：《教育学应研究什么》，《廊坊师专学报》1999 年第 1 期。

［5］鲍同梅：《教育学方法论的内涵及其研究视角》，《华东师范大学学报：教育科学版》2008 年第 1 期。

［6］毕诚：《试论教育与文化》，《黑龙江高教研究》1987 年第 3 期。

［7］别敦荣、彭阳红：《近 10 年我国高等教育研究的现状与未来走向——以〈高等教育研究〉刊发论文为样本》，《高等教育研究》2008 年第 4 期。

［8］蔡春、扈中平：《立足于"关系"的教育研究》，《教育理论与实践》2003 年第 12 期。

［9］曹慧英：《关于教育研究范式的研究》，《江苏教育学院学报》（社会科学版）2004 年第 6 期。

［10］曹永国：《关于教育理论关注实践的思考》，《教育学报》2008 年第 5 期。

［11］曹勇国：《教育研究之生命意识探寻》，《教育理论与实践》2008 年第 5 期。

［12］曾天山、丁杰、张彩云：《从战略高度提升教育研究质量——基于 2010 年全国教育科学规划课题成果鉴定的实证分析》，《教育研究》2011 年第 7 期。

［13］曾天山：《新中国教育科研六十年》，《教育学术月刊》2009 年第 5 期。

［14］曾天山：《教育研究中的技术与方法》，《教育理论与实践》2008 年第 4 期。

［15］曾君：《教育研究中定量与定性研究法的比较》，《广西教育学院学报》2000 年第 3 期。

［16］常亚慧、林澍峻：《后现代主义对教育研究方法论的启示》，《绵阳

师范高等专科学校学报》2001 年第 1 期。

[17] 陈桂生：《"教育理论与实践关系问题" 的再认识》，《湖南师范大学教育科学学报》2005 年第 1 期。

[18] 陈桂生：《"元教育学" 问对》，《华东师范大学学报》（教育科学版）1995 年第 2 期。

[19] 陈桂生：《关于 "教育研究方法" 的比较研究》，《比较教育研究》1997 年第 1 期。

[20] 陈桂生：《教育学研究对象辨》，《教育理论与实践》1995 年第 4 期。

[21] 陈桂生：《略论教育学成为 "别的学科领地" 的现象》，《教育研究》1994 年第 7 期。

[22] 陈桂生：《略论外国的 "教育学现象"》，《比较教育研究》1995 年第 2 期。

[23] 陈桂生：《略论 "教育研究方法"》，《当代教育论坛究》2006 年第 4 期。

[24] 陈桂生：《略论教育学 "体系" 问题》，《教育研究与实验》1996 年第 1 期。

[25] 陈嘉明：《从科学主义到非科学主义——现代西方哲学的范式转换》，《复旦学报》（社会科学版）1995 年第 2 期。

[26] 陈来成：《教育活动系统的复杂性探索》，《系统辩证学学报》2002 年第 4 期。

[27] 陈升：《道德精神、道德语言与道德适用》，《道德与文明》2000 年第 2 期。

[28] 陈先达：《一个值得商榷的哲学命题——关于 "合规律与合目的" 问题质疑》，《学术研究》2009 年第 8 期。

[29] 陈一壮：《埃德加·莫兰的 "复杂方法" 思想及其在教育领域内的体现》，《教育科学》2004 年第 2 期。

[30] 陈佑清：《论教育的基本矛盾及其转化》，《教育理论与实践》1999 年第 5 期。

[31] 陈振华：《论新的教育知识生产观》，《华东师范大学学报》（教育科学版）2001 年第 3 期。

[32] 陈琴英：《论解释学与教育研究——教育研究方法的一个新视野》，

《龙岩学院学报》2005 年第 2 期。

[33] 程方平：《教育研究者的学术责任》，《教育科学》2005 年第 8 期。

[34] 程天君、吴康宁：《当前教育学研究的三个悖论》，《教育研究》2006 年第 8 期。

[35] 程广文：《教育研究：走向复杂》，《教育研究》2008 年第 7 期。

[36] 崔伟奇：《"语言的转向"的哲学反思》，《求是学刊》1995 年第 6 期。

[37] 邓晓芒：《当代中国教育的病根》，《社会科学论坛》2011 年第 7 期。

[38] 丁钢：《教育学学科问题的可能性解释》，《教育研究》2008 年第 2 期。

[39] 丁钢：《教育叙事的理论探究》，《高等教育研究》2008 年第 1 期。

[40] 董美英、金林祥：《教育研究范式的探寻：对教育叙事究热的反思》，《现代大学教育》2009 年第 2 期。

[41] 杜晓利：《教育研究价值取向重心的转移：从"学科本位"到"问题本位"》，《教育理论与实践》2007 年第 12 期。

[42] 樊平军：《论教育知识从研究者到实践者的转化》，《江西教育科研》2006 年第 9 期。

[43] 范国睿：《教育哲学与教育科学：历史的观点》，《华东师范大学学报》2000 年第 1 期。

[44] 房淑云：《方法论与教育科学研究的方法》，《教育改革》1995 年第 2 期。

[45] 冯建军、赵永东：《西方教育研究范式的变革与发展趋向》，《平顶山师专学报》（社会科学版）1997 年第 4 期。

[46] 冯建军：《教育研究范式：从二元对立到多元整合》，《教育理论与实践》2003 年第 10 期。

[47] 冯向东：《教育自身：教育学学科立场与理论的基石》，《教育研究》2013 年第 7 期。

[48] 傅维利：《教育研究原创性探析》，《教育研究》2003 年第 7 期。

[49] 傅先庆：《教育价值、教育实体、教育知识三大体系的世纪创新》，《福建论坛》（经济社会版）2000 年第 12 期。

[50] ［英］格特·比斯塔：《教育研究和教育实践中的证据和价值》，

《北京大学教育评论》2011 年第 1 期。

[51] 顾明远：《对教育定义的思考》，《北京大学教育评论》2003 年第 1 期。

[52] 郭元祥：《教育理论与教育实践关系的逻辑考察》，《华中师范大学学报》（教育科学版）1999 年第 1 期。

[53] 郭元祥：《论教育研究的历史意识与逻辑意识》，《华东师范大学学报》（教育科学版）2000 年第 2 期。

[54] 郭红：《教育研究方法的一个新视点：质的教育研究方法》，《教育研究》2007 年第 5 期。

[55] 郝文武：《教育学研究对象新探》，《陕西师大学报》（哲学社会科学版）1995 年第 9 期。

[56] 何齐宗：《教育学的内容体系：问题、构想与尝试》，《江西师范大学学报》（哲学社会科学版）2006 年第 4 期。

[57] 贺武华、廖明岚：《教育科学研究之"科学"质疑》，《当代教育论坛》2005 年第 12 期。

[58] 洪明：《西方教育研究取向新进展》，《教育研究》2000 年第 10 期。

[59] 侯怀银：《20 世纪上半叶中国教育学发展的基本历程》，《山西大学学报》（哲学社会科学版）2002 年第 12 期。

[60] 侯光文：《教育科学研究的种类与一般过程》，《基础教育科研指南》2002 年第 3 期。

[61] 胡红梅：《近十年我国教育研究方法论之研究特征》，《教育导刊》2007 年第 2 期。

[62] 胡卫平：《科学教育的研究趋势与展望》，《华东师范大学学报》（教育科学版）2007 年第 4 期。

[63] 胡中锋、黎雪琼：《论教育研究中质的研究与量的研究的整合》，《华南师范大学学报》（社会科学版）2006 年第 6 期。

[64] 扈中平：《教育规律与教育价值》，《教育评论》1996 年第 2 期。

[65] 扈中平：《教育研究必须坚持科学人文主义的方法论》，《教育研究》2003 年第 3 期。

[66] 黄济：《中国近百年教育思想回眸》，《北京大学教育评论》2003 年第 2 期。

[67] 黄向阳：《教育研究的元分析》，《华东师范大学学报》（教育科学

版）1993 年第 2 期。

[68] 黄志成：《教育研究中的两大范式比较："日耳曼式教育学"与"盎格鲁式教育科学"》，《教育学报》2007 年第 2 期。

[69] 霍巍、周贵礼：《后现代主义与教育研究的变革》，《当代教育论坛》2004 年第 9 期。

[70] [美] 霍华德·加德纳：《未来的教育：教育的科学基础和价值基础》，刘沛译，《教育研究》2005 年第 2 期。

[71] 江天骥：《科学主义和人本主义的关系问题》，《哲学研究》1996 年第 11 期。

[72] 蒋凯：《涵养科学精神——教育研究方法论的省思》，《北京大学学报》（哲学社会科学版）2004 年第 1 期。

[73] 蒋建华：《教育科研成果表述的语言创新》，《中国教育学刊》2013 年第 5 期。

[74] 金生鈜：《教育哲学是实践哲学》，《教育研究》1995 年第 1 期。

[75] 金生鈜：《无立场的教育学思维——关怀人间、人事、人心》，《华东师范大学学报》（教育科学版）2006 年第 3 期。

[76] 靖国平：《从"学科立场"到"学派立场"——论中国教育学的学派意识及其实践路向》，《高等教育研究》2006 年第 1 期。

[77] 康丽颖：《教育理论工作者回归实践的自识与反思》，《教育研究》2006 年第 1 期。

[78] 康永久：《回归生活世界的教育学》，《教育研究》2008 年第 6 期。

[79] 康永久：《教育研究的认识论视野》，《教育学报》2005 年第 5 期。

[80] 康伟：《教育研究范式转换：从主体性到主体间性》，《教育科学》2006 年第 6 期。

[81] 劳凯声：《教育学与教育研究刍议》，《天津市教科院学报》2002 年第 1 期。

[82] 雷洪德：《论教育自身——涂又光教育哲学之本体论》，《高等教育研究》2005 年第 5 期。

[83] 雷云、吴定初：《"教育研究对象"的哲学思考》，《社会科学战线》2009 年第 1 期。

[84] 雷云、吴定初：《教育研究对象的历时结构及其演进逻辑》，《教育学术月刊》2011 年第 4 期。

［85］李克建：《后结构主义与教育研究：路向与谱系》，《全球教育展望》2010 年第 12 期。

［86］李克建：《后结构主义与教育研究：方法论的视角》，《全球教育展望》2008 年第 10 期。

［87］李克建：《教育研究：从结构主义到后结构主义》，《全球教育展望》2011 年第 11 期。

［88］李太平、翟艳芳：《20 世纪西方科学教育发展轨迹探源》，《湖北大学学报》（哲学社会科学版）2009 年第 5 期。

［89］李太平：《当前教育研究中需要注意的几种倾向》，《教育研究》2006 年第 10 期。

［90］李太平：《究竟什么是教育研究——兼评〈中国高等教育研究方法的反思与重构〉》，《大学》（学术版）2010 年第 2 期。

［91］李醒民：《论科学语言》，《北京行政学院学报》2006 年第 2 期。

［92］李雁冰：《试论三种教育研究范式及其转换背景》，《宁波大学学报》（教育科学版）2000 年第 1 期。

［93］李政涛：《对教育研究者生存方式的省察》，《教育评论》2001 年第 6 期。

［94］李政涛：《教育研究的叙事伦理》，《教育研究》2006 年第 10 期。

［95］李政涛：《教育研究中的四种语言学取向——兼论通向语言的教育学之路》，《教育研究与实验》2006 年第 6 期。

［96］李政涛：《论教育理论主体和教育实践主体的交往与转化》，《高等教育研究》2007 年第 4 期。

［97］李政涛：《论教育研究的中国经验与中国知识》，《高等教育研究》2006 年第 9 期。

［98］李政涛：《教育研究的境界》，《高等教育研究》2006 年第 9 期。

［99］李润洲：《教育问题的价值辨识与生成》，《教育学术月刊》2011 年第 3 期。

［100］李润洲：《论问题在教育学研究中的地位与作用》，《上海教育科研》2008 年第 10 期。

［101］李全华：《论艺术语言与科学语言的区别——艺术语言与科学语言区别理论的实践意义》，《楚雄师范学院学报》2002 年第 2 期。

［102］李秉芬：《浅谈艺术语言与科学语言的关系——从艺术语言与语

法、逻辑角度来谈》,《临沧师范高等专科学校学报》2009 年第 1 期。

[103] 刘冬岩、陈旭远:《对话与理解:师生交往语言意义的追寻》,《东北师大学报》(哲学社会科学版) 2003 年第 2 期。

[104] 刘冬岩、陈旭远:《对话与理解:师生交往语言意义的追寻》,《东北师大学报》(哲学社会科学版) 2003 年第 2 期。

[105] 刘良华:《"语言转向"中的教育学立场》,《集美大学学报》2001 年第 1 期。

[106] 刘良华:《教育、语言与生活》,《华东师范大学学报》(教育科学版) 2001 年第 3 期。

[107] 刘茂军、孟凡杰:《教育话语分析:教育研究的新范式》,《教育学报》2013 年第 5 期。

[108] 刘庆昌:《教育知识论的基本任务》,《天津市教科院学报》2007 年第 4 期。

[109] 刘庆昌:《论教育知识的实在化》,《山西大学师范学院学报》2001 年第 2 期。

[110] 刘铁芳:《语言与教育》,《河北师范大学学报》(教育科学版) 2001 年第 4 期。

[111] 刘铁芳:《教育研究中的人文意蕴》,《教育研究》2008 年第 11 期。

[112] 刘志学:《科学语言的意义与指称——兼评西方科学哲学中的意义理论》,《哲学研究》1991 年第 11 期。

[113] 刘仲全:《教育学对象观述评》,《教育理论与实践》2000 年第 6 期。

[114] 刘旭东、吴原:《教育研究的传统与科学化》,《教育研究》2011 年第 4 期。

[115] 刘云杉:《教育研究的立场探讨》,《教育研究与实验》2006 年第 3 期。

[116] 刘献君:《教育研究中的四个基本要素》,《高等工程教育研究》2001 年第 5 期。

[117] 刘绍彬:《科学语言和艺术语言分析》,《临沧教育学院学报》2006 年第 4 期。

［118］ 柳海民、林丹:《困境与突破:论中国教育学的范式》,《东北师大学报》(哲学社会科学版) 2007 年第 3 期。

［119］ 卢凤龙:《教育研究范式分类再探》,《内蒙古师范大学学报》(教育科学版) 2005 年第 3 期。

［120］ 鲁洁:《教育的原点:育人》,《华东师范大学学报》(教育科学版) 2008 年第 4 期。

［121］ 陆有铨、迟艳杰:《中国教育哲学的世纪回顾与展望》,《教育研究》 2003 年第 7 期。

［122］ 罗生全、靳玉乐:《论教育研究的伦理自觉》,《西南大学学报》(社会科学版) 2013 年第 1 期。

［123］ 马凤岐:《教育的概念与本质———一种语言学分析》,《现代教育论丛》 2000 年第 1 期。

［124］ 毛亚庆:《从两个教育家的论争看教育研究的两大范式》,《清华大学教育研究》 2001 年第 1 期。

［125］ 明庆华:《教育科学研究的价值取向与反思》,《教育发展研究》 2008 年第 13 期。

［126］ 南海:《论教育研究中的"研究问题"》,《教育理论与实践》 2004 年第 6 期。

［127］ 潘艺林:《论批判精神对教育研究的重要意义》,《清华大学教育研究》 2003 年第 3 期。

［128］ 潘涌:《教育研究的学术合法性危机与中国教育学的命运》,《浙江师范大学学报》(社会科学版) 2009 年第 4 期。

［129］ 戚雨村:《布龙菲尔德的语言理论》,《浙江师范学院学报》(社会科学版) 1982 年第 1 期。

［130］ 钱民辉:《范式与教育变迁研究》,《教育理论与实践》 1997 年第 2 期。

［131］ 钱民辉:《孔德的社会学方法论与教育研究》,《教育理论与实践》 2000 年第 10 期。

［132］ 秦行音:《教育研究、教育的科学研究与我们的选择——我国教育研究的现状分析与趋势研究》,《教育理论与实践》 2004 年第 11 期。

［133］ 秦亚青:《国际关系理论的核心问题与中国学派的生成》,《中国社

会科学》2005 年第 3 期。

[134] 申仁洪、黄甫全：《教育研究科学精神的建构》，《教育研究》2005 年第 9 期。

[135] 石中英：《关于教育活动的理论思考》，《北京师范大学学报》（社会科学版）1996 年第 2 期。

[136] 石中英：《关于教育哲学研究对象的思考》，《教育研究与实验》1993 年第 1 期。

[137] 石中英：《略论教育问题的主观性》，《教育研究》1996 年第 11 期。

[138] 史有为：《语言中的人和意义——语言的起点思考》，《语文研究》1999 年第 2 期。

[139] 宋兵波：《教育研究的性质是什么》，《教育学报》2006 年第 3 期。

[140] 苏娜、王举：《历史、比较与沟通：教育研究的一些醒思》，《世界教育信息》2012 年第 10 期。

[141] 孙彩平：《教育起源于人的道德——一种新的伦理视角》，《江苏教育学院学报》（社会科学版）2003 年第 2 期。

[142] 孙喜亭：《试论教育的出发点》，《北京师范大学学报》（社会科学版）1984 年第 1 期。

[143] 孙俊三：《教育研究的境界》，《教育研究》2005 年第 11 期。

[144] 唐莹：《事实/价值问题与教育学研究》，《华东师范大学学报》（教育科学版）1994 年第 1 期。

[145] 陶李刚、高耀明：《教育人种志研究的特征及其设计原则》，《外国中小学教育》2004 年第 8 期。

[146] 陶志琼、袁圣军：《关于"教育问题"的研究——教育研究对象辨析》，《宁波大学学报》（教育科学版）1999 年第 4 期。

[147] 田虎伟：《混合方法研究：美国教育研究中的新范式》，《高等教育研究》2006 年第 11 期。

[148] 田友谊：《教育研究：走向生活体验》，《比较教育研究》2005 年第 11 期。

[149] 万明刚：《论教育科学研究中的知识社会学问题》，《华东师范大学学报》（教育科学版）1996 年第 1 期。

[150] 王北生：《教育的人性基础与人性化教育》，《教育科学》2010 年

第 8 期。

[151] 王逢贤:《价值教育及其在新世纪面临的挑战》,《高等教育研究》
2000 年第 5 期。

[152] 王江、杨全印:《关于教育研究目的、结果与思维方式的思考》,
《理论研究》2001 年第 1 期。

[153] 王坤庆:《当代教育研究的价值取向与基本方法》,《湖北大学学
报》(哲学社会科学版)2000 年第 6 期。

[154] 王坤庆:《反思教育研究者的自身素质》,《教育研究与实验》
2004 年第 1 期。

[155] 王坤庆:《关于教育研究方法论的探讨》,《黄冈师范学院学报》
2005 年第 1 期。

[156] 王坤庆:《教育研究方法论论纲》,《华中师范大学学报》(哲学社
会科学版)1996 年第 3 期。

[157] 王木丹:《20 世纪教育研究范式的类型分析》,《教育科学》2000
年第 1 期。

[158] 王强:《教育复杂性研究进展》,《开放教育研究》2003 年第 4 期。

[159] 王澍:《批判与超越:论中国教育学的理论范式》,《东北师范大学
学报》(社会科学版)2007 年第 3 期。

[160] 王卫东:《关于教育价值问题的讨论》,《教育研究》1996 年第
4 期。

[161] 王向华:《对话人类存在教育——对话教育研究之引论》,《山东师
范大学学报》(人文社会科学版)2007 年第 3 期。

[162] 王宜鹏:《现象学与教育研究范式的转换》,《教育理论与实践》
2008 年第 10 期。

[163] 王义高:《当代四大宏观教育思潮之考察》,《比较教育研究》
1996 年第 4 期。

[164] 王兆璟、王有春:《教育研究的"主义"论述与知识学方式的分
野》,《西北师范大学学报》(社会科学版)2007 年第 4 期。

[165] 王兆璟、富婷:《得形而忘意——近年来我国教育研究中若干问题
的反思》,《教育理论与实践》2008 年第 1 期。

[166] 王兆璟:《论有意义的教育研究》,《教育研究》2008 年第 7 期。

[167] 王兆璟:《我国教育研究中的四种范式及其批判》,《兰州大学学

报》（社会科学版）2002 年第 5 期。

[168] 王洪才：《教育研究的基本方法论》，《北京师范大学学报》（社会科学版）2006 年第 6 期。

[169] 王洪才：《论高教研究的四种范式》，《北京师范大学学报》（人文社会科学版）2002 年第 3 期。

[170] 王洪才：《论教育研究的方法论特征》，《厦门大学学报》（哲学社会科学版）2007 年第 1 期。

[171] 王洪才：《论教育研究的中国经验与中国知识》，《教育学报》2005 年第 1 期。

[172] 王洪才：《论教育学的三重境界》，《北京师范大学学报》（社会科学版）2000 年第 4 期。

[173] 王洪才：《论教育研究的中国经验与中国知识》，《教育学报》2005 年第 1 期。

[174] 王鹤：《论教育学的研究对象》，《鞍山师范学院学报》2006 年第 6 期。

[175] 王凌霞：《教育研究中文化研究路向的回顾与反思》，《邢台学院学报》2003 年第 1 期。

[176] 王攀峰：《论走向生活体验的教育研究》，《教育新论》2003 年第 8 期。

[177] 王攀峰：《批判性话语分析：当代教育研究的一个新视角》，《首都师范大学学报》（社会科学版）2008 年第 5 期。

[178] 王攀峰、张天宝：《让教育研究走向生活体验》，《教育研究》2005 年第 11 期。

[179] 卫道治、沈煜峰：《论教育与人的社会化》，《黑龙江高教研究》1986 年第 4 期。

[180] 魏博辉：《论科学语言与哲学语言的关联与差异》，《湘潭大学学报》（哲学社会科学版）2007 年第 1 期。

[181] 魏宏聚：《猜想与反驳——论教育研究中的教育批判》，《教育理论与实践》2004 年第 4 期。

[182] 魏久利：《教育研究的第三范式》，《现代教育技术》2009 年第 9 期。

[183] 文雪、扈中平：《复杂性视域里的教育研究》，《教育研究》2003

年第 11 期。

[184] 吴定初、曾文婕:《教育研究疏离教育生活:现象透视与回归途径》,《四川师范大学学报》(社会科学版) 2008 年第 3 期。

[185] 吴康宁:《"教育批判"的困境》,《教育研究与实验》2004 年第 4 期。

[186] 吴康宁:《"有意义的"教育思想从何而来》,《教育研究》2004 年第 5 期。

[187] 吴康宁:《教育研究应研究什么样的"问题"——兼谈"真"问题的判断标准》,《教育研究》2002 年第 11 期。

[188] 吴康宁:《在假设的世界中生存——关于人的一个假设》,《高等教育研究》2005 年第 9 期。

[189] 吴康宁:《"教育批判"的困境》,《教育研究与实验》2004 年第 4 期。

[190] 吴康宁:《教育研究应研究什么样的"问题"》,《教育研究》2002 年第 11 期。

[191] 吴兰平、靳云全、吴时明:《教育系统复杂性研究的方法论》,《理工高教研究》2001 年第 2 期。

[192] 吴全华:《教育系统的复杂性特征及其方法论意义》,《广州广播电视大学学报》2003 年第 8 期。

[193] 吴彤:《复杂性范式的兴起》,《科学技术与辩证法》2001 年第 6 期。

[194] 吴彤:《略论认识论意义的复杂性》,《哲学研究》2002 年第 5 期。

[195] 吴岩,等:《教育知识转化的现状研究》,《教育研究》2007 年第 5 期。

[196] 吴原:《论教育研究中的方法情节与问题意识》,《教育理论与实践》2010 年第 5 期。

[197] 项贤明:《教育学的学科反思与重建》,《教育研究》2003 年第 10 期。

[198] 肖玲:《知识生产形态初探——兼论科学史论与科学认识论的结合》,《自然辩证法研究》2003 年第 2 期。

[199] 谢登斌:《语言学取向的教育研究》,《华东师范大学学报》(教育科学版) 2005 年第 4 期。

［200］熊和平：《教育研究的表达方式》，《教育研究》2012 年第 4 期。

［201］徐继存：《教育理论与教育实践关系的嬗变与反思》，《当代教育科学》2004 年第 7 期。

［202］徐玉斌等：《论教育学与教育实践》，《河南教育学院学报》（哲社版）1998 年第 1 期。

［203］薛晓阳：《价值中立与教育研究的学术立场》，《教育科学》2003 年第 4 期。

［204］薛晓阳：《教育科学研究：一个有关实证方法论的讨论》，《教育发展研究》2012 年第 13 期。

［205］闫旭蕾：《关于教育理论与教育实践阻隔的反思》，《教育理论与实践》2004 年第 6 期。

［206］严建新：《国内几种科学知识体系结构的评述》，《科学学研究》2007 年第 1 期。

［207］杨全印、王江：《复杂性教育研究初探》，《开放教育研究》2001 年第 1 期。

［208］杨兆山、张海波：《基于人性论的教育学学科体系建构》，《教育研究》2010 年第 4 期。

［209］杨建忠：《教育学学科合法性的探讨》，《教育理论与实践》2012 年第 34 期。

［210］杨四耕：《教育研究的诠释学方法》，《当代教育论坛》2004 年第 6 期。

［211］尧新瑜：《试论教育研究范式的转换》，《现代教育论丛》2003 年第 1 期。

［212］姚红玉、刘粤钳：《教育研究方法的哲学调和》，《现代大学教育》2010 年第 6 期。

［213］姚炳坤：《论教育学的研究对象——兼与孙锡敏同志商榷》，《吉林教育科学·普教研究》1994 年第 1 期。

［214］叶澜：《世纪初中国教育理论发展的断想》，《华东师范大学学报》（教育科学版）2001 年第 1 期。

［215］叶澜：《思维在断裂处穿行——教育理论与教育实践关系的再寻找》，《中国教育学刊》2001 年第 8 期。

［216］殷杰：《科学语言的形成、特征和意义》，《自然辩证法研究》

2007 年第 2 期。

[217] 殷杰:《科学语言的形成、特征和意义》,《自然辩证法研究》
2007 年第 2 期。

[218] 于述胜:《"理论与实践相统一"——六十年来中国的教育学话语
史论》,《社会科学战线》2009 年第 11 期。

[219] 于伟、秦玉友:《本土问题意识与教育理论本土化》,《教育研究》
2009 年第 6 期。

[220] 于忠海:《教育研究方法论反思:实证与思辨》,《高校教育管理》
2007 年第 5 期。

[221] 袁振国:《教育科学研究方法的审视》,《上海高教研究》1995 年
第 6 期。

[222] 岳欣云:《教育研究三种范式的比较》,《信阳师范学院学报》(哲
学社会科学版)2004 年第 4 期。

[223] 张斌贤:《从"学科体系时代"到"问题取向时代"——试论我
国教育科学研究发展的趋势》,《教育科学》1997 年第 1 期。

[224] 张大松:《论科学语言的意义域》,《华中师范大学学报》(哲社
版)1991 年第 3 期。

[225] 张杰:《危机及其出路——论西方哲学的"语言学转向"》,《自然
辩证法》2001 年第 12 期。

[226] 张庆雄:《交往行为与语言游戏:论哈贝马斯对维特根斯坦语言哲
学的接纳与批评》,《马克思主义与现实》2008 年第 4 期。

[227] 张世英:《语言的诗性与诗的语言》,《中国人民大学学报》2000
年第 1 期。

[228] 张守夫:《亚里士多德:日常语言、科学语言和哲学语言》,《理论
探索》2006 年第 2 期。

[229] 张铁明:《教育现象的模糊性及其对教育理论数量化研究的几点启
示》,《学术研究》1985 年第 5 期。

[230] 张夏青:《复杂性理论与教育研究范式的新取向》,《教育学术刊》
2009 年第 2 期。

[231] 张巽根:《教育价值的辩证概念》,《华中师范大学学报:》(哲学
社会科学版)1997 年第 3 期。

[232] 张应强、李峻:《生存论转向与当代教育研究范式变革》,《大学研

究与评价》2007 年第 5 期。

[233] 张应强、赵军：《后现代主义与我国的教育研究》，《教育研究》
2006 年第 6 期。

[234] 张应强：《教育中介论——关于教育理论、教育实践及其关系的认
识》，《教育理论与实践》1999 年第 2 期。

[235] 张新记：《教育科学研究方法的回归与定位》，《当代教育科学》
2003 年第 15 期。

[236] 张武升、廖敏：《教育研究范式的变革与发展趋向》，《华东师范大
学学报》（人文社会科学版）2005 年第 5 期。

[237] 张煜、孟鸿伟：《教育研究中的多层分析方法》，《教育研究》
1995 年第 2 期。

[238] 张楚廷：《教育因培养独特的人而独特》，《当代教育论坛》2011
年第 9 期。

[239] 赵光武：《还原论与整体论相结合探索复杂性》，《北京大学学报》
（哲学社会科学版）2002 年第 6 期。

[240] 赵婧：《"碎片化"思维与教育研究——托马斯－波克维茨教授访
谈录》，2012 年第 10 期。

[241] 赵汀阳：《教育为了什么?》，《北京教育》2009 年第 2 期。

[242] 郑日昌：《崔丽霞二十年来我国教育研究方法的回顾与反思》，《教
育研究》2001 年第 6 期。

[243] 郑淮、杨昌勇：《论后现代主义对教育研究和理论的主要贡献》，
《教育学报》2006 年第 4 期。

[244] 郅庭瑾：《论科学主义对教育研究的影响》，《教育科学》2000 年
第 4 期。

[245] 周昌忠：《科学的语言哲学》，《自然辩证法通讯》1990 年第 2 期。

[246] 周国平：《胡塞尔和弗莱格的语言哲学思想比较》，《哲学研究》
1996 年第 3 期。

[247] 周会娟：《从一元到多元：教育研究范式的历史反思与未来展望》，
《教书育人》2003 年第 10 期。

[248] 周序：《评教育研究中的"后现代转向"》，《教育理论与实践》
2010 年第 10 期。

[249] 周志平：《复杂科学在教育研究中的方法论意义》，《教育理论与实

践》2005 年第 4 期。

［250］周治金、杨文娇：《论知识与创造力的关系》，《高等教育研究》
2007 年第 10 期。

［251］周作宇：《论教育问题》，《高等师范教育研究》1994 年第 1 期。

［252］周作宇：《没有科学，何来主义？——为教育研究中的"科学主
义"辩护》，《华东师范大学学报》（教育科学版）2001 年第 4 期。

［253］周作宇：《论"中国教育学现象"》，《内蒙古师大学报》（哲学社
会科学版）1997 年第 4 期。

［254］周雁：《教育学研究对象探新》，《内蒙古师范大学学报》（教育科
学版）2004 年第 7 期。

［255］周勇：《论教育文化研究——兼谈当代中国教育研究的困境与出
路》，《教育广角》2000 年第 7 期。

［256］朱成科：《分化与整合：论中国教育学的学科范式》，《东北师大学
报》（哲学社会科学版）2007 年第 3 期。

［257］朱新卓：《教育的本体性功能：提升人的灵性》，《教育研究》
2008 年第 9 期。

［258］朱永祥：《国外教育研究方法论的发展趋势》，《教育科学》1991
年第 4 期。

［259］朱光明、陈向明：《教育叙述探究与现象学研究之比较》，《北京大
学教育评论》2008 年第 1 期。

［260］朱志勇、邓猛：《教育研究方法（论）的"科学化"抑或"本土
化"》，《教育研究与实验》2006 年第 1 期。

［261］朱志勇：《教育研究方法论范式与方法的反思》，《教育研究与实
验》2005 年第 1 期。

［262］邹海燕：《论我国元高等教育研究的取向——我国元教育学研究沉
寂的反思》，《黑龙江高教研究》2012 年第 12 期。

（三）学位论文

［1］杜丽娟：《教育学的语言现象——话语分析尝试》，华南师范大学，
2006 年。

［2］侯怀银：《20 世纪上半叶中国教育学发展问题的反思》，华东师范大
学，2001 年。

［3］胡萨：《反思：作为一种意识》，首都师范大学，2007 年。

［4］胡有志：《复杂范式视域中的教育研究》，南京师范大学，2006 年。

［5］李政涛：《教育生活中的表演》，华东师范大学，2003 年。

［6］李八一：《方法的背后——教育质性研究的现象学理解》，首都师范大学，2006 年。

［7］刘洁：《现象学教育学——一种"新"的教育学的可能性》，首都师范大学，2006 年。

［8］孙振东：《教育研究的主体性问题研究》，西南师范大学，2003 年。

［9］唐莹：《跨越教育理论与教育实践的鸿沟》，华东师范大学，1995 年。

［10］汤诗华：《社会科学哲学范式转型对教育研究的启示》，西南大学，2008 年。

［11］王涛：《追寻教育的语言基础——一种交际民族志学视野》，华南师范大学，2007 年。

［12］徐辉富：《教育研究的现象学视角》，华东师范大学，2006 年。

［13］张林军：《师生互动与学习者语言交际能力的发展》，北京语言文化大学，2002 年。

［14］张桂：《爱弥尔和自然教育——关于"自然人"神话的解读》，湖南师范大学，2008 年。

［15］周险峰：《教育文本理解论》，华东师范大学，2006 年。

［16］周云华：《"科学三分"视野下教育学学科归属问题研究》，西南大学，2006 年。

［17］朱庆伟：《论人性完善的语言维度》，东北师范大学，2003 年。

［18］朱光明：《教师发展的实践智慧取向》，首都师范大学，2005 年。

［19］钟亚妮：《现象学教育学的启示及其意义》，首都师范大学，2004 年。

（四）英文参考文献

［1］A. MacIntyre. *After Virtue* ［M］. London：Duckworth，1981：122.

［2］A. T. Nuyen. *Lyotard's postmodern ethics and information technology* ［J］. Department of Philosophy, National University of Singapore, 10 Kent Ridge Crescent, 2004.

［3］Anthony Kenny. *Western Philosophy* ［C］. Publish in Italy by Giunti 1997.

［4］Antin woolfolk. *Education psychology A Person Education* ［M］. Co. 2001.

［5］ Borg W R, Gall M D. *Educational Research, An Introduction* ［M］. New York & London: Longman, 1989.

［6］ Bredo, E. Feinberg, W. ed. *Knowledge and Values in Social and Educational Research* ［M］. Philadelphia: Temple University Press, 1982.

［7］ Federated, Paul Karl. *Against Method: Outline of an Anarchistic Theory of Knowledge* ［M］. London: New Left Books, 1975.

［8］ G. Révész. *The Origins and Prehistory of Language* ［M］. London : Longmans, Green, 1956 .

［9］ Gabriel Ignatow. *From Science to Multiculturalism: Postmodern Trends in Environmental Organizations* ［J］. Department of Sociology and Anthropology at Bar – Ilan University in Israel, 2005.

［10］ Geertz, C. *Thick Description: Toward an Interpretive Theory of Culture* ［M］. The Interpretation of Cultures, 1973.

［11］ Glass G V. *What works: Politics and Research. Educational Researcher* ［J］. 1987 (16) . p. 9.

［12］ Goodman, K. *The Reading Process, in Carrell, Devine & Eskey* (*eds.* ) . 1989.

［13］ H. Hartman: *Papers on Psychoanalytic Psychology* ［J］. Psychological Issues, Vol. IV, No. 2 Mead. The individual and the social self: unpublished work of George Herbert Mead.

［14］ Edited by David L. *Miller* ［M］. Chicago: The University of Chicago Press. 1982.

［15］ Harrvey. D. *The Condition of Postmodernity* ［M］. Oxford: Balckwell, 1989.

［16］ Heiddegger, M. *The Nature of Language*, in On the Way to Language, 1982b, p. 63.

［17］ Heidegger. *Einfuehrung in die Metaphysik* ［M］. Tuebingen, S. 88.

［18］ Heidegger. *Poetry, language, thought* ［M］. Reprinted from the English Edition by Harper & Row Publisher, Inc. 1975.

［19］ Hitchcock G and Hughes D. *Research and the Teacher* (*secondary edition* ) ［M］. London: Macmillan, 1995: 21.

［20］ J. Dewey. *Democracy and Education* ［M］. The Free Press 2000.

［21］ James Marshall. *Michel Foucault*: *Personal Autonomy and Education* ［M］. Publish in Kluwer，1996.

［22］ Jerry Wellington. *Contemporary Issues and Practical Approaches* ［M］. London and New York: Continuum，2000：22.

［23］ John Dewey. *Democracy and Education* ［M］. The Board of Trustees. Southern Illinois University，1985.

［24］ John Edwards. *Language in Education* ［A］. Howard Giles & W. Peter Robinson. Handbook of Language and Social Psychology（ed.） ［C］. John Wiley & Sons Ltd.，1990.

［25］ Joseph Maxwell. *Qualitative Research Design*: *An Interactive Approach* ［M］. Thousand Oaks: Sage Publications，1996.

［26］ K. Perera. *Education and Language*: *Overview* ［A］. Rajend Mesthrie （ed.）. *Concise Encyclopedia of Sociolinguistics* ［C］. Elsevier SeieneeLtd，2001.

［27］ Kant Werke，Akademie Textausgabe，*Band IV*，Walter de Gruyter &Co. Berlin，1968. p452. p106.

［28］ Koh，Connie. *Reconsidering Services for the Postmodern Student* ［J］. Australian academic and research libraries，2003.

［29］ Martin Heidegger. *On the Way to Language* ［M］. trans. Peper D. Herz. New York: Harper and Row，1982.

［30］ Mei Seung Lamu. *The Gentle Art of Listening*: *Skills for Developing Family - Administrator Relationships in Early Childhood* ［J］. Early Childhood Education Journal，Vol. 27. No. 4. 2000.

［31］ Morahan. Martin I. Schumacher P. *Incidence and Correlates of Pathological*

［32］ Internet Use among College Student ［J］. Computer in Human Be haver，2000.

［33］ Munsterberg，Hugo. *The Eternal Value* ［M］. Boston and New York: Houghton Mifflin Company，1909：pp. 4 - 5.

［34］ P. White，*Personal and Social Education*: *Philosophical Perspectives* ［M］. The Bedford Way Series，1989.

［35］ Paulo Freire. *Pedagogy of Hope* ［M］. The Continuum Publishing Company Press，1994.

[36] Plato. *Republic* [M]. English Edition by : Oxford University 1993.

[37] Polanyi. *The Study of Man* [M]. London: Routledge & Kegan Paul, 1957: 12.

[38] Richard . H. po. pkin. *The Columbia History of Western Philosophy* [M]. MJF Books, 1999.

[39] Richard Bernstein. *Beyond Objectivism and Relativism: Science, Hermeneutics, and Praxis* [M]. Philadelphia: University of Pennsylvania Press, 1983.

[40] Richard Hudson. *Why education needs linguistics (and vice versa)* [J]. Journal of Linguistics. Cambridge: Vol. 40, Iss. 1. Mar. 2004.

[41] Robert M. Burns. Philosophies of History Blackwell [M]. Publishers Ltd. , 2000.

[42] Rorty, Richard. *Philosophy and Social* [M]. Hope Penguin Books 1999.

[43] Rothwell, R. *Philosophical Paradigm and Qualitative Research* [M]. J. Higgs. *Writing Qualitative Research* [M]. Sydney: Hampden Press, 1998: pp. 321 –328.

[44] Scheffle. I. *The Language of Education* [M]. Chap, 1: 1960.

[45] The Balckwell Guide To. *The Philosophy of Education* [C]. English Edition By Blackwell Publishing, 2003.

# 后　　记

　　对此问题的关注，主要是针对长久以来教育研究遭到不少人的诟病进而产生的对教育学科的怀疑与否定。以往，我们做教育研究，往往是不加反思的，并没有对这项工作进行一些思考：我们正在进行着一种怎样的工作？它对我们意味着什么？我们究竟该如何去行动？换句话说，我们对于教育研究问题的探讨，大都来自科学层面的审视，例如，制度与规范的问题，就是进行某种技术层面的分析，甚至将其作为一项专门性质的工作（如教育科研工作）来进行规范化研究，而忽略了作为基础性和前提性的有关教育研究的概念、历史和价值的问题，缺少从哲学层面对教育研究自身的认识和反思。正是因为缺少了这种追问，我们再去反观以往做教育研究的过程和所得的结论，就会发现一些问题：例如它的知识结构是支离破碎的，总是建立在不同的研究基础之上展开，研究结论差别很大；大部分教育研究所得出的结论（也就是教育知识），往往是无法积累的，教育研究不能在先前的研究基础上进行，而总是另起炉灶；在研究目的上，它常受到意识形态的驱动，并不总是以发现真理为根本价值取向，而是以某些政治目的或者是"追风式"的研究作为价值导向，等等。所以，才产生了我们普遍都感受到的一个问题：教育研究信誉低迷，研究质量不高。

　　站在教育学科的立场上言说，我认为产生这些问题的根本原因在于我们自身学科立场的丧失。当我们越来越喜欢用其他学科的语言和视野去阐释教育观点的时候，我们也同时丧失了与其他学科平等对话的权利。同时，从研究对象上来说，教育研究长期忽视了教育实践这个赖以生存的土壤，在很大程度上并非是着眼于教育实践而展开的，从而造成了教育理论与教育实践之间一道难以逾越的鸿沟。缺乏明确的学科立场、缺少确定的核心概念、缺失坚定的学科信仰……教育研究这项有关专业的实践，其语言只能是贫瘠的，方法只能是混杂的，理论与实践只能是对立的，而最终所指向的学科价值也只能是脆弱的。没有稳定的"地基",此类的问题将会持续不断的涌现并长期困扰我们的研究实践和教育知识的品质,教育研究作为一个学科领域的研究相比于其他研究将不再有其特殊性和令人确信的研究价值。

以这些问题作为逻辑起点,我们需要对教育研究自身进行一种基础性的反思和建构,回到学科原点,去找寻教育研究的哲学基础,即作为教育研究基础存在的"教育研究哲学"。这正是在方法论层面,我们需要对教育研究这项活动进行的应然的追问——在反思研究活动本质的过程中去澄清教育研究的哲学命题,从而建立教育研究的规则、揭示行动的价值。从某种意义上说,教育研究不是一项技术工作,而是一项哲学的工作。然而,这项工作通常又是十分艰难的,它需要不断地对不同的概念进行澄清,并对它们作出区分,或许这种过多的区分会使教育研究者感到厌烦,甚至这种区分也在事实上对我们进一步归纳产生了阻碍,但是,这种思考却是极其必要的,看不到它们之间的区别,很可能就无法真正的理解教育实践。那种试图把教育研究引向简单化、程序化的所谓科学方式,虽然可以用来研究很多东西,但绝不可能是"人",这就是教育研究的特殊性。

历史经验表明,一门学科的发展,只有经历了哲学的检验与反思,才能突破已有的理论产生根本的蜕变,才有能力对以往的实践进行改进或调整,从而驾驭各种未曾预见性的教育情境,这便是实践哲学赋予教育研究新的哲学使命。当前,教育研究的发展亟待建立一种新的教育研究哲学,即作为教育研究基础存在的对于教育研究自身的审视与反思。在对此问题的反复斟酌中,我初步完成了此书稿。受到研究水平和经验的限制,本研究仅做了一些基础性的工作,例如提出教育研究哲学这个问题和研究范畴,尝试搭建了教育研究哲学的理论框架,对一些属于该范畴的理论或实践问题进行了初步的哲学反思等。这些初步的尝试尽管还不成熟,但我认为对于一个长期困扰不断的教育研究的历史提供了一种解决问题的思路,我及其后来人将会沿着这个思路继续深入下去,为我们的教育研究工作贡献一点绵力。

在论文写作的过程中,承蒙恩师华中科技大学李太平教授的悉心指导,并得到了华中师范大学王坤庆教授、涂艳国教授、陈佑清教授和湖北大学靖国平教授对论文的进一步修正,同时还有幸受到了北京师范大学石中英教授、华东师范大学李政涛教授的指点和鼓励,在此表示诚挚的感谢。在众多前辈的关心与支持下，我深知这份感动和谢意只能化成对于教育理论更深的情愫和学术研究的极大动力才能稍感宽慰，才不负我的导师和前辈的扶持、教导之恩。

　　谨以此拙作为谢！

刘燕楠

2016 年 11 月 23 日